suhrkamp taschenbuch
wissenschaft 1491

In den Aufsätzen des vorliegenden Bandes wird versucht, die Grenzen einer prozeduralistisch orientierten Gerechtigkeitstheorie in verschiedenen Richtungen zu erkunden. Dabei tritt in den Blick, was jeweils das »Andere« der Gerechtigkeit in unterschiedlichen Feldern der praktischen Philosophie heißen kann. Auf dem Gebiet der Sozialphilosophie geht es heute etwa darum, wieder Anschluß an deren traditionelle Bestimmung als einer reflexiven Diagnose sozialer Pathologien zu finden; dazu bedarf es eines normativen Maßstabs, der umfassender ist als derjenige einer formalen Theorie der Gerechtigkeit, weil hier nur die Voraussetzungen eines guten Lebens unter Bedingungen gesellschaftlicher Integration den Bezugspunkt bilden können. Nicht anders erweist sich innerhalb der Moralphilosophie als das »Andere« der Gerechtigkeit die spezifische Moralität affektiver Sozialbeziehungen, während sich in der politischen Philosophie dieses »Andere« in den metapolitischen Voraussetzungen der demokratischen Willensbildung zeigt. Im Kontext dieser Problemfelder werden zugleich die Schwierigkeiten mitverhandelt, die sich heute für die praktische Philosophie im Spannungsfeld von Kantianismus, Kommunitarismus und poststrukturalistischer Ethik stellen.

Axel Honneth ist Professor für Philosophie an der Universität Frankfurt. Veröffentlichungen u. a.: Kampf um Anerkennung. Zur moralischen Grammatik sozialer Konflikte, 1992, 1994 (stw 1129); Kritik der Macht. Reflexionsstufen einer kritischen Gesellschaftstheorie, 1985, 1989 (stw 738).

Axel Honneth
Das Andere der Gerechtigkeit

Aufsätze zur praktischen Philosophie

Suhrkamp

Die Deutsche Bibliothek – CIP-Einheitsaufnahme
Ein Titeldatensatz für diese Publikation
ist bei Der Deutschen Bibliothek erhältlich.

suhrkamp taschenbuch wissenschaft 1491
Erste Auflage 2000

Satz: Hümmer GmbH, Waldbüttelbrunn
Druck: Nomos Verlagsgesellschaft, Baden-Baden
Printed in Germany
Umschlag nach Entwürfen von
Willy Fleckhaus und Rolf Staudt

1 2 3 4 5 6 – 05 04 03 02 01 00

Inhalt

III. Probleme der politischen Philosophie

Vorbemerkung

In diesem Aufsatzband sind systematisch ansetzende Beiträge aus den letzten Jahren versammelt, in denen der Versuch unternommen wird, die Grenzen einer prozeduralistisch orientierten Gerechtigkeitstheorie in verschiedenen Richtungen zu erkunden. Dabei tritt in den unterschiedlichen Sektionen jeweils etwas in den Blick, was als das »Andere« der Gerechtigkeit bezeichnet werden kann: Im Feld der Sozialphilosophie geht es heute darum, wieder Anschluß an jene Traditionen zu finden, in denen als deren Aufgabe die Diagnose von sozialen Pathologien gesehen worden ist; dazu bedarf es eines normativen Maßstabs, der umfassender ist als derjenige einer formalen Theorie der Gerechtigkeit, weil den Bezugspunkt einer solchen Diagnose nur die Voraussetzungen eines guten Lebens unter Bedingungen gesellschaftlicher Integration darstellen können. Im übrigen findet sich im ersten Aufsatz dieser ersten Sektion, »Pathologien des Sozialen«, ein knapper Hinweis auf die Unterschiede, die ich bezüglich ihrer systematischen Aufgabenstellung zwischen Sozialphilosophie, Moralphilosophie und Politischer Philosophie sehen würde. Im Feld der Moralphilosophie empfiehlt sich ein solcher Übergang zum »Anderen« der Gerechtigkeit deswegen, weil der moralische Gehalt von nichtrechtlich verfaßten, etwa affektiven Sozialbeziehungen nicht angemessen erschlossen werden kann, wenn nur ein formaler Gesichtspunkt der Unparteilichkeit zugrunde gelegt wird. Für den Bereich der politischen Philosophie gilt schließlich heute insofern dasselbe, als bei einer einseitigen Konzentration auf das deliberative Prinzip der Demokratie aus dem Blick gerät, worin die sozialen Voraussetzungen der demokratischen Willensbildung liegen müssen. Im Durchgang durch diese verschiedenen Problemfelder versuche ich darüber hinaus auf indirekte Weise, die Fragen weiter zu behandeln, die sich mit dem Ziel der Entwicklung einer normativen Theorie der Anerkennung stellen; insofern versammelt der Band Aufsätze, die sich als Fortsetzungen des Projektes verstehen lassen, das ich in meinem Buch »Kampf um Anerkennung« in Angriff genommen habe.

Den einzigen Beitrag, den ich aus weit zurückliegender Zeit in diesen Band übernommen habe, stellt der Aufsatz über »Moralbewußtsein und soziale Klassenherrschaft« dar; trotz der vielen Mängel, die er zweifellos aufweist, habe ich mich zur Aufnahme des Textes entschlossen, weil er auf eine geradezu naiv anmutende Weise viele der Beweggründe enthält, die mich später zur Arbeit an einer normativen Theorie der Anerkennung bewogen haben.

Obwohl ich gegen die stark angewachsene Tendenz, durch Widmungen ein Stück der eigenen Privatheit preiszugeben, einen gewissen Widerwillen hege, will ich diesmal davon eine Ausnahme machen; aus Gründen, die mit Überlegungen zusammenhängen, die im II. Kapitel entwickelt werden, möchte ich diesen Aufsatzband aus vollem Herzen meinen Eltern widmen. Frau Babette Saebisch möchte ich sehr herzlich für die Hilfe danken, die sie mir bei der Zusammenstellung und Überarbeitung der Manuskripte geleistet hat.

Frankfurt/M., im Mai 2000
Axel Honneth

I. Aufgaben der Sozialphilosophie

Pathologien des Sozialen
Tradition und Aktualität der Sozialphilosophie

Wie alle Gebiete theoretischer Erkenntnis, so war auch die Philosophie in den letzten zweihundert Jahren einem Prozeß der Ausdifferenzierung unterworfen, der zur Entstehung einer Vielzahl von Unterdisziplinen und Sonderbereichen geführt hat. Zwar sind die Lehrpläne und Einführungstexte auch heute noch häufig von der klassischen Dreiteilung in theoretische Philosophie, praktische Philosophie und Ästhetik bestimmt, aber in der Praxis des akademischen Betriebes haben sich längst Aufgabenverteilungen eingespielt, die sich dem alten Schema kaum mehr einzupassen vermögen. Vor allem auf dem Gebiet der praktischen Philosophie, ursprünglich eine Disziplin, die nur die Ethik sowie die Staats- und Rechtsphilosophie umfaßte, hat die neuere Entwicklung zu einer Disziplinenvielfalt geführt, innerhalb deren die Grenzen zwischen den einzelnen Wissensbereichen immer unklarer zu werden beginnen; kaum jemand weiß heute noch mit Sicherheit anzugeben, wo die Trennungslinien zwischen der Moralphilosophie, der politischen Philosophie, der Geschichtsphilosophie oder der Kulturphilosophie im einzelnen verlaufen.

In diesem unübersichtlichen Terrain hat die Sozialphilosophie im deutschsprachigen Raum inzwischen mehr und mehr die Rolle einer Residualdisziplin übernommen: in ihrem Verhältnis zu den benachbarten Wissensfeldern unbestimmt, übt sie je nach Bedarf das eine Mal die Funktion einer übergreifenden Dachorganisation für alle praktisch orientierten Teildisziplinen aus, das andere Mal die Funktion eines normativen Ergänzungsstücks zur empirisch verfahrenden Soziologie, ein weiteres Mal schließlich die Funktion eines zeitdiagnostisch angelegten Deutungsunternehmens.[1] In den angelsächsischen Ländern hingegen hat sich seit den Zeiten des frühen Utilitarismus ein Verständnis der Sozialphilosophie herausgebildet, das weitgehend dem angenähert ist, was hierzulande unter »politischer Philosophie« zusammengefaßt wird: im Zentrum stehen dort die normativen Fragen, die sich an den Stellen ergeben, wo die Reproduktion der zivilen Gesellschaft auf Ein-

1 So etwa der Artikel »Sozialphilosophie« in: Alwin Diemer/Ivo Frenzel (Hg.), *Philosophie. Fischer-Lexikon*, Frankfurt/M. 1967, S. 301 ff.

griffe des Staates angewiesen ist (Eigentumsordnung, Strafpraxis, Gesundheitsfürsorge usw.).[2] Hat diese Begriffsfestlegung den großen Vorteil einer relativ klaren Aufgabenbestimmung, so geht mit ihr zwangsläufig aber auch der Nachteil eines gewissen Identitätsverlustes einher: Die Sozialphilosophie besitzt nicht mehr einen eigenständigen Gegenstandsbereich oder eine distinkte Fragestellung, sondern ist zu einer Art von Seitenstrang der politischen Philosophie geworden.

Werden diese beiden Entwicklungstendenzen im Zusammenhang betrachtet, so ist unschwer auszumachen, daß sich die Sozialphilosophie heute in einer prekären Situation befindet: während sie sich im deutschen Sprachraum durch eine Überdehnung ihres Aufgabenfeldes zu einer Verlegenheitsdisziplin zu entwickeln droht, ist sie in den angelsächsischen Ländern umgekehrt durch eine Einschränkung ihres Aufgabenfeldes schon so sehr zu einer Unterdisziplin der politischen Philosophie geworden, daß sie eigenständige Züge kaum mehr zu besitzen scheint. Um beiden Gefährdungen entgegenwirken zu können, möchte ich im folgenden die These entwickeln, daß es in der Sozialphilosophie vordringlich um eine Bestimmung und Erörterung von solchen Entwicklungsprozessen der Gesellschaft geht, die sich als Fehlentwicklungen oder Störungen, eben als »Pathologien des Sozialen«, begreifen lassen.

In dem folgenden Text soll der Versuch unternommen werden, die Ansprüche und Aufgaben einer derart bestimmten Sozialphilosophie bis zu dem Punkt herauszuarbeiten, an dem ihr Verhältnis zu den benachbarten Disziplinen mit hinreichender Klarheit in Erscheinung tritt. Dabei will ich so vorgehen, daß ich zunächst in Form einer historischen Rückbesinnung die Umrisse jener Denktradition freilege, in der sich ein Verständnis der Sozialphilosophie herausgebildet hat, das ihr die Aufgabe einer Diagnose sozialer Fehlentwicklungen zuschreibt: Wenn nicht dem Namen, so doch der Sache nach nimmt mit der Zivilisationskritik von Jean-Jacques Rousseau eine sozialphilosophische Reflexion ihren Anfang, in der es unter Begriffen wie »Entzweiung« oder »Entfremdung« um eine Erörterung der ethischen Kriterien geht, anhand deren sich

2 Vgl. etwa Joel Feinberg, *Social Philosophy*, Englewood Cliffs, N.J. 1973; Gordon Graham, *Contemporary Social Philosophy*, Oxford 1988; im deutschen Sprachraum hat sich dieser Begriffsbestimmung angeschlossen: Maximilian Forschner, *Mensch und Gesellschaft. Grundbegriffe der Sozialphilosophie*, Darmstadt 1989.

bestimmte Entwicklungsprozesse der Moderne als Pathologien erfassen lassen (I). Diese Traditionslinie erfährt durch die Entstehung der Soziologie insofern eine bedeutsame Bereicherung, als sich die philosophische Reflexion nunmehr an den Ergebnissen der empirischen Forschung orientieren muß; daher soll im Ausgang von den Gründervätern der Soziologie im zweiten Schritt untersucht werden, wie sich die Sozialphilosophie in unserem Jahrhundert bis zu jenen großen Entwürfen fortentwickelt hat, die die historische Erfahrung von Faschismus und Stalinismus zu verarbeiten versuchen (II). Die Ergebnisse dieser historischen Rückbesinnung erlauben es in einem dritten Schritt schließlich, den theoretischen Anspruch und die spezifische Fragestellung der Sozialphilosophie in groben Zügen zu umreißen: da es ihre primäre Aufgabe ist, soziale Entwicklungsprozesse zu diagnostizieren, die als Beeinträchtigung der Möglichkeiten »guten Lebens« unter den Gesellschaftsmitgliedern verstanden werden müssen, ist sie auf Kriterien ethischer Art angewiesen. Im Unterschied zur Moralphilosophie auf der einen, zur politischen Philosophie auf der anderen Seite läßt sich die Sozialphilosophie daher als eine Reflexionsinstanz verstehen, innerhalb derer Maßstäbe für gelingende Formen des sozialen Lebens erörtert werden (III).

I. Von Rousseau zu Nietzsche: die Entstehung der sozialphilosophischen Fragestellung

Wenn es auch Thomas Hobbes war, der in der Mitte des 17. Jahrhunderts der Disziplin ihren Namen gab,[3] so ist die Sozialphilosophie im eigentlichen Sinn doch erst hundert Jahre später durch Jean-Jacques Rousseau ins Leben gerufen worden. Hobbes hatte sich unter dem Titel der »social philosophy« für die rechtlichen Bedingungen interessiert, unter denen der absolutistische Staat das Maß an Stabilität und Autorität gewinnen konnte, das zur Befriedung des religiösen Bürgerkriegs vonnöten war. Seinem Lösungsvorschlag in der Vertragskonstruktion des »Leviathan« lag als leitender Gesichtspunkt einzig und allein die Frage zugrunde, wie unter der sozialen Voraussetzung allgegenwärtiger Interessenkonflikte das bloße Überleben der staatlichen Ordnung gesichert wer-

3 Thomas Hobbes, *Leviathan oder Stoff, Form und Gewalt eines kirchlichen und bürgerlichen Staates*, Frankfurt/M. 1984.

den konnte. Als Rousseau sich in der Mitte des 18. Jahrhunderts an die Abfassung seines *Diskurses über die Ungleichheit* machte, war ihm dieser Gesichtspunkt schon beinah gleichgültig geworden; ihn interessierten weniger die Voraussetzungen, unter denen die bürgerliche Gesellschaft sich zu erhalten vermochte, als vielmehr die Ursachen, die zu ihrer Degenerierung geführt haben sollten. In den hundert Jahren, die zwischen den beiden Fragestellungen lagen, war der Prozeß der kapitalistischen Modernisierung schon so weit fortgeschritten, daß sich im Schatten des absolutistischen Staates eine zivile Sphäre der privaten Autonomie hatte herausbilden können; im Binnenraum einer frühbürgerlichen Öffentlichkeit, die in Frankreich die aufgeklärten Vertreter des Adels mit einschloß und noch ohne jede politische Einflußmöglichkeit war, wurden jene Verhaltensweisen einstudiert, die später sowohl für die demokratischen Institutionen als auch für den kapitalistischen Warenverkehr den lebensweltlichen Rahmen abgeben sollten.[4] Damit trat eine Form des sozialen Lebens in Erscheinung, die für Hobbes als solche noch gar nicht zu erkennen gewesen war: Unter dem wachsenden Druck der ökonomischen und sozialen Konkurrenz wuchsen Handlungspraktiken und Orientierungen heran, die auf Täuschung, Verstellung und Neid gegründet waren. Es ist die Lebensform gewesen, die mit diesen Verhaltensmustern entstand, auf die Rousseau mit dem übersteigerten Sensorium des isolierten Einzelgängers den Blick gerichtet hat. An ihr interessierte ihn vor allem, ob sie im ganzen noch die praktischen Voraussetzungen enthielt, unter denen die Menschen ein gutes, ein gelingendes Leben führen können. Mit der Einstellungsveränderung, die Rousseau damit gegenüber Hobbes vollzogen hatte, war das neuzeitliche Unternehmen einer Sozialphilosophie erst eigentlich auf den Weg gebracht; im Unterschied zur politischen Philosophie fragte sie nicht länger nach den Bedingungen einer richtigen oder gerechten Gesellschaftsordnung, sondern erkundete die Beschränkungen, die die neue Lebensform der Selbstverwirklichung des Menschen auferlegt.

Schon in einer Schrift, die fünf Jahre vor seinem *Diskurs über die Ungleichheit* in Genf erschienen war, hatte sich Rousseau von einer solchen sozialphilosophischen Problemstellung leiten lassen: Die Preisfrage der Akademie von Dijon, »ob die Wiederherstellung der

4 Vgl. Jürgen Habermas, *Strukturwandel der Öffentlichkeit*, Darmstadt/Neuwied 1962, Kap. III, 8 u. 9.

Wissenschaften und Künste etwas zur Läuterung der Sitten beigetragen habe«, bot ihm zum ersten Mal Gelegenheit, seine zivilisationskritischen Überlegungen in einer kleinen Abhandlung zusammenzufassen.[5] Der Text, voller Pathos, aber ohne schlüssige Argumentation, enthält in Rohform bereits all die Beobachtungen, die später zum Material von Rousseaus ausgearbeiteter Theorie werden sollten: Mit der zivilisatorischen Entwicklung geht ein Prozeß der Bedürfnisverfeinerung einher, der den Menschen in Abhängigkeit von künstlich erzeugten Begehrlichkeiten versetzt und ihn daher in wachsendem Maße seiner ursprünglich gegebenen Freiheit beraubt; die Ablösung von der naturnahen Verhaltenssicherheit führt darüber hinaus zu einem Verfall der öffentlichen Tugenden, weil mit der notwendig gewordenen Arbeitsteilung auch das Bedürfnis nach wechselseitiger Distinktion ansteigt, so daß am Ende Hochmut, Eitelkeit und Heuchelei vorherrschen; und die Künste, nicht anders als die Wissenschaften, übernehmen in diesem Prozeß schließlich bloß noch die Rolle von verstärkenden Instanzen, weil sie dem individualisierenden Hang zur Prahlerei nur immer neue Ausdrucksmöglichkeiten verschaffen.[6] Die negative Antwort, zu der Rousseau somit im Hinblick auf die Preisfrage gelangt, enthält freilich noch kaum einen Hinweis auf die Kriterien, die ihm bei seiner kritischen Bewertung zur Verfügung stehen. Zwar macht der Text unmißverständlich deutlich, daß es die Bereiche der individuellen Freiheit und der öffentlichen Tugend sein sollen, an deren Zustand sich die sittliche Qualität des sozialen Lebens bemessen läßt; aber wie die Idealformen beider Sphären vorzustellen wären, um im Vergleich mit ihnen einen Prozeß des »Verlustes« oder des »Verfalls« behaupten zu können, bleibt hier weitgehend ungeklärt. Natürlich hat Rousseau an den Stellen, an denen er den Zerfall der öffentlichen Tugenden beklagt, als Vergleichsmaßstab jene politische Öffentlichkeit vor Augen, die er wie viele seiner Zeitgenossen in der antiken Polis verwirklicht zu wissen glaubt. Überall dort jedoch, wo er den Prozeß der Bedürfnissteigerung kritisiert, weil mit ihm ein Verlust an individueller

5 Jean-Jacques Rousseau, »Abhandlung über die von der Akademie zu Dijon gestellten Fragen, ob die Wiederherstellung der Wissenschaften und Künste zur Läuterung der Sitten beigetragen habe«, in: ders., *Sozialphilosophische und politische Schriften*, München 1981, S. 9ff.

6 Vgl. die sehr gute Zusammenfassung, die Robert Spaemann unter Berücksichtigung von christlichen und platonischen Motiven von diesem Text gegeben hat: ders., *Rousseau – Bürger ohne Vaterland*, München 1980, S. 40ff.

Freiheit einherzugehen scheint, orientiert er sich am Ideal eines vorhistorischen Zustands, in dem der Mensch in naturhafter Selbstgenügsamkeit gelebt haben soll. Der damit umrissene Zwiespalt blieb bestehen, bis Rousseau in seinem *Diskurs über die Ungleichheit* eine wesentlich erweiterte und nunmehr theoretisch auch gehaltvolle Fassung seiner Zivilisationskritik vorlegte.[7] In dieser Schrift, erneut entstanden als Antwort auf eine Preisfrage der Akademie von Dijon, findet sich die Spannung zwischen historischem und anthropologischem Bewertungsmaßstab aufgelöst zugunsten der zweiten Option: Es ist jetzt eine bestimmte, nämlich naturgegebene Form der menschlichen Selbstbeziehung, die als kritischer Bezugspunkt in der Diagnose der modernen Lebensweise fungiert.

Obwohl die neue Ausschreibung der Akademie dieses Mal nach den Ursachen fragt, die zu den »ungleichen Bedingungen unter den Menschen« geführt haben sollen, nutzt sie Rousseau doch wiederum zu einer Kritik nicht nur des sozialen Unrechts, sondern einer ganzen Lebensform. Schon der formale Aufbau seiner Schrift macht deutlich, daß er sich inzwischen auch über die methodischen Probleme einer Zivilisationskritik erheblich differenzierter Rechenschaft abgelegt hat: Im ersten Teil seiner Argumentation skizziert er in kräftigen Zügen und unter Einbeziehung empirischer Informationen ein Bild des menschlichen Naturzustandes, das ihm im zweiten Teil dann als der kontrastreiche Hintergrund dient, vor dem sich die Pathologien der modernen Lebensform besonders deutlich abheben lassen. Unschwer ist somit bereits an der bloßen Gliederung zu erkennen, daß Rousseau die Maßstäbe seiner kritischen Diagnose einem Zustand entnehmen möchte, der vor aller gesellschaftlichen Entwicklung gelegen haben muß. Unklar an der von ihm gewählten Konstruktion ist freilich bis heute, welche methodischen Ansprüche mit dieser Skizze der natürlichen Lebensform im ganzen verknüpft sein sollen. Angesichts der Vielzahl von zeitgenössischen Forschungsbefunden, auf die seine Studie im ersten Teil Bezug nimmt, mag es naheliegen, Rousseau hier das wissenschaftliche Ziel einer empirisch gehaltvollen Theorie zu unterstellen. Das einseitige, ja weit überzogene Ergebnis seiner Darstellung spricht jedoch für die mittlerweile wohl mehrheitlich

7 Jean-Jacques Rousseau, »Abhandlung über den Ursprung und die Grundlagen der Ungleichheit unter den Menschen«, in: ders., *Sozialphilosophische und politische Schriften*, a.a.O., S. 41 ff.

vertretene Annahme, daß es sich dabei um den Versuch einer methodisch bewußten Idealisierung handelt, die vor allem die Aufgabe der Einstellung einer prägnanten Kontrastfolie erfüllt.[8] Rousseau spitzt seine Skizze des Naturzustandes auf zwei ursprüngliche Eigenschaften des Menschen zu, deren Existenz von den herangezogenen Quellen in keiner Weise gedeckt sein kann: Das menschliche Subjekt soll, bevor es im Zuge der Vergesellschaftung aus der natürlichen Lebensform herausgewachsen ist, durch einen Drang nach Selbsterhaltung und die Fähigkeit zur Mitleidsempfindung geprägt gewesen sein. Mit der ersten Eigenschaft, der »amour de soi«, ist kaum mehr als das Minimum an narzißtischer Selbstbesetzung gemeint, das zum individuellen Überleben in einer feindlichen Umwelt erforderlich ist; die zweite Eigenschaft hingegen, die »pitié«, soll die natürliche Zuwendung bezeichnen, mit der Menschen und in geringerem Maße auch Tiere reagieren, sobald sie ihre Artgenossen leiden sehen. Diese beiden Antriebe begrenzen sich nun nach Rousseau wechselseitig in der Weise, daß der Überlebenskampf im Naturzustand nur die gemäßigte Form eines allseitigen Gewährenlassens annehmen kann: Gegen Hobbes gewendet besteht er darauf, daß die Mitleidsregung hier dem Überlebensimpuls stets wieder moralische Fesseln anlegt, ohne ihn andererseits in seiner reproduktionsnotwendigen Funktion gänzlich zu erstikken.[9]

Allerdings ist es nicht dieses Element einer antriebsgestützten Moralität, das Rousseau in ethischer Hinsicht für die zentrale Eigenart des von ihm konstruierten Naturzustandes hält. Zwar spielt in seiner Zivilisationskritik jetzt, wie schon der häufig verwendete Ausdruck der »natürlichen Tugend« anzeigt, das Mitleid auf anthropologischer Ebene dieselbe Rolle, die zuvor der sittliche Lebenszusammenhang der »Polis« auf einer historischen Ebene übernommen hatte; so vollständig ist der Ansatz seiner sozialphilosophischen Diagnose inzwischen in der vorgeschichtlichen Existenz des Menschen verankert, daß selbst die »öffentlichen Tugenden« zu einem Tatbestand der Natur geworden sind. Aber was

8 Vgl. etwa N. J. H. Dent, »State of Nature«, in dem von ihm vorzüglich besorgten Lexikon: ders., *A Rousseau Dictionary*, Oxford 1992, S. 232 ff.; Günter Figal, »Rekonstruktion der menschlichen Natur. Zum Begriff des Naturzustandes in Rousseaus ›Zweitem Discours‹«, in: *Neue Hefte für Philosophie* 29 (1989), S. 24-38.

9 Jean-Jacques Rousseau, »Abhandlung über den Ursprung und die Grundlagen der Ungleichheit unter den Menschen«, a. a. O., S. 83.

Rousseau wirklich ins Zentrum seines Bildes vom Naturzustand rückt, erschließt sich eigentlich erst vom Ende seiner Abhandlung her. Dort findet sich in einer pathetischen, stilistisch meisterhaften Zusammenfassung der Hinweis, daß der Mensch vor aller Vergesellschaftung »in sich selbst« gelebt habe.[10] Diese unscheinbare Formulierung stellt den Schlüssel sowohl für Rousseaus Bild des Naturzustandes als auch für die ethische Absicht seiner Zivilisationskritik dar; denn sie umreißt die Form der individuellen Sclbstbeziehung, die er in der bürgerlichen Gesellschaft seiner Zeit in ihr Gegenteil verkehrt sieht.

Was Rousseau vor Augen hat, wenn er von einem menschlichen Leben sagt, daß es »in sich selbst« vollzogen werde, ergibt sich direkt aus seiner methodischen Prämisse einer weitestgehenden Isolation im Naturzustand: Weil der Mensch hier unabhängig von Interaktionspartnern gelebt haben soll, orientiert er sein Handeln allein an Motiven, die ohne Bezugnahme auf die Erwartungshaltungen anderer Personen zustande gekommen sind. Positiv gewendet heißt das, daß die Subjekte sich unter natürlichen Bedingungen in der Sicherheit ihres eigenen Wollens bewegen; von keiner performativen Orientierung abgelenkt, vollziehen sie ihr Leben in der ruhigen Gewißheit, stets nur das zu wollen, was ihnen ihre Bedürfnisnatur jeweils empfiehlt. Wieviel dieses Existenzideal über das private Schicksal Rousseaus verrät, soll an dieser Stelle nicht weiter erörtert werden.[11] Hier ist vielmehr von Bedeutung, daß das Vorbild einer vollkommen monologischen Selbstbeziehung den ethischen Maßstab abgibt, den Rousseau seiner Bewertung des Zivilisationsprozesses zugrunde legt. Dabei ist eine äußere Schicht der Kritik von ihrem innersten, sozialphilosophischen Kern zu unterscheiden: Auf einer ersten, gewissermaßen offiziellen Ebene, die der Aufgabe einer Beantwortung der ausgeschriebenen Preisfrage nachkommt, umreißt Rousseau mit dem Scharfsinn eines frühen Soziologen, inwiefern das Verlassen der natürlichen Lebensweise zur Entstehung von sozialer Ungleichheit hat führen müssen; denselben Vorgang interpretiert er aber auf einer zweiten, eher verborgenen Ebene zugleich als den Anfangspunkt eines Prozesses, durch den der Mensch in ein Verhältnis der Selbstentfremdung getrieben wurde. In beiden Fällen ist es das

10 Ebd., S. 123.

11 Lesenswert in diesem Zusammenhang ist vor allem: Jean Starobinski, *Rousseau. Eine Welt von Widerständen*, München 1988.

Aufbrechen der monologischen Selbstbeziehung, was der kritisierten Entwicklung den Weg bereitet hat, aber der Stellenwert dieses Ereignisses ändert sich jeweils mit dem Gesichtspunkt, unter dem Rousseau seine kritische Diagnose unternimmt.

Auf der Basis der Beschreibung, die Rousseau vom Naturzustand gegeben hat, ist es nur konsequent, wenn er dessen Ende schon mit den ersten Schritten der Vergesellschaftung zusammenfallen läßt: Ist die natürliche Lebensweise des Menschen nämlich durch eine Form der individuellen Selbstbeziehung geprägt, die frei von allen intersubjektiyen Orientierungen ist, so muß diese sich bereits in dem Augenblick aufzulösen beginnen, in dem mit der Familie oder dem Sippenverband elementare Kommunikationsbeziehungen entstehen. Wie unzureichend auch immer die Erklärungen daher sind, die Rousseau für die Herausbildung solcher frühen Formen der Vergemeinschaftung anbietet, mit ihnen sieht er den menschlichen Naturzustand definitiv als beendet an. Die Folgen, die sich aus der veränderten Lebenssituation für das individuelle Verhalten ergeben, werden dem Leser in einem Gedankengang auseinandergesetzt, dessen negativistische Zuspitzung nicht frei von persönlichen Affekten ist: Sobald die Subjekte sich wechselseitig aufeinander beziehen müssen, wie es mit dem Entstehen erster Interaktionsverhältnisse der Fall ist, verlagert sich der Orientierungspunkt ihres Handelns zwangsläufig nach außen. Statt den Empfehlungen der eigenen Bedürfnisnatur zu folgen, richten sie sich nunmehr an den Erwartungen aus, die ihnen die Kommunikationspartner entgegenbringen. An die Stelle, die zuvor die Sicherheit über die eigenen Wünsche eingenommen hatte, tritt dementsprechend jetzt die Unruhe der permanenten Selbstdarstellung. Denn in der Angst, die intersubjektiven Erwartungen nicht erfüllen zu können, ist jedes Subjekt um eine Präsentation seiner selbst bemüht, die mehr verspricht, als faktisch einlösbar ist. Sobald dieses Stadium der Vergesellschaftung einmal erreicht ist, entsteht eine soziale Dynamik, an deren Ende der unaufhörliche Kreislauf von Geltungssucht und Prestigegehabe steht: Wechselseitig begegnen sich die Individuen nur noch mit der Absicht, Talente und Kräfte vorzutäuschen, die ihnen ein höheres Maß an sozialer Anerkennung verschaffen können.

Wie aus bitterer Ironie, so scheint es, hat Rousseau mit dieser Schlußfolgerung das Ablaufschema der Hobbesschen Lehre einfach umgedreht: Herrscht bei Hobbes im Naturzustand eine Situation der wechselseitigen Angst und Bedrohung vor, so waltet hier die Ruhe eines allgemeinen Gewährenlassens, während der Eintritt in den Gesellschaftszustand erst zu der Form von angstbesetztem Unfrieden führt, die Hobbes doch durch den Staatsvertrag gerade überwunden zu wissen glaubte. In Wirklichkeit freilich lassen sich die beiden Konzeptionen gar nicht miteinander vergleichen, weil Rousseau einer vollkommen anderen Frage nachgeht, als Hobbes mit seinem Vertragsentwurf hat lösen wollen: dieser untersucht in praktischer Absicht die rechtlichen Bedingungen, unter denen der Austritt aus dem Naturzustand zur Herstellung einer stabilen Staatsordnung führen kann, jener aber ist diagnostisch an den qualitativen Folgen interessiert, die sich für den Lebensvollzug des einzelnen aus der Tatsache ergeben, daß der Naturzustand bereits verlassen worden ist. Daher ist auch der erste Gesichtspunkt, unter dem Rousseau nun die Konsequenzen des skizzierten Entwicklungsprozesses aufrollt, für ihn wohl nur von untergeordneter Bedeutung: die Situation eines allgemeinen Prestigekampfes, in die das Aufbrechen der monologischen Selbstbeziehung ausgeufert war, hat zwangsläufig die Herausbildung sozialer Ungleichheit zur Folge, denn mit dem künstlich gewachsenen Bedürfnis nach Prestigegewinn, der »amour propre«, ist auch der Drang entstanden, privates Eigentum zu erwerben, wodurch wiederum der sozialen Klassenbildung der Weg bereitet wurde.

In seinem eigentlichen Element ist Rousseau aber erst dort, wo er zu dem zweiten Gesichtspunkt seiner kritischen Diagnose übergeht. Hier lautet die zentrale Frage nun, was die dargestellte Entwicklung über die Chancen des Menschen besagt, zu einem gelingenden oder erfüllten Leben zu gelangen. Wieder stützt Rousseau sich auf diejenigen Verfallsprozesse, die er schon in seiner Abhandlung über die »Wissenschaften und die Künste« herangezogen hat, um seine kritischen Behauptungen empirisch ausweisen zu können; und wieder besitzt die Antwort, mit der er seine Erörterung beschließt, am Ende dieselbe schonungslose Unzweideutigkeit, die auch die frühere Schrift kennzeichnet. Aber jetzt verfügt Rousseau mit dem Maßstab, den er inzwischen in dem Ideal einer monologischen Selbstbeziehung aufgefunden hat, zugleich auch über das theoretische Mittel, um seine kritische Diagnose auf eine einzige These zuspitzen zu können: wenn jene natürliche Existenzweise eines bedürfnissicheren Lebensvollzugs aufgebrochen wird, weil der Mensch sich in geregelte Interaktionsbeziehungen begibt, dann muß er zum Opfer der Außenverlagerung seiner Handlungsorientierungen werden; denn mit dem Blick, den er nunmehr aus der Perspektive seiner Kommunikationspartner auf sich selber wirft, gerät er in den permanenten Zwang, ein falsches Bild seiner selbst präsentieren zu müssen. Der moderne Freiheitsverlust ebenso wie der wachsende Tugendzerfall stellen daher für Rousseau jetzt nur noch die zwei Seiten eines Prozesses dar, der in der Struktur eines nach außen verlagerten Lebens seine Ursache hat: mit der Unruhe der Selbstpräsentation geht nämlich die *individuelle Unabhängigkeit* nicht weniger als die ursprüngliche Tugend des Mitleids in stetig wachsendem Maße verloren. So kann Rousseau am Ende seiner Abhandlung die These, die seiner kritischen Diagnose zugrunde liegt, in einem einzigen, berühmt gewordenen Satz zusammenfassen: »Der Wilde lebt in sich selbst, der Mensch in der Gesellschaft hingegen ist immer außer sich und vermag nur in der Meinung der Anderen zu leben.«[12]

Mit dieser Schlußfolgerung ist Rousseau, so läßt sich ohne Übertreibung sagen, zum Begründer der modernen Sozialphilosophie geworden. Zwar ist es nicht der Inhalt seiner kritischen Diagnose gewesen, der der Disziplin den Weg gewiesen hat, aber die Art der Fragestellung und die methodische Form der Antwort waren es, die einen neuen Typ der philosophischen Untersuchung ins Leben zu rufen vermochten. Mit dem Versuch, das soziale Leben seiner Zeit als etwas zu begreifen, das der ursprünglichen Existenzform des Menschen fremd geworden war, hat Rousseau, wenn auch nicht dem Begriffe, so doch der Sache nach, die philosophische Idee der »Entfremdung« hervorgebracht.[13] Damit war die Möglichkeit geschaffen, eine gesellschaftliche Lebensform nicht mehr nur unter dem Aspekt ihrer politisch-moralischen Legitimität zu untersuchen, sondern auch auf die strukturellen Beschränkungen hin zu befragen, die sie dem Ziel der menschlichen Selbstverwirklichung auferlegt. Allerdings verlangte ein solches Unternehmen nach ei-

12 Jean-Jacques Rousseau, »Abhandlung über den Ursprung und die Grundlagen der Ungleichheit unter den Menschen«, a. a. O., S. 123.

13 Vgl. N. J. H. Dent, »Alienation«, in: ders., *A Rousseau Dictionary*, S. 27ff.; hingegen meint der Begriff der »alienation«, wo Rousseau ihn dem Wort nach tatsächlich verwendet, nämlich in seinem »Gesellschaftsvertrag«, die »Denaturierung« des Menschen im Sinne der moralischen Selbstreinigung. Vgl. zu dieser, für die politische Philosophie Rousseaus zentralen Idee: Jürgen Habermas, »Naturrecht und Revolution«, in: ders., *Theorie und Praxis*, Frankfurt/M. 1971, S. 89ff., bes. S. 111.

nem Maßstab, an dem auszuweisen war, was als Beschränkung, was mithin als Fehlentwicklung zu gelten hatte; und auch in dieser methodischen Hinsicht ist Rousseau in kürzester Zeit traditionsbildend geworden. Denn mit seinem Vorschlag, die ursprüngliche Existenzform des Menschen als einen derartigen Vergleichsmaßstab zu betrachten, hatte er eine der wenigen Möglichkeiten geschaffen, die der Sozialphilosophie von nun an zur Verfügung stehen sollten. Wie sehr auch die sozialen Verhältnisse einer Veränderung unterlagen, stets würde eine der Alternativen ihrer theoretischen Rechtfertigung in Zukunft darin bestehen, auf eine Idealform menschlichen Handelns zu verweisen, die in der anthropologischen Ausstattung der Gattung angelegt sein sollte.

Als Hegel an der Wende zum 19. Jahrhundert seine ersten Schriften verfaßte, stand er nicht weniger im Bann der Problemstellung Rousseaus als vierzig Jahre später der junge Karl Marx. Freilich hatte sich das empirische Anschauungsmaterial, an dem zunächst Hegel, erst recht dann aber Marx ihr Unbehagen an der bürgerlichen Gesellschaft festmachten, gegenüber der Mitte des vorangehenden Jahrhunderts schon erheblich geändert. Nicht nur das Ereignis und die Nachwirkungen der Französischen Revolution, sondern vor allem auch die Begleiterscheinungen der rapide voranschreitenden Industrialisierung waren es, auf die sie beide mit ihren theoretischen Entwürfen reagierten. Rousseau war zum Kerngedanken seiner Sozialphilosophie durch leidvolle Erfahrungen gelangt, die er im sozialen Leben einer frühbürgerlichen Öffentlichkeit in der Stadt Paris hatte machen müssen. All das, was er dort an Konkurrenzdruck, Prestigezwang und Distinktionsgehabe erleben mußte, war von ihm auf die beiden Entwicklungstendenzen des Freiheitsverlustes und des Tugendverfalls zurückgeführt worden; und diese Prozesse wiederum hat er mit Hilfe des Deutungsmusters einer »Verkehrung« und »Entfremdung« als die notwendigen Folgen der Loslösung von einer anthropologisch gegebenen Ausgangssituation interpretiert. Für Hegel hingegen ist die Gesellschaft seiner Zeit durch nichts weniger charakterisiert als durch einen Verlust an subjektiver Freiheit. Was er als pathologisch am sozialen Leben erfährt, ist ganz im Gegensatz zu Rousseau die zerstörerische Wirkung, die von dem Prozeß einer maßlosen Steigerung des individuellen Partikularismus ausgeht. Die empirischen Phänomene, die ihm dabei plastisch vor Augen stehen, sind soziale Vereinzelung, politische Apathie und ökonomische Verelendung. Mit Rousseau aber teilt Hegel die Sicht, daß diese historischen Fehlentwicklungen deswegen eine soziale Gefährdung darstellen, weil sie den Bedingungen eines guten Lebens zu große Beschränkungen auferlegen. Im Sinn einer solchen ethischen Grundproblematik bildet auch sein Werk eine wesentliche Stufe in der Entfaltung der neuzeitlichen Sozialphilosophie.

Von Anfang an sieht Hegel als das zentrale Problem seiner Gegenwart die Herausbildung einer sozialen Sphäre an, in der die Bürger sich nur noch über das dünne Band von rechtlichen Regelungen aufeinander beziehen. Sowohl sein Bild von den Nachwirkungen der Französischen Revolution als auch sein Blick auf die politischen Verhältnisse in Deutschland sind von der Überzeugung geprägt, daß mit der rechtlichen Freisetzung der Einzelsubjekte zugleich die Gefahr einer Atomisierung des gesamten Gemeinwesens einhergeht: in der »bürgerlichen Gesellschaft« mit den abstrakten Befugnissen einer Rechtsperson ausgestattet, genießt das Individuum nun zwar ein vorher nicht gekanntes Maß an subjektiver Freiheit; deren bloß negative Bestimmung aber führt zu keiner sozialen Bindung mehr, die über rein instrumentelle Orientierungen hinausweisen könnte. Zu einem Sozialphilosophen im hier gemeinten Sinn wird Hegel freilich erst, weil er in diesem Prozeß eines Gemeinschaftsverlustes mehr als nur ein politisches Steuerungsproblem erblickt; seine geschichtsphilosophischen Überzeugungen erlauben es ihm vielmehr schon früh, darin zugleich eine Krise angelegt zu sehen, die das soziale Leben *im ganzen* in Mitleidenschaft zieht.[14] Mit der Herausbildung des bürgerlichen Tauschverkehrs, so ist Hegel nicht anders als viele seiner Zeitgenossen überzeugt, wird auch eine Form der sittlichen Totalität zerstört, wie sie unter natürlichen Bedingungen oder im antiken Griechenland einmal existiert haben muß; die Weise, in der darin das individuelle Leben und die öffentlichen Tugenden miteinander verschränkt waren, gab dem einzelnen die Chance, sich im übergreifenden Allgemeinen stets als ein konstitutives Element einbezogen zu wissen. Insofern diese Bedingungen nun die Vorausset-

14 Aus der Unmenge von Literatur nenne ich nur zwei besonders eindrückliche Darstellungen: Charles Taylor, *Hegel and Modern Society*, Cambridge 1979; Michael Theunissen, *Selbstverwirklichung und Allgemeinheit. Zur Kritik gegenwärtigen Bewußtseins*, Berlin/New York 1982. Vgl. darüber hinaus jetzt meine kurze Studie: Axel Honneth, *Suffering from Indeterminacy. An Attempt at a Reactualization of Hegel's ›Philosophy of Right‹*, Assen/Niederlande 2000.

zung eines gelingenden Lebens abgeben sollen, kann Hegel die Entstehung der bürgerlichen Gesellschaft als Resultat einer geschichtlichen Entzweiung begreifen, deren Folgen weitaus umfassender sind, als am Zustand der politischen Desintegration allein zum Ausdruck kommt: Sobald die Individuen sich unter Ausnutzung ihrer neugewonnenen Freiheiten nur noch auf sich selber zu beziehen beginnen, droht mit dem sozialen Band auch das allgemeine Medium aufgelöst zu werden, in dessen Horizont sie eine vernünftige Identität zu entwickeln vermögen. Das soziale Leben, das Hegel vor Augen hat, ist daher durch einen Verlust an Allgemeinheit gekennzeichnet, der sowohl für die Subjekte als auch für das Gemeinwesen pathologische Folgen hat: im einzelnen Individuum stehen sich, weil es nicht mehr konstitutiv in die öffentliche Sphäre einbezogen ist, Pflicht und Neigung ebenso abstrakt gegenüber wie in der Gesellschaft die atomisierten Mitglieder den leblos gewordenen Institutionen.

Bereits der Ausdruck »Entzweiung«, der dieser sozialphilosophischen Diagnose zugrunde liegt, zeigt den ganzen Unterschied zu Rousseau an. Hegel muß, um zu seiner Behauptung gelangen zu können, einen Zustand der sozialen Einheit voraussetzen, der in entgegengesetzte Teile aufgespalten werden kann; daß in zwei Hälften zerfallen ist, was zuvor einmal eine Totalität gebildet hat, macht seiner Deutung zufolge bereits die Qualität einer gesellschaftlichen Pathologie aus. Für Rousseau hingegen besteht der ideale Ausgangszustand nicht in irgendeiner Form von Ganzheit, sondern in dem Nebeneinander isolierter Einzelheiten; und zu einer Fehlentwicklung kommt es für ihn, sobald die selbstbezüglichen Entitäten durch Zusammenfassung ihr Gravitationszentrum zu verlieren beginnen. Diese Differenz im Bewertungsmaßstab ergibt sich natürlich aus Unterschieden, die zwischen den beiden Denkern im Hinblick auf die sozialen Bedingungen bestehen, durch die unter Menschen ein gelingendes Leben möglich sein soll. Für Rousseau ist es ein Zustand der möglichst extremen Autarkie des einzelnen, während es für Hegel die wechselseitige Verpflichtung auf ein gemeinsames Gut ist, das jeweils als Voraussetzung für eine Form von Gesellschaft gilt, die ihren Mitgliedern Selbstverwirklichung ermöglichen kann. Zeit seines Lebens mußte Hegel daher, wie Rousseau sonst nur in seinem *Contrat Social*,[15]

15 Auf das komplizierte Verhältnis, in dem Rousseaus »Gesellschaftsvertrag« (in: ders., *Sozialphilosophische und politische Schriften*, a. a. O., S. 269 ff.) zu seinen

nach einem sozialen Medium Ausschau halten, das unter den Bedingungen der modernen Freiheitsprinzipien noch einmal zur Quelle der sittlichen Integration werden konnte. Seine frühe Idee einer dem Urchristentum entlehnten Volksreligion, das kurzlebige Programm einer ästhetischen Mythologie, die Orientierung am Vorbild der antiken Polis und schließlich das reife Konzept einer staatlich geregelten Sittlichkeit sind die verschiedenen Lösungen, die er im Zuge der Entwicklung seines Werkes für die von ihm selbst aufgezeigte Krise entworfen hat.[16]

Nur am Rande ist das Bild, das der späte Hegel vom sozialen Leben seiner Zeit skizziert, schon von Phänomenen der ökonomischen Verelendung bestimmt. Erst mit dem Werk seines Schülers Marx treten sie ins Zentrum der Sozialphilosophie. In den fortgeschrittensten Ländern des Westens hatte sich der Prozeß der kapitalistischen Industrialisierung inzwischen so stark beschleunigt, daß die lebensweltlichen Folgen unübersehbar geworden waren; die Erfahrung von wirtschaftlichem Elend und sozialer Entwurzelung ist es daher, die der Theorieentwicklung von Marx den Anstoß gibt. Aber auch er nimmt die Phänomene, die ihn an der Gesellschaft seiner Zeit empören, nicht einfach als soziale Konsequenzen eines moralischen Unrechts wahr. Wie vor ihm Rousseau und Hegel deutet Marx die kritisierten Tendenzen von Anfang an als gesellschaftliche Entwicklungen, die dem Ziel der menschlichen Selbstverwirklichung entgegenstehen. Allerdings enthält nun der teleologische Begriff des Menschen, den Marx seinen Überlegungen zugrunde legt, von vornherein eine inhaltliche Zuspitzung, die sowohl Rousseau als auch Hegel noch vollkommen fremd gewesen war: Entsprechend der historischen Erfahrung, die seine Aufmerksamkeit auf das Wirtschaftsleben lenkt, aber auch nicht unabhängig von den romantischen Einflüssen, denen er in seiner Jugend unter-

kulturkritischen Schriften steht, kann ich hier nicht eingehen; entgegen der weitverbreiteten Überzeugung, daß zwischen den beiden Werkkomplexen ein einfacher Gegensatz besteht, bin ich allerdings der Meinung, daß sich der intersubjektivitätstheoretische Negativismus der Kulturkritik in der Tendenz der politischen Schriften widerspiegelt, allen Formen der gesellschaftlichen Assoziation, ja sogar der sozialen Interaktion entgegenzuwirken.

16 In einem äußerst interessanten Aufsatz hat Sergio Dellavalle »dreieinhalb« Modelle unterschieden, die sich im Hegelschen Werk insgesamt für eine Lösung der Aufgabe der sittlichen Integration finden lassen: Sergio Dellavalle, »Hegels dreieinhalb Modelle zum Bürger-Staat-Verhältnis«, in: *Hegel-Jahrbuch 1993/94*, hg. von A. Arndt/K. Bal/H. Ottmann, Berlin 1995, S. 191 ff.

liegt, gelangt für Marx das menschliche Subjekt allein durch den Prozeß einer selbstbestimmten Arbeit zur Selbstverwirklichung.[17] Die kritische Diagnose, die er sich zum Ziel gesetzt hat, muß daher den Versuch unternehmen, am Kapitalismus diejenigen Bedingungen zu identifizieren, die der Entfaltung einer solchen Form von Arbeit strukturell im Wege stehen. In seinen Frühschriften gibt Marx diesem Unternehmen die Gestalt einer Kritik der sozialen Entfremdung.

In ihrer methodischen Form ist diese Entfremdungskritik noch weitgehend dem Modell verhaftet, das Rousseau in seinen zivilisationstheoretischen Schriften entwickelt hat. Um von »Entfremdung« reden zu können, muß auch Marx zunächst einen ursprünglichen Zustand umreißen, der den Menschen ein gutes Leben hat führen lassen. Von der damit bestimmten Idealsituation hat er in einem zweiten Schritt dann zu zeigen, inwiefern sie durch die gesellschaftlichen Entwicklungen zerstört oder in ihr Gegenteil verkehrt wurde. Freilich ist Marx theoretisch schon so vorsichtig geworden, daß er jede, und sei es auch bloß methodisch gemeinte Anspielung auf einen Naturzustand vermeidet. Statt dessen spricht er nur noch von Möglichkeiten, die der menschlichen Gattung aufgrund ihrer natürlichen Ausstattung zukommen sollen. Wird diese Differenz berücksichtigt, dann läßt sich die Argumentation der *Ökonomisch-philosophischen Manuskripte*, die im Jahre 1844 entstehen,[18] in formaler Analogie zum *Diskurs über die Ungleichheit* nachvollziehen: das, was die zentrale Eigenschaft des Menschen ausmacht, ist die Fähigkeit, sich im Produkt seiner Arbeit zu vergegenständlichen; nur im Vollzug einer solchen Vergegenständlichung erhält das einzelne Subjekt die Chance, sich der eigenen Kräfte zu vergewissern und dementsprechend zu Selbstbewußtsein zu gelangen; daher bildet die Möglichkeit, frei und ungezwungen den Vollzug des Arbeitens als Selbstverwirklichung erleben zu können, die entscheidende Voraussetzung eines guten Lebens unter Menschen; mit der Durchsetzung der kapitalistischen Produktionsweise jedoch wird diese Bedingung zerstört, weil sie in Form der Lohnarbeit dem Handelnden jede Kontrolle über seine Tätig-

17 Vgl. zusammenfassend dazu: Axel Honneth, »Arbeit und instrumentales Handeln«, in: ders./Urs Jaeggi (Hg.), *Arbeit, Handlung, Normativität. Theorien des Historischen Materialismus 2*, Frankfurt/M. 1980, S. 185 ff.

18 Karl Marx, *Ökonomisch-philosophische Manuskripte aus dem Jahre 1844*, in: *Marx/Engels Werke (MEW)*, Berlin 1956-68, Ergänzungsband I, S. 465 ff.

keit nimmt; insofern stellt der Kapitalismus eine soziale Lebensform dar, die den Menschen in einen Gegensatz zu seinem eigenen Wesen bringt und ihn damit aller Aussichten auf ein gutes Leben beraubt.

Die Folgen, die sich aus der skizzierten Entwicklung für das einzelne Individuum ergeben, listet Marx in vier Formen der sozialen Entfremdung auf: Das Subjekt wird nicht nur an der Verwirklichung seiner humanspezifischen Eigenschaften gehindert, sondern damit zugleich seiner eigenen Person, dem Produkt seiner Arbeit und allen Mitmenschen entfremdet. In anderen Schriften derselben Zeit finden sich leicht veränderte Bestimmungen der Entfremdungssituation, die häufig eher verständlich machen können, warum die Verunmöglichung der individuellen Vergegenständlichung auch zu einer Distanzierung zwischen den Subjekten führen soll.[19] Bei allen Unterschieden im einzelnen aber behält der junge Marx stets die Perspektive bei, im wirtschaftlichen Elend allein den äußeren Ausdruck einer sozialen Lebensform zu sehen, die den Menschen vom Potential der ihm eigenen Fähigkeiten entfremdet hat – der Kapitalismus soll als eine Pathologie und nicht bloß als ein Unrecht der gesellschaftlichen Verhältnisse verstanden werden.

An dieser sozialphilosophischen Orientierung der Kapitalismuskritik ändert sich auch nichts, nachdem Marx den entfremdungstheoretischen Ansatz seiner Frühschriften fallengelassen hat. Mit der Vertiefung seiner Kenntnis der politischen Ökonomie wächst bei ihm zwar die Einsicht, daß die kapitalistische Produktionsweise nur dann angemessen zu kritisieren ist, wenn sich an ihren Bewegungsgesetzen selbst ein struktureller Widerspruch nachweisen läßt. Und mit der verstärkten Ausrichtung am methodischen Vorbild der Wissenschaften mag er sich auch zu der Überzeugung durchgerungen haben, daß die Rede von der »sozialen Entfremdung« viel zu starke Anleihen bei einem spekulativen Konzept der menschlichen Gattungseigenschaften macht. Aber die Transformation seines Ansatzes in das wissenschaftliche Programm einer Kritik der politischen Ökonomie führt nicht etwa dazu, daß Marx seine Kapitalismusanalyse fortan ohne jede sozial-

19 Vgl. etwa Karl Marx, »Auszüge aus James Mills Buch«, in: *Marx/Engels Werke*, ebd., S. 443 ff.; zur Kritik des Entäußerungsmodells der Arbeit, das sich hinter der Entfremdungskonzeption des jungen Marx verbirgt, vgl. Ernst Michael Lange, *Das Prinzip Arbeit*, Frankfurt/M./Berlin/Wien 1980.

philosophische Orientierung beläßt. Auch jetzt geht es ihm um wesentlich mehr als bloß darum, die innere Gesetzmäßigkeit herauszuarbeiten, mit der die Verwertungslogik des Kapitals die wirtschaftliche Krise erzwingt. Vielmehr soll von demselben Prozeß auch weiterhin gezeigt werden können, daß er deswegen eine soziale Fehlentwicklung darstellt, weil er ein befriedigendes Leben unter Menschen unmöglich macht. Um dieses Ziel erreichen zu können, bedient sich Marx in dem neuen Kontext vor allem der Kategorie der »Verdinglichung«. Mit ihr wird das Konzept der Entfremdung durch ein Vorstellungsmodell ersetzt, das zwar sparsamer im anthropologischen Gehalt, aber ebenso aussagekräftig im Hinblick auf die Bestimmung sozialer Pathologien ist.[20] Unter »Verdinglichung« versteht Marx den Vorgang, durch den der Verwertungszwang des Kapitals bewirkt, daß die Subjekte zu einer Art von permanentem Kategorienfehler gegenüber der Wirklichkeit genötigt werden: unter den ökonomischen Druck geraten, stets von allen nicht verwertbaren Phänomenen abzusehen, können sie am Ende gar nicht mehr anders, als die Realität im ganzen nach dem Schema von dinglichen Entitäten wahrzunehmen. Zu einem kritikbedürftigen Tatbestand wird dieser Vorgang für Marx freilich erst, weil mit ihm auch die Bedingungen zerstört sein sollen, unter denen der Mensch zu einer Verwirklichung seiner selbst gelangen kann: denn sobald seine Umwelt auf einen Zusammenhang von bloßen Dingen reduziert ist, fehlt ihm jede Möglichkeit, sich der eigenen, lebendigen Kräfte im Medium einer äußeren Wirklichkeit zu vergewissern.

Wie schon der letzte Gedankengang zeigt, kommt natürlich auch dieses neue Kritikmodell nicht ohne den systematischen Bezug auf anthropologische Bestimmungen aus. Marx muß einige, recht starke Annahmen über die Strukturen der menschlichen Selbstverwirklichung vorausschicken, um den Vorgang der Verdinglichung als ein Hindernis für das gute Leben kritisieren zu können; und auf einer davorgeschalteten Ebene hat er selbstverständlich erst einmal nachzuweisen, daß es sich bei einer objektivierenden Sicht auf die Wirklichkeit tatsächlich um eine Art von Kategorienfehler handelt. Aber auf substantielle Annahmen über die Bedürfnisnatur des

20 Vgl. dazu die äußerst genaue Rekonstruktion von Georg Lohmann, der allerdings statt des Begriffs der »Verdinglichung« den der »Indifferenz« ins Zentrum stellt: Georg Lohmann, *Indifferenz und Gesellschaft. Eine kritische Auseinandersetzung mit Marx*, Frankfurt/M. 1991, v. a. Kap. 1.

Menschen, wie sie noch das Entfremdungskonzept verlangt hatte, kann Marx nunmehr verzichten; denn was sein neues Kritikmodell an Angaben über die Struktur der menschlichen Selbstverwirklichung voraussetzt, bezieht sich nicht auf deren Ziele oder Absichten, sondern nur auf notwendige Vollzugsbedingungen. Diese relative Sparsamkeit im Gebrauch anthropologischer Hypothesen mag der Grund dafür sein, daß in unserem Jahrhundert das Modell der Verdinglichungskritik eine starke, bis heute nicht erlahmte Ausstrahlungskraft entwickelt hat. Aber bevor es überhaupt als ein sozialphilosophisches Konzept auch tatsächlich wahrgenommen werden konnte, mußten zunächst die sechzig Jahre vergehen, die zwischen dem Marxschen *Kapital* und dem Frühwerk von Georg Lukács liegen sollten; erst mit seinem Buch *Geschichte und Klassenbewußtsein*[21] gelangte nämlich allgemein zu Bewußtsein, daß die Kritik der politischen Ökonomie auch eine sozialphilosophische Deutung des Kapitalismus enthalten hatte. Schon zu Lebzeiten von Marx waren seine ökonomischen Schriften nicht eigentlich als Beitrag zur Sozialphilosophie betrachtet worden. In den Reihen der Arbeiterbewegung galt das Interesse an seiner Theorie, sofern sie nicht bereits in eine objektivistische Geschichtsauffassung uminterpretiert worden war, vor allem den politischen und ökonomischen, vielleicht gerade noch den moraltheoretischen Schlußfolgerungen. Außerhalb der sozialistisch orientierten Kreise aber hatten sich in demselben Zeitraum schnell andere Phänomene als das wirtschaftliche Elend in den Vordergrund der sozialen Krisenerfahrung gedrängt.

In der zweiten Hälfte des 19. Jahrhunderts zeichnen sich in einigen Ländern des Westens erste Schritte einer politischen Demokratisierung ab. Unter dem moralischen Druck der Arbeiterbewegung, die sich bereits auf den weitgehend institutionalisierten Gleichheitsgrundsatz berufen kann, werden die liberalen Freiheitsrechte auf neue Gruppen ausgeweitet und zugleich um spezifisch politische Elemente ergänzt.[22] Im Zusammenhang mit dem Prozeß der Verstädterung lösen diese Egalisierungstendenzen in bestimmten Kreisen des Bürgertums alsbald negative Reaktionen

21 Georg Lukács, *Geschichte und Klassenbewußtsein*, in: ders., *Werke. Frühschriften Bd. II*, Neuwied/Berlin 1968, S. 161 ff.

22 Sehr anschaulich hierzu: Thomas H. Marshall, »Staatsbürgerrechte und soziale Klassen«, in: ders., *Bürgerrechte und soziale Klassen*, Frankfurt/M./New York 1992, S. 33 ff.

aus; nicht lange dauert es, bis das Schlagwort der »Vermassung« entsteht, mit dem die Bedrohungsängste auf einen einzigen Nenner gebracht werden.[23] Hinzu tritt, zumal in Deutschland, ein wachsendes Unbehagen an den Folgen, die im Bereich der Alltagskultur mit dem Prozeß der Industrialisierung einhergehen: als verödet, ja als sinnentleert wird die soziale Lebenswelt erfahren, weil ihr jede Kraft zu authentischer Größe und Originalität zu fehlen scheint. Schon Tocqueville hatte zu der Zeit, als Marx seine *Ökonomisch-philosophischen Manuskripte* verfaßte, vor den Gefahren einer kulturellen Verarmung gewarnt, die durch die soziale Gleichstellung hervorgerufen werden könnte.[24] Kaum dreißig Jahre später ist es John Stuart Mill, der in seiner Schrift *Über die Freiheit* die wachsende Tendenz eines allgemeinen Konformismus beklagt.[25] Aber erst Nietzsche gelangt in seinem Werk zu einer theoretischen Perspektive, in der alle diese Entwicklungsphänomene so zusammengeführt werden, daß sie als kulturelle Symptome einer einzigen, umfassenden Krise in Erscheinung treten: was seine Zeitgenossen das eine Mal als Wildwuchs des Egalitarismus beschwören, das andere Mal als Resultat einer sozialen Vermassung hinstellen, führt er in genialer Vereinfachung allein auf die geistige Konstellation des modernen Nihilismus zurück. Ganz im Gegensatz zu Tocqueville und Mill, die bei aller Kulturkritik in den beschriebenen Tendenzen doch nur die korrigierbaren Nebeneffekte eines ansonsten entschieden zu verteidigenden Demokratisierungsprozesses sehen, nimmt Nietzsche das soziale Leben seiner Zeit als durch und durch gestört wahr. Die nihilistische Grundstimmung, die die moderne Welt ereilt hat, weil jede Orientierung an lebensbejahenden Werten inzwischen unter reflexivem Vorbehalt steht, ist für ihn kein bloßes Randphänomen in einem im ganzen intakten Sozialgeschehen, sondern der symptomatische Ausdruck einer kulturellen Pathologie.[26] So wird auch Nietzsches Gegenwartsdiagnose zu ei-

23 Vgl. überblicksartig: H. Stuart Hughes, *Consciousness and Society. The Reorientation of European Social Thought 1890-1930*, New York 1977; zur Fortentwicklung des Begriffs der »Masse« in der Weimarer Republik vgl.: Helmuth Berking, *Masse und Geist. Studien zur Soziologie in der Weimarer Republik*, Berlin 1984.

24 Alexis de Tocqueville, *Über die Demokratie in Amerika*, Zürich 1987.

25 John Stuart Mill, *Über die Freiheit*, Stuttgart 1974.

26 Ich verweise stellvertretend nur auf: Friedrich Nietzsche, *Zur Genealogie der Moral*, in: ders., *Sämtliche Werke. Kritische Studienausgabe*, hg. v. G. Colli u. M. Montinari, München/Berlin/New York 1980. Aus der Literatur zu Nietzsche

nem zentralen Bildungselement in der Entwicklung der neuzeitlichen Sozialphilosophie.

Freilich führt der spezifische Blickwinkel, unter dem Nietzsche die gesellschaftliche Welt beobachtet, sowohl zu einer bedeutsamen Bereicherung als auch zu einer typischen Differenz gegenüber den bislang entwickelten Ansätzen der Sozialphilosophie. Nietzsche ist nicht eigentlich, anders als Hegel oder Marx, an den sozialen Phänomenen seiner Zeit interessiert; er liest sie vielmehr in seinen Schriften nur wie im Vorübergehen auf, um sie als exemplarische Belege für eine Störung anzuführen, deren Herkunft und Schwerpunkt allein im Bereich der kulturellen Orientierungen des Menschen liegen soll. Durch diesen Perspektivenwechsel erhält er den Anstoß zu einer Form von Geschichtsbetrachtung, die mit den Prämissen sowohl des aufblühenden Historismus als auch der idealistischen Fortschrittsidee bricht: denn an den kulturellen Deutungssystemen der Vergangenheit muß er gerade jene intellektuellen Gehalte herauszuarbeiten versuchen, die den Boden für die geistige Pathologie der Gegenwart bereitet haben. Auf dem theoretischen Weg, der damit eröffnet war, hat Nietzsche das Programm einer genealogischen Analyse der Kulturgeschichte hervorgebracht. Es ist bis heute, wie vor allem die Untersuchungen von Michel Foucault, in gewisser Weise aber auch die Analysen von Horkheimer und Adorno zeigen, ein methodisches Vorbild für die Absicht einer sozialphilosophischen Zeitdiagnose geblieben.

Unklar an dem Unternehmen Nietzsches ist andererseits von Anfang an gewesen, welcher Bewertungsmaßstab herangezogen wird, um die kritische Beurteilung der modernen Kultur in irgendeiner Weise zu rechtfertigen. Nicht anders als bei seinen Vorgängern, so sind es natürlich auch bei Nietzsche zunächst einmal die Bedingungen eines guten Lebens, die den Inbegriff des Ideals bilden, an dem sich eine kulturelle Lebensform ethisch zu bemessen hat; und so, wie es für Rousseau die vollkommen ungestörte Selbstbeziehung, für Hegel die kommunal gelebte Sittlichkeit und für Marx die Vergegenständlichung in der Arbeit waren, die jeweils als die Voraussetzung für eine befriedigende Form der menschlichen Selbstverwirklichung galten, so ist es für Nietzsche die handlungs-

sind für die hier verfolgte Fragestellung besonders wichtig: Karl Löwith, *Von Hegel zu Nietzsche. Der revolutionäre Bruch im Denken des 19. Jahrhunderts*, Hamburg 1978, bes. der II. Teil; K. Brose, *Sklavenmoral. Nietzsches Sozialphilosophie*, Bonn 1990.

stärkende Existenz eines lebensbejahenden Werthorizontes. Aber im Unterschied zu den ersten drei Vorschlägen, mit denen Nietzsche bis zu einem gewissen Grade auch den Ausgang von anthropologischen Überlegungen teilt, ist sein Ideal nicht so gedacht, daß es auf alle Menschen unterschiedslos Anwendung finden soll. Was er für den Inbegriff eines guten Lebens hält, besitzt Geltung nur für jenen schmalen Kreis von Personen, denen kraft besonderer Talente eine privilegierte Befähigung zur Lebensbejahung zukommt. Mit dieser elitären Einschränkung wandert in die Tradition der Sozialphilosophie ein ethischer Partikularismus ein, der ihr bislang vollkommen fremd gewesen war; das Ideal des guten Lebens, an dem sich die Bestimmung sozialer Pathologien zu bemessen hat, muß von nun an nicht mehr unbedingt auf die Bedürfnisse aller Menschen zugeschnitten sein, sondern kann auch bewußt nur die Belange einer Teilgruppe zum Ausdruck bringen wollen. Erst damit trat jedoch umgekehrt zum ersten Mal überhaupt in den Blick, daß auch die Lebensideale von Rousseau, Hegel oder Marx nicht ganz so universalistisch sein mochten, wie sie es in ihren Theorien jeweils in Aussicht gestellt hatten. Hinter jedem ethischen Universalismus, so machte Nietzsches Ansatz schlagartig klar, konnte sich eine Wertüberzeugung verbergen, die nur der Ausdruck einer partikularen Weltsicht war. Das Jahrhundert, das mit Hegels Kritik der modernen Welt so selbstbewußt begonnen hatte, nimmt von daher sein Ende mit einer Sozialphilosophie, in der schon all die Probleme angelegt sind, mit denen das nächste konfrontiert sein sollte.

II. Zwischen Anthropologie und Geschichtsphilosophie: die Sozialphilosophie nach der Entstehung der Soziologie

Wie die Sozialphilosophie des 19. Jahrhunderts in starker Abhängigkeit von der Kulturkritik Rousseaus stand, so befand sie sich an der Wende zum 20. Jahrhundert vollkommen im Bann der intellektuellen Konstellation von Marx und Nietzsche. Kaum ein Problem, kaum ein Thema ist in ihr anzutreffen, das nicht aus einer Verarbeitung der Spannung zwischen jenen beiden Denkern hervorgegangen wäre. Allerdings hat sich der Schwerpunkt dieser geistigen Auseinandersetzung inzwischen von dem Ort ihrer Entstehung abgelöst und auf ein anderes Feld verlagert: es ist nicht mehr die Philosophie oder eines ihrer außerakademischen Randgebiete, in der die Pathologien der modernen Welt theoretisch verhandelt werden, sondern die im Entstehen begriffene Soziologie. Wie noch häufig in ihrer Geschichte, erhält die Sozialphilosophie für einen kurzen Augenblick die entscheidenden Impulse von einer empirischen Wissenschaft.

Freilich bietet sich damals gerade die Soziologie in einem besonderen Maße für die Fortbildung der Sozialphilosophie an, weil sie sich entgegen ihrer zukünftigen Entwicklung noch ganz selbstverständlich an einer ethischen Fragestellung orientiert. Die Gründerväter der neuen Wissenschaft sind alle ohne Ausnahme zutiefst davon überzeugt, daß die moderne Gesellschaft von einer moralischen Auszehrung bedroht ist, die zu massiven Störungen in der sozialen Reproduktion führen muß: Mit dem institutionellen Übergang von der traditionalen zur modernen Sozialordnung, so lautet die allgemeine Diagnose, hat das soziale Wertgefüge jene ethische Gestaltungskraft verloren, die es dem einzelnen bislang erlaubte, sein Leben sinnvoll auf ein gesellschaftliches Ziel hin auszudeuten. Als eine Antwort auf die damit entstandene Pathologie kann nun die Soziologie deswegen aufgefaßt werden, weil sie übereinstimmend noch vollkommen unspezialisiert als eine »moral-« oder »kulturwissenschaftliche« Unternehmung begriffen wird: ihre Aufgabe soll es sein, wie weder Tönnies noch Simmel, weder Weber noch Durkheim je in Zweifel gezogen haben, durch Erklärung ihrer Genese auch zur praktischen Behebung der ethischen Krise beizutragen. Ist bis hierhin das Programm der ersten Soziologengeneration durchaus noch mit der Zielsetzung vergleichbar, von der auch Hegel in seiner Philosophie ausgegangen war, so unterscheidet es sich davon wesentlich erst durch die inhaltlichen Bestimmungen, die zur Charakterisierung der drohenden Gefahr herangezogen werden: nicht mehr durch ein Anwachsen von Atomisierung und Entzweiung, sondern durch einen Verlust an moralischen Orientierungen überhaupt soll der Prozeß gekennzeichnet sein, der in der ethischen Krise der Gegenwart zum Ausbruch kommt.

In diesem zeitdiagnostischen Bild haben sich auf Wegen, die von heute aus nicht mehr leicht zu rekonstruieren sind, theoretische Einflüsse sowohl von Nietzsche als auch von Marx niedergeschlagen. In ihrer Jugend waren alle die genannten Soziologen mit Ausnahme Durkheims, für den Bergson allerdings eine ähnliche

Rolle gespielt haben mag, durch Nietzsches Nihilismusdiagnose auf nachhaltige Weise geprägt worden; ihr hatten sie die Vorstellung entnehmen müssen, daß mit dem Zerfall der objektiven Wertordnungen auch jene ethischen Zielsetzungen untergegangen waren, an denen die Subjekte ihr Leben sinnvoll orientieren konnten.[27] Zugleich hatte aber auch die ökonomische Theorie von Marx auf diese erste Generation von akademischen Soziologen einen bestimmenden Einfluß ausgeübt; auf dem Weg einer Verallgemeinerung seiner Kapitalismusanalyse war zu lernen gewesen, in welchem Maße die neue Wirtschaftsweise zu einer Form der menschlichen Beziehungen führte, die statt auf persönlichen Bindungen auf zweckrationalen Erwägungen beruhte.[28] So bedurfte es schließlich nur noch des kleinen Schrittes, beide Vorstellungskomplexe zu einem einzigen Erklärungsmuster zu verschmelzen, um zu der These zu gelangen, die an der Schwelle zum 20. Jahrhundert die soziologische Zeitdiagnose beherrschte: daß nämlich die institutionellen Ursachen für das Anwachsen ethischer Orientierungslosigkeit, des Nihilismus also, in der Durchsetzung der kapitalistischen Erwerbswirtschaft zu finden waren. In der einen oder anderen Weise bildete diese Behauptung den Kern der verschiedenen Deutungsmuster, die damals zur Erklärung des Übergangs zur

27 Zum Einfluß Nietzsches auf Simmel vgl. exemplarisch: Klaus Lichtblau, »›Das Pathos der Distanz‹ – Präliminarien zur Nietzsche-Rezeption bei Georg Simmel«, in: H.J. Dahme/O. Rammstedt (Hg.), *Georg Simmel und die Moderne*, Frankfurt/M. 1984, S. 231 ff.; zum Einfluß auf Max Weber vgl. vor allem: Wilhelm Hennis, *Max Webers Fragestellung*, Tübingen 1987, Kap. 4, S. 167 ff.; ferner: Detlev J.K. Peukert, »Die ›letzten Menschen‹. Beobachtungen zur Kulturkritik im Geschichtsbild Max Webers«, in: *Geschichte und Gesellschaft*, H. 4, 12/1986, S. 425 ff.; zum Einfluß auf Tönnies schließlich: Jürgen Zander, »Ferdinand Tönnies und Friedrich Nietzsche. Mit einem Exkurs: Nietzsches ›Geburt der Tragödie‹ als Impuls zu Tönnies' ›Gemeinschaft und Gesellschaft‹«, in: Lars Clausen/Franz Urban Pappi (Hg.), *Ankunft bei Tönnies*, Kiel 1981, S. 185 ff.

28 Der große Einfluß von Marx auf Weber ist unbestritten; vorzüglich ist immer noch: Karl Löwith, »Max Weber und Karl Marx«, in: ders., *Sämtliche Schriften*, Bd. 5, Stuttgart 1988, S. 324 ff.; ferner: Anthony Giddens, »Marx, Weber und die Entwicklung des Kapitalismus«, in: C. Seyfarth/W.M. Sprondel (Hg.), *Seminar: Religion und gesellschaftliche Entwicklung*, Frankfurt/M. 1973, S. 65 ff.; zur Marx-Rezeption von Tönnies vgl.: Günther Rudolph, »Ferdinand Tönnies und die Lehre von Karl Marx. Annäherung und Vorbehalt«, in: Lars Clausen/Carsten Schlüter (Hg.), *Hundert Jahre »Gemeinschaft und Gesellschaft«. Ferdinand Tönnies in der internationalen Diskussion*, Opladen 1991, S. 301 ff.

modernen Gesellschaftsordnung herangezogen wurden: ob Simmel von der Versachlichung der persönlichen Beziehungen sprach, Tönnies die Auflösung sozialer Gemeinschaftsbindungen in den Blick rückte, Weber die Aufmerksamkeit auf die radikale Entzauberung der Welt lenkte oder Durkheim schließlich die Herausbildung von Formen der organischen Solidarität untersuchte, stets sollte es sich dabei um den geschichtlichen Prozeß handeln, der gemeinsam mit der Etablierung der neuen Wirtschaftsordnung zu einer moralischen Entleerung der sozialen Lebenswelt geführt hatte.[29]

Mit der Umstellung der Sozialphilosophie auf die Prämissen der gerade entstehenden Soziologie gingen natürlich einige Konsequenzen einher, die vor allem den methodischen Status der Bewertung sozialer Pathologien berührten. Keiner der vier Wissenschaftler hatte gezögert, den dargestellten Wandlungsprozeß in dem Sinne als ein »Verhängnis« (Weber) oder eine »Anomie« (Durkheim) zu bezeichnen, daß durch ihn die Bedingungen eines gelingenden Lebens unter Menschen untergraben zu werden drohten. Aber aus zwei Gründen, die mit dem Anspruch und dem Ergebnis ihrer eigenen Untersuchungen zusammenhängen, mußten ihnen die theoretischen Probleme einer solchen Charakterisierung viel deutlicher in den Blick geraten, als dies etwa für Hegel oder Marx der Fall gewesen war. Zum einen trat erst jetzt, nachdem mit der Anbindung an die Soziologie auch der Zwang zur empirischen Überprüfung ins Spiel gekommen war, die enge Verbindung vollständig ans Licht, die die Sozialphilosophie bislang mit dem geschichtsphilosophischen Denken unterhalten hatte: Seit Rousseau war die Behauptung, daß eine aktuelle Form der menschlichen Praxis als entfremdet und damit als »pathologisch« zu gelten habe, stets nur als letztes Glied in einem Beweisgang aufgetreten, der sich auf den Verlauf der menschlichen Geschichte im ganzen bezog. Durch die Einbettung in einen geschichtsphilosophischen Rahmen konnte aber der evaluative Sinn der Entfremdungsdiagnose hinter ihrer deskriptiven Bedeutungskomponente vollständig verborgen

29 Vgl. der Reihe nach: Georg Simmel, *Philosophie des Geldes. Gesamtausgabe Bd. 6*, Frankfurt/M. 1989; Ferdinand Tönnies, *Gemeinschaft und Gesellschaft. Grundbegriffe der reinen Soziologie*, Darmstadt 1979; Max Weber, »Die protestantische Ethik und der Geist des Kapitalismus«, in: ders., *Gesammelte Aufsätze zur Religionssoziologie, Bd. I*, Tübingen 1972, S. 17ff.; Emile Durkheim, *Über soziale Arbeitsteilung*, Frankfurt/M. 1988 (2. Auflage).

bleiben; der Umstand, daß mit dem Hinweis auf eine soziale Pathologie eine Bewertung menschlicher Lebensziele vorgenommen wurde, war gewissermaßen in den narrativen Bestandteilen der Theorie zum Verschwinden gebracht worden. Von Nietzsche in die Wege geleitet, mußte dieser geschichtsphilosophische Schleier aber fallen, sobald die Sozialphilosophie einmal so weit in die Abhängigkeit von der soziologischen Forschung geraten war, daß sie dauerhaft einer empirischen Kontrolle unterstand. Denn unter dem Zwang, die historischen Aussagen am geschichtlichen Material selbst auszuweisen, bedurfte es von nun an einer Aussonderung aller nicht-deskriptiven Theorieelemente, so daß deren evaluative Bedeutung unverstellt zutage treten konnte. Wer jetzt noch von der Heraufkunft eines sozialen Verhängnisses oder einer gesellschaftlichen Pathologie sprechen wollte, hatte in irgendeiner Weise zu begründen, inwiefern der Maßstab seiner Bewertung gerechtfertigt war.

An dieser Stelle nun mußten die Soziologen auf ein methodisches Hindernis stoßen, das als ein solches erst durch die Ergebnisse ihrer eigenen Forschung zum Vorschein hatte kommen können. Wenn nämlich in Verlängerung der Kulturdiagnose Nietzsches davon auszugehen war, daß sich die Gesellschaft in einem nihilistischen Zustand der ethischen Beliebigkeit befand, dann konnte es umgekehrt auch kaum mehr eine gerechtfertigte Möglichkeit geben, für den eigenen Bewertungsmaßstab objektive Gültigkeit zu beanspruchen; jede Auszeichnung von menschlichen Zielen, wie sie eine Diagnose sozialer Pathologien erforderlich machte, mußte vielmehr als eine ethische Setzung gelten, die ebenso willkürlich wie alle anderen war. Niemand ist sich über die immanente Schwierigkeit, die sich daraus für den sozialphilosophischen Anspruch der Soziologie ergab, theoretisch mehr im klaren gewesen als Max Weber. Weil er der Kulturanalyse Nietzsches bis zu der Konsequenz gefolgt war, die Relativität aller Werturteile einzugestehen, hatte er sich einerseits gezwungen gesehen, den Wissenschaften jede Art von wertender Stellungnahme methodisch zu untersagen; andererseits aber trat er in seinen religionssoziologischen Schriften doch selber viel zu sehr als ein Zeitdiagnostiker auf, um nicht auch zu wissen, wie wenig sinnvoll für die Soziologie ein generelles Verbot aller Werturteile sein konnte. Aus dieser Zwitterlage hat sich Weber nur zu befreien gewußt, indem er mit der Kategorie der »Wertbindung« eine Interpretation der Wissenschaften vorlegte, die die ganze Dimension der ethischen Wertung kurzerhand ihren transzendentalen Bedingungen zuschlug: ein beliebiger Gegenstandsbereich, so hieß es in Zusammenführung von Nietzsche und Kant, wird nur in dem Maße wissenschaftlich erschlossen, in dem er im Lichte bestimmter Werte eine je spezifische Bedeutsamkeit erhält. Damit durfte unter Werturteilsfreiheit bloß noch die Aufforderung verstanden werden, sich über die eigenen Wertbindungen gewissenhaft Rechenschaft abzulegen, ohne daß indessen klargeworden wäre, wie deren Geltung selber überhaupt gerechtfertigt werden konnte.[30]

Im methodologischen Anspruch weniger ambitioniert, aber auf dieselbe Weise unentschieden, sind auch die Lösungsvorschläge gewesen, die bei den Zeitgenossen Webers im Hinblick auf das umrissene Problem anzutreffen waren: Tönnies und Durkheim haben ebenfalls zeitlebens an dem Objektivitätsanspruch der Soziologie festgehalten, sich dadurch aber keinesfalls davon abhalten lassen, in normativer Weise auf gelingende Formen der menschlichen Vergesellschaftung zu verweisen; und Simmel hat bei aller Einsicht in den empirischen Charakter der eigenen Disziplin noch einmal geschichtsphilosophische Denkfiguren aufgeboten, um seine Rede von der »Tragik« der sozialen Entwicklung rechtfertigen zu können.[31] So unterschiedlich die dargebotenen Lösungsansätze mithin auch gewesen sind, so wenig ist es auch nur einem von ihnen bereits gelungen, die entstandene Schwierigkeit wirklich zu meistern: durch Nietzsche auf das Problem des ethischen Relativismus gestoßen, haben sie es alle nur um den Preis eines gewissen Zwiespalts vermocht, den Anspruch auf wissenschaftliche Objektivität mit dem Ziel einer kritischen Zeitdiagnose zu versöhnen.

30 Zum Verhältnis von Nietzsches Wissenschaftskritik und Webers Wissenschaftslehre vgl. Georg Stauth, »Kulturkritik und affirmative Kultursoziologie. Friedrich Nietzsche, Max Weber und die Wissenschaft von der menschlichen Kultur«, in: Gerhard Wagner/Heinz Zipprian (Hg.), *Max Webers Wissenschaftslehre*, Frankfurt/M. 1994, S. 167ff., zur Wertbeziehungskonzeption im besonderen vgl. Guy Oakes, »Rickerts Wert/Wertungs-Dichotomie und die Grenzen von Webers Wertbeziehungslehre«, ebd., S. 146ff.

31 Bei Tönnies ist es der wertende Charakter der Sprache, der in *Gemeinschaft und Gesellschaft* die Tendenz verrät, zwischen normalen und pathologischen Entwicklungsverläufen zu unterscheiden; für Durkheim vgl. die bemühten Anstrengungen, eine vergleichbare Unterscheidung zu rechtfertigen, in: ders., *Die Regel der soziologischen Methode*, Darmstadt/Neuwied 1961, S. 141f.; für Simmel vgl. ders., »Der Begriff und die Tragödie der Kultur«, in: ders., *Das individuelle Gesetz*, Frankfurt/M. 1968, S. 116ff.

Die Sozialphilosophie war, so machten diese inneren Unstimmigkeiten deutlich, in eine methodologische Krise geraten, aus der es kein leichtes Entrinnen gab: einerseits konnte sie um ihres eigenen Vorsatzes willen gar nicht darauf verzichten, bestimmte Lebensformen des Menschen normativ auszuzeichnen, weil nur so Kriterien für eine Bestimmung sozialer Pathologien zu gewinnen waren; andererseits hatte sich jedoch dank Nietzsche inzwischen gezeigt, daß jedes Lebensideal solcher Art in dem Verdacht stehen mußte, nur eine partikulare Weltsicht zum Ausdruck zu bringen und damit bloß relative Gültigkeit zu besitzen. Wie also sollte sich weiterhin das Ziel verfolgen lassen, gesellschaftliche Fehlentwicklungen zu bestimmen und zu erörtern, wenn doch dafür universelle Bewertungsmaßstäbe gar nicht mehr zur Verfügung stehen konnten?

Es war nicht zuletzt diese Frage, die allmählich dazu führte, daß die Sozialphilosophie wieder auf das Gleis ihrer ursprünglichen Disziplin zurückgelenkt wurde. Die äußerst produktiven Gründerjahre der Soziologie hatten zwar eine Reihe von Deutungsmustern hervorgebracht, die die sozialen Pathologien des expandierenden Kapitalismus so schlüssig und zugleich erfahrungsnah zu erklären vermochten, daß sie auch in den kommenden Jahrzehnten kaum etwas von ihrem Anregungspotential einbüßen mußten; ja, die Rationalisierungsthese von Weber sollte sogar im deutschen Sprachraum bald ebenso zum zentralen Bezugspunkt aller Weiterentwicklungen in der Sozialphilosophie werden wie in Frankreich die Religionssoziologie Durkheims. Aber was sich im Rückgriff auf diese soziologischen Deutungsmuster an neuen Tendenzen herausbildete, vollzog sich zunächst doch weitgehend wieder im gewohnten Rahmen der Philosophie. Nur sie allein schien noch die methodischen Mittel bereitzuhalten, mit deren Hilfe der wachsenden Herausforderung des ethischen Relativismus etwas entgegengesetzt werden konnte, das Halt in universalistischen Prämissen versprach. Für eine solche Aufgabe kamen allerdings in dem historischen Zeitraum, der durch das Ende des Ersten Weltkrieges eröffnet wurde, überhaupt nur zwei philosophische Positionen in Betracht. Auf der einen Seite war inzwischen mit der philosophischen Anthropologie eine theoretische Schule zum Durchbruch gelangt, die unter Einbeziehung empirischer Forschungen die schon bei Rousseau, Herder und Humboldt angelegte Frage klären wollte, durch welche universalen Eigenschaften der Mensch gegenüber tierischen Lebewesen ausgezeichnet sei.[32] Auf der anderen Seite hatte sich, sicherlich auch ausgelöst durch die Verunsicherungen des Weltkrieges, ein neues Interesse an jener Form eines geschichtsphilosophischen Denkens entwickelt, das durch den Historismus längst für überwunden gehalten worden war. Schon immer hatten, wie zu sehen war, anthropologische und geschichtsphilosophische Begründungsfiguren innerhalb der Sozialphilosophie eine wichtige Rolle gespielt; aber erst jetzt, in den zwanziger Jahren unseres Jahrhunderts, bildeten sich theoretische Strömungen heraus, die sich explizit entweder auf die eine oder die andere der beiden Denkformen zu stützen versuchten, um wieder auf den sicheren Boden universalistischer Prämissen zurückkehren zu können.

Bei Rousseau waren anthropologische Bestimmungen und negative Geschichtsphilosophie noch in einer einzigen Argumentationskette ausgewogen aufeinander bezogen gewesen: Ausgehend von einer Skizze der vorsozialen Natur des Menschen sollte gezeigt werden, wie der Prozeß der Vergesellschaftung zwangsläufig zu einer Denaturierung führt, an deren Ende der Prestigekampf aller gegen alle steht. Schon Hegel hatte, indem er die menschliche Geschichte zu einem Medium des Fortschritts machte, das methodische Gleichgewicht zugunsten des zweiten Elements aufgelöst: bei ihm überwiegt die Geschichtsphilosophie die Anthropologie, weil die wahren Eigenschaften des Menschen nicht mehr am natürlichen Anfang, sondern am historischen Ende plaziert sein sollen. Zu Beginn des zwanzigsten Jahrhunderts schließlich sind die beiden Denkformen bereits so weit auseinandergetreten, daß sie sich als exklusive Alternativen gegenüberstehen, deren Differenz sich an der unterschiedlichen Stellung der menschlichen Universalität bemißt: Während die philosophische Anthropologie einen allgemeinen Begriff der Lebensform des Menschen durch Rückgang auf seine natürliche Ausgangslage gewinnen will, entnimmt ihn die Geschichtsphilosophie einem als notwendiges Ziel begriffenen Endzustand der menschlichen Entwicklung.[33] Beide Modelle bie-

32 Zur deutschen Tradition der philosophischen Anthropologie vgl. überblicksartig: Axel Honneth/Hans Joas, *Soziales Handeln und menschliche Natur*, Frankfurt/M. 1980; vgl. ferner Karl-Siegbert Rehberg, »Philosophische Anthropologie und die ›Soziologisierung‹ des Wissens vom Menschen«, in: Rainer Lepsius (Hg.), *Soziologie in Deutschland und Österreich 1918-1945*, Sonderheft 23 der KZfSS, Opladen 1981, S. 160ff.

33 Vgl. u.a.: Odo Marquard, »Schwierigkeiten mit der Geschichtsphilosophie«,

ten sich nun für eine Überwindung der entstandenen Krise deswegen in einem besonderen Maße an, weil sich durch sie jede Bezugnahme auf ethische Normen überhaupt zu erübrigen scheint und die Gefahr des Relativismus von vornherein vermieden werden kann: Wo die Sozialphilosophie an die erste Denkform anknüpft, um zu allgemeinen Kriterien einer Bestimmung sozialer Pathologien gelangen zu können, ist sie nur auf eine hinreichend komplexe Beschreibung der menschlichen Ausgangslage angewiesen; wo sie mit demselben Ziel hingegen an die zweite Denkform anzuknüpfen versucht, bedarf es nicht mehr als einer deskriptiven Vorwegnahme des gesellschaftlichen Zustandes, in dem die menschliche Geschichte mit Notwendigkeit ihren Abschluß finden wird. Die beiden Bücher, in denen diese entgegengesetzten Formen der Sozialphilosophie exemplarisch Gestalt angenommen haben, erscheinen im Abstand von nur einem Jahr: 1923 veröffentlicht Georg Lukács *Geschichte und Klassenbewußtsein*, 1924 folgt Helmuth Plessners bedeutende, aber lange vergessene Studie über die *Grenzen der Gemeinschaft*.[34]

Nicht nur in der zugrundegelegten Begründungsform, sondern auch in ihrer thematischen Absicht repräsentieren diese beiden Bücher die entgegengesetzten Pole im Spektrum der damaligen Sozialphilosophie. Plessner konzentriert sich in seiner Untersuchung auf die Analyse einer sozialen Pathologie, die nicht in dem Entwicklungsprozeß der kapitalistischen Industrialisierung selbst, sondern erst in den Resultaten einer gegen sie gerichteten Politik begründet sein soll. Seiner Überzeugung nach hat nämlich der antibürgerliche Protest des rechten nicht weniger als des linken Lagers inzwischen schon gesellschaftliche Veränderungen herbeigeführt, die an die Stelle der zuvor errungenen Sphäre der liberalen Öffentlichkeit neue Formen der Gemeinschaftsbildung treten lassen. Zu einem Element der Sozialphilosophie wird seine kritische Beobachtung freilich erst, weil er sie mit der zusätzlichen These versieht, daß der politisch angestoßene Strukturwandel mit den Bedingungen der menschlichen Identitätsbildung im ganzen unvereinbar ist: Mit der Rückkehr zum Interaktionstyp der Gemein-

in: ders., *Schwierigkeiten mit der Geschichtsphilosophie*, Frankfurt/M. 1973, S. 13ff.

34 Georg Lukács, *Geschichte und Klassenbewußtsein*; Helmuth Plessner, *Die Grenzen der Gemeinschaft*, in: *Gesammelte Schriften*, hg. v. Günther Dux, Odo Marquard, Elisabeth Ströker, Bd. V, Frankfurt/M. 1981, S. 7ff.

schaft, so Plessners Behauptung, werden die elementaren Voraussetzungen verletzt, unter denen der Mensch sich ungezwungen zu verwirklichen vermag.[35] Schon der junge Lukács hätte an dieser Stelle entschieden Einspruch erheben können; denn bereits seine vormarxistischen Schriften waren zutiefst von der Überzeugung geprägt, daß die Pathologie der kapitalistischen Moderne gerade in der Zerstörung von sozialen Möglichkeiten der Gemeinschaftsbildung besteht.[36] Aber erst in der Aufsatzsammlung *Geschichte und Klassenbewußtsein* erhalten seine frühen, noch romantisch orientierten Intuitionen die systematische Gestalt, die es erlaubt, in ihnen eine vorweggenommene Kritik an der Sozialdiagnose Plessners zu erkennen: In der kapitalistischen Gesellschaft, so lautet die These, zu der Lukács nunmehr in ingeniöser Zusammenführung von Marx und Weber gelangt ist, besitzt die »Verdinglichung« eine dermaßen »unmittelbare Wirklichkeit [...] für jeden lebenden Menschen«,[37] daß die Bedingungen einer freien Selbstverwirklichung für alle restlos zerstört sind. Was sich damit auf der sachlichen Ebene der beiden Entwürfe als ein Gegensatz von Gemeinschaftskritik und Verdinglichungskritik offenbart, spiegelt sich auf der methodologischen Ebene noch einmal in der Differenz von anthropologischem und geschichtsphilosophischem Begründungsverfahren. Mit diesen Alternativen ist zwar die Richtung der sozialphilosophischen Kritik nicht zwingend festgelegt, aber sie geben doch gut zu erkennen, welche Möglichkeiten ihr unter der Prämisse universalistischer Zielsetzungen überhaupt zur Verfügung stehen können.

Plessner stützt seine zeitdiagnostische Kritik, um sie von jedem Verdacht der bloß subjektiven Wertpräferenz freizuhalten, auf eine anthropologische Konzeption der Identitätsbildung beim Menschen. Den Ausgangspunkt seiner bis heute beeindruckenden Herleitung stellt ein Befund dar, auf den er schon vorher im Zusammenhang mit Studien über die menschliche Sinnesorganisation

35 Zum sozialphilosophischen Kontext der Schrift von Plessner vgl.: Joachim Fischer, »Plessner und die politische Philosophie der zwanziger Jahre«, in: *Politisches Denken*, Jahrbuch 1992, Stuttgart 1993, S. 53 ff.

36 Die sozialphilosophischen Intuitionen des vormarxistischen Lukács habe ich zusammenzufassen versucht in: Axel Honneth, »Eine Welt der Zerrissenheit. Zur untergründigen Aktualität von Lukács' Frühwerk«, in: ders., *Die zerrissene Welt des Sozialen*, Frankfurt/M. ²1990, S. 9 ff.

37 Georg Lukács, *Geschichte und Klassenbewußtsein*, S. 385.

gestoßen war:[38] Im Unterschied zu Tieren, so hatte sich dort gezeigt, können menschliche Wesen gegenüber ihren Aktivitäten noch einmal eine »exzentrische« Perspektive einnehmen, wodurch sie gezwungen sind, ständig sowohl aus ihrem »Leib« heraus zu leben als auch über ihn als bloßen »Körper« zu verfügen. Wenn diese Zwitterlage nun daraufhin betrachtet wird, was sie über das individuelle Selbstverhältnis besagt, so ergeben sich bereits die weitreichenden Konsequenzen, auf die Plessner sich in seiner sozialphilosophischen Diagnose bezieht: Aufgrund seiner »exzentrischen Positionalität« ist der Mensch in seiner personalen Identität insgesamt so wenig festgelegt, daß er durch experimentelle Erprobungen stets wieder neu herauszufinden hat, welches die ihm angemessene Form des individuellen Lebens ist; zum Vollzug einer solchen ungezwungenen Selbsterkundung ist der einzelne aber nur in der Lage, solange es ihm die soziale Sphäre einer distanzschaffenden Öffentlichkeit erlaubt, sich vor anderen zu verstellen und damit seine wirklichen Absichten verborgen zu halten; wird dieser institutionelle Freiraum nun jedoch dadurch zerstört, daß Formen der »Bluts-« oder der »Wertegemeinschaft« an seine Stelle treten, so entsteht durch die gestiegenen Authentizitätserwartungen der Zwang, die eigene Identität auf einen bestimmten, schmalen Aspekt festzulegen; insofern geht mit der Entstehung von sozialen Gemeinschaften, wie Plessner schließt, jede Chance einer freien Selbstverwirklichung verloren. Der Maßstab dieser Kritik, so wird deutlich, ist nicht etwa aus einer ethischen Bewertung menschlicher Lebensziele gewonnen, sondern in einer Analyse der normativen Voraussetzungen der Identitätsbildung begründet: Als eine soziale Pathologie gilt, ähnlich wie bei Rousseau, aber nunmehr rein empirisch gemeint, jede gesellschaftliche Entwicklung, die den Bedingungen einer ungezwungenen Selbstverwirklichung zuwiderläuft. Daß auch ein solcher, vermeintlich wertneutraler Begründungsweg schnell dem Verdacht ausgesetzt sein muß, ebenfalls nur eine bloß partikulare Weltsicht zu repräsentieren, ist Plessner nicht verborgen geblieben. In einer Reihe von methodologischen Schriften hat er daher in Auseinandersetzung vor allem mit Heidegger und mit Dilthey einen Vorschlag entwickelt, wie in einem Verfahren der wechselseitigen Korrektur von empirischer Ausgangshy-

38 Vgl. Helmuth Plessner, *Die Einheit der Sinne. Grundlinien einer Ästhesiologie des Geistes* (1923), in: ders., *Gesammelte Schriften*, Bd. III, Frankfurt/M. 1980, S. 7ff.

pothese und mitgebrachten Wertpräferenzen ein Standpunkt erzielt werden kann, der möglichst frei von jeder besonderen Wertbindung ist.[39] So umstritten auch der tatsächliche Ertrag dieser Überlegungen aus heutiger Sicht sein mag, mit ihnen hat Plessner sein sozialphilosophisches Unternehmen immerhin für die Möglichkeit offengehalten, durch empirisch gerichtete Einwände widerlegt zu werden. Wird sein Vorschlag mit dem methodologischen Weg verglichen, den Lukács in seiner Sozialphilosophie gewählt hat, so fällt der ganze Unterschied in den Blick: während bei Plessner die Analyse sozialer Pathologien wissenschaftlich noch kontrollierbar bleibt, ist sie bei jenem jeder Form von allgemeiner Überprüfung vollständig enthoben. Mit einer geschichtsphilosophischen Begründung der Zeitdiagnose geht zwangsläufig die Konsequenz einher, den Maßstab der Kritik in eine Zukunft zu verlegen, die keiner wie auch immer gearteten Falsifikation mehr zugänglich ist.

Auch Lukács möchte seine sozialphilosophische Kritik als ein Unternehmen verstanden wissen, das von jeglicher ethischen Bewertung unabhängig ist; ja, er betrachtet sogar die Bezugnahme auf solche Werte selbst schon als ein Symptom der sozialen Pathologie, die es zu Bewußtsein zu bringen gilt. Der Kalkulationszwang des kapitalistischen Warentausches, so deutet er Marx mit Hilfe von Max Weber, setzt einen Prozeß der Rationalisierung in Gang, der alle Phänomene allmählich in Objekte der ökonomischen Verfügung verwandelt: Ob menschliche Subjekte und ihre intersubjektiven Beziehungen, ob organische Naturabläufe und ihre Hervorbringungen, sie alle nehmen in dem Sinn die Gegenstandsform bloßer Dinge an, daß sie ihre vollkommen unberechenbare Lebendigkeit zu verlieren scheinen; und auch das, was im neuzeitlichen Denken als ein empirisches »Faktum« oder als ein ethischer »Wert« begriffen wird, verdankt sich am Ende nur einer derartigen Abstraktion vom Prozeßcharakter aller Wirklichkeit. Lukács will diese gesellschaftliche Entwicklung nun aber nicht dadurch als eine Pathologie, nämlich als einen Vorgang der »Verdinglichung« kritisieren, daß er ihr die natürlichen Lebensbedingungen des Menschen entgegenhält; der Maßstab seiner Kritik soll vielmehr in der Perspektive angelegt sein, die sich der Klasse des Proletariats für

39 Besonders klar und eindrücklich ein etwas später (1931) erschienener Beitrag: Helmuth Plessner, »Macht und menschliche Natur«, in: ders., *Gesammelte Schriften*, Bd. V, a.a.O., S. 135 ff.

den zukünftigen Augenblick zuschreiben läßt, in dem sie sich selbst als Subjekt des gesamten Geschichtsprozesses durchschaut haben wird: daß das soziale Leben der Gegenwart von einer falschen Abstraktion beherrscht ist, kann erst von dem Standpunkt aus in den Blick geraten, von dem aus im Akt der Befreiung einmal auf die Vergangenheit zurückgeschaut werden wird.

In dieser Begründung fließen so viele mehr oder weniger problematische Annahmen zusammen, daß sie hier gar nicht angemessen Berücksichtigung finden können. Entscheidend ist allein der Umstand, daß Lukács seine Konstruktion nicht als eine empirische Prognose, sondern als Voraussage einer objektiven Notwendigkeit verstanden wissen möchte: kein Hinweis auf historische Umstände, kein soziologisches Argument ist denkbar, mit dem in Frage zu stellen wäre, daß der antizipierte Augenblick einer derartigen Aufsprengung aller Verdinglichung in der Zukunft auch tatsächlich stattfinden wird. Das Motiv, das Lukács zu einer solch metaphysischen Konstruktion von Geschichte gelangen läßt, ist im Prinzip dasselbe, aus dem heraus Plessner auf anthropologische Annahmen zurückgegriffen hatte: Beide wollen den Maßstab, der die Bestimmung sozialer Pathologien erlauben soll, von jeder normativen Komponente freihalten, um so die Gefahr eines ethischen Relativismus zu vermeiden. Aber der Weg, den Lukács zu diesem Zweck eingeschlagen hat, führt geradlinig in die entgegengesetzte Richtung: Das Kriterium, das er seiner Sozialphilosophie zugrunde legt, ist so einseitig in einer teleologischen Konstruktion von Geschichte begründet, daß es jeder Überprüfung auf Dauer entzogen ist und somit absolute Geltung beanspruchen muß. Sobald das einmal als unhaltbares Erbstück einer metaphysischen Geschichtsphilosophie durchschaut sein sollte, war es um die Bedeutung von Lukács' Verdinglichungskritik daher auch geschehen; so groß deren Nachwirkungen in den folgenden Jahrzehnten auch noch sein würden, bis in unsere Tage hinein vermochte sie nicht zu bestehen.

Für die Fortbildung der Sozialphilosophie in den zwanziger und dreißiger Jahren gilt freilich, daß sie methodisch weitgehend den Möglichkeiten folgt, die sich mit der Alternative von anthropologischen und geschichtsphilosophischen Begründungsverfahren eröffnet hatten. Eine Vielzahl der damaligen Versuche, die sozialen Pathologien der Zeit auszuloten, setzen als kritischen Bewertungsmaßstab eine empirische Bestimmung der natürlichen Lebensweise des Menschen voraus. Dazu gehören nicht nur die Ansätze, die direkt aus der theoretischen Strömung der philosophischen Anthropologie erwachsen, sondern auch verschiedene Unternehmungen, die sich von einem ganz anderen Verständnis der menschlichen Natur leiten lassen. So hat Freuds Studie über das *Unbehagen in der Kultur*[40] innerhalb der Psychoanalyse dafür gesorgt, daß eine Form der sozialphilosophischen Zeitdiagnose entsteht, die ebenfalls anthropologischen Charakter besitzt; von Erich Fromm über Herbert Marcuse bis hin zu Alexander Mitscherlich wird die Linie der Autoren reichen, die sich auf psychoanalytische Erkenntnisse über die menschliche Triebstruktur stützen, um die deformierenden Folgen der kapitalistischen Erwerbsgesellschaft aufzuzeigen.[41] In Frankreich ist es Durkheims große Untersuchung über die Religion, die die Herausbildung einer anthropologisch begründeten Sozialphilosophie anregt; von Georges Bataille kapitalismustheoretisch radikalisiert,[42] wird seine Analyse der sozialen Funktionen des Heiligen später zum theoretischen Orientierungspunkt des Kreises, der sich im »Collège de Sociologie« zusammenfindet.[43] Und in den USA schließlich können die zeitdiagnostischen Studien, in denen John Dewey auf pragmatistischer Basis die Unvollkommenheiten und Einseitigkeiten der kapitalistischen Moderne kritisiert, als vergleichbare Zeugnisse einer solchen sozialphilosophischen Tradition gelten.[44]

Diesen verschiedenen Ansätzen einer anthropologisch fundierten Gegenwartsdiagnose stehen, allerdings in geringerem Umfang, Versuche mit geschichtsphilosophischer Orientierung gegenüber. Die marxistische Konstruktion, die Lukács gewählt hatte, um die historische Epoche aus der vorweggenommenen Perspektive einer

40 Sigmund Freud, *Das Unbehagen in der Kultur*, in: ders., *Gesammelte Werke in Einzelbänden*, Bd. XIV, Frankfurt/M. 1948, S. 419 ff.

41 Vgl. von den genannten Autoren vor allem die folgenden Werke: Erich Fromm, *Die Angst vor der Freiheit*, Stuttgart 1983; Herbert Marcuse; *Triebstruktur und Gesellschaft* (*Schriften*, Bd. 5), Frankfurt/M. 1979; Alexander Mitscherlich, *Auf dem Weg zur vaterlosen Gesellschaft*, in: ders., *Gesammelte Schriften*, Bd. III, Frankfurt/M. 1983, S. 7 ff.

42 Georges Bataille, *Die psychologische Struktur des Faschismus. Die Souveränität*, München 1978.

43 Vgl. Denis Hollier (Hg.), *Le Collège de Sociologie (1937-1939)*, Paris 1979.

44 Vgl. etwa John Dewey, *The Public and its Problems*, in: ders., *The Later Works, 1925-1953*, Vol. 2, Carbondale/Edwardsville 1988, S. 235 ff.; für diese Periode in der Theorieentwicklung Deweys vgl.: Robert B. Westbrook, *John Dewey and the American Democracy*, Ithaca/London 1991, Teil 3, S. 231 ff.

zukünftig befreiten Menschheit heraus beurteilen zu können, war nur eine unter vielen gewesen; größere Aufmerksamkeit und einen stärkeren Nachklang hat in jenem Zeitraum ein so fragwürdiges, aber ebenfalls geschichtsphilosophisch angelegtes Werk wie Oswald Spenglers *Der Untergang des Abendlandes*[45] gefunden. Spengler geht bekanntlich von der vollkommen spekulativen These aus, daß sich die Weltgeschichte in Form einer zyklischen Wiederholung von Epochen vollzieht, in denen die jeweils zeitprägenden Hochkulturen analog zum menschlichen Leben eine Abfolge von kraftvollem Aufstieg, allmählicher Reifung und schließlichem Niedergang durchlaufen; in dieses starre Schema eingetragen, befindet sich für ihn die europäische Kultur seit dem vorangegangenen Jahrhundert bereits in der Phase schnell voranschreitender Alterung, so daß ihre Lebensformen und Hervorbringungen, ihre politischen Praktiken und künstlerischen Erzeugnisse nur noch als Ausdruck zivilisatorischer Dekadenz betrachtet werden können. Der spektakuläre Erfolg, den Spengler mit seiner Kulturkritik damals erzielt hat, ist von heute aus nur mit der defätistischen Stimmungslage zu erklären, von der große Teile des Bürgertums angesichts der drohenden Wirtschaftskrise und der politischen Instabilität bereits erfaßt worden waren. Die geschichtsphilosophische Versicherung, daß Europa dem Kulminationspunkt seines kulturellen Verfalls zutreibe, konnte unter derartigen Umständen sowohl die eigene Situation verständlich machen als auch Hoffnungen auf den Beginn einer neuen, starken Epoche wecken. Nur wenige Jahre trennen den Höhepunkt der Spengler-Begeisterung noch von dem historischen Augenblick, an dem über die europäischen Länder der deutsche Faschismus hereinbricht. Mit ihm ändert sich wenn nicht die methodische Orientierung, so doch das Thema der Sozialphilosophie grundsätzlich.

Bis zu diesen gewaltsamen Veränderungen ist das Wahrnehmungsfeld der Sozialphilosophie noch weitgehend von den Deutungsmustern bestimmt, die die Gründerväter der Soziologie zur Zeit des Jahrhundertwechsels entwickelt hatten. Im Vordergrund der ansonsten stark variierenden Gegenwartsdiagnosen stehen daher, wenn von Einzeldenkern wie Helmuth Plessner abgesehen wird, regelmäßig jene Beeinträchtigungen der menschlichen Selbstverwirklichung, die mit dem Prozeß der kapitalistischen

45 Oswald Spengler, *Der Untergang des Abendlandes*, München 1923.

Modernisierung zusammenhängen sollen: Ob Verdinglichung oder Gemeinschaftsverlust, ob kulturelle Verarmung oder Aggressionszunahme, den sozialen Bezugspunkt der Analyse bildet stets der einseitige Rationalisierungsdruck der kapitalistischen Wirtschaftsweise. Mit der Machtergreifung der Nationalsozialisten in Deutschland und der allmählich bekannt werdenden Ausweitung des Terrors in der Sowjetunion setzt jedoch eine tiefgreifende Wandlung in diesem zeitdiagnostischen Bild ein: nach und nach rückt nun jene Konvergenz in das Zentrum, die zwischen der faschistischen Gewaltherrschaft und dem stalinistischen Machtsystem zu bestehen scheint. Bald findet sich kaum mehr eine Theorie mit sozialphilosophischem Sensorium, die nicht in der Ermöglichung des Totalitarismus den Kern aller sozialen Pathologien in der modernen Gesellschaft sehen würde. In den Hintergrund tritt damit als eine bestimmende Einflußgröße die kapitalistische Wirtschaftsweise, in den Vordergrund schiebt sich statt dessen das neuzeitliche Weltverhältnis im ganzen. Aber auch diese nachhaltige Änderung der Blickrichtung führt nicht etwa zu einer methodischen Umorientierung der Sozialphilosophie: Die beiden Bücher, die der historischen Konvergenz von Faschismus und Stalinismus wohl mit der größten Intensität nachgegangen sind, Horkheimers und Adornos *Dialektik der Aufklärung* und Hannah Arendts Studie über den Totalitarismus,[46] stützen sich wiederum entweder auf anthropologische oder geschichtsphilosophische Begründungsverfahren.

Als das Frankfurter »Institut für Sozialforschung« zu Beginn der dreißiger Jahre unter der Leitung von Max Horkheimer die Arbeit aufnimmt, ist der gemeinsame Orientierungsrahmen noch weitgehend von geschichtsphilosophischen Fortschrittshoffnungen geprägt. Nicht anders als bei Lukács, aber in empirischer Einstellung, wird unter Anknüpfung an Marx der Kapitalismus als ein Verhältnis der sozialen Verdinglichung begriffen, das an der revolutionären Gegenwehr des Proletariats einmal sein Ende finden wird. Zwar ist die interdisziplinäre Zusammenarbeit im Institut der irritierenden Frage gewidmet, wie es entgegen aller rationalen Erwartbarkeit zur sozialen Integration der Arbeiterklasse hat kommen können; an der Aussicht auf eine emanzipatorische Um-

46 Max Horkheimer/Theodor W. Adorno, *Dialektik der Aufklärung*, Amsterdam 1947; Hannah Arendt, *Elemente und Ursprünge totaler Herrschaft*, Frankfurt/M. 1958.

wälzung jedoch bestehen bei allen Differenzen unter den Mitgliedern kaum ernstzunehmende Zweifel. Zehn Jahre später, durch die Verhältnisse in Deutschland ins amerikanische Exil verschlagen, hat sich die geschichtsphilosophische Perspektive der Forschergruppe grundlegend gewandelt. Unter dem Eindruck, daß Faschismus und Stalinismus inzwischen ein totalitäres Ganzes bilden, sind alle Hoffnungen auf einen revolutionären Wandel geschwunden und haben einem kulturkritischen Pessimismus Platz gemacht.[47] Das Buch, in dem diese neue Orientierung bleibenden Ausdruck gefunden hat, ist die von Horkheimer und Adorno gemeinsam verfaßte *Dialektik der Aufklärung*; mit ihr ist die Schwelle in der Geschichte der Sozialphilosophie erreicht, auf der die historische Ermöglichung des Totalitarismus zum alles beherrschenden Thema geworden ist.

Wie sehr sich der geistige Horizont des Denkens von Horkheimer und Adorno verschoben hat, geht schon daraus hervor, daß sie die Ursachen für den totalitären Zustand bis zu den Anfängen der menschlichen Geschichte zurückverfolgen wollen: so tiefgreifend ist die soziale Pathologie, die sich im faschistischen Herrschaftssystem offenbart, daß sie nur dann angemessen zu erklären sein soll, wenn sie als Folge einer Fehlentwicklung des gesamten Zivilisationsprozesses verstanden wird. Nicht von ungefähr ähnelt dieser Grundgedanke formal der Prämisse, von der bereits Rousseau sich in seiner Kulturkritik hat leiten lassen: auch dort war es ja die Überzeugung, daß die aktuell wahrgenommene Entfremdung eine weit zurückreichende Störung des menschlichen Verhaltens anzeigt, die den Rückgriff auf den Naturzustand ursprünglich motiviert hatte. Darüber hinaus bestehen auch im Hinblick auf die Frage, welchen methodischen Charakter die Darstellung der zivilisatorischen Anfänge besitzen soll, zwischen den beiden Ansätzen deutliche Übereinstimmungen. Ebenso wie es bei Rousseau ungeklärt bleibt, ob seine Skizze des Naturzustandes fiktiv oder empirisch gemeint ist, lassen es auch Horkheimer und Adorno offen, wie sie ihre Exkurse in die menschliche Frühgeschichte verstanden wissen wollen; der Text enthält zwar einerseits eine Reihe von versteckten Anspielungen auf ethnologische und anthropologische Forschungsbefunde, ist aber andererseits in seinen Schlußfolgerungen so einseitig und zugespitzt, daß am Ende vieles für eine

47 Vgl. zu diesem innertheoretischen Wandlungsprozeß insgesamt: Helmut Dubiel, *Wissenschaftsorganisation und politische Erfahrung*, Frankfurt/M. 1978, Teil A.

bloß fiktiv gemeinte Darstellung spricht. Werden die methodischen Konvergenzen bis zu diesem Punkt nachvollzogen, dann tritt die sachliche Differenz zwischen den beiden Ansätzen nun um so deutlicher zutage. Während Rousseau den Beginn der zivilisatorischen Fehlentwicklung an der zwischenmenschlichen Kommunikation festgemacht hatte, setzen ihn Horkheimer und Adorno bereits bei dem ersten Akt einer rationalen Verfügung über Naturprozesse an. In direkter Umkehrung der positiven Interpretation, die bislang in der marxistischen Tradition vorherrschend war, nehmen beide Denker an der menschlichen Arbeit nur noch das Element wahr, das der instrumentalen Beherrschung dient: In der Anstrengung der Arbeit bildet das Subjekt die Fähigkeit zur rationalen Kontrolle seiner natürlichen Antriebe aus, und durch die arbeitende Tätigkeit wird umgekehrt die natürliche Umwelt auf ein bloßes Eingriffsfeld menschlicher Zwecke reduziert.[48] Beide Annahmen gestatten nun eine Interpretation, in der der Zivilisationsprozeß nicht weniger einseitig auf eine Logik des wachsenden Zerfalls reduziert werden kann als in der Kulturkritik Rousseaus: Der erste Akt der instrumentalen Beherrschung, mit dem der Mensch sich gegenüber der Natur zu behaupten lernt, setzt sich schrittweise in der Disziplinierung seines Trieblebens, in der Verarmung seines sinnlichen Vermögens und der Ausbildung sozialer Herrschaftsverhältnisse fort. Wo bei Rousseau am Ende des Verfallsprozesses der unkontrollierte Prestigekampf aller gegen alle stand, mündet er bei Horkheimer und Adorno schließlich in die totalitäre Gewaltherrschaft der Gegenwart; hier erreicht die historische Spirale zunehmender Verdinglichung ihren Höhepunkt, weil sie innerhalb der Gesellschaft eine neue Form des Naturverhältnisses schafft, in dem die psychisch vollkommen entleerten Individuen den zweckrational operierenden Großorganisationen ebenso wehrlos ausgeliefert sind wie in der Vorgeschichte den unbezwingbaren Naturgewalten.

Die geschichtsphilosophische Erklärung, die Horkheimer und Adorno damit von der Heraufkunft des modernen Totalitarismus geben, steht ersichtlich in der Nachfolge einer marxistischen Aneignung der Weberschen Rationalisierungsthese:[49] selbst die

48 Dazu zusammenfassend: Axel Honneth, *Kritik der Macht. Reflexionsstufen einer kritischen Gesellschaftstheorie*, Frankfurt/M. 1985, Kap. 2, S. 43 ff.

49 Vgl. Jürgen Habermas, *Theorie des kommunikativen Handelns*, Frankfurt/M. 1981, Bd. 1, Kap. IV.

Gewaltherrschaft der totalitär erstarrten Machtsysteme soll noch als eine soziale Verkörperung des kognitiven Prozesses begriffen werden können, der in Form einer methodischen Steigerung von Verfügungswissen die menschliche Geschichte von Beginn an durchzieht. Was bei einer derartigen Konzentration auf die Entwicklungslogik der instrumentellen Vernunft freilich in Kauf genommen werden muß, sind zwei Beschränkungen im theoretischen Blickfeld, die sich nachteilig auf die Diagnose des Totalitarismus auswirken. Zum einen bleiben an dem historischen Entstehungsprozeß all jene Wirkungsfaktoren ausgespart, die nicht in einem mehr oder weniger direkten Verhältnis zum Prozeß der technischen Rationalisierung stehen; sosehr Horkheimer und Adorno daher auch die Entwicklung etwa der Massenmedien mit einbeziehen, sosehr sie sich gerade auch um eine Berücksichtigung der psychischen Verhaltensdispositionen bemühen, stets findet die Analyse dieser Vorgänge unter der einschränkenden Bedingung statt, darin jeweils nur weitere Ausformungen einer totalitär gewordenen Vernunft erblicken zu können.

Was die Aufgabe der Sozialphilosophie anbelangt, ist allerdings der zweite Nachteil von noch größerem Gewicht: weil die totalitäre Herrschaft als Kulminationspunkt eines Rationalisierungsprozesses betrachtet wird, der bis in die Frühgeschichte der menschlichen Gattung zurückreicht, gerät ihre zivilisatorische Sonderstellung im Grunde genommen aus dem Blick. Nicht mehr die gesellschaftliche Realität des Totalitarismus selber, sondern der Zivilisationsprozeß im ganzen stellt eine Form der sozialen Pathologie dar. Wie schon Rousseau, so geraten auch Horkheimer und Adorno unter den Zwang einer grenzenlosen Ausweitung des Pathologieverdachts: Sobald der historische Prozeß nur noch nach dem Muster der Steigerung einer frühgeschichtlichen Störung begriffen wird, können auch jene Fortschritte in der Erweiterung rechtlicher Freiheiten, in der Demokratisierung politischer Entscheidungen oder in der Öffnung individueller Handlungsspielräume gar nicht mehr zum Vorschein kommen, vor deren Hintergrund sich soziale Pathologien überhaupt erst als geschichtlich situierte Fehlentwicklungen abzeichnen können.[50] Es ist, als sei es genau dieser Schwachpunkt der *Dialektik der Aufklärung* gewesen, den Hannah Arendt bei der Abfassung ihrer eigenen Totalita-

50 Vgl. Jürgen Habermas, *Der philosophische Diskurs der Moderne*, Frankfurt/M. 1985, Kap. V, S. 130ff.

rismusanalyse vor Augen gehabt hat; denn darin wird die Entstehung der totalitären Gewaltherrschaft gerade als Folge einer sozialen Pathologie begriffen, die sich nur inmitten moderner Gesellschaften hat herausbilden können.

In der Totalitarismusanalyse von Hannah Arendt ist ein Typ von Sozialphilosophie angelegt, der mit der Zeitdiagnose des jungen Hegel die Tendenz teilt, die Rechtsgründe der Kritik weitgehend nur in der verschleierten Form einer historischen Idealisierung auftreten zu lassen. Zeit ihres Lebens ist Arendt nämlich der Überzeugung gewesen, daß sich Verformungen der sozialen Welt an Entwicklungen zu erkennen geben, die die kommunikativen Voraussetzungen einer öffentlichen Diskussion politischer Belange zu zerstören drohen. Anstatt diesen Grundgedanken nun aber in der Weise anthropologisch zu untermauern, daß er durch empirische Belege ausweisbar geworden wäre, hat sie ihn immer wieder nur auf dem Weg einer idealisierenden Beschreibung der antiken Polis zu rechtfertigen versucht. Werden von den Partien ihres Werkes, die dem damit umrissenen Zweck dienen, nachträglich alle historischen Bezüge abgestreift, so treten die anthropologischen Behauptungen hervor, auf die sie ihre sozialphilosophische Diagnose im wesentlichen stützt: Menschliche Subjekte sind ihrer ganzen Natur nach darauf angewiesen, in einer öffentlichen Sphäre wahrgenommen und bestätigt zu werden, weil sie nur so das Maß an psychischer Stabilität und Selbstbewußtsein erwerben können, das sie zur Bewältigung ihrer existentiellen Probleme und Risiken benötigen; darüber hinaus ist das einzelne Subjekt nur dann dazu in der Lage, sich selbst als ein freies Wesen zu erfahren, wenn es sich in der öffentlichen Diskussion politischer Belange aktiv zu engagieren lernt. Beide Voraussetzungen zusammengenommen erlauben den systematischen Schluß, den Hannah Arendt das eine Mal in die normativ gehaltene Beschreibung der antiken Polis, das andere Mal in die philosophische Rehabilitierung des aristotelischen Praxisbegriffes kleidet: Individuelle Freiheit und öffentliche Praxis sind beim Menschen so verschränkt, daß nur die Existenz einer sozialen Sphäre der politischen Öffentlichkeit ihm die Chance eröffnet, ein gelingendes Leben zu führen.

Es ist das aus dieser These folgende Gesellschaftsideal, das Hannah Arendt nun zugleich als Maßstab benutzt, um das soziale Herrschaftssystem des Totalitarismus als eine soziale Pathologie begreifen zu können. Dabei geht sie nicht im zeitlichen Sinn der

Abfolge ihrer Schriften, sondern im systematischen Sinn des Aufbaus ihrer Sozialphilosophie in zwei Stufen vor: Für die industrielle Gesellschaft der Moderne wird zunächst eine allgemeine Tendenz der Weltentfremdung behauptet, als deren besondere Ausformung und Vollendung sodann im zweiten Schritt das System totalitärer Herrschaft verstanden werden soll. Eine Analyse der sozialen Verhaltensweisen, die den Inbegriff der modernen Weltentfremdung ausmachen, hat Hannah Arendt in der Studie vorgelegt, die im Deutschen den Titel *Vita activa* trägt: Unter der Bedingung einer fortschreitenden Industrialisierung, so lautet ihre These, gelangen die technischen Tätigkeitsformen des Herstellens und des Arbeitens so stark zu sozialer Vorherrschaft, daß sie die freiheitsschaffende Praxis der öffentlichen Beratung und Kommunikation vollkommen zu verdrängen drohen; weil damit jedoch gerade jene Handlungssphäre eingeschränkt wird, in der allein das Individuum zu sich selber, zu seinem Mitmenschen und zur Welt im ganzen ein Verhältnis des Vertrauens ausbilden kann, geht mit dem Siegeszug der Technik zwangsläufig auch die Steigerung einer allgemeinen Entfremdung einher.[51]

Diese Entwicklungsprozesse sind es nun, von denen Hannah Arendt glaubt, daß sie den soziokulturellen Boden für die Durchsetzung des Totalitarismus bereitet haben. In der Gewaltherrschaft des Nationalsozialismus, so zeigt sie in ihrer großangelegten Studie über die *Elemente und Ursprünge totaler Herrschaft*, wird der Weltverlust des modernen Menschen zum Zweck der Massenmobilisierung mißbraucht: Durch die Auszehrung des öffentlichen Raumes von jeder sinnstiftenden Interaktion abgeschnitten, weitgehend auf sich alleine gestellt und der eigenen Identität unsicher geworden, finden die Individuen nur in den totalitären Bewegungen noch eine angemessene Organisationsform ihrer Interessen. Stabilität können solche Massenorganisationen aber nur dann gewinnen, wenn sie gleichzeitig eine kollektive Ideologie entwickeln, die alle Aggressionen nach außen lenkt und auf einen externen Feind konzentriert, um im Inneren ein Gefühl der gemeinsamen Bedrohung und Verantwortung zu schaffen. So entsteht am Ende jener fatale, todbringende Kreislauf, in dem die totalitären Bewegungen ihre Herrschaft nur dadurch aufrechtzuerhalten ver-

51 Dazu besonders erhellend: George Kateb, *Hannah Arendt. Politics, Conscience, Evil*, Totowa, N.J. 1984, Kap. 5. S. 149ff.; zur Analyse des Totalitarismus: ebd., Kap. 2, S. 52ff.

mögen, daß sie die eigenen Ideologien Schritt für Schritt in die Praxis der Massenvernichtung umsetzen.

Im Vergleich mit dem geschichtsphilosophischen Erklärungsansatz, den Horkheimer und Adorno ausgearbeitet haben, ist diese Totalitarismusanalyse bescheiden im vernunftkritischen Anspruch, arm an psychologischen Differenzierungen und geradezu naiv im Hinblick auf die Wirkungsweise der modernen Massenmedien. Was aber die gesellschaftliche Ermöglichung totalitärer Herrschaft anbelangt, was ihre Entstehung aus den Zusammenhängen einer sozialen Pathologie betrifft, so kommt dem Vorschlag von Hannah Arendt doch eine ungleich größere Deutungskraft zu: Die These, derzufolge mit der Ausdehnung technischer Tätigkeitsvollzüge die Sphäre freiheitsverbürgenden Handelns eingeschränkt wird, womit zugleich ein Zerfall der politischen Öffentlichkeit einhergehen muß, so daß schließlich der totalitären Herrschaft keine Grenzen mehr gesetzt sind, ist nicht nur wesentlich anschaulicher auf realgeschichtliche Vorgänge bezogen als all die Überlegungen, die sich in der *Dialektik der Aufklärung* finden; mit dieser These wird vor allem auch der Blick auf eine soziale Fehlentwicklung gelenkt, die für die modernen Gesellschaften selbst dann noch Brisanz und Aktualität behalten sollte, als der Nationalsozialismus schon zerschlagen war und der stalinistische Herrschaftsapparat seine terroristischen Züge weitgehend verloren hatte. Daher kann es nicht eigentlich überraschen, daß es die Theorie von Hannah Arendt war, und nicht etwa die *Dialektik der Aufklärung*, von der in den fünfziger und sechziger Jahren die wichtigsten Anstöße für die Sozialphilosophie ausgegangen sind. Kaum einer der Autoren, die sich in jenem Zeitraum an den Versuch einer philosophischen Deutung der Epoche begaben, ist nicht in irgendeiner Weise von ihren Schriften beeinflußt worden: ob es bei Habermas der Begriff der herrschaftsfreien Diskussion sein wird, bei Cornelius Castoriadis die Idee der revolutionären Praxis oder bei Charles Taylor die Vorstellung einer freiheitsverbürgenden Öffentlichkeit, stets steht am Beginn der kritischen Analyse die mit Hannah Arendt gewonnene Diagnose, daß die Vorherrschaft instrumenteller Tätigkeitsvollzüge den Bereich kommunikativen Handelns auszulöschen droht.

III. Begründungsformen einer Diagnose sozialer Pathologien: Zur aktuellen Lage der Sozialphilosophie

Als sich in den sechziger und siebziger Jahren mit den Schriften von Habermas, Taylor oder Castoriadis eine neue Form von Sozialphilosophie herauszubilden beginnt, die wesentliche Anstöße dem Werk von Hannah Arendt verdankt, haben sich natürlich nicht nur die politischen Verhältnisse entscheidend verändert. Unter dem steigenden Einfluß der sprachanalytischen Philosophie sind inzwischen auch die methodischen Ansprüche gewachsen, die selbst in eher entlegenen Feldern an die Begründung philosophischer Aussagen gestellt werden. Von dieser Entwicklung bleibt auch die Diskussion nicht unberührt, die sich während jenes Zeitraums innerhalb der Sozialphilosophie vollzieht; vorübergehend konzentrieren sich auch hier die Erörterungen vor allem auf die Frage, wie Aussagen über soziale Pathologien methodisch gerechtfertigt werden können. Bevor die historische Darstellung bis in die Gegenwart hinein verlängert wird, soll daher zunächst in Form eines systematischen Rückblicks der bislang umrissene Begriff der Sozialphilosophie zusammengefaßt werden. Nur dann läßt sich nämlich ermessen, worin angesichts ihrer besonderen Erkenntnisabsicht die zentralen Begründungsprobleme dieser Disziplin heute bestehen müssen.

Der Zeitpunkt der Entstehung jener Unternehmung, die wir von heute aus »Sozialphilosophie« nennen können, legt es nahe, sie als Statthalter eines philosophischen Problems zu betrachten, das aufgrund methodischer Bedenken zunächst aus dem neuzeitlichen Denken ausgeschieden worden war. Schon Hobbes schwört der klassischen, auf Aristoteles zurückgehenden Tradition der politischen Philosophie konsequent ab, indem er ihren überschwenglichen Erkenntnisanspruch preisgibt und sich auf eine einzige Frage konzentriert: nicht mehr, wie ein Gemeinwesen zugleich das gute und das gerechte Leben seiner Mitglieder garantieren könne, sondern allein noch, wie es zur Errichtung einer allgemein zustimmungsfähigen Ordnung in der Lage sei, ist das von ihm behandelte Problem. In dieser Einschränkung der Fragestellung zeichnet sich innerhalb der politischen Philosophie bereits jene Abtrennung der Moral von der Ethik ab, die Kant später für die Moralphilosophie offiziell begründet hat: Nur die Probleme, die sich auf die Gerechtigkeit sozialen Handelns beziehen, sollen von der Philosophie beantwortbar sein, während die Bedingungen des guten Lebens so wenig einer allgemeinen Bestimmung zugänglich sind, daß sie aus ihrem Rahmen ausgeschlossen bleiben müssen. Daß aber die ethische Frage zumindest mit Bezug auf das gesellschaftliche Zusammensein nicht einfach beiseite gelegt werden kann, sondern unter den Voraussetzungen der wissenschaftlichen Aufklärung nur eine andere Form anzunehmen hat, ist die Position, die Rousseau in seinen kulturkritischen Schriften vertritt. Natürlich will er ebensowenig wie vor ihm Hobbes oder nach ihm Kant die Perspektive der aristotelischen Tradition bloß wieder aufleben lassen, so daß der Staat als das von vornherein feststehende Ziel der menschlichen Selbstverwirklichung verstanden werden müßte, aber umgekehrt will er doch die Organisation des gesellschaftlichen Lebens daraufhin befragen, ob sie so beschaffen ist und die Bedingungen enthält, daß unter den Menschen ein gelungenes Leben möglich wird. Zwei theoretische Veränderungen sind es, die Rousseau diese Transformation der ethischen Frage erlaubt haben: Zum einen wird der aristotelische Gesichtspunkt insofern radikal formalisiert, als nicht mehr von den naturgegebenen Zwecken der menschlichen Selbstverwirklichung, sondern nur noch von ihren universalen Ermöglichungsbedingungen die Rede ist; und außerdem soll es nicht mehr der Staat, sondern die sich erst allmählich von ihm ablösende Gesellschaft sein, die auf die Voraussetzungen hin befragt wird, die dem menschlichen Lebensvollzug zur Verfügung stehen. So entsteht die Sozialphilosophie als Statthalter einer ethischen Perspektive im Neuland der sich konstituierenden Gesellschaft.

Allerdings ist mit diesem Blick auf ihre Entstehungsbedingungen die Struktur und Funktion der Sozialphilosophie nur im Ansatz bestimmt. Was das zentrale Anliegen der neuen Disziplin ausmacht, zeigt sich vollständig erst bei Berücksichtigung einer weiteren Auffälligkeit, die bereits an Rousseaus Kulturkritik, deutlicher aber noch an den Entwürfen seiner Nachfolger zu beobachten ist. Nirgends tritt die Sozialphilosophie, ob nun bei Marx oder Nietzsche, bei Plessner oder Hannah Arendt, als eine positive Lehre in Erscheinung; stets handelt es sich zunächst und vor allem um die Kritik eines gesellschaftlichen Zustands, der als entfremdet oder sinnlos, verdinglicht oder gar krank empfunden wird. Wie diese kritische Intention mit der zuvor entwickelten Perspektive einer formal gedachten Ethik zusammenhängt, gibt jener Begriff zu erkennen, auf den die Sozialphilosophie von Beginn an mehr oder weniger direkt zugeschnitten ist. Von einer »Pathologie« des gesellschaftlichen Lebens kann sinngemäß nur dann gesprochen werden, wenn bestimmte Annahmen darüber vorliegen, wie die Bedingungen der menschlichen Selbstverwirklichung beschaffen sein sollen.

Sowohl der Begriff der »Diagnose« als auch der »Pathologie«, die beide aufs engste mit dem Erkenntnisinteresse der Sozialphilosophie verknüpft sind, entstammen dem Bereich der Medizin. Unter »Diagnose« wird hier zunächst das genaue Erfassen und Bestimmen einer Krankheit verstanden, von der der menschliche Organismus befallen ist. Als der Maßstab, an dem solche anormalen Erscheinungen gemessen werden, dient eine klinische Vorstellung von Gesundheit, die einfachheitshalber häufig auf die bloße Funktionstüchtigkeit des Körpers zugeschnitten ist.[52] Komplementär zu diesem Begriff der »Diagnose« verhält sich derjenige der »Pathologie«. Wurde mit ihm anfänglich nur die Lehre von den Krankheiten bezeichnet, so sind damit heute vor allem die anormalen Zustände selber gemeint.[53] Eine Pathologie stellt mithin genau die organische Fehlentwicklung dar, die in der Diagnose erschlossen oder bestimmt werden soll. Schon die Übertragung beider Begriffe auf das Gebiet seelischer Störungen stößt nun auf große Schwierigkeiten, weil klare Normalitätswerte für das psychische Leben eines Menschen in der klinischen Forschung bislang kaum auszumachen sind; in der medizinischen Psychologie und der Psychoanalyse gilt daher gegenwärtig eine breite Diskussion der Frage, wie ein unzweideutiges oder zumindest plausibles Konzept der seelischen Gesundheit zu formulieren wäre.[54] Um wie vieles schwieriger dann aber die Ausweitung jener beiden Begriffe auch noch auf das Feld gesellschaftlicher Phänomene sein muß, ist allein

52 Zur Begriffsgeschichte: F. Kudlien, »Diagnose«, in: *Historisches Wörterbuch der Philosophie*, Bd. 2, Sp. 162f.; zum Problemgehalt vgl. Georg Lohmann, »Zur Rolle von Stimmungen in Zeitdiagnosen«, in: Hinrich Fink-Eitel/Georg Lohmann (Hg.), *Zur Philosophie der Gefühle*, Frankfurt/M. 1993, S. 266ff.

53 Zur Begriffsgeschichte vgl. entsprechend: P. Probst, »Pathologie«, Teil IV, in: *Historisches Wörterbuch der Philosophie*, Bd. 7, Sp. 187ff.; zum Problemgehalt vgl. Jürgen Habermas, »Überlegungen zur Kommunikationspathologie« (1974), in: ders., *Vorstudien und Ergänzungen zur Theorie des kommunikativen Handelns*, Frankfurt/M.1984, S. 226ff., bes. S. 226-232.

54 Aus philosophischer Sicht: Ernst Tugendhat, *Probleme der Ethik*, Stuttgart 1987, S. 53ff.; aus psychoanalytischer Sicht: L. Kubie, »The fundamental distinction between normality and neurosis«, in: ders., *Symptom and Neurosis. Selected Papers*, hrsg. von H.J. Schlesinger, New York 1978.

schon daran zu erkennen, daß hier nicht mehr einfach das einzelne Individuum den Bezugspunkt bilden darf. Um von einer sozialen Pathologie sprechen zu können, die nach dem Vorbild der Medizin einer Diagnose zugänglich sein soll, bedarf es vielmehr einer Vorstellung von Normalität, die auf das gesellschaftliche Leben im ganzen bezogen ist. Welche immensen Probleme mit einem derartigen Ansinnen verknüpft sind, hat das Scheitern jener sozialwissenschaftlichen Ansätze deutlich gemacht, die die Funktionserfordernisse von Gesellschaften nur durch externe Beobachtung festlegen wollten: weil in sozialen Zusammenhängen das, was als Entwicklungsziel oder als Normalität gilt, stets kulturell definiert ist, lassen sich auch Funktionen oder ihre entsprechenden Störungen allein unter hermeneutischem Bezug auf das interne Selbstverständnis von Gesellschaften bestimmen.[55] Insofern besteht eine defensive Möglichkeit, von Pathologien des Sozialen zu sprechen, in einem kulturalistischen Begriff von Normalität; ihm zufolge können wir uns nur auf eine empirische Beschreibung dessen beschränken, was eine gegebene Kultur als eine Störung ansieht. Weil dies für ihre Zwecke aber zu wenig sein muß, hat die Sozialphilosophie von Anfang an jenen anderen Weg eingeschlagen, der in die Richtung einer formalen Ethik weist: Als Inbegriff der Normalität einer Gesellschaft müssen dann kulturabhängig die Bedingungen gelten, die ihren Mitgliedern eine unverzerrte Form der Selbstverwirklichung erlauben.

Bevor die Schwierigkeiten weiterverfolgt werden, die diese Alternative aufwirft, ist kurz zu klären, inwiefern mit ihr die Richtung tatsächlich angemessen bestimmt ist, die die Entwicklung der Sozialphilosophie nach Rousseau genommen hat. Wie zu sehen war, handelt es sich bei den vorgestellten Ansätzen stets um Versuche einer Kritik an gesellschaftlichen Zuständen, die als sinnlos, verdinglicht oder gar krank empfunden werden. Was als sozialer Mißstand gilt, liegt demnach nicht einfach auf der Ebene der Verletzung von Gerechtigkeitsgrundsätzen; vielmehr sollen Störungen kritisiert werden, die mit psychischen Krankheiten die Eigen-

55 Vgl. Jürgen Habermas, »Ein Literaturbericht: Zur Logik der Sozialwissenschaften«, in: ders., *Zur Logik der Sozialwissenschaften*, Frankfurt/M. 1982, S. 89 ff., bes. S. 183 ff.; mit Blick auf die Schwierigkeit, einen Maßstab für gesellschaftliche Pathologien zu bestimmen, vgl.: Klaus Eder, *Geschichte als Lernprozeß? Zur Pathogenese politischer Modernität in Deutschland*, Frankfurt/M. 1985, S. 30 ff.

schaft teilen, daß sie Lebensmöglichkeiten einschränken oder deformieren, die als »normal« oder »gesund« vorausgesetzt werden. Diesem Ziel der Sozialphilosophie dienen Begriffe, die für die Stufe des gesellschaftlichen Lebens genau dasselbe bezeichnen, was in Hinblick auf die individuelle Psyche mit dem Begriff der »Pathologie« gemeint ist: In der ersten Phase, die wir verfolgt haben, sind das Kategorien wie »Entzweiung«, »Verdinglichung«, »Entfremdung« oder auch »Nihilismus«; bald nach der Entstehung der Soziologie treten stärker empirisch gefärbte Begriffe wie »Gemeinschaftsverlust«, »Entzauberung«, »Entpersönlichung« und »Vermarktung« hinzu; in jüngster Zeit schließlich macht Sartre mit demselben Ziel sogar direkt vom Begriff der »kollektiven Neurose« Gebrauch.[56] Wenn nun untersucht wird, was die Vorstellungen von gesellschaftlicher Normalität gemeinsam haben, auf die alle diese Begriffe indirekt verweisen, so muß ein sehr abstrakter Bezugspunkt gewählt werden, um nicht einige von ihnen auszuschließen: Nicht jeder der implizit vorausgesetzten Idealzustände ist etwa durch das Vorhandensein einer Form von Ganzheit charakterisiert, nur wenige zeichnen sich durch eine bestimmte Art von Natürlichkeit aus, wieder andere scheinen mit einem höheren Maß an sozialer Intensität oder Nähe ausgestattet. Wie auch immer die Bestimmungen im einzelnen vorgenommen werden, sie befinden sich auf einer Stufe der Konkretion, auf der keine Eigenschaft anzutreffen ist, die für alle der aufgelisteten Begriffe gleichermaßen typisch wäre. Eine solche Gemeinsamkeit tritt hingegen hervor, wenn als Bezugspunkt nicht das Wie der jeweiligen Idealzustände, sondern ihr Worumwillen herangezogen wird; ohne Ausnahme verweisen die verschiedenen Negativbegriffe nämlich indirekt auf soziale Bedingungen, die dadurch ausgezeichnet sein sollen, daß sie den Individuen ein volleres oder besseres, kurz: ein gelingendes Leben ermöglichen. Insofern stellt eine ethische Vorstellung von gesellschaftlicher Normalität, die auf die Ermöglichungsbedingung von Selbstverwirklichung zugeschnitten ist, den Maßstab dar, an dem soziale Pathologien gemessen werden.

Formal ist diese ethische Hintergrundkonzeption in dem Sinn, daß nur die sozialen Voraussetzungen der menschlichen Selbstverwirklichung, nicht aber deren Ziele selber normativ herausgehoben werden sollen. Zwar gibt es bei Hegel und bei Marx gewisse Ten-

56 Jean-Paul Sartre, *Der Idiot der Familie. Gustav Flaubert 1821-1857*, 5 Bände, Reinbek b. Hamburg 1977, v.a. Bd. 5.

denzen in Richtung eines ethischen Perfektionismus, die dazu führen, daß dem Menschen nach aristotelischem Muster ein bestimmtes Telos vorgegeben wird. Ebenso sind auch Nietzsche und Hannah Arendt nicht frei von der Versuchung, sehr spezifische Ziele ins Auge zu fassen, wenn sie gelingende Weisen des menschlichen Lebensvollzugs zu schildern versuchen. Aber auch diese gegenläufigen Tendenzen lassen sich bei gutwilliger Interpretation noch so verstehen, daß sie in der mißverständlichen Form von Zielvorgaben nur Aussagen über die sozialen Bedingungen machen wollen, unter denen die Menschen allein zur Verwirklichung ihrer selbst gelangen können. So muß für Marx die unentfremdete Arbeit nicht unbedingt ein ethisches Ziel des Menschen bedeuten, sondern mag nur die unhintergehbare Voraussetzung darstellen, die es ihm erlaubt, ein befriedigendes Selbstverhältnis zu entwikkeln;[57] und ebenso läßt sich zum Beispiel für Hannah Arendt behaupten, daß sie den Einsatz in der Praxis der demokratischen Willensbildung vor allem deswegen ethisch ausgezeichnet hat, weil er den Individuen zu einem Bewußtsein ihrer eigenen Freiheit verhilft. Der Fehler derartiger Ansätze besteht nicht darin, daß sie dem menschlichen Leben bestimmte Ziele vorgegeben haben und damit einem unbegründbaren Perfektionismus aufgesessen sind; was sie hat in die Irre gehen lassen, ist vielmehr die Neigung, als universale Bedingungen der menschlichen Selbstverwirklichung solche Tätigkeitsformen zu betrachten, deren Hochschätzung sich häufig nur höchst selektiven und meistens zeitbedingten Lebensidealen verdankt. Wenn auch nicht der individuellen Absicht nach, so doch sicherlich ihrer methodischen Anlage nach ist die Sozialphilosophie daher seit ihrer Entstehung in einer ethischen Perspektive verankert, mit der nur formale Ansprüche hinsichtlich einer Explikation des »Guten« verknüpft sind.

Diese These muß sich freilich noch an zwei weiteren Auffälligkeiten bewähren, die in der zuvor gegebenen Skizze der Entwicklung der Sozialphilosophie hervorgetreten sind. Zum einen ist nicht ganz klar, wie sich die verschiedenen Entwürfe auf eine einzige ethische Grundlage zurückführen lassen sollen, wenn sie doch ganz unterschiedliche Vorstellungen der gesellschaftlichen Normalität hervorgebracht haben. Schon der Überblick über die sozialphilosophischen Schlüsselbegriffe hat gezeigt, daß das Spektrum

57 Vgl. etwa Andreas Wildt, *Die Anthropologie des frühen Marx*, Studienbrief der Fernuniversität Hagen 1987.

der normativen Ideale von radikal individualistischen bis hin zu eher kommunitaristischen Modellen reicht: Während Rousseau oder Plessner eine soziale Lebensform als normal ansehen, die zwischen den Subjekten eine größtmögliche Distanz schafft, gilt für Hegel, Durkheim oder Hannah Arendt insofern das Gegenteil, als sie in der Existenz starker Gemeinschaftsbindungen die Voraussetzung gesellschaftlicher Normalität erblicken. Um diese Differenzen angemessen verstehen zu können, ist es angebracht, sich den formalen Aufbau der sozialphilosophischen Diagnosen noch einmal genau vor Augen zu führen. Den Bezugspunkt aller hier vorgestellten Versuche, einen Maßstab für die Normalität gesellschaftlicher Verhältnisse zu gewinnen, stellen die sozialen Lebensbedingungen des individuellen Subjekts dar: als gelungen, ideal oder »gesund« werden stets die Organisationsformen des Sozialen eingeschätzt, die dem einzelnen eine unverzerrte Verwirklichung seiner selbst erlauben. In gewisser Weise ist daher der formale Begriff des Guten, der der Sozialphilosophie als ein kritischer Maßstab zugrunde liegt, auf das Wohlergehen des einzelnen gerichtet, soweit dieses in den Ermöglichungsrahmen der Gesellschaft fällt. Bereits an der Frage, wie weit eine solche Zuständigkeit des Sozialen reicht, zeichnen sich nun zwischen den Ansätzen grundlegende Differenzen ab: Je nachdem, für wie stark der Einfluß gehalten wird, den das soziale Leben im Hinblick auf das individuelle Wohlergehen besitzt, muß der anvisierte Idealzustand entweder eher individualistische oder eher kollektivistische Züge annehmen. Sind damit die beiden Pole des Spektrums möglicher Lösungen benannt, so bemessen sich alle weiteren Unterschiede an den konkreten Voraussetzungen, die im einzelnen für die Selbstverwirklichung als notwendig angesehen werden; hier spielt dann eine zentrale Rolle, ob es etwa eine kommunitäre Form von Sittlichkeit oder eine distanzschaffende Öffentlichkeit ist, die unentfremdete Arbeit oder der mimetische Umgang mit der Natur, wodurch dem Individuum innerhalb der Gesellschaft ein gelingendes Leben möglich sein soll. Zusammenfassend läßt sich daher sagen, daß die Bestimmung sozialer Pathologien in der Sozialphilosophie stets mit Blick auf die gesellschaftlichen Bedingungen erfolgt, die dem einzelnen zur Selbstverwirklichung verhelfen können; daß sich gleichwohl ein ganzes Spektrum höchst unterschiedlicher Bewertungsmaßstäbe zeigt, wenn die Ansätze miteinander verglichen werden, hängt mit Differenzen nicht in der formalethischen Perspektive, sondern im jeweils zugrundegelegten Konzept der persönlichen Selbstverwirklichung zusammen.

In dieser letzten Bemerkung klingt schon die weitere Auffälligkeit an, die an der Geschichte der Sozialphilosophie ins Auge springt; mit ihr geraten wir in das Umfeld der methodischen Probleme, auf die sich heute die Diskussion vor allem konzentriert. Wenn näher untersucht wird, wie in den verschiedenen Ansätzen die sozialen Bedingungen der Selbstverwirklichung jeweils festgelegt worden sind, so zeigt sich, daß dabei im wesentlichen auf zwei entgegengesetzte Denkfiguren zurückgegriffen wurde: Was der Mensch für ein gelingendes Leben von seiten der Gesellschaft benötigt, sollte sich entweder im Rückgang auf seine natürliche Ausgangslage oder im Vorgriff auf sein Wissen in einer erwartbaren Zukunft zeigen; die erste Möglichkeit nimmt methodisch bereits bei Rousseau Gestalt an und gelangt zu exemplarischer Form in der deutschen Tradition der philosophischen Anthropologie, die zweite Möglichkeit hingegen wird durch Hegel vorbereitet und findet in Lukács' Schrift »Geschichte und Klassenbewußtsein« ihre geradezu paradigmatische Gestalt. Dabei gilt es allerdings zu berücksichtigen, daß diese beiden Alternativen erst nach dem Dazwischentreten Nietzsches die methodische Funktion erhalten, die wir heute weitgehend mit ihnen assoziieren. Sowohl Rousseau als auch Hegel, obwohl der erste durch Vico, der zweite durch Herder schon eines Besseren hätte belehrt sein können,[58] sind sich der Gleichaltrigkeit aller menschlichen Kulturen noch so sicher, daß sie an dem universalistischen Gehalt philosophischer Aussagen keine ernsthaften Zweifel hegen; daher gehen sie wie selbstverständlich davon aus, daß ihre Einsichten in die Voraussetzungen persönlicher Freiheit auf jeden Menschen unterschiedslos Anwendung finden müssen. Nachdem Nietzsche aber aus der Tatsache eines Pluralismus der Kulturen die radikale Konsequenz seines Perspektivismus gezogen hatte, konnte die Sozialphilosophie nicht länger in einer solchen Selbstgewißheit verharren. Von nun an war es notwendig, so haben wir bereits gesehen, jede Aussage über menschliche Eigenschaften oder soziale Regelmäßigkeiten gegen den Vorwurf der Kulturabhängigkeit methodisch zu verteidigen. So erst entsteht die theoretische Situation, in der anthropologische oder geschichtsphilosophische Denkfiguren gezielt die Aufgabe

58 Zur Begründung des kulturellen Pluralismus durch Vico und Herder vgl. Isaiah Berlin, *Vico and Herder. Two Studies in the History of Ideas*, London 1980.

übernehmen, den universalistischen Anspruch sozialphilosophischer Diagnosen zu rechtfertigen: Durch Rekurs auf die Natur des Menschen oder eben durch Vorgriff auf sein zukünftiges Wissen soll sich zeigen, daß das individuelle Leben tatsächlich über alle Kulturschranken hinweg genau auf die sozialen Voraussetzungen angewiesen ist, die als Inbegriff eines gesellschaftlichen Ideals den Maßstab der Kritik abgeben.

Von hier aus führt ein Weg des sich schrittweise radikalisierenden Zweifels bis an die Schwelle der Diskussion, von der heute die Lage der Sozialphilosophie bestimmt ist. Nicht lange hat es gedauert, bis die Argumentation von *Geschichte und Klassenbewußtsein* als eine Konstruktion durchschaut war, die mit jeder Form von Geschichtsphilosophie den Ausgang von einer in sich unbegründeten Wertüberzeugung teilte. Die geschichtliche Entwicklung konnte nämlich nur deswegen teleologisch auf ein einziges Ziel hin bezogen werden, weil zuvor stillschweigend eine normative Perspektive eingenommen wurde, unter der sich das heterogene Material zu einem sinnvollen, narrativ darstellbaren Ganzen fügte.[59] Und was für die Geschichtsphilosophie gelten mußte, konnte sich schnell auch für die philosophische Anthropologie als begründet erweisen: Warum sollten nicht deren empirische Ausgangsbestimmungen in derselben Weise nur dadurch zustande gekommen sein, daß die unreflektierten Wertprämissen einer bestimmten Kultur in die natürliche Ausstattung des Menschen hineinprojiziert wurden? Unter dem Druck derartiger Fragen mußte sich die Diskussion bald auf das methodologische Problem zuspitzen, ob nicht jede sozialphilosophische Diagnose letztlich in einem ethischen Urteil darüber begründet ist, was als geeignete Bedingung für die menschliche Selbstverwirklichung zu gelten habe; dann jedoch würde es kein externes Mittel mehr geben, mit dem der Versuch einer Bestimmung sozialer Pathologien vor dem Einwand zu schützen wäre, nichts als der beliebige Ausdruck einer kulturabhängigen Sichtweise zu sein. Bevor aber diese letzte Stufe der Problematisierung erreicht war, setzte sich die Sozialphilosophie in den sechziger Jahren noch einmal auf der Basis anthropologischer Grundannahmen fort: in Hinblick auf Hannah Arendt hat sich schon gezeigt, daß sie ihre Kritik der industriellen Welt auf Prämissen stützte, in

59 Vgl. etwa Arthur C. Danto, *Analytische Philosophie der Geschichte*, Frankfurt/M. 1974; Hans Michael Baumgartner, *Kontinuität und Geschichte. Zur Kritik und Metakritik der historischen Vernunft*, Frankfurt/M. 1972.

denen eine naturgegebene Angewiesenheit des Menschen auf Praktiken der kommunikativen Freiheit behauptet wurde; in demselben Zeitraum entwickelt Arnold Gehlen eine konservativ gefärbte Zeitdiagnose, die gezielt auf den Ergebnissen seines anthropologischen Hauptwerkes aufbaute«;[60] und auch Habermas schließlich geht zunächst von empirischen Bestimmungen einer invarianten Interessenlage des Menschen aus, um seiner Kritik an der Technisierung der sozialen Welt eine universalistische Grundlage zu geben.[61]

Gemeinsam ist den verschiedenen Ansätzen die ganz grundsätzliche Überzeugung, daß mit der Beschleunigung des industriellen Wachstums ein gesellschaftliches Funktionserfordernis bedroht ist, das zu den tiefsitzenden Voraussetzungen allen menschlichen Lebens gehört. Aber je nach Art der Interpretation dieser invarianten Bedingungen ändert sich sowohl der Charakter des als Ursache angesehenen Prozesses als auch die Erscheinungsform der sozialen Pathologie. Bei Hannah Arendt war es die stetig wachsende Ausdehnung technischer Handlungsvollzüge, die zur Folge haben mußte, daß mit der intersubjektiven Praxis der politischen Selbstverständigung auch das Weltvertrauen der Subjekte zerstört wird; bei Gehlen hingegen, der hier schon die Kulturkritik eines Daniel Bell vorwegnimmt,[62] geht mit der rapiden Industrialisierung zugleich ein Anwachsen der Konsumanreize einher, die den Menschen schließlich so weit überfordern, daß die lebensnotwendige Stabilität sozialer Institutionen Schaden nimmt; für Habermas wiederum bedeutet der Prozeß der Technisierung eine Verselbständigung zweckrationaler Handlungssysteme, wodurch jene Sphäre der kommunikativen Verständigung eingeschränkt wird, auf die die Reproduktion der menschlichen Gattung elementar angewiesen ist. Wenn zu dieser Reihe von zeitdiagnostischen Entwürfen noch die anthropologischen Ansätze hinzugerechnet werden, die damals in Fortführung der Sozialontologie des späten Lukács

60 Arnold Gehlen, *Die Seele im technischen Zeitalter. Sozialpsychologische Probleme in der industriellen Gesellschaft*, Reinbek b. Hamburg 1957; Gehlen stützt sich auf: ders., *Der Mensch: Seine Natur und seine Stellung in der Welt*, Frankfurt/M. 1991.

61 Jürgen Habermas, »Technik und Wissenschaft als ›Ideologie‹«, in: ders., *Technik und Wissenschaft als Ideologie*, Frankfurt am Main 1968, S. 48 ff.

62 Daniel Bell, *Die Zukunft der westlichen Welt. Kultur und Technologie im Widerstreit*, Frankfurt/M. 1976.

Agnes Heller und György Márkus erarbeiten,[63] so läßt sich für die sechziger Jahre von einem breiten Konsens im Hinblick auf die methodischen Grundlagen der Sozialphilosophie sprechen: Kaum einer der Versuche, die unternommen werden, um die sozialen Pathologien der Zeit zu analysieren, setzt nicht in irgendeiner Weise bei den natürlichen Ausgangsbedingungen des Menschen an. Als um so größere Herausforderung muß es daher gewirkt haben, daß sich zur selben Zeit in den Schriften Michel Foucaults der Entwurf einer Sozialphilosophie abzuzeichnen beginnt, die mit Nietzsche nicht nur die Konzentration auf Machtphänomene, sondern auch den Affekt gegen den Universalismus teilt. So undurchschaubar auch die methodische Rechtfertigung ist, die Foucault seiner Kritik der Disziplinargesellschaft gibt, so überzeugend scheinen doch die Argumente, die er gegen jeden generellen, unhistorischen Begriff des Menschen vorbringt.

Wie die Sozialphilosophie Nietzsches, so besteht auch diejenige Foucaults weitgehend nur aus historischen Untersuchungen, in denen der interne Zusammenhang von bestimmten Arten des menschlichen Wissens, entsprechenden Mustern der sozialen Disziplinierung und schließlich Formen der individuellen Lebensführung aufgedeckt werden soll. Je mehr sich Foucault dabei von seinen wissenschaftsgeschichtlichen Anfängen löst, desto mehr schält sich als Schwerpunkt seiner Studien die Struktur moderner Machtverhältnisse heraus: In gewisser Übereinstimmung auf der einen Seite mit Max Weber, auf der anderen Seite mit Adorno ist er davon überzeugt, daß sich die fortentwickelten Gesellschaften der Moderne nur zu erhalten vermögen, weil ein engmaschiges Netz an Kontrollinstitutionen für eine wachsende Disziplinierung des menschlichen Körpers sorgt, damit die Subjekte zugleich zu einer zweckrational organisierten Lebensführung anhält und so jede Form des Widerstands schon im Keim erstickt.[64] Freilich bleibt an

63 Agnes Heller, *Das Alltagsleben. Versuch einer Erklärung der individuellen Reproduktion*, hrsg. v. Hans Joas, Frankfurt/M. 1978; György Márkus, »Der Begriff des menschlichen Wesens in der Philosophie des jungen Marx«, in: A. Hegedus u. a., *Die neue Linke in Ungarn*, Bd. 2, Berlin 1976, S. 41 ff.

64 Vgl. exemplarisch: Michel Foucault, *Überwachen und Strafen. Die Geburt des Gefängnisses*, Frankfurt am Main 1976. Über das Verhältnis Foucaults zu Adorno vgl. meinen Aufsatz: Axel Honneth, »Foucault und Adorno. Zwei Formen einer Kritik der Moderne«, in: ders., *Die zerrissene Welt des Sozialen*, Frankfurt/M. [2]1999, S. 73 ff.; zum Verhältnis Foucaults zu Weber vgl. meine

dieser Zeitdiagnose unklar, inwiefern es sich bei den beschriebenen Prozessen der Machtsteigerung überhaupt um Formen einer sozialen Störung handeln soll; denn jede Art von Wissen oder Erkenntnis muß nach Foucault ja in so enger Verbindung mit den je gegebenen Machtverhältnissen gesehen werden, daß sich für ihn die transzendierende Perspektive gar nicht mehr ergeben kann, aus der heraus gesellschaftliche Vorgänge als Abweichungen von einem Ideal zu bestimmen wären. Zwar sind den späten Schriften, die am Beispiel antiker Lebenspraktiken eine Ästhetik der Existenz zu umreißen versuchen,[65] gewisse Hinweise auf einen transzendierenden Begriff der menschlichen Selbstverwirklichung zu entnehmen, der rückblickend auch als Maßstab seiner Diagnose der modernen Machtverhältnisse zu begreifen ist; aber im ganzen bleiben deren normative Kriterien doch so im dunklen und überdies vom erkenntnistheoretischen Perspektivismus so überschattet, daß sich die normative Richtung der Machtkritik Foucaults häufig nur an seinen politisch-publizistischen Äußerungen, nicht aber an den Schriften selber ablesen läßt. Gerade jener Perspektivismus aber ist es, die These also, daß sich die Wahrheit von Erkenntnisansprüchen einzig und allein am Grad ihrer sozialen Durchsetzung bemißt, durch die Foucault eine ganze philosophische Bewegung ins Rollen gebracht hat. Von Richard Rorty bis zu Judith Butler reicht heute der Kreis derer, die in Fortsetzung seiner Gedanken die These vertreten, daß in allen kontexttranszendierenden Normen, erst recht aber in jedem Verweis auf eine Natur des Menschen bloß noch eine machtgebundene Konstruktion zu erblicken sei.[66]

Wenn, so stellt sich daher gegenwärtig das Problem, die Sozialphilosophie einerseits gemäß ihres Erkenntnisinteresses auf allgemeine Maßstäbe für die Normalität sozialen Lebens angewiesen ist, deren Gültigkeit andererseits aber nicht mehr bloß indirekt durch eine davorgeschobene Anthropologie ausgewiesen werden kann, dann hängt ihre Fortexistenz vollständig von der Begründbarkeit

Überlegungen in: *Desintegration. Bruchstücke einer soziologischen Zeitdiagnose*, Frankfurt/M. 1994, S. 61 ff.

65 Michel Foucault, *Sexualität und Wahrheit, Bd. III: Die Sorge um sich*, Frankfurt/M. 1986, eine integrierende Deutung liefert etwa Hinrich Fink-Eitel, *Foucault zur Einführung*, Hamburg 1989.

66 Richard Rorty, *Objectivism, Relativism and Truth. Philosophical Papers, Vol. 1*, Cambridge 1991; Judith Butler, *Das Unbehagen der Geschlechter*, Frankfurt/M. 1991.

einer formalen Ethik ab. Von Rousseau über Hegel und Marx bis zu Plessner und Hannah Arendt war die Sozialphilosophie stets durch anthropologische oder geschichtsphilosophische Denkfiguren geprägt, aus denen die ethischen Kriterien für soziale Pathologien sich so übergangslos ergaben, daß sie als solche gar nicht zu erkennen waren; durch Nietzsche mit großer Konsequenz vorbereitet und durch Foucault für unsere Gegenwart schließlich noch einmal dramatisch zugespitzt, ist diese äußere Schale der Sozialphilosophie aber inzwischen so vollständig zertrümmert, daß ihr ethischer Kern offen zutage liegt. Insofern hängt die Zukunft der Sozialphilosophie heute im ganzen von der Möglichkeit ab, ethische Urteile über die notwendigen Voraussetzungen menschlichen Lebens auf überzeugende Weise zu rechtfertigen. Drei Alternativen sind es, die sich für eine Lösung der damit umrissenen Aufgabe im Augenblick anzubieten scheinen.

Die erste Alternative der Rechtfertigung von ethischen Urteilen der Art, wie sie die Sozialphilosophie benötigt, besteht im Versuch der Prozeduralisierung der Ethik. Schon in neueren Schriften von Habermas zeichnet sich der Gedanke ab, die Klärung ethischer Fragen in derselben Weise als Aufgabe von praktischen Diskursen zu betrachten, in der dies bislang nur für Gerechtigkeitsfragen für möglich gehalten wurde:[67] was als »normal« oder »ideal« angesehen werden muß in Hinblick auf eine soziale Lebensform, würde sich dann erst in dem Maße zeigen, in dem die Gesellschaftsmitglieder selber in einer demokratisch organisierten Willensbildung zu einem Konsens über die Wünschbarkeit gesellschaftlicher Entwicklungen gelangen. Zwar hätten für ethische Diskurse solcher Art, weil sie an die Voraussetzung einer begrenzten Wertegemeinschaft gebunden sind, andere, nämlich eingeschränktere Gültigkeitsbedingungen zu gelten als für praktische Diskurse der herkömmlichen Art; aber im Prinzip scheint es möglich und aussichtsreich, die Klärung ethischer Fragen von einem spezifisch gefaßten Verfahren abhängig zu machen.[68] Der Nachteil dieser Alternative aber bestünde ganz offensichtlich darin, daß sich mit ihr die Sozialphilosophie als ein theoretisches

67 Jürgen Habermas, Vom pragmatischen, ethischen und moralischen Gebrauch der praktischen Vernunft, in: *Erläuterungen zur Diskursethik*, Frankfurt/M. 1991, S. 100ff.

68 Vgl. als ein Vorschlag etwa: Henry S. Richardson, *Practical Reasoning about Final Ends*, Cambridge 1994.

Unternehmen gewissermaßen selbst auflöst; denn ihre Deutungskompetenz ginge restlos an die Betroffenen selbst über, die als Mitglieder einer konkreten Gesellschaft alleine darüber entscheiden, was als »pathologisch« an ihrer sozialen Lebensform zu gelten hat.

Wie um dieser Entmächtigung der Sozialphilosophie vorzubeugen, findet sich im Werk von Habermas noch eine andere Begründungsstrategie angelegt, die heute als zweite Alternative der Rechtfertigung ethischer Urteile zu betrachten ist. In der *Theorie des Kommunikativen Handelns* wird nämlich der Gesellschaftstheorie selber zugetraut, die kritische Schwelle anzugeben, jenseits der das Eindringen von Systemimperativen in die soziale Lebenswelt als eine gesellschaftliche Pathologie betrachtet werden muß; die Argumente, mit denen die Unterscheidung von »normal« und »pathologisch« hier gerechtfertigt wird, entstammen in dem Sinn einer schwachen, nur noch formalen Anthropologie, als sie in einer Universalpragmatik verankert sind, die eine originäre Form der menschlichen Redepraxis als notwendige Voraussetzung der gesellschaftlichen Reproduktion nachzuweisen versucht.[69] Eine zweite Alternative der Begründung ethischer Urteile besteht daher gegenwärtig im Entwurf einer möglichst sparsamen Anthropologie, die einige wenige, aber elementare Bedingungen menschlichen Lebens rekonstruiert; dafür finden sich Beispiele in jüngster Zeit etwa in den neueren Schriften von Martha Nussbaum,[70] vor allem aber in den groß angelegten Untersuchungen von Charles Taylor.[71] Seine Studien zur modernen Welt lassen sich neben den Werken von Habermas und Foucault gegenwärtig wohl als dritter großer Beitrag zu einer Sozialphilosophie der Gegenwart begreifen. Obwohl Taylor in seiner philosophischen Anthropologie von der These ausgeht, daß der Mensch ein sich selbst interpretierendes Wesen ist, dessen Lebensformen und Existenzmöglichkeiten sich

69 Vgl. Jürgen Habermas, *Theorie des kommunikativen Handelns*, a. a. O.

70 Vgl. etwa Martha C. Nussbaum, Menschliches Tun und soziale Gerechtigkeit. Zur Verteidigung des aristotelischen Essentialismus, in: M. Brumlik/H. Brunkhorst (Hg.), *Gemeinschaft und Gerechtigkeit*, Frankfurt/M. 1993, S. 323 ff. Kritisch dazu: Christiane Scherer, »Das menschliche und das gute menschliche Leben. Martha Nussbaum über Essentialismus und menschliche Fähigkeiten«, in: *Dtsch. Z. Philos.*, *5/1993*, S. 905 ff.

71 Vgl. etwa: Charles Taylor, *The Ethics of Authenticity*, Cambridge, Mass. 1992; ders., *Quellen des Selbst. Die Entstehung der neuzeitlichen Identität*, Frankfurt/M. 1994.

daher an je hervorgebrachten Deutungssystemen bemessen, will er dennoch ethische Urteile über soziale Pathologien nicht vollständig von den historisch jeweils gegebenen Interpretationen abhängig machen; vielmehr soll die Möglichkeit, sich selber ungezwungen und produktiv zu artikulieren, an die Voraussetzung einer Reihe von sozialen Bedingungen geknüpft sein, die sich als zentrale Bestandteile einer formalen Ethik begreifen lassen. Für Taylor würde sich daher der Bewertungsmaßstab, der eine Diagnose sozialer Pathologien erlaubt, aus einer formalen Anthropologie ergeben, die die allgemeinen Bedingungen einer ungezwungenen Artikulation menschlicher Lebensideale umreißt. Freilich steht diese anthropologische Alternative schon im Werke Taylors selber im Konflikt mit einer weiteren Begründungsstrategie, die sich insgesamt heute als eine dritte Rechtfertigung der Sozialphilosophie begreifen läßt.[72]

In seiner Schrift »Sources of the Self« legt Taylor in gewisser Weise eine historisch relativierte Begründung der Ethik zugrunde:[73] denn erst die hermeneutische Rückbesinnung auf die ethischen Werte, von denen sich die Moderne in ihrem kulturellen Selbstverständnis leiten läßt, soll Auskunft darüber geben, welche gesellschaftlichen Entwicklungen als soziale Pathologien zu begreifen sind. Es ist diese dritte Begründungsform, die am ehesten im Einklang mit den Absichten Foucaults steht: Der Bewertungsmaßstab, mit dessen Hilfe die Sozialphilosophie gesellschaftliche Störungen diagnostiziert und erörtert, besitzt insofern nur eine historisch eingeschränkte Geltung, als er nur auf die geschichtliche Epoche Anwendung finden kann, deren ethische Vorentscheidungen er zwangsläufig übernehmen muß. Zwar würde eine solche, historisch relative Begründungsform nicht das Unternehmen der Sozialphilosophie im ganzen in Frage stellen; in Zukunft wäre sie vielmehr als eine Reflexionsinstanz zu begreifen, in deren Rahmen auf der Basis historisch gegebener Werte und ihrer entsprechenden Lebensideale soziale Störungen diskutiert werden könnten. Aber um den klassischen Anspruch der Sozialphilosophie, bestimmte Entwicklungen des sozialen Lebens mit kontexttranszendierendem Anspruch als Pathologien zu bewerten, wäre es geschehen.

72 Zu diesem Zwiespalt vgl. Holmer Steinfath, »Authentizität und Anerkennung; Zu Charles Taylors neuen Büchern ›The Ethics of Authenticity‹ und ›The Politics of Recognition‹«, in: *Dtsch. Z. Philos.*, *3/1993*, S. 433 ff.

73 Charles Taylor, *Quellen des Selbst*, a.a.O.

Daher hängt ihr Überleben in der Form, die hier in einer historischen Vergegenwärtigung offengelegt worden ist, von dem Erfolg ab, mit dem sich der Anspruch einer schwachen, formalen Anthropologie in Zukunft rechtfertigen läßt.

Über die Möglichkeit einer erschließenden Kritik

Die »Dialektik der Aufklärung« im Horizont gegenwärtiger Debatten über Sozialkritik

Die »Dialektik der Aufklärung« gehört offenbar zu jener Klasse von Büchern, die mit wachsendem Alter uns unaufhörlich fremder zu werden drohen; je größer die zeitliche Spanne wird, die zwischen ihnen und der Gegenwart liegt, desto schaler wirkt die Rhetorik solcher Bücher, desto armseliger die Schritte ihrer Argumentation. Nicht viel trennt mehr eine erneute Lektüre der »Dialektik der Aufklärung« von jener Erfahrung, die sich heute leicht einzustellen beginnt, wenn Schriften wie Schillers Briefe über die ästhetische Erziehung wiedergelesen werden: das, was die Herzen der Zeitgenossen einmal heftig bewegte, hinterläßt in uns ein Gefühl der ohnmächtigen Rührung, weil die leidenschaftliche Anstrengung von damals so ohne jede Hoffnung auf Relevanz in der Gegenwart bleibt. Dabei hat das Thema, mit dem die »Dialektik der Aufklärung« sich in ihrer unnachahmlichen Synthese aus Narration und Argumentation auseinanderzusetzen versucht, von seiner Aktualität kaum etwas verloren: noch immer beschäftigen wir uns mit unserer Moderne vor allem unter dem Gesichtspunkt, wie jene, inzwischen noch angewachsenen Wirkungen angemessen zu interpretieren und zu bewerten sind, die die technische Rationalisierung auf unsere Lebensverhältnisse im ganzen ausübt. Es kann daher der Stoff des Buches nicht eigentlich sein, was zum irritierenden Gefühl einer unaufhaltsam wachsenden Distanz beiträgt. Der Grund muß vielmehr in der Art der theoretischen Mittel liegen, die in der »Dialektik der Aufklärung« angewendet werden, um der nach wie vor brisanten Frage in kritischer Absicht nachzugehen. Wer auf die Geschichte der Rezeption des Buches zurückblickt, wird schnell der Abfolge gewahr werden, in der Schritt für Schritt die einzelnen Schichten seiner Argumentation einer unnachgiebigen Kritik unterzogen wurden: es begann mit den Ansätzen einer historischen Distanzierung, die mit den Instrumentarien der Wissenssoziologie überzeugend einsichtig zu machen vermochten, wie sehr die Studie in ihrer geschichtsphilosophischen Perspektive der Epoche einer Konvergenz von Faschismus und Stalinismus verhaftet war.[1] Ihre Fortsetzung fand diese kritische Rezeption in einer Reihe von Arbeiten, die in Absehung vom historischen Erfahrungsgehalt des Buches zu zeigen versuchten, wie unzulänglich die sozialwissenschaftlichen Erklärungsansätze sind, die darin zur Anwendung gelangen: weder der innerpsychische Vorgang der Triebformierung noch der soziale Prozeß der Etablierung von Herrschaft werden in der »Dialektik der Aufklärung« in einer Weise gedeutet, die gemessen an den Standards der entsprechenden Fachdisziplinen auch nur halbwegs überzeugend wäre.[2] Stand bis zu dem damit erreichten Punkt der Auseinandersetzung noch außer Frage, daß zumindest die philosophische Absicht der Studie als solche systematisch sinnvoll war, so geriet in einer dritten Runde schließlich auch diese letzte Gewißheit unter Druck: was mit der immanent gemeinten Rückfrage begann, ob eine Kritik der Gesellschaft in sich konsistent durchzuführen ist, die auch die diskursiven Mittel der eigenen Argumentation in Zweifel zieht, entwickelte sich bald zu dem generalisierten Verdacht, daß das Unternehmen der »Dialektik der Aufklärung« im ganzen eine theoretisch nicht zu rechtfertigende, politisch überdies gefährliche Form der Kritik darstellt.[3]

Inzwischen ist es wohl dieser letzte Punkt, der die philosophische Diskussion um den Ertrag der »Dialektik der Aufklärung« im wesentlichen bestimmt. Umstritten ist heute nämlich vor allem, ob eine Form der Gesellschaftskritik noch als sinnvoll zu betrachten ist, die ihre Maßstäbe nicht »immanenten« Ideen des Guten oder Gerechten, sondern »externen« Wertvorstellungen verdankt; der Verdacht ist dabei gewöhnlich, daß jede Verwendung eines transzendenten Maßstabs zu einer Perspektive zwingt, die der kritisierten Gesellschaft gegenüber zu fremd, zu äußerlich bleibt, um in ihr

1 Vgl. Helmut Dubiel, *Wissenschaftsorganisation und politische Erfahrung. Studien zur frühen kritischen Theorie*, Frankfurt/M. 1978.

2 Vgl. überblickshaft: Wolfgang Bonß/Axel Honneth (Hg.), *Sozialforschung als Kritik. Das sozialwissenschaftliche Potential der kritischen Theorie*, Frankfurt/M. 1982; ferner im einzelnen: Jessica Benjamin, »The End of Internalization: Adorno's Social Psychology«, in: *Telos*, Nr. 32/1977, S. 42ff.; Axel Honneth, *Kritik der Macht. Reflexionsstufen einer kritischen Gesellschaftstheorie*, Frankfurt/M. 1986, Erster Teil.

3 Ohne den politischen Unterton findet sich die Tendenz einer solchen Kritik bereits in: Jürgen Habermas, *Der philosophische Diskurs der Moderne*. Frankfurt/M. 1985, S. 130-157; heute findet sich unter mehr oder weniger direktem Verweis auf die »Dialektik der Aufklärung« in vielen neokonservativen Publikationen der Verdacht, daß eine derartige Form der Kritik totalitäre Konsequenzen haben muß.

überhaupt Anwendung finden zu können. Dementsprechend lautet die Schlußfolgerung daher zumeist, daß eine solche Form der Gesellschaftskritik notwendigerweise zu totalitären Konsequenzen führen muß: in der narrativen Gestalt von apokalyptischen oder eschatologischen Geschichtsdeutungen wird hier über die Stimmen der Betroffenen hinweg eine Idee des guten Lebens entworfen, die nur darauf wartet, von einer machtbesessenen Elite politisch mißbraucht zu werden. Zwar mag es als ungerecht, ja als zynisch erscheinen, einen solchen Vorwurf gerade gegen die »Dialektik der Aufklärung« zu erheben, deren kritischer Gehalt im wesentlichen von der Erfahrung des Totalitarismus geprägt ist. Andererseits aber zeichnen sich heute Tendenzen einer Rezeption des Buches ab, die durchaus eine wachsende Bereitschaft zur Übernahme eines derartigen Urteils verraten: auf der einen Seite mehren sich die Stimmen derer, die in der »Dialektik der Aufklärung« eine nicht ungefährliche Form der apokalyptischen Gesellschaftskritik sehen, auf der anderen Seite gewinnt der Versuch an Bedeutung, die Studie im ganzen als ein poetisches Kunstwerk zu behandeln.[4] In diesen entgegengesetzten Tendenzen aber gelangt insofern doch ein und dieselbe Überzeugung zum Durchbruch, als beide in der Absicht konvergieren, die »Dialektik der Aufklärung« aus dem Bereich der philosophisch ernst zu nehmenden Gesellschaftskritik auszubürgern – dort durch politische Verunglimpfung, hier in Form einer Rettung durch Ästhetisierung. Läuft die erste Rezeptionsstrategie auf eine Angleichung von konservativer Kulturkritik und kritischer Gesellschaftstheorie hinaus, kurz: auf eine Leugnung der Differenz zwischen Oswald Spengler und Adorno, so die zweite Rezeptionsstrategie auf eine Angleichung von kritischer Gesellschaftstheorie und welterschließender Kunst, kurz auf die Leugnung der Differenz zwischen Samuel Beckett und Adorno: Am Ende, so muß es dann scheinen, bleibt in der Sphäre einer praktisch folgenreichen Gesellschaftskritik für die »Dialektik der Aufklärung« kein Platz.

Mit diesen komplementären Tendenzen der neueren Rezeption des Buches möchte ich mich im folgenden kritisch auseinandersetzen; dabei will ich in dem Sinn indirekt vorgehen, daß ich nur zu zeigen versuche, welchen besonderen Typus von welterschließen-

4 In diese Richtung weist Bert van den Brink, »Gesellschaftstheorie und Übertreibungskunst. Für eine alternative Lesart der ›Dialektik der Aufklärung‹«, in: *Neue Rundschau*, 1/1997, S. 37-59.

der Kritik die »Dialektik der Aufklärung« repräsentiert, ohne mit bloßer Kulturkritik oder fiktiver Literatur zusammenzufallen. Ich will so verfahren, daß ich zunächst die philosophischen Argumente rekonstruiere, die heute gegen den Typus einer transzendierenden Kritik vorgebracht werden, wie ihn die Studie von Horkheimer und Adorno enthält (I). Im nächsten Schritt soll dann gezeigt werden, daß es zwei Arten von sozialen Mißständen gibt, die zum legitimen Gegenstand einer Gesellschaftskritik werden können; und die zweite Art eines solchen Mißstandes, die ich im Unterschied zum gesellschaftlichen Unrecht »Pathologie« nennen werde, rechtfertigt nach meiner Auffassung eine Transzendierung des gegebenen Werthorizontes mit den Mitteln einer welterschließenden Kritik (II). Habe ich diesen Nachweis geführt, so muß ich in einem letzten Schritt noch in aller Kürze zeigen, daß die »Dialektik der Aufklärung« den methodischen Ansprüchen einer solchen anderen Form der Gesellschaftskritik genügt: sie erschließt einen neuen Bedeutungshorizont, um in seinem Licht vorführen zu können, inwiefern die gegebenen Verhältnisse einen pathologischen Charakter besitzen (III).

I

Von zwei Seiten aus werden heute Einwände gegen eine Form der Gesellschaftskritik erhoben, die sich auf starke, kontexttranszendierende Maßstäbe stützt: jede normative Kritik der Praktiken einer Gesellschaft, so lautet dabei die Prämisse auf beiden Seiten, setzt immer schon eine gewisse Affirmation derjenigen moralischen Kultur voraus, die in jener Gesellschaft vorherrscht: denn ohne eine solche Identifikation mit dem Werthorizont der kritisierten Kultur wäre der Kritiker gar nicht in der Lage, etwas als einen sozialen Mißstand zu identifizieren, was auch von seinen Zeitgenossen potentiell als Unrecht wahrgenommen werden kann. Eine Gesellschaftskritik hingegen, die den lokal vorherrschenden Werthorizont einzuklammern oder zu transzendieren versucht, indem sie sich auf externe Maßstäbe bezieht, nimmt zwangsläufig eine zu distanzierte Perspektive ein, um von ihren Adressaten noch verstanden werden zu können; daher gerät sie auch stets wieder in Gefahr, ein elitäres Sonderwissen zu reklamieren, das leicht zu Zwecken der Manipulation mißbraucht werden kann.

Sind sich in diesen allgemeinen Einwänden die beiden Positionen auch einig, die heute gegen die Idee einer starken, kontexttranszendierenden Gesellschaftskritik zu Felde ziehen, so zeichnen sich bei allen weiteren Überlegungen doch erhebliche Differenzen ab; sowohl in Hinblick auf die Begründungen, die für die Notwendigkeit einer situierten, lokal gebundenen Gesellschaftskritik gegeben werden, als auch in Hinblick auf die programmatischen Schlußfolgerungen, die daraus gezogen werden, schlagen die beiden Positionen verschiedene Wege ein. Richard Rorty, der als Vertreter der ersten Richtung gelten kann, stützt sich bei seinen Überlegungen auf epistemologische Argumente, aus denen er mit Blick auf die Gesellschaftskritik die Konsequenzen einer Arbeitsteilung zwischen privater Welterschließung und öffentlicher Reformpraxis zieht; Michael Walzer dagegen, der als Vertreter der zweiten Richtung gelten kann, zieht bei seinen Überlegungen moralphilosophische Argumente heran, aus denen er mit Blick auf die Gesellschaftskritik stark kontextualistische Konsequenzen entwickelt.[5]

Die erste, von Rorty vertretene Position gewinnt ihr zentrales Argument aus der epistemologischen Überlegung, daß es jenseits lokaler Sprachspiele oder Interpretationsschemata keine Wahrheit geben könne, auf die wir uns beim Versuch einer rationalen, kontexttranszendierenden Kritik stützen könnten: zwar existiert »out there« selbstverständlich eine Welt oder eine Realität, aber auf diese können wir uns nicht wie auf eine interpretationsunabhängige Tatsache beziehen, um über ein objektives Kriterium der Unterscheidung wahrer von falschen Sätzen zu verfügen. Insofern verlangt eine Gesellschaftskritik, die nicht aufgrund eines metaphysischen Strebens nach Objektivität die Gefahr des rationalistischen Elitismus oder Despotismus laufen möchte, eine grundsätzlich affirmative Orientierung an den Wertmaßstäben der eigenen Kultur: was wir tun können, um bestimmte Praktiken in unserer Gesellschaft zu kritisieren, ohne zu potentiell despotischen Metaphysikern zu werden, besteht in dem Versuch, im Lichte der von uns gemeinsam für richtig gehaltenen Normen soziale Verstöße und Mißstände schrittweise zu korrigieren.[6] Nun ist sich Rorty darüber im klaren,

5 Vgl. als Überblick: Jonathan Allen, »The Situated Critic or the Loyal Critic? Rorty and Walzer on Social Criticism«, in: *Philosophy & Social Criticism*, Vol. 24, 6/1998, S. 25 ff.

6 Vgl. Richard Rorty, *Kontingenz, Ironie und Solidarität*, Frankfurt/M. 1989;

daß es auch bei Vermeidung metaphysischer Bestrebungen nicht nur die Möglichkeit des reformistischen Operierens innerhalb eines normativen Vokabulars gibt, sondern auch diejenige der Neuschaffung eines solchen Vokabulars; und auch die Vorstellung, daß das Vokabular einer sozialen Gemeinschaft nicht dazu in der Lage sein mag, die verschiedenen Erfahrungen von Grausamkeit zu erfassen, ist Rorty nicht fremd. Somit ergibt sich für ihn über die intellektuelle Reformpraxis hinaus noch als eine zweite Aufgabe der Kritik, innerhalb einer kulturellen Lebensform das gemeinsam geteilte Vokabular durch kreative Neuschaffungen so zu erweitern, daß auch idiosynkratische Erfahrungen von psychischer Demütigung öffentlich artikulierbar werden; aber diese Aufgabe möchte er den »Romanschreibern, Dichtern oder Journalisten«[7] überlassen, weil sie im Gegensatz zu den Philosophen nicht nach der rationalen Grundlage einer »menschlichen Natur« oder »objektiven Realität« suchen. Der Versuch hingegen, in philosophischer Einstellung nach Möglichkeiten der Transzendierung eines existierenden Vokabulars zu suchen, bleibt schadlos nur bei Begrenzung auf die individuelle Privatsphäre; hier, verstanden als Mittel immer neuer Selbstentdeckungen, kann die Philosophie keinen öffentlichen Schaden anrichten, weil ihre metaphysischen Präsuppositionen keine falschen Erwartungen hinsichtlich der Möglichkeit einer gemeinsamen menschlichen Natur wecken.

Die Vorstellung einer solchen Arbeitsteilung zwischen privater Philosophie, öffentlicher Reformpolitik und sensibilisierender Literatur ist nicht das Modell, an dem Michael Walzer seine Ablehnung einer zu starken Form der Gesellschaftskritik orientiert. Er, der entschiedenste Verfechter der zweiten Position, hält sich vielmehr an das Bild des »lokalen Richters«, wenn er zu beschreiben versucht, wie innerhalb einer etablierten Gesellschaft eine philosophisch noch rechtfertigbare, nicht elitistische Kritik beschaffen sein soll.[8] Den Ausgangspunkt seiner Überlegungen bildet nicht eine epistemologische, sondern eine moralphilosophische These: bei der Rechtfertigung von moralischen Prinzipien, wie sie jeder Form von Sozialkritik zugrunde liegen müssen, führt der An-

ders.: »Intellectuals in Politics: Too Far In? Too Far Out?«, in: *Dissent*, 4/1991, S. 483 ff.

7 Richard Rorty, *Kontingenz, Ironie und Solidarität*, a. a. O., S. 160.

8 Vgl. Michael Walzer, *Kritik und Gemeinsinn*, Berlin 1990; ders.: *Zweifel und Einmischung*, Frankfurt/M. 1991.

spruch auf universelle Geltung deswegen in die Irre, weil er zu einer zu starken Distanzierung von dem eingespielten Horizont an praktischen Normen und Überzeugungen führen muß; sich auf kontextfreie Verfahren oder Prinzipien zu berufen, heißt nämlich nichts anderes, als sich in einen »view from nowhere« zu versetzen, der an die lokalen, stets schon akzeptierten Sichtweisen nicht mehr rückzuvermitteln ist. Aus diesem generellen Vorbehalt gegenüber universalistischen Begründungsverfahren ergibt sich für Walzer in einem zweiten Schritt dann die Konsequenz, daß diejenigen Formen von intellektueller Opposition fragwürdig sind, die ihren kritischen Maßstab außerhalb des hermeneutischen Kontextes der eigenen Kultur aufsuchen: sobald der kritische Intellektuelle oder Theoretiker eine solche Außenperspektive einnimmt, wird er notgedrungen zum »leidenschaftslosen Fremden« oder »entfremdeten Einheimischen«, der die normative Kraft und den moralischen Reichtum der lokalen Übereinkünfte nicht mehr recht zu entschlüsseln vermag. Folgt der Gesellschaftskritiker hingegen dem Verfahren der radikalisierenden Interpretation, indem er immanent an den lokalen Bestand moralischer Normen anknüpft, um ihn durch kreative Neudeutungen kritisch auf den Einzelfall anzuwenden, so wird er zur Figur des »örtlichen Richters«: dieser ist mit seiner sozialen Lebenswelt vertraut genug, um glaubwürdig die Rolle eines loyalen Kritikers zu übernehmen, »der mit Leidenschaft und ohne Unterlaß, manchmal mit hohem persönlichem Risiko (...) Einspruch erhebt, protestiert und Einwendungen macht«.[9]

Von diesem Typus des immanent verfahrenden Kritikers versucht Walzer einen plastischen Eindruck zu vermitteln, indem er die intellektuelle Praxis von Autoren wie Alexander Herzen, George Orwell oder Albert Camus umreißt: nie haben sie sich von den früh erlernten Moralüberzeugungen ihrer Herkunftskultur distanzieren müssen, stets aber haben sie diese in einer Weise neu zu interpretieren gewußt, daß sie in den lokalen Auseinandersetzungen zur Erweiterung unseres Verständnisses von Freiheit und Würde beizutragen vermochten. Von jenen Sozialkritikern dagegen, die sich in ihrer sezierenden Diagnose von externen Wertvorstellungen haben leiten lassen, kann Walzer in suggestiven Darstellungen zeigen, wie sehr sie auch ihren eigenen Absichten zum Trotz

9 Michael Walzer, *Kritik und Gemeinsinn*, a. a. O., S. 49.

zu elitistischen Konsequenzen genötigt waren: Ob nun Michel Foucault, Gramsci oder Herbert Marcuse, stets sind diese Intellektuellen ihrer eigenen Gesellschaft gegenüber so fremd geblieben, daß ihre diagnostische Kritik Züge einer gefährlichen, weil strategisch verwertbaren Überheblichkeit zeigt.[10]

So stimmen Michael Walzer und Richard Rorty am Ende, auch wenn sie auf unterschiedlichen Wegen zu ihren jeweiligen Positionen gelangt sind, in der normativen Auszeichnung eines Typus von Gesellschaftskritik überein, der den Charakter einer immanent ansetzenden Korrektur von sozialen Mißständen besitzt; zwar räumt Rorty einer bedeutungserschließenden Literatur durchaus eine moralische Funktion in einer sprachlich nicht hinreichend sensiblen Kultur ein, aber für die Philosophie wünscht er sich im öffentlichen Raum nicht anders als Walzer nur die schwache Rolle einer Begründungshilfe bei politischen Reformprojekten. Dementsprechend kann es auch nicht weiter überraschen, daß beide Autoren in derselben Weise die elitistischen oder despotischen Gefahren einer Gesellschaftskritik aufzeigen, die mit dem moralischen Horizont der eigenen Kultur bereits im Ansatz gebrochen hat; und es verdankt sich wohl nur den Konjunkturen intellektueller Moden, daß auf ihren jeweiligen Listen solcher problematischer Formen der Gesellschaftskritik nicht an vorderster Stelle die »Dialektik der Aufklärung« auftaucht. Ich will im nächsten Schritt zeigen, daß die normative Auszeichnung einer loyalen oder immanenten Form der Kritik in der Beschränkung auf nur einen Typus von sozialem Mißstand begründet ist; räumen wir hingegen ein, daß auch liberale Gesellschaften nicht nur Verletzungen von Normen der Gerechtigkeit, also soziales Unrecht, kennen, so lassen sich auch eine Reihe von Argumenten für jenen zweiten, »externen« Typus von Gesellschaftskritik finden.

10 Zu den intellektuellen Porträts dieser verschiedenen Autoren, in denen Michael Walzer seine Bewertung implizit unterbringt, vgl.: ders., *Zweifel und Einmischung*, a. a. O. Eine erste Form der Kritik an Walzers Unterscheidungen habe ich entwickelt in: »Universalismus und kulturelle Differenz. Zu Michael Walzers Modell der Gesellschaftskritik«, in: *Merkur*, Nr. 512/1991, S. 1049-1055.

II

Die beiden Positionen, die wir bislang kennengelernt haben, gehen bei ihrer Problematisierung von starken Formen der Gesellschaftskritik von einer gemeinsamen Prämisse aus, die zu selbstverständlich scheint, um sie gesondert zu rechtfertigen: als das mögliche Objekt einer jeden Gesellschaftskritik gilt hier nämlich ein sozialer Zustand, der den Charakter eines Unrechts besitzen soll. Auch wenn wir uns von der Beschränkung auf die beiden Positionen lösen und das ganze Spektrum der Debatte einbeziehen, so ändert sich wenig an der Feststellung einer solchen stillschweigenden Voraussetzung: im allgemeinen wird davon ausgegangen, daß es Aufgabe der Gesellschaftskritik ist, soziale Zustände bloßzulegen, in denen begründetermaßen ein Verstoß gegen Gerechtigkeitsstandards vermutet werden muß. Dementsprechend umfaßt die Standardformel, an der die formalen Eigenschaften einer Gesellschaftskritik gemessen werden, gewöhnlich drei verschiedene Aussagenglieder: es wird von bestimmten, als legitim angesehenen Ansprüchen, Interessen oder Präferenzen sozialer Gruppen oder Individuen ausgegangen, von denen gezeigt werden muß, daß sie aufgrund klar umrissener sozialer Fakten wie institutioneller Regelungen oder Praktiken nicht in einer Weise Befriedigung finden, die unseren allgemeinen Gerechtigkeitsvorstellungen entspricht. Im Hinblick auf alle drei Aussagenkomplexe – erstens die Einführung legitimer Ansprüche oder Präferenzen, zweitens die Rechtfertigung von Gerechtigkeitsstandards, in deren Licht sich drittens bestimmte soziale Umstände als ungerecht bestimmen lassen – tun sich nun eine Reihe von Alternativen auf, über deren jeweilige Vertretbarkeit seit langem theoretisch Dissens besteht: So ist etwa mit Bezug auf den ersten Aussagenkomplex unklar, ob legitime Ansprüche oder Interessen nur individuellen Aktoren oder sozialen Gruppen zugeschrieben werden können; mit Bezug auf den dritten Aussagenkomplex läßt sich darüber streiten, ob ungerechte Umstände sich stets nur aus institutionellen Regelungen oder auch aus obstruktivem Verhalten sozialer Gruppen ergeben können. Aber in der gegenwärtigen Diskussion sind vor allem Fragen von Interesse, die sich auf den zweiten, normativen Aussagenkomplex beziehen; denn hier ist umstritten, wie wir gesehen haben, ob die Rechtfertigung der normativ zugrunde gelegten Gerechtigkeitsstandards die Form einer hermeneutischen Interpretation oder einer rationalen Begründung annehmen muß – kurz, ob die herangezogenen Normen der lokalen Kultur entstammen oder universellen, kontexttranszendierenden Prinzipien entsprechen müssen.[11]

Nun verdankt sich allerdings die ganze Konzentration auf diese normative Frage eben jener nicht weiter begründeten Voraussetzung, daß als das legitime Objekt einer jeden Gesellschaftskritik stets ein Zustand sozialer Ungerechtigkeit zu gelten hat. Wie wenig sinnvoll eine solche einschränkende Prämisse ist, läßt sich schon daran erkennen, daß im allgemeinen auch in liberalen Gesellschaften noch ganz andere Umstände als Mißstände erfahren werden können: so ist es durchaus vertretbar, nicht die Art der Befriedigung von Ansprüchen allein für falsch, sondern diese selber in gewisser Weise für »falsch« zu halten; oder wir können überzeugt sein, daß der Mechanismus im ganzen fragwürdig ist, nach dem unsere Ansprüche oder Wünsche zustande kommen.[12] Was in solchen kritischen Reaktionen zum Ausdruck gelangt, liegt seinem Geltungsanspruch nach noch unterhalb der normativen Schwelle, auf der moralische Urteile über die Gerechtigkeit einer sozialen Ordnung angesiedelt sind; denn hier wird der Inhalt oder die Richtung jener Interessen und Ansprüche selber hinterfragt, die in gewisser Weise nur vorausgesetzt werden können, wenn nach dem

11 Zu der umfangreichen Diskussion, die heute über diese Frage geführt wird, verweise ich exemplarisch nur auf zwei besonders klar verfahrende Aufsätze: John R. Wallach, »Liberals, Communitarians and the Tasks of Political Theory«, in: *Political Theory*, Bd. 15, 4/1987, S. 581 f.; Georgia Warnke, »Social Interpretation and Political Theory: Walzer and his Critics«, in: *Hermeneutics and Critical Theory in Ethics and Politics*, hg. von Michael Kelly, Cambridge, Mass. 1990, S. 204 ff.

12 Überlegungen in diese Richtung entwickelt etwa: Harry Frankfurt, *Some Thoughts about Caring*, MS 1997 (»Political philosophy is ordinarily devoted mainly to issues concerning liberty, justice, the rights of individuals, the proper scope of government authority, and the distribution of power and of wealth. However, a society in which all of these issues have been suitably and effectively resolved might still be a rotten place to live. (...) My point is that a society that is unqualifiedly equitable and well-ordered might be a rotten place to live because the people who live in it are endemically deficient in certain aspects of individual character. That is, the people who inhabit the society – and who both shape it and are shaped by it – may suffer generally from socially pertinent limitations that derive from inadequacies or deformities in their personal conceptions of what is important to them.«) Die normativen Gesichtspunkte, unter denen in dieser Perspektive die Gesellschaft beurteilt wird, habe ich in einem ersten Anlauf im folgenden Text zu entwickeln versucht: Axel Honneth, »Pathologien des Sozialen«, in diesem Band, S. 11 ff.

zuvor umrissenen Aussagenschema ungerechte Zustände diagnostiziert werden sollen. Aufgrund dieser Differenz im Geltungsanspruch muß natürlich auch das normative Prädikat »falsch« in den beiden Typen von Urteilen etwas anderes beinhalten: während es im ersten Fall gleichbedeutend mit »ungerecht« verwandt wird und mithin eine Verletzung von bestimmten Gerechtigkeitsprinzipien anzeigt, muß es im zweiten Fall soviel bedeuten wie »unzuträglich« oder »abweichend«, wobei als Maßstab eine Idee gesellschaftlicher Perfektion vorausgesetzt scheint. Insofern ist der normative Geltungsanspruch, der in kritischen Stellungnahmen des zweiten Typs erhoben wird, von viel weitreichenderer Art als derjenige im Falle einer konventionellen Gesellschaftskritik: wenn wir behaupten, daß die für eine Gesellschaft charakteristischen Wünsche oder Interessen eine falsche Richtung nehmen, oder die Mechanismen problematisieren, nach denen sie zustande kommen, so vertreten wir damit implizit die These, daß ein sozialer Zustand diejenigen Bedingungen verletzt, die für ein gutes Leben unter uns eine notwendige Voraussetzung darstellen. Als Oberbegriff für die Fehlentwicklungen, die in solchen Urteilen über einen gesellschaftlichen Zustand kritisiert werden, scheint mir der Terminus der »Pathologie« angemessen.[13]

Freilich zeigen diese wenigen Bemerkungen nun auch schon, wie wenig aussichtsreich heute der Versuch scheinen muß, für eine solche zweite Form der Gesellschaftskritik irgendeine Art von rationaler Begründung geben zu wollen; denn wie die kritische Diagnose im einzelnen auch immer gefaßt sein mag, sie setzt in jedem Fall normative Annahmen eines Typs voraus, zu dem wir ohne metaphysische Anleihen nur noch schwer einen Zugang haben dürften. Für jene Ideen der gesellschaftlichen Perfektion oder des guten Lebens, wie wir sie in Urteilen über soziale Pathologien zwangsläufig voraussetzen müssen, bieten sich überhaupt nur zwei Wege der Rechtfertigung an, die aber beide aus unterschiedlichen Gründen gleichermaßen blockiert zu sein scheinen: die epistemologischen Einwände gegen objektivistische Annahmen über eine menschliche Natur hindern uns einerseits daran, leichtfertig von allgemeinen Bedingungen des guten Lebens zu reden, die Einsicht in den wachsenden Wertepluralismus schließt andererseits die hermeneutische Möglichkeit aus, von gesellschaftlich ge-

13 Zur Rechtfertigung dieser Begriffswahl vgl.: Axel Honneth, »Pathologien des Sozialen«, in diesem Band, S. 11 ff.

teilten Überzeugungen in Hinblick auf das Gute auszugehen. So scheint eine Form der Gesellschaftskritik, die statt soziales Unrecht pathologische Zustände zu diagnostizieren versucht, bloß noch das Erbstück einer Vergangenheit zu sein, die noch unbekümmert von der Natur des Menschen sprechen konnte.[14]

Auf der anderen Seite aber ist auch eine liberale Kultur nur schwer vorstellbar, die nicht eine Instanz der therapeutischen Selbstkritik enthält, wie sie in solchen Formen der Gesellschaftskritik angelegt ist: denn selbst unter institutionellen Bedingungen, die die individuelle Autonomie des einzelnen sichern und insofern einen Pluralismus von Werten garantieren, können die Wertpräferenzen aller gemeinsam sich in eine Richtung entwickeln, die zumindest einigen von uns mit den Voraussetzungen eines guten Lebens unvereinbar erscheinen; und es kann auch nicht prinzipiell ausgeschlossen werden, daß wir im Namen der Freiheit institutionelle Mechanismen haben entstehen lassen, deren Einfluß auf unsere eigenen Interessen oder Ansprüche uns gemeinsam nicht recht sein kann. Wenn diese Möglichkeiten aber eingeräumt werden, so entsteht ein Dilemma, das aufschlußreich in Hinblick auf die Lage der Gesellschaftskritik ist: einerseits scheint kein rationaler Weg mehr offenzustehen, um normative Urteile öffentlich zu rechtfertigen, die sich auf mögliche Pathologien in einer Gesellschaft beziehen; andererseits aber scheint gleichzeitig auch weiterhin ein Bedarf an solchen kritischen Diagnosen zu bestehen, weil nur durch sie die Chance einer therapeutischen Selbstkritik offengehalten wird, in deren Horizont wir uns über die Angemessenheit unserer Lebensweise verständigen können. Es ist nun meine These, daß die »Dialektik der Aufklärung« eine angemessene und überzeugende Auflösung dieses Dilemmas darstellt, weil sie die Pathologiediagnose in Form einer welterschließenden Kritik durchführt: das normative Urteil wird bei Verzicht auf metaphysische Präsuppositionen nicht rational gerechtfertigt, sondern beim Leser gewissermaßen nur intentional evoziert, indem von den sozialen Lebensbedingungen eine so radikale Neubeschreibung geliefert wird, daß schlagartig alles die neue Bedeutung eines pathologischen Zustandes annehmen soll.

Das methodische Verfahren einer solchen Form von Gesellschaftskritik ist in der heute etwa von Hilary Putnam vertretenen

14 Zu dieser Problematik im allgemeinen vgl.: Bernard Williams, *Ethics and the Limits of Philosophy*. Cambridge, Mass. 1985.

These begründet, daß zwischen der wirklichen Welt und unseren Werten eine Beziehung der wechselseitigen Abhängigkeit besteht: wie wir die Wirklichkeit wahrzunehmen vermögen, ist von unseren Wertüberzeugungen ebenso abhängig, wie umgekehrt diese Wertüberzeugungen sich nicht unabhängig von der Weise bilden können, in der wir die Wirklichkeit faktisch wahrnehmen.[15] Für die kritische Absicht, eine soziale Lebensform nach Maßgabe einer Idee des guten Lebens als »falsch« oder »fragwürdig« zu präsentieren, ergibt sich aus dieser wechselseitigen Abhängigkeit, daß ihr im Prinzip zwei methodische Wege offenstehen: entweder läßt sich der Versuch unternehmen, den normativen Geltungsanspruch direkt einzulösen, indem in der Diagnose mit ethischen Argumenten die Umrisse einer alternativen Vorstellung des guten Lebens skizziert und verteidigt werden; oder aber der normative Geltungsanspruch wird nur indirekt eingelöst, indem durch radikale Neubeschreibung unsere Sicht der sozialen Realität so verändert wird, daß auch unsere Wertüberzeugungen davon nicht unberührt bleiben können.[16] Wo es sich bei Einsicht in die epistemologischen Gründe, die die erste der beiden Alternativen ausschließen, um eine Anwendung des zweiten Verfahrens handelt, will ich von einer erschließenden Form der Gesellschaftskritik sprechen. Sie ist durch zwei methodische Eigentümlichkeiten gekennzeichnet, die bereits ein Licht auf die Konstruktionsmittel werfen, die sich in der »Dialektik der Aufklärung« finden.

Eine erschließende Gesellschaftskritik, die über eine Evozierung neuer Sichtweisen auch unsere Wertüberzeugungen zu ändern versucht, kann erstens nicht einfach ein Vokabular der argumentativen Begründung benutzen; vielmehr vermag sie ihre Wirkung nur zu erzielen, wenn sie sprachliche Mittel verwendet, die durch Verdichtung oder Verschiebung von Bedeutungen an der sozialen Wirklichkeit bislang nicht wahrgenommene Tatsachen hervortreten lassen. Zu den rhetorischen Figuren, die eine solche Wirkung der Eröffnung eines neuen Bedeutungszusammenhanges enthalten, gehört die narrative Darstellung ebenso wie die Bildung von suggestiven Metaphern; in beiden Fällen wird versucht, durch gezielte Konzentration auf bestimmte Verweisungszusammenhänge

15 Hilary Putnam, *Reason, Truth and History*, Cambridge, Mass. 1981, Ch. 6.

16 Für die folgenden Überlegungen war mir besonders hilfreich ein Aufsatz von James Bohman, »Welterschließung und radikale Kritik«, in: *Dtsch. Z. Philos.*, 41. Jg., 3/1993, S. 563-574.

einen Sinnhorizont zu erschließen, der das ganzheitliche Geflecht unserer Tätigkeiten in einem veränderten Licht erscheinen läßt. Freilich erfolgt die Verwendung solcher sprachlichen Ausdrucksformen in relativ eng gezogenen Grenzen, die sich aus der Aufgabe ergeben, die eine erschließende Gesellschaftskritik auch noch zu erfüllen hat: in ihr müssen die neu erschlossenen Tatsachen von der Art sein, daß sie zugleich Funktionen im Rahmen von Erklärungen übernehmen können, die sich auf die Reproduktion von Gesellschaften beziehen. Aus diesem Umstand erklärt sich auch die Differenz, die zwischen einer erschließenden Gesellschaftskritik und einem beliebigen Kunstwerk besteht: während sich in der ästhetischen Darstellung die Eröffnung neuer Sinnzusammenhänge gewissermaßen ungebunden vollziehen kann, bleibt sie in der Sozialkritik an die Grenzen gebunden, die ihr durch die faktischen Zwänge der sozialen Reproduktion gezogen sind.

Eine zweite Eigentümlichkeit der erschließenden Gesellschaftskritik ergibt sich aus dem bloß indirekten Verhältnis, das sie zur möglichen Wahrheit der von ihr evozierten Sichtweise unterhält; hier haben vor allem Analysen für Klärungen gesorgt, die James Bohman in kritischer Auseinandersetzung mit Heidegger über die interne Beziehung zwischen Welterschließung und Wahrheit angestellt hat. Wenn es die Funktion einer erschließenden Gesellschaftskritik ist, durch die Evozierung einer neuen Sicht der sozialen Welt auch unsere Wertüberzeugungen zu ändern, so kann sie für ihre rhetorisch vermittelten Aussagen nicht direkt einen Wahrheitsanspruch erheben; denn jene Parabeln, Metaphern oder Narrationen, mit denen neue Relevanzzusammenhänge eröffnet werden sollen, könnten nur dann schlagartig wahr oder richtig sein, wenn wir uns ihre Wirkung nach dem Muster der rhetorischen Überredung, nicht aber nach dem der argumentativen Überzeugung zurechtlegten. Daher scheint es angemessener, eine erschließende Gesellschaftskritik als den gezielten Versuch zu begreifen, die Vorbedingungen zu verändern, unter denen in einer Gesellschaft evaluative Diskurse über die Ziele gemeinsamen Handelns stattfinden: durch die rhetorischen Mittel der Verdichtung oder Verschiebung sollen neue Tatsachen an der sozialen Wirklichkeit sichtbar werden, über deren »Wahrheit« sich die Adressaten allerdings erst dann verständigen können, wenn sie ihre Folgen für die Entwicklungsrichtung der Gesellschaft im Lichte konkurrierender Wertüberzeugungen geprüft haben. Wenn wir diese beiden methodischen Eigentümlichkeiten nun heranziehen, um den gesellschaftstheoretischen Status der »Dialektik der Aufklärung« zu klären, so ergeben sich mit Blick auf die zu Beginn umrissene Diskussion eine Reihe von weitreichenden Konsequenzen.

III

Die »Dialektik der Aufklärung« stellt nur dann eine illegitime Form der Gesellschaftskritik dar, wenn ihr geschichtsphilosophischer Rahmen als eine metaphysische Konstruktion verstanden wird, mit deren Hilfe eine pathologische Abweichung von der »Natur« des Menschen konstruiert werden soll; stellen wir aber den hohen Grad an Reflexion in Rechnung, mit dem sich Horkheimer und Adorno über das notwendige Scheitern einer anthropologischen Metaphysik einig waren, so ist die Deutung selber äußerst unplausibel. Es liegt vielmehr nahe, die geschichtsphilosophische Konstruktion als genau jenes Mittel einer rhetorischen Verdichtung zu begreifen, von dem eine erschließende Gesellschaftskritik Gebrauch machen muß, um eine neue Sicht der sozialen Welt zu evozieren: der Argumentationsgang der »Dialektik der Aufklärung« verfolgt dann nicht das Ziel, sozialtheoretisch eine andere Interpretation der Gattungsgeschichte vorzuschlagen, sondern eine veränderte Wahrnehmung von Beständen unserer scheinbar vertrauten Lebenswelt zu provozieren, durch die wir auf deren pathologischen Charakter aufmerksam werden.

Wird eine solche Deutungsperspektive zugrunde gelegt, so zeigen sich schnell eine Reihe von rhetorischen Mitteln, mit denen Horkheimer und Adorno ihr Ziel der radikalen Kritik umzusetzen versuchen.[17] An erster Stelle ist hier sicherlich die narrative Metapher zu nennen, die in der ständigen Verwendung des Odysseus-Mythos angelegt ist: Die Identifikation mit dem tragischen Helden, die durch erzählerische Veranschaulichung an einzelnen Episoden der Geschichte erzeugt wird, soll uns dazu anstoßen, vertraute Vorgänge an uns selber als etwas monströs Fremdartiges zu erfahren und dadurch in ihrer ganzen Zumutung zu durchschauen; so verliert etwa das alltägliche Maß an selbstauferlegter Disziplinierung in dem Augenblick alle historisch gewachsene Selbstverständlich-

17 Hilfreich war mir in diesem Zusammenhang ein Manuskript von Hans Marius Hansteen: *Adornos philosophische Rhetorik oder »wie zu lesen sei«*, 1998.

keit, in dem es gleichnishaft als genau dieselbe Anstrengung begreifbar wird, mit der Odysseus sich im Schutz vor den todbringenden Verführungen der Sirenen an den Mast gebunden hat.[18] Dasselbe gilt im Prinzip für alle Listen, mit denen Odysseus auf seiner Irrfahrt sich im Kampf gegen die Götter am Leben zu erhalten versucht: stets soll der evozierte Vergleich mit sozialen Praktiken, wie wir sie aus der Kultur des Kapitalismus kennen, dazu führen, das ganze Maß an elementarer, roher Gewalt zu durchschauen, das ihnen bislang unerkannt zugrunde liegt. Freilich wird mit einer solchen Interpretation auch deutlich, daß die beiden Autoren zwischen den beiden unterschiedlichen Ebenen der Darstellung, dem Mythos des Odysseus und den sozialen Disziplinierungsvorgängen, nicht einfach eine Art von Gleichheitszeichen setzen wollen; die Spur an neuer Bedeutung, die die vertrauten Praktiken durch Unterlegung der Erzählung erhalten, soll vielmehr nur ein grelles, gewissermaßen überscharfes Licht auf etwas werfen, das für uns längst den Charakter des Selbstverständlichen hat.

Auch für das zweite rhetorische Mittel, das in der »Dialektik der Aufklärung« immer wieder anzutreffen ist, läßt sich eine ähnliche Funktionsbestimmung geben: Mit der Figur des »Chiasmus«, der Kreuzstellung von zwei Satzgliedern oder Wörtern, soll auf einen eingespielten Bedeutungszusammenhang schlagartig ein neues Licht geworfen werden, so daß Vertrautheiten zusammenstürzen. Hier sind als Beispiele an vorderster Stelle Ausdrücke zu nennen, die zwei bislang bedeutungsmäßig entgegengesetzte Worte in einer einzigen Formulierung zusammenbringen: so evoziert der berühmte Begriff der »Kulturindustrie« eine Sichtweise, in der der ideale Raum kultureller Hervorbringungen plötzlich so in die Nähe von industriellen Vollzügen gebracht wird, daß der eingespielte Bedeutungskontext mit einem Mal verlorengeht. Nicht anders verhält es sich mit dem Begriff der »Naturgeschichte«, der ebenfalls zwei Worte in einer einzigen Formulierung zusammenführt, die philosophiegeschichtlich bislang entgegengesetzt schienen: dadurch erfährt der Prozeß der menschlichen Geschichte, der doch im Kontext von Hermeneutik und Historismus als eigentliches Dokument der schöpferischen Fähigkeiten des Menschen galt, unversehens eine neue Bedeutung, durch die er in seinen rohen, naturhaften Elementen durchschaubar wird.

18 Max Horkheimer/Theodor W. Adorno, *Dialektik der Aufklärung*, Frankfurt/M. 1969. S. 66f.

An dritter Stelle ist schließlich das ästhetische Mittel der Übertreibung zu nennen, über dessen Bedeutung für sein Denken im Ganzen Adorno ja an verschiedenen Stellen seines Werkes Rechenschaft abgelegt hat;[19] gemeint ist damit der rhetorische Versuch, durch Zuspitzung einer Eigenschaft bis ins Groteske oder Schrille an einem Sachverhalt etwas zum Vorschein zu bringen, was ansonsten im Horizont eingespielter Bedeutungen verborgen bliebe. Hier ist etwa, um nur ein wesentliches Beispiel aus der »Dialektik der Aufklärung« zu nennen, an die Tendenz von Horkheimer und Adorno zu denken, die sozial unterdrückten Subjekte nach dem Muster von nur noch instinktiv reagierenden Wesen zu beschreiben: Dadurch, daß die Menschen in ihrem sozialen Verhalten wie Tiere beschrieben werden, soll durch das Mittel der Übertreibung deutlich werden, in welchem Maße sie in ihrem Alltagshandeln bereits auf standardisierte Reaktionen festgelegt sind. Ein anderes Beispiel für dieses rhetorische Mittel stellt sicherlich der Versuch dar, Konsequenzen des bürgerlichen Moralverständnisses durch Exemplifizierung an den klinischen Versuchsanordnungen des Marquis de Sade kenntlich zu machen: auch hier wird von den Autoren natürlich nicht unterstellt, daß aus der Anwendung des kategorischen Imperativs tatsächlich gerechtfertigterweise die Legitimität einer Einstellung gefolgert werden könnte, in der andere Personen als bloße Objekte der individuellen Lustgewinnung gesehen werden; was vielmehr intendiert sein muß, ist wiederum durch übertreibende Hervorkehrung einer möglichen Implikation des kantischen Moralprinzips sichtbar werden zu lassen, was an notwendigen Abstraktionen der Tendenz nach im bürgerlichen Moralverständnis angelegt ist.[20]

Wenn wir diese drei rhetorischen Mittel im Zusammenhang betrachten, so wird an der Art der Gesellschaftskritik in der »Dialektik der Aufklärung« deutlich, in welchem Maß sie nach dem Muster der evaluativen Welterschließung verfährt: durch narrative Veranschaulichung, durch das Mittel des Chiasmus und schließlich die Kunst der Übertreibung soll von den vertraut gewordenen Sachverhalten der kapitalistischen Kultur eine Beschreibung gegeben werden, die dazu in der Lage ist, sie uns in einem vollkommen

19 Vgl. etwa Theodor W. Adorno, »Eingriffe«, in: *Gesammelte Schriften* 10, Frankfurt/M. 1977, S. 455 ff.

20 Vgl. Max Horkheimer und Theodor W. Adorno, »Exkurs II, ›Juliette oder Aufklärung und Moral‹«, in: *Dialektik der Aufklärung*, a. a. O. S. 88-127.

neuen Licht erscheinen zu lassen; bezweckt ist damit die Erschließung unserer Welt als eines sozialen Lebenszusammenhangs, dessen Einrichtungen und Vollzüge deswegen als »pathologisch« gelten können, weil sie bei unvoreingenommener Betrachtung den Bedingungen eines guten Lebens schroff widersprechen. Freilich bleibt, wenn wir die »Dialektik der Aufklärung« in diesem veränderten Licht betrachten, am Ende die Frage offen, welche Art von Wahrheitsanspruch ihr zuzubilligen ist: Denn sie evoziert nicht mehr als eine neue, unvertraute Sicht unserer sozialen Welt, ohne damit als solche auch schon den sozialtheoretischen Nachweis geführt zu haben, daß es sich so tatsächlich auch verhält. Insofern wird sich der Wahrheitsanspruch der »Dialektik der Aufklärung« in Zukunft daran bemessen, ob die Mitglieder der von ihr beschriebenen Gesellschaft sich eines Tages darauf verständigen, ihre Neubeschreibungen zu akzeptieren und daher ihre soziale Lebenspraxis zu ändern.

Die soziale Dynamik von Mißachtung

Zur Ortsbestimmung einer kritischen Gesellschaftstheorie[1]

Wer heute den Versuch einer Ortsbestimmung der »Kritischen Theorie« unternimmt, setzt sich leicht dem Verdacht einer nostalgischen Verkennung der aktuellen Situation philosophischen Denkens aus; denn in ihrem ursprünglichen Sinn, also als das interdisziplinär angelegte Unternehmen einer kritischen Diagnose der sozialen Wirklichkeit, ist diese Tradition heute längst nicht mehr existent. Wenn ich im folgenden gleichwohl einen solchen Versuch unternehme, dann kann damit dementsprechend nicht die Absicht verknüpft sein, die Bedingungen einer Wiederbelebung der alten Frankfurter Theorietradition zu erkunden; weder glaube ich, daß das ursprüngliche Forschungsprogramm überhaupt noch eine ungebrochene Weiterentwicklung verdient, noch bin ich davon überzeugt, daß sich die komplex gewordene, sich schnell verändernde Realität ohne weiteres im Rahmen einer einzigen, und sei es interdisziplinär angelegten Theorie erforschen läßt. »Kritische Gesellschaftstheorie« soll im folgenden also nicht im Sinne des ursprünglichen Programms der Frankfurter Schule gemeint sein. Andererseits ist damit aber auch mehr gemeint als der Hinweis auf jede beliebige Form von Gesellschaftstheorie, soweit sie nur ihren Gegenstand einer kritischen Überprüfung oder Diagnose unterzieht – denn das trifft in beinah selbstverständlicher Weise für jede Art von soziologischer Gesellschaftstheorie zu, die ihren Namen wirklich verdient – also für Weber nicht anders als für Marx, für Durkheim nicht anders als für Tönnies. Mit »kritischer Gesellschaftstheorie« soll hier vielmehr nur die Art von gesellschaftstheoretischem Denken gemeint sein, die mit dem ursprünglichen Programm der Frankfurter Schule, ja vielleicht mit der Tradition des Linkshegelianismus im ganzen, eine bestimmte Form der normativen Kritik teilt: eine solche nämlich, die zugleich über die vorwissenschaftliche Instanz Auskunft zu geben vermag, in der ihr eigener kritischer Gesichtspunkt als empirisches Interesse oder

1 Es handelt sich hier um den Text meiner Antrittsvorlesung am Otto-Suhr-Institut der FU Berlin vom November 1993; eine erste Fassung ist erschienen in: *Leviathan* 1/1994.

moralische Erfahrung außertheoretisch verankert ist. Im ersten Schritt will ich nur kurz an dieses linkshegelianische Erbstück der Kritischen Theorie erinnern, weil ich es für das einzige theoretische Element halte, das heute noch im Sinne eines Identitätsmerkmals, einer unverzichtbaren Prämisse der alten Tradition fungieren kann. Durch ihre spezifische Form der Kritik unterscheidet sich die Gesellschaftstheorie der Frankfurter Tradition von allen anderen Strömungen oder Richtungen der Sozialkritik. Erst nach dieser methodischen Rückerinnerung kann ich dann damit beginnen, die Lage zu umreißen, in der sich die kritische Gesellschaftstheorie heute befindet. Das will ich in der Weise unternehmen, daß ich in vorsichtiger Abgrenzung zur Habermasschen Kommunikationstheorie schrittweise die Grundannahmen eines Ansatzes skizziere, der den methodischen Anforderungen der alten Theorie genügen kann; der Kern dieses Ansatzes besteht in einer Entfaltung des sozialen Sachverhalts, der in der Überschrift meines Beitrags behauptet wird: die »soziale Dynamik von Mißachtung«.

I. Kritik und vorwissenschaftliche Praxis

Der methodische Ausgangspunkt der Theorie, die Horkheimer zu Beginn der dreißiger Jahre auf den Weg zu bringen versucht hat, ist durch ein Problem bestimmt, das sich der Übernahme eines linkshegelianischen Erbstückes verdankt. Unter den linken Schülern Hegels, also von Karl Marx bis zu Georg Lukács, galt es als Selbstverständlichkeit, daß die Theorie der Gesellschaft ihren Gegenstand nur in dem Maße einer Kritik unterziehen durfte, in dem sie in ihm ein Element ihres eigenen kritischen Gesichtspunktes als soziale Wirklichkeit wiederzuentdecken vermochte; daher bedurfte es für diese Theoretiker stets einer Gesellschaftsdiagnose, die dazu in der Lage sein mußte, ein Moment der innerweltlichen Transzendenz zum Vorschein zu bringen. Die damit umrissene Aufgabe hat Horkheimer vor Augen, wenn er in einem seiner berühmten frühen Aufsätze die Eigenart der Kritischen Theorie dadurch bestimmt, daß er sie als »intellektuelle Seite des historischen Prozesses der Emanzipation«[2] bezeichnet; um nämlich zu einer

2 Horkheimer 1937, S. 189; zum Kritikbegriff Horkheimers vgl.: Küsters 1980; interessante Beiträge enthält jetzt der Sammelband: S. Benhabib/W. Bonß/J. McCole (Hg.) 1993.

derartigen Leistung fähig zu sein, muß die Theorie sowohl ihre Entstehung in einer vorwissenschaftlichen Erfahrung als auch ihre Verwendung in einer zukünftigen Praxis stets mitdenken können. Im Unterschied zu Lukács aber ist Horkheimer sich darüber im klaren, daß er mit einer solchen Ausgangsbestimmung nicht nur eine methodologische Forderung aufstellt, sondern auch zur geregelten Zusammenarbeit mit der sozialwissenschaftlichen Einzelforschung aufruft: denn ihre eigene Rückbindung an eine vorwissenschaftliche Dimension der sozialen Emanzipation kann die Kritische Theorie nur dann behaupten, wenn sie sich in Form einer soziologischen Analyse darüber Rechenschaft ablegt, wie es um den Bewußtseinszustand oder die Emanzipationsbereitschaft der Bevölkerung beschaffen steht. Das spezifische Verhältnis, in das Horkheimer in Fortsetzung des Linkshegelianismus Theorie und Praxis zueinander gebracht hat, setzt eine Bestimmung der sozialen Triebkräfte voraus, die im historischen Prozeß von sich aus zu Kritik und Überwindung der etablierten Formen von Herrschaft drängen; daher ist die Kritische Theorie in ihrem innersten Kern, was immer sonst ihre Übereinstimmungen mit anderen Formen der Sozialkritik sein mögen, auf die quasisoziologische Bestimmung eines emanzipatorischen Interesses in der sozialen Wirklichkeit selber angewiesen.[3]

Nun haben eine Reihe von theoriegeschichtlichen Untersuchungen inzwischen zeigen können, daß die sozialphilosophischen Erklärungsmittel des Frankfurter Instituts nicht ausgereicht haben, um diese anspruchsvolle Zielsetzung in die Forschungspraxis umzusetzen: Horkheimer bleibt in seinen Anfängen einer marxistischen Geschichtsphilosophie verhaftet, die ein vorwissenschaftliches Interesse an sozialer Emanzipation überhaupt nur in der einen Klasse des Proletariats zulassen konnte;[4] Adorno hatte schon früh die Fetischismuskritik von Marx so entschieden zum Ausgangspunkt seiner Gesellschaftskritik gemacht, daß er in der sozialen Alltagskultur keine Spur einer innerweltlichen Transzendenz mehr ausmachen konnte;[5] und einzig von den randständigen Mitarbeitern des Instituts, von Walter Benjamin also oder auch von Otto Kirchheimer, hätten vielleicht die theoretischen Impulse ausgehen können, einen anderen, produktiveren Zugang zu den

3 Dazu Dubiel 1978, Teil A.
4 Vgl. Benhabib 1986, S. 147ff.
5 Vgl. Habermas 1981, Bd. 1, Kap. IV, 2.

Emanzipationspotentialen der sozialen Alltagswirklichkeit zu suchen.[6] So aber sind Horkheimer und sein Kreis insgesamt einem marxistischen Funktionalismus verhaftet geblieben, der sie dazu verführte, innerhalb der gesellschaftlichen Realität einen so geschlossenen Kreislauf von kapitalistischer Herrschaft und kultureller Manipulation anzunehmen, daß darin kein Raum mehr für eine Zone der praktisch-moralischen Kritik bleiben konnte. Das dadurch bedingte Problem, die Verlegenheit nämlich, einerseits theoretisch auf eine vorwissenschaftliche Instanz der Emanzipation angewiesen zu sein, deren Existenz andererseits aber empirisch nicht mehr ausweisen zu können, dieses Problem also mußte sich für die durch Horkheimer begründete Theorietradition noch in dem Maße verschärfen, in dem die zuvor einmal praktisch genährten Veränderungshoffnungen an Plausibilität und Überzeugungskraft verlieren mußten: mit dem Sieg des Faschismus und der endgültigen Durchsetzung des Stalinismus war jede Möglichkeit dahingeschmolzen, die kritische Perspektive der Theorie in einer vorwissenschaftlichen Instanz, sei es einer sozialen Bewegung oder einem existierenden Interesse, einen objektiven Halt zu geben. Der Umschlag der Kritischen Theorie in den geschichtsphilosophischen Negativismus Adornos markiert schließlich den historischen Punkt, an dem das Unternehmen einer historisch-sozialen Rückversicherung der Kritik vollends zum Erliegen kommt; in den Reflexionen der »Dialektik der Aufklärung« verbleibt als einziger Ort, an dem sich so etwas wie eine innerweltliche Transzendenz vollziehen könnte, nur noch die Erfahrung der modernen Kunst.[7]

Aus dem Exil in die Bundesrepublik zurückgekehrt, haben Horkheimer und Adorno an diesen empirischen Prämissen ihres kritischen Unternehmens keine wesentlichen Änderungen mehr vorgenommen. Zwar läßt sich darüber streiten, ob beide Denker tatsächlich den Ansatz der »Dialektik der Aufklärung« unkorrigiert bis an ihr Lebensende beibehalten haben; unstrittig aber ist wohl der Umstand, daß sie an eine innerweltliche Möglichkeit der Emanzipation beide nicht mehr haben glauben wollen: auf der Seite Adornos zeigt das die »Negative Dialektik«, auf der Seite Horkheimers verweist darauf seine späte Hinwendung zum philo-

6 Vgl. zusammenfassend: Axel Honneth, »Kritische Theorie. Vom Zentrum zur Peripherie einer Denktradition«, in: ders. ²1999, S. 25ff.

7 Horkheimer/Adorno 1969.

sophischen Pessimismus Schopenhauers.[8] Wie das im einzelnen auch sein mag, mit der negativistischen Grundorientierung ihrer späten Schriften haben Horkheimer und Adorno ein Problem hinterlassen, das seither am Anfang jedes Versuchs einer Wiederanknüpfung an die Kritische Theorie zu stehen hat: solange nämlich das linkshegelianische Modell der Kritik überhaupt bewahrt werden soll, muß ein theoretischer Zugang zu jener sozialen Sphäre überhaupt erst wieder neu geschaffen werden, in der ein Interesse an Emanzipation vorwissenschaftlich verankert sein kann. Ohne den wie auch immer bewerkstelligten Aufweis, daß der kritischen Perspektive innerhalb der sozialen Realität ein Bedürfnis oder eine Bewegung entgegenkommt, läßt sich die Kritische Theorie heute in keiner Weise mehr fortsetzen; denn von anderen Ansätzen der Sozialkritik unterscheidet sie sich nicht mehr durch eine Überlegenheit im soziologischen Erklärungsgehalt oder im philosophischen Begründungsverfahren, sondern einzig und allein noch durch den nicht aufgegebenen Versuch, den Maßstäben der Kritik einen objektiven Halt in der vorwissenschaftlichen Praxis zu geben. Weil diese Sphäre aber im Laufe der Geschichte der Kritischen Theorie verschüttet worden ist, muß sie heute in mühevoller Begriffsarbeit erst wieder ans Licht gebracht werden; in der Aufgabe, die soziale Realität kategorial so zu erschließen, daß in ihr wieder ein Moment der innerweltlichen Transzendenz sichtbar wird, sehe ich daher das Schlüsselproblem einer Aktualisierung der kritischen Gesellschaftstheorie. Insofern vermag die Frage, wie auf dieses Problem heute grundsätzlich reagiert wird, als ein theoretischer Leitfaden zu dienen, an dem sich der Versuch einer Ortsbestimmung der Kritischen Theorie zunächst einmal orientieren kann.

II. Alternative Wege der Traditionserneuerung

Im Hinblick auf die bislang umrissene Problemstellung lassen sich heute ohne große Mühe zwei entgegengesetzte Antworthaltungen unterscheiden. In der ersten dieser beiden Strömungen wird die negativistische Sozialkritik, die Adorno in seinen späten Schriften praktiziert hat, noch um eine weitere Drehung radikalisiert, indem eine Selbstauflösung des sozialen Kerns der Gesellschaft im ganzen pro-

8 Adorno 1966; Horkheimer 1971. Zur Kritischen Theorie der Nachkriegszeit vgl. insgesamt Wiggershaus 1986, Kap. 6.

gnostiziert wird; die Phänomene, die damit in den Blick gerückt werden, sind das vollkommen außer Kontrolle geratene Anwachsen großtechnischer Systeme, die Verselbständigung der Systemsteuerung gegenüber der sozialen Lebenswelt und schließlich die rapide voranschreitende Entleerung der menschlichen Persönlichkeit. Ruft die Aufzählung solcher Entwicklungstendenzen zwar auch Erinnerungen an die Art von Zeitdiagnose wach, wie sie einst von konservativen Autoren wie Arnold Gehlen entwickelt worden ist, so findet sie sich heute vor allem doch in theoretischen Kreisen, die sich auf das negativistische Erbe Adornos zu berufen versuchen; dafür stehen im deutschsprachigen Raum an vorderster Stelle die Schriften von Stefan Breuer ein, während es im internationalen Rahmen nicht selten die Anhänger des französischen Poststrukturalismus sind, die jene sozialen Phänomene in den Mittelpunkt ihrer Gesellschaftsdiagnose rücken.[9] Das theoretische Bild, das in diesen verschiedenen Varianten einer negativistischen Sozialkritik von der sozialen Lebenswelt erzeugt wird, ist stets in derselben Weise von einer Tendenz der Dehumanisierung geprägt: bei Breuer ist es der quasireligiöse Glaube an die Allmacht von Technik und Wissenschaft, beim mittleren Foucault das passive Reagieren auf die Strategie der Machtapparate, bei Baudrillard schließlich der massenhaft verbreitete Hang zur bloßen Simulation, was die Menschen heute insgesamt zu bloßen Objekten einer sich autopoietisch reproduzierenden Systemmacht werden läßt. Wird die soziale Wirklichkeit aber so gedacht, dann liegt auf der Hand, welche theoretischen Konsequenzen damit für unser Problem verknüpft sind: jede Form von Kritik, die sich innerhalb der gesellschaftlichen Realität selber zu lokalisieren versucht, muß schon deswegen als unmöglich gelten, weil diese gar nicht mehr so beschaffen ist, daß sich in ihr soziale Abweichungen, gar emanzipatorische Interessen oder Einstellungen auffinden lassen. Mit der Radikalisierung der Verdinglichungskritik des späten Adorno wird jeder Anstrengung, doch noch ein innerweltliches Moment der Transzendenz zu benennen, um darin der Kritik einen sozialen Halt zu verschaffen, endgültig die sozialtheoretische Basis entzogen; der Versuch, zur vorwissenschaftlichen Praxis in ein reflexives Verhältnis zu treten, wäre mit dieser Form einer kritischen Gesellschaftstheorie an sein Ende gelangt.

9 Vgl. exemplarisch: Breuer 1992; Foucault 1976; zum Verhältnis von Foucault und Adorno vgl. Axel Honneth, »Foucault und Adorno. Zwei Formen einer Kritik der Moderne«, in: ders. ²1999, S. 73 ff.

Daß das allerdings nicht zwangsläufig der Fall sein muß, macht die zweite theoretische Strömung deutlich, in der die Tradition der Kritischen Theorie heute zur Fortsetzung gelangt; denn die Habermassche Kommunikationstheorie, die ich hier natürlich meine, stellt gerade in dem Sinn eine Gegenbewegung zu den negativistischen Sozialtheorien dar, daß sie den Zugang zu einer emanzipatorischen Sphäre des Handelns erst wieder geöffnet hat. Der Aufbau der Theorie des kommunikativen Handelns läßt sich als Einlösung des Versuchs verstehen, die kategorialen Mittel zurückzugewinnen, mit deren Hilfe Horkheimers Idee einer Sozialkritik heute noch einmal wiederzubeleben ist: dem dient im ersten Schritt die Umstellung des marxistischen Produktionsparadigmas auf das Paradigma kommunikativen Handelns, in dessen Rahmen deutlich werden soll, daß nicht in der gesellschaftlichen Arbeit, sondern in der sozialen Interaktion die Bedingungen gesellschaftlichen Fortschritts angelegt sind; von hier aus führt der nächste Schritt zur Entfaltung einer Sprachpragmatik, die zu klären hat, welche normativen Voraussetzungen es im einzelnen sind, die das Rationalitätspotential des kommunikativen Handelns ausmachen; und darauf baut schließlich in einem dritten Schritt der Entwurf einer Gesellschaftstheorie auf, die den Prozeß der Rationalisierung des kommunikativen Handelns bis zu dem historischen Punkt verfolgt, an dem er zur Herausbildung von sozialen Steuerungsmedien führt.[10] Habermas läßt bekanntlich seine Theorie der Gesellschaft in einer zeitdiagnostischen These münden, derzufolge heute die Macht der sich selber steuernden Systeme so sehr angewachsen ist, daß sie zu einer Bedrohung für die kommunikativen Leistungen der Lebenswelt werden: unter der zersetzenden Gewalt, mit der in der Gegenwart die Steuerungsmedien des Geldes und der bürokratischen Macht in die Alltagskultur eindringen, beginnt das humane Potential der sprachlichen Verständigung sich aufzulösen.[11] In diesem Bild einer Kolonialisierung der Lebenswelt scheint die Habermassche Gesellschaftstheorie am Ende doch noch mit jener pessimistischen Sozialkritik übereinzustimmen, die wir in den negativistischen Strömungen einer Wiederbelebung der Kritischen Theorie vorgefunden haben: beide Ansätze berühren sich in der zeitdiagnostischen Vorstellung, daß die Verselbständigung systemischer Mächte heute zu einer Auflösung des sozialen Kerns

10 Habermas 1981.

11 Vgl. ebd., Bd. II, Kap. VIII.

der Gesellschaft führen kann. Der ganze und entscheidende Unterschied allerdings besteht darin, daß Habermas einen systematischen Begriff dessen zu liefern vermag, was durch die Herrschaft der Systeme gegenwärtig bedroht ist; wo in den negativistischen Theorieansätzen die ungeklärten Prämissen einer kaum artikulierten Anthropologie vorherrschen, befindet sich in seinem Ansatz eine Sprachtheorie, die überzeugend zeigen kann, daß das gefährdete Potential des Menschen seine Fähigkeit zur kommunikativen Verständigung ausmacht. Im Gegensatz zu allen anderen Varianten enthält die Habermassche Neufassung der Kritischen Theorie ein Konzept, welches die Struktur derjenigen Handlungspraxis darlegen kann, die von den kritisierten Entwicklungstendenzen der Gesellschaft zerstört zu werden droht.

Von hier aus ist nun leicht zu überblicken, daß die Habermassche Kommunikationstheorie in ihrem formalen Aufbau den Anforderungen genügt, die Horkheimer in seinem ursprünglichen Programm an eine Sozialkritik gestellt hatte: wie dieser in der gesellschaftlichen Arbeit, so besitzt jener in der kommunikativen Verständigung eine vorwissenschaftliche Sphäre der Emanzipation, auf die die Kritik sich berufen kann, um ihren normativen Gesichtspunkt innerhalb der sozialen Wirklichkeit auszuweisen. Der Vergleich mit dem Kritikmodell Horkheimers macht nun aber an der Habermasschen Theorie zugleich auch ein Problem sichtbar, das ich zum Ausgangspunkt meiner weiteren Überlegungen machen möchte; es berührt die Frage, wie jener reflexive Zusammenhang genauer zu bestimmen ist, der zwischen der vorwissenschaftlichen Praxis und der Kritischen Theorie bestehen soll. Als Horkheimer sein Programm formulierte, hatte er noch ganz im Sinne der marxistischen Tradition ein Proletariat vor Augen, das ein Gefühl für das Unrecht des Kapitalismus im Produktionsprozeß bereits erworben haben sollte; diese moralischen Erfahrungen, diese Unrechtsempfindungen, so war seine Vorstellung, mußte die Theorie nur auf reflexiver Stufe systematisch artikulieren, um ihrer Kritik einen objektiven Halt zu geben. Nun wissen wir heute, und schon Horkheimer hätte es bei nüchternem Blick wissen können, daß soziale Klassen nicht wie ein einzelnes Subjekt Erfahrungen machen und schon gar nicht ein gemeinsames, objektives Interesse besitzen; überhaupt ist uns mit guten Gründen die Vorstellung abhanden gekommen, daß sich emanzipatorische Interessen oder Erfahrungen einer Gruppe von Menschen zuschreiben lassen, die nur die sozioökonomische Lage miteinander teilen. Aber was kann heute in der Konstruktion der Theorie an die Stelle treten, die bei Horkheimer noch jene moralischen Erfahrungen eingenommen haben, mit denen er, hier vollkommen der Schüler von Georg Lukács, die Arbeiterschaft als ganzes ausgestattet gesehen hat? Die Kritische Theorie muß sich zutrauen können, wie wir im Rückblick gesehen haben, die empirischen Erfahrungen und Einstellungen zu benennen, die bereits vorwissenschaftlich einen Indikator dafür abgeben, daß ihre normativen Gesichtspunkte nicht ohne jeden Rückhalt in der Wirklichkeit sind. Welche Erfahrungen systematischer Art, ja welche Phänomene überhaupt, so möchte ich weiter fragen, übernehmen in der Habermasschen Theorie die Rolle, vor aller wissenschaftlichen Reflexion ein alltägliches Zeugnis für die Stimmigkeit der Kritik abzulegen? Meine Vermutung ist, daß sich an dieser Stelle eine Kluft in der Theorie des kommunikativen Handelns auftut, die nicht zufälliger Herkunft ist, sondern systematischen Charakter besitzt.

III. Vorwissenschaftliche Praxis und moralische Erfahrungen

Mit seiner Umstellung der Kritischen Theorie vom Produktionsparadigma auf das Kommunikationsparadigma hat Habermas den Blick in eine soziale Sphäre eröffnet, die alle Voraussetzungen für die Behauptung einer innerweltlichen Transzendenz erfüllt; denn im kommunikativen Handeln begegnen sich die Subjekte im Horizont von normativen Erwartungen, deren Enttäuschung stets wieder zur Quelle von moralischen Forderungen werden kann, die über die jeweils etablierten Herrschaftsformen hinauszielen. Was für Horkheimer die kapitalistischen Produktionsverhältnisse waren, die der Entfaltung der menschlichen Arbeitsfähigkeit ungerechtfertigte Grenzen auferlegen, sind somit für Habermas die gesellschaftlichen Kommunikationsverhältnisse, durch die das emanzipatorische Potential der intersubjektiven Verständigung auf eine nicht zu rechtfertigende Weise eingeschränkt wird. Welche normativen Rechtfertigungen es aber nun im einzelnen sind, die der Prozeß der sozialen Interaktion enthält, erschließt Habermas mit Hilfe seiner Konzeption einer Universalpragmatik; ihr zufolge besitzen jene sprachliche Regeln, die dem kommunikativen Handeln zugrunde liegen, insofern einen normativen Charakter, als sie zugleich die Voraussetzungen einer herrschaftsfreien Verständigung unter den Menschen festlegen.[12] Werden diese in der Sprache angelegten Bedingungen als der normative Kern betrachtet, der in der zwischenmenschlichen Kommunikation strukturell angelegt ist, so tritt die kritische Perspektive etwas genauer hervor, die in der Habermasschen Gesellschaftstheorie eingelassen ist: ihr muß es darum gehen, die sozialen und kognitiven Einschränkungen zu analysieren, die einer ungehinderten Anwendung jener sprachlichen Regeln Schranken entgegensetzen. Habermas hat mit seiner Hinwendung zur Universalpragmatik einen Weg eingeschlagen, der dahin führt, das normative Potential der sozialen Interaktion mit den sprachlichen Bedingungen einer herrschaftsfreien Verständigung gleichzusetzen. So groß die Vorteile auch sein mögen, die mit einer solchen sprachtheoretischen Fassung des Kommunikationsparadigmas einhergehen können, so gravierend sind umgekehrt auch die Nachteile, die intern mit ihr verknüpft sind. Eine erste Schwierigkeit zeigt sich nämlich schon dann, wenn wir uns nun im Sinne Horkheimers fragen, welche moralischen Erfahrungen diesem kritischen Gesichtspunkt innerhalb der sozialen Wirklichkeit entsprechen sollen.

Für Habermas muß die vorwissenschaftliche Instanz, die seiner normativen Perspektive einen sozialen Halt in der Wirklichkeit verschafft, jener gesellschaftliche Prozeß sein, der die sprachlichen Regeln der Verständigung zur Entfaltung bringt; in der »Theorie des kommunikativen Handelns« wird dieser Vorgang als kommunikative Rationalisierung der Lebenswelt bezeichnet. Nun ist aber ein solcher Prozeß typischerweise etwas, von dem sich mit Marx sagen läßt, daß es sich hinter dem Rücken der beteiligten Subjekte vollzieht; sein Verlauf ist weder von individuellen Intentionen getragen noch überhaupt dem Bewußtsein eines einzelnen Menschen anschaulich gegeben. Der emanzipatorische Vorgang, in dem Habermas die normative Perspektive seiner Kritischen Theorie sozial verankert, schlägt sich in den moralischen Erfahrungen der beteiligten Subjekte als solcher gar nicht nieder;[13] denn diese erfahren eine Beeinträchtigung dessen, was wir als ihre moralischen Erwar-

12 Vgl. v. a.: Jürgen Habermas, »Diskursethik – Notizen zu einem Begründungsprogramm«, in: ders. 1983, S. 53 ff.

13 Das hat, freilich mit anderer Akzentsetzung, auch Georg Lohmann eingewandt: vgl. ders. 1993, hier: S. 288.

tungen, als ihren »moral point of view« betrachten können, nicht als Einschränkung von intuitiv beherrschten Sprachregeln, sondern als Verletzung von sozialisatorisch erworbenen Identitätsansprüchen. Ein Prozeß der kommunikativen Rationalisierung der Lebenswelt mag sich geschichtlich vollzogen haben oder vollziehen, in den Erfahrungen von menschlichen Subjekten spiegelt er sich als ein moralischer Tatbestand auf jeden Fall nicht. Daher kann sich für die vorwissenschaftliche Instanz, auf die die normative Perspektive der Habermasschen Theorie reflexiv verweist, innerhalb der sozialen Wirklichkeit eine Entsprechung gar nicht finden lassen; seine Konzeption ist nicht in der gleichen Weise wie noch die Theorie Horkheimers, diese allerdings unter dem Einfluß einer auch zerstörerischen Illusion, auf die Idee angelegt, einer existierenden Erfahrung sozialen Unrechts zum Ausdruck zu verhelfen.

Einen Ausweg aus dem damit umrissenen Dilemma weist nur der Gedanke, das von Habermas entwickelte Kommunikationsparadigma stärker auf seine intersubjektivitätstheoretischen, ja soziologischen Voraussetzungen hin zu entfalten; damit ist hier vorläufig nur der Vorschlag gemeint, das normative Potential der sozialen Interaktion nicht einfach mit den sprachlichen Bedingungen einer herrschaftsfreien Verständigung gleichzusetzen. In diese Richtung wies bereits die These, daß moralische Erfahrungen sich nicht an der Einschränkung von Sprachkompetenzen entzünden, sondern sich mit der Verletzung von sozialisatorisch erworbenen Identitätsansprüchen bilden; in dieselbe Richtung weisen heute aber auch Untersuchungen wie die von Thomas McCarthy, der dem Habermasschen Kommunikationsparadigma dadurch eine erfahrungsnähere Fassung zu geben versucht, daß er die normativen Voraussetzungen der Interaktion mit Hilfe der Ethnomethodologie rekonstruiert.[14] Um besser verstehen zu können, welche moralischen Erwartungen in den alltäglichen Prozeß der gesellschaftlichen Kommunikation eingelassen sind, empfiehlt sich als ein erster Schritt die Beschäftigung mit historischen und soziologischen Studien, die dem Widerstandshandeln sozialer Unterschichten gewidmet sind; weil deren Mitglieder kulturell nämlich nicht auf die Artikulation von moralischen Erfahrungen hin spezialisiert sind, zeigt sich an ihren Äußerungen gewissermaßen noch vor aller philosophisch-akademischen Beeinflussung, auf was die normati-

14 McCarthy 1993.

ven Erwartungen im sozialen Alltag gerichtet sind. Die Auseinandersetzung mit derartigen Untersuchungen macht mit großer Regelmäßigkeit deutlich, daß es nicht die Orientierung an positiv formulierten Moralprinzipien, sondern die Erfahrung der Verletzung von intuitiv gegebenen Gerechtigkeitsvorstellungen ist, was dem sozialen Protestverhalten von Unterschichten motivational zugrunde liegt; und den normativen Kern solcher Gerechtigkeitsvorstellungen machen immer wieder Erwartungen aus, die mit der Respektierung der eigenen Würde, Ehre oder Integrität zusammenhängen.[15] Werden diese Ergebnisse nun über ihren jeweiligen Untersuchungskontext hinaus verallgemeinert, so liegt die Schlußfolgerung nahe, in dem Erwerb sozialer Anerkennung die normative Voraussetzung allen kommunikativen Handelns zu sehen: Subjekte begegnen sich im Horizont der wechselseitigen Erwartung, als moralische Personen und für ihre sozialen Leistungen Anerkennung zu finden. Wenn die damit angedeutete These plausibel ist, dann ergibt sich als eine weitere Konsequenz auch schon ein Hinweis auf die Ereignisse, die im sozialen Alltag als moralisches Unrecht wahrgenommen werden: solche Fälle liegen für die Betroffenen immer dann vor, wenn entgegen ihrer Erwartung eine als verdient angesehene Anerkennung ausbleibt. Die moralischen Erfahrungen, die menschliche Subjekte in derartigen Situationen typischerweise machen, möchte ich als Gefühle sozialer Mißachtung bezeichnen.

Mit diesen Überlegungen sind wir bereits bis zu einem Punkt vorgestoßen, an dem sich gegenüber der sprachtheoretischen Fassung des Kommunikationsparadigmas die ersten Umrisse einer Alternative abzeichnen. Ihren Ausgangspunkt stellt die Überlegung dar, daß sich die normativen Voraussetzungen der sozialen Interaktion nicht in ihrer ganzen Breite erfassen lassen, wenn sie allein auf die sprachlichen Bedingungen einer herrschaftsfreien Verständigung festgelegt werden; vielmehr muß vor allem Berücksichtigung finden, daß es die Unterstellung der sozialen Anerkennung ist, was die Subjekte an normativen Erwartungen mit der Aufnahme kommunikativer Beziehungen verbinden. Wird das Kommunikationsparadigma in dieser Weise über den sprachtheoretischen Rahmen hinaus erweitert, dann tritt überdies in den

15 Vgl. exemplarisch: Moore 1982; darauf habe ich mich auch bezogen in: Axel Honneth, »Moralbewußtsein und soziale Klassenherrschaft«, in diesem Band, S. 110ff.

Blick, inwiefern sich jede Beschädigung der normativen Voraussetzungen der Interaktion direkt in den moralischen Gefühlen der Beteiligten niederschlagen muß: weil die Erfahrung sozialer Anerkennung nämlich eine Bedingung darstellt, an der die Identitätsentwicklung des Menschen im ganzen hängt, geht mit deren Ausbleiben, der Mißachtung also, notwendigerweise die Empfindung eines drohenden Persönlichkeitsverlustes einher. Anders als bei Habermas besteht hier also ein enger Zusammenhang zwischen den Verletzungen, die den normativen Unterstellungen der sozialen Interaktion zugefügt werden, und den moralischen Erfahrungen, die Subjekte in ihren alltäglichen Kommunikationen machen: werden jene Bedingungen beschädigt, indem einer Person die verdiente Anerkennung verweigert wird, so reagiert der Betroffene darauf im allgemeinen mit moralischen Gefühlen, die die Erfahrung von Mißachtung begleiten, also Scham, Wut oder Empörung. So kann schließlich ein Kommunikationsparadigma, das nicht sprach-, sondern anerkennungstheoretisch gefaßt ist, auch die theoretische Lücke schließen, die Habermas in seiner Fortentwicklung des Horkheimerschen Programms offengelassen hatte: denn jene Unrechtsempfindungen, die mit strukturellen Formen der Mißachtung einhergehen, stellen eine vorwissenschaftliche Tatsache dar, an der eine Kritik der Anerkennungsverhältnisse ihre eigene theoretische Perspektive sozial ausweisen kann.

Nun enthält die Überlegung, die ich soeben zusammengefaßt habe, so viele ungeklärte Voraussetzungen, daß ich sie im ganzen an dieser Stelle gar nicht begründen kann. Den Teil meiner Darlegungen, der sich auf die kommunikativen Voraussetzungen einer gelingenden Identitätsentwicklung des Menschen bezieht, habe ich in einem Buch zu rechtfertigen versucht, das das Anerkennungsmodell des jungen Hegel mit Hilfe der Theorie von George H. Mead rekonstruiert; darin findet sich auch eine Unterscheidung von drei Mustern der wechselseitigen Anerkennung, die ich für notwendig halte, hier aber bislang nur im Vorübergehen gestreift habe.[16] Einen anderen Teil meiner Überlegungen, nämlich den, in dem ich behaupte, daß die Erwartung sozialer Anerkennung zur Struktur des kommunikativen Handelns gehört, vermag ich im Augenblick in all seinen Konsequenzen wohl selber noch gar nicht zu rechtfertigen; denn das würde eine Lösung der schwierigen Aufgabe ver-

16 Honneth 1992, v.a. Kap. 5.

langen, an die Stelle der Habermasschen Universalpragmatik eine anthropologische Konzeption treten zu lassen, die die normativen Voraussetzungen der sozialen Interaktion in ihrer ganzen Breite erklären kann. Im Hinblick auf die Frage, in welcher Lage sich heute die Kritische Theorie befindet, sind indessen andere Gesichtspunkte auch von größerer Bedeutung. Wenn die sozialen Kommunikationsverhältnisse primär daraufhin analysiert werden sollen, welche strukturellen Formen der Mißachtung sie hervorbringen, dann muß sich gegenüber dem Habermasschen Ansatz nämlich auch die kritische Perspektive der Zeitdiagnose verändern: im Mittelpunkt dürfen nicht mehr die Spannungen zwischen System und Lebenswelt stehen, sondern die gesellschaftlichen Ursachen, die für die systematische Verletzung der Anerkennungsbedingungen verantwortlich sind. Die Aufmerksamkeit der zeitdiagnostischen Analyse hat sich von der Verselbständigung der Systeme auf die Verzerrung und Beschädigung der sozialen Anerkennungsverhältnisse zu verlagern. Das wird gegenüber Habermas, wie wir sehen werden, auch zu einer Neubewertung der Rolle führen, die die Erfahrung der Arbeit im kategorialen Rahmen einer Kritischen Theorie zu spielen hat.

IV. Pathologien der kapitalistischen Gesellschaft

In der Tradition der Frankfurter Schule hat sich die Tendenz herausgebildet, als die entscheidende »Störung« von modernen Gesellschaften die Tatsache anzunehmen, daß die instrumentelle Vernunft über andere Formen des Handelns und Wissens zur Vorherrschaft gelangt ist: alle Erscheinungen und Phänomene, die an der sozialen Realität als »pathologisch« erscheinen können, werden hier als Folgewirkung einer Verselbständigung von sozialen Einstellungen gedeutet, die mit dem Ziel der Naturbeherrschung verknüpft sind. Auch bei Habermas setzt sich dieselbe Tendenz insofern noch fort, als er ja den Entwurf seiner »Theorie des kommunikativen Handelns« in eine Zeitdiagnose münden läßt, die von der Gefahr einer »Kolonialisierung« der Lebenswelt durch zweckrational organisierte Systeme ausgeht; wiederum gilt also als die »Störung«, von der der Lebenszusammenhang unserer Gesellschaft bedroht sein soll, die Tendenz einer wachsenden Vormachtstellung instrumenteller Orientierungen, auch wenn deren Entstehung jetzt nicht mehr einfach durch den Zweck der Naturbeherrschung, sondern durch den Anstieg von Organisationsrationalität erklärt wird. Und es bedarf schließlich kaum der weiteren Erwähnung, daß natürlich auch die negativistischen Sozialtheorien in der Nachfolge Adornos auf ein zeitdiagnostisches Bild festgelegt sind, in dem es ein bestimmter Typ der instrumentellen Vernunft ist, der in Technik, Wissenschaft und Kontrollsystemen zu einer lebensbedrohlichen Macht angewachsen ist. Was für alle diese Ansätze einer kritischen Zeitdiagnose als charakteristisch angesehen werden muß, ist der Umstand, daß soziale Pathologien oder Anomalien stets nur an dem Zustand bemessen werden, den die Entwicklung der menschlichen Rationalität markiert; als Abweichungen von einem Ideal, das als Maßstab einer »gesunden« oder intakten Form von Gesellschaft kategorial vorausgesetzt werden muß, können daher hier immer nur Vereinseitigungen gelten, die sich an den kognitiven Orientierungen des Menschen vollziehen. Mit einer solchen Perspektive, auch dies ein Erbstück des Linkshegelianismus, geht dementsprechend eine rationalitätstheoretische Verengung der kritischen Zeitdiagnose einher; denn all jene sozialen Pathologien, die nicht die Ebene der Entwicklung der menschlichen Rationalität betreffen, können erst gar nicht mehr in den Blick genommen werden. Für jene Störungen des gesellschaftlichen Lebens etwa, die Durkheim vor Augen hatte, als er den Prozeß der Individualisierung untersuchte, muß in der Tradition der Frankfurter Schule jedes zeitdiagnostische Sensorium fehlen; diese vollziehen sich nämlich als Auflösung einer sozialen Bindekraft, die mit Veränderungen der menschlichen Rationalität nur in einem sehr indirekten Verhältnis steht.[17]

Bei den Grundannahmen, die ich in meinem Versuch einer Ortsbestimmung bislang entwickelt habe, kann es nicht sinnvoll sein, sich mit einem derart verengten Blick auf die Störungen und Pathologien unserer Gesellschaft zufriedenzugeben: wie sollen Fehlentwicklungen des sozialen Lebens sichtbar werden, die mit den Strukturbedingungen der wechselseitigen Anerkennung zusammenhängen, wenn nur Kriterien für die Messung von Abweichungen zur Verfügung stehen, die sich auf den Zustand der menschlichen Rationalität beziehen? Sobald das Kommunika-

17 Zum Problem einer Bestimmung von gesellschaftlichen Pathologien vgl.: Axel Honneth, »Pathologien des Sozialen. Tradition und Aktualität der Sozialphilosophie«, in diesem Band, S. 11 ff.

tionsparadigma nicht mehr nur im Sinne einer Konzeption der rationalen Verständigung, sondern im Sinne einer Konzeption der Anerkennungsbedingungen aufgefaßt wird, darf auch die kritische Zeitdiagnose nicht mehr in das enge Schema einer Rationalitätstheorie gepreßt werden; denn als ein Kriterium für das, was als »Störung« oder Fehlentwicklung des gesellschaftlichen Lebens gelten muß, können nun nicht mehr die rationalen Bedingungen der herrschaftsfreien Verständigung, sondern müssen die intersubjektiven Voraussetzungen der menschlichen Identitätsentwicklung im ganzen herangezogen werden. Solche Voraussetzungen finden sich in den sozialen Kommunikationsformen, in denen der einzelne aufwächst, zu einer sozialen Identität gelangt und sich schließlich als das zugleich gleichberechtigte und einzigartige Mitglied einer Gesellschaft begreifen lernen muß; sind diese Kommunikationsformen nun so beschaffen, daß sie nicht das Maß an Anerkennung bereitstellen, das zur Bewältigung jener verschiedenen Identitätsaufgaben nötig ist, so muß das als Indikator der Fehlentwicklung einer Gesellschaft gelten. Mithin sind es Anerkennungspathologien, die in das Zentrum der Zeitdiagnose rücken, sobald das Kommunikationsparadigma nicht mehr sprachtheoretisch, sondern anerkennungstheoretisch begriffen wird; die Grundbegriffe einer Gesellschaftsanalyse müssen dementsprechend so aufgebaut sein, daß sie Verzerrungen oder Defizite im sozialen Anerkennungsgefüge zu erfassen vermögen, während der Prozeß der gesellschaftlichen Rationalisierung seine zentrale Stellung einbüßt.

Allerdings lassen diese Überlegungen noch vollkommen unbestimmt, in welchem Verhältnis jene Anerkennungspathologien nun mit der Sozialstruktur einer gegebenen Gesellschaft stehen. Wenn das bislang umrissene Modell einer Kritischen Theorie zu mehr als einer bloß normativen Gegenwartsanalyse in der Lage sein soll, muß es vor allem die sozialstrukturellen Ursachen aufzeigen können, die für die Verzerrung im sozialen Anerkennungsgefüge jeweils verantwortlich sind; erst dann wird nämlich entscheidbar, ob zwischen bestimmten Erfahrungen von Mißachtung und der Strukturentwicklung der Gesellschaft überhaupt ein systematischer Zusammenhang besteht. Ich muß mich hier auf wenige Bemerkungen beschränken, die vor allem die Funktion haben sollen, einen weiteren, letzten Schritt der Distanzierung von der Habermasschen Fassung des Kommunikationsparadigmas vorzubereiten. Im Rückgriff auf den jungen Hegel habe ich, wie bereits erwähnt, drei Formen der sozialen Anerkennung unterschieden, die als kommunikative Voraussetzungen einer gelingenden Identitätsbildung gelten können: die emotionale Zuwendung in sozialen Intimbeziehungen wie der Liebe und der Freundschaft, die rechtliche Anerkennung als moralisch zurechnungsfähiges Mitglied einer Gesellschaft und schließlich die soziale Wertschätzung von individuellen Leistungen und Fähigkeiten. Die Frage, wie es um das Anerkennungsgefüge einer bestimmten Gesellschaft bestellt ist, kann nun nur durch Untersuchungen beantwortet werden, die sich mit dem empirischen Zustand beschäftigen, in dem sich die institutionellen Verkörperungen dieser drei Anerkennungsmuster jeweils befinden. Für unsere Gesellschaft würde das also Studien verlangen zu Sozialisationspraktiken, Familienformen und Freundschaftsverhältnissen einerseits, zweitens zum Inhalt und zur Anwendungskultur des positivierten Rechts und schließlich zu den faktischen Mustern der sozialen Wertschätzung. Im Hinblick auf diese letzte Anerkennungsdimension läßt sich nun nicht nur vermuten, sondern unter Berücksichtigung vergleichbarer Untersuchungen mit ziemlicher Sicherheit auch behaupten, daß sich die soziale Wertschätzung einer Person weitgehend daran bemißt, welchen Beitrag sie in Form einer formal organisierten Arbeit für die Gesellschaft erbringt. Die Anerkennungsverhältnisse sind, was die soziale Wertschätzung angeht, mit der Verteilung und Organisation der gesellschaftlichen Arbeit in hohem Maße verschränkt. Das aber verlangt, der Kategorie der Arbeit in dem hier entwickelten Programm einer Kritischen Theorie eine größere Bedeutung zu geben, als sie ihr die Theorie des kommunikativen Handelns zukommen läßt.

V. Arbeit und Anerkennung

Schon ein kurzer Blick in Untersuchungen, die die psychischen Folgen der Arbeitslosigkeit behandeln, führt unmißverständlich vor Augen, daß der Erfahrung der Arbeit in dem sich abzeichnenden Konzept eine zentrale Stellung zukommen muß; denn mit der Chance, einer ökonomisch entlohnten und somit sozial geregelten Arbeit nachzugehen, ist auch heute noch der Erwerb jener Form von Anerkennung verknüpft, die ich soziale Wertschätzung genannt habe. Andererseits aber darf diese Aufwertung der Arbeitserfahrung auch nicht dazu führen, noch einmal hinter das Niveau zurückzufallen, das Habermas mit seiner kategorialen Entschlakkung des Arbeitsbegriffs bereits vor zwanzig Jahren gesetzt hatte; denn in der marxistischen Tradition und selbst noch bei Horkheimer ist die gesellschaftliche Arbeit geschichtsphilosophisch so sehr zu einem Bildungsfaktor überhöht worden, daß nur das Gegenmittel eines möglichst nüchternen, von normativen Implikationen gereinigten Begriffs der Arbeit vor der Gefahr einer solchen Illusionsbildung schützen kann. Aus diesen gegenläufigen Tendenzen erwächst die Frage, bis zu welcher Schwelle der Begriff der Arbeit neutralisiert werden kann, ohne damit zugleich die Bedeutung einer zentralen Quelle von moralischen Erfahrungen zu verlieren: einerseits darf der Prozeß der gesellschaftlichen Arbeit nicht mehr als solcher, wie noch in der Tradition des westlichen Marxismus, zu einem Prozeß der emanzipatorischen Bewußtseinsbildung hochstilisiert werden, andererseits aber muß er kategorial doch auch so weit in moralischen Erfahrungsbezügen eingebettet bleiben, daß seine Rolle für den Erhalt sozialer Anerkennung nicht aus dem Blick geraten kann.[18]

Zwar spielt in der neueren Gesellschaftstheorie von Habermas jener Begriff des »instrumentellen Handelns«, in den er einst den marxistischen Begriff der Arbeit überführt hat, keine systematische Rolle mehr; die zentralen Unterscheidungen, die er heute an der Praxis des Menschen vornimmt, bemessen sich nicht mehr an den Differenzen im jeweiligen Gegenüber, also Natur oder Mitsubjekt, sondern an den Differenzen in der Koordinierung von prinzipiell als teleologisch gedachten Handlungen. Aber diese Begriffsstrategie führt dazu, daß die Erfahrung der Arbeit im kategorialen Rahmen der Theorie überhaupt nicht mehr systematisch in Erscheinung tritt; so wenig für das Habermassche Konzept der persönlichen Identitätsbildung eine Rolle spielt, welche Erfahrungen im Umgang mit der äußeren Natur gemacht werden, so wenig spielt für seine Gesellschaftstheorie eine Rolle, wie die gesellschaftliche Arbeit jeweils verteilt, organisiert und bewertet wird. Wenn

18 Vgl. meine Überlegungen in: Honneth 1980. Die Gegeneinwände von Habermas (ders., »Replik auf Einwände [1980]«, in: ders. 1984, S. 475 ff., hier: S. 475 f., Anm. 14) scheinen mir zwar berechtigt, was die normativen Fragen der Arbeitsorganisation anbelangt; nicht wirklich aufschlußreich aber scheint mir seine Antwort im Hinblick auf das Problem, wie der deskriptive Gehalt eines Arbeitsbegriffs beschaffen sein muß, der noch die Aufgabe einer kritischen Erfassung existierender Arbeitsverhältnisse erfüllen soll.

aber die individuelle Identitätsbildung auch von der sozialen Wertschätzung abhängt, die die eigene Arbeit innerhalb der Gesellschaft genießt, dann darf der Begriff der Arbeit nicht so angelegt sein, daß er diesen psychischen Zusammenhang kategorial vollkommen unterschlägt; die mißliche Konsequenz wäre dann nämlich, daß all jene Anstrengungen für die Gesellschaftstheorie unverständlich, ja unsichtbar bleiben, die eine Umbewertung oder Neugestaltung bestimmter Arbeitsvollzüge anstreben. Bestimmte Zonen der vorwissenschaftlichen Kritik treten nur in dem Maße in den Blick, in dem sie im Lichte eines Arbeitsbegriffs analysiert werden, der die individuelle Angewiesenheit auf die soziale Anerkennung der eigenen Tätigkeit kategorial miteinbezieht.

Für die weitere Analyse des Zusammenhangs, in dem Arbeit und Anerkennung miteinander stehen, ist heute vor allem die Debatte von Bedeutung, die im Anschluß an den Feminismus über das Problem der unbezahlten Hausarbeit geführt wird.[19] Im Zuge dieser Auseinandersetzung ist nämlich von zwei Seiten aus klargeworden, daß die Organisation der gesellschaftlichen Arbeit aufs engste mit den ethischen Normen verknüpft ist, die jeweils das System der sozialen Wertschätzung regeln: unter historischen Gesichtspunkten ist die Tatsache, daß Kindererziehung und Hausarbeit bislang nicht als vollwertige, reproduktionsnotwendige Typen von gesellschaftlicher Arbeit gewertet wurden, nur mit Verweis auf die soziale Geringschätzung zu erklären, die ihnen im Rahmen einer von männlichen Werten bestimmten Kultur entgegengebracht worden ist; unter psychologischen Gesichtspunkten ergibt sich aus demselben Umstand, daß Frauen bei traditionaler Rollenaufteilung nur auf geringe Chancen rechnen konnten, innerhalb der Gesellschaft das Maß an sozialer Achtung zu finden, das für ein positives Selbstverständnis die notwendige Voraussetzung bildet. Aus beiden Gedankenreihen läßt sich die Schlußfolgerung ziehen, daß die Organisation und Bewertung der sozialen Arbeit für das Anerkennungsgefüge einer Gesellschaft eine zentrale Rolle spielt: weil mit der kulturellen Definition der Rangordnung von Handlungsaufgaben nämlich festgelegt wird, welches Maß an sozialer Wertschät-

19 Vgl. exemplarisch die Beiträge von Friedrich Kambartel, Angelika Krebs und Ingrid Kurz-Scherf in dem Schwerpunkt: »Zur Sozialphilosophie der Arbeit«, in: *Dtsch. Z. Philos.*, 2/1993, S. 237ff. Bahnbrechend für eine Analyse des Zusammenhangs von Arbeit und Anerkennung scheint mir überdies: Gorz 1989, u.a. Teil II u. III.

zung der einzelne für seine Tätigkeit und die mit ihr verknüpften Eigenschaften erhalten kann, hängen die Chancen der individuellen Identitätsbildung über die Erfahrung von Anerkennung direkt mit der gesellschaftlichen Einrichtung und Verteilung der Arbeit zusammen. In diese vorwissenschaftliche Zone von Anerkennung und Mißachtung eröffnet freilich nur ein Begriff der Arbeit den Blick, der normativ noch anspruchsvoll genug angelegt ist, um die Angewiesenheit auf die soziale Bestätigung der eigenen Leistungen und Eigenschaften überhaupt einbeziehen zu können.

VI. Schluß

Alle Überlegungen, die ich bisher vorgestellt habe, laufen in der These zusammen, daß es die vielfältigen Anstrengungen eines Kampfes um Anerkennung sind, an denen eine Kritische Theorie ihre normativen Ansprüche wird rechtfertigen können: die moralischen Erfahrungen, die die Subjekte bei der Mißachtung ihrer Identitätsansprüche machen, bilden gewissermaßen die vorwissenschaftliche Instanz, unter Verweis auf die sich zeigen läßt, daß eine Kritik der gesellschaftlichen Kommunikationsverhältnisse nicht vollkommen ohne Rückhalt in der sozialen Realität ist.

Mit dieser These entsteht nun aber leicht der Eindruck, als seien die Empfindungen der Mißachtung als solche moralisch etwas Gutes, auf das sich die Theorie in ihrer sozialen Selbstrechtfertigung direkt und ohne Abstriche beziehen kann. Wie falsch eine solche Unterstellung, wie höchst ambivalent solche Unrechtserfahrungen nämlich tatsächlich sind, macht ein Zitat deutlich: »Die meisten Jugendlichen, die uns ansprachen, waren frustriert. Sie hatten keinerlei Zukunftsperspektiven. Ich baute sie auf und lobte sie gelegentlich, um ihr Selbstwertgefühl zu heben. Solche Anerkennung machte sie vollkommen abhängig von der Gemeinschaft, die wir ›Kameradschaft‹ nannten. Diese ›Kameradschaft‹ wird für viele zu einer Art Droge, von der sie nicht mehr lassen können. Da sie außerhalb der ›Kameradschaft‹ keine Anerkennung erfahren, sind sie weitgehend isoliert, und es fehlen ihnen andere soziale Kontakte.«[20] Diese Sätze stammen aus einem Buch, das der Ostberliner Ingo Hasselbach über die Erfahrungen verfaßt hat, die er vor sei-

20 Hasselbach/Bonengel 1993, S. 121 f.

nem Ausstieg in den Gruppierungen der neonazistischen Jugendszene gemacht hat; wenn die Schilderung dieser Eindrücke auch von der Sprache des Journalisten mitgeprägt sein mögen, der bei der Verfertigung des Manuskripts geholfen hat, so machen sie doch mit großer Deutlichkeit klar, wohin die Erfahrung sozialer Mißachtung politisch auch zu führen vermag: soziale Wertschätzung kann in kleinen militaristischen Gruppen, deren Ehrenkodex von der Praxis der Gewalt beherrscht ist, ebenso gesucht werden wie in den öffentlichen Arenen einer demokratischen Gesellschaft. Die Empfindung, aus den Netzen sozialer Anerkennung in irgendeiner Weise herausgefallen zu sein, stellt in sich eine höchst ambivalente Motivationsquelle sozialen Aufbegehrens und Widerstandes dar; ihr fehlt jeder normative Richtungsindex, der festlegen würde, auf welchen Wegen gegen die Erfahrung von Mißachtung und Demütigung angekämpft werden soll. Eine kritische Gesellschaftstheorie, die das Habermassche Kommunikationsparadigma im Sinn einer Anerkennungslehre fortentwickeln will, steht daher doch nicht ganz so gut da, wie es bislang geklungen haben mag: Zwar kann sie in der massenhaften Empfindung sozialer Mißachtung jenes Moment einer innerweltlichen Transzendenz vorfinden, das vorwissenschaftlich bestätigt, daß ihre zeitdiagnostischen Beobachtungen von den Betroffenen geteilt werden: auch diese erleben die soziale Wirklichkeit so, wie die Theorie sie kritisch beschreibt, nämlich als eine gesellschaftliche Realität, die zur Generierung von Erfahrungen der Anerkennung nicht hinreichend in der Lage ist. Aber in dieser vorwissenschaftlichen Bestätigung darf die Theorie nicht auch schon einen Beweis dafür sehen, daß auch die normative Richtung ihrer Kritik von den Betroffenen geteilt wird. Insofern kann sie sich nicht mehr, wie noch Horkheimer das wollte, als bloß intellektuellen Ausdruck eines bereits vorgängigen Prozesses der Emanzipation begreifen. Vielmehr wird diese Gesellschaftstheorie ihre Anstrengungen auf die Lösung einer Frage konzentrieren müssen, die Horkheimer, ganz im Banne einer großen Illusion, als solche noch gar nicht hatte sehen können: wie nämlich eine moralische Kultur beschaffen zu sein hätte, die den Betroffenen, den Mißachteten und Ausgeschlossenen, die individuelle Kraft gibt, ihre Erfahrungen in der demokratischen Öffentlichkeit zu artikulieren, statt sie in den Gegenkulturen der Gewalt auszuleben.

Literatur

Adorno, Theodor W. (1966): *Negative Dialektik*, Frankfurt/M.

Benhabib, Seyla (1986): *Critique, Norm and Utopia. A Study of the Foundations of Critical Theory*, New York (dt.: *Kritik, Norm und Utopie*, Frankfurt/M. 1992).

Benhabib, Seyla/W. Bonß/J. McCole (Hg.) (1993): *On Max Horkheimer. New Perspectives*, Cambridge, Mass.

Breuer, Stefan (1992): *Die Gesellschaft des Verschwindens. Von der Selbstzerstörung der technischen Zivilisation*, Hamburg.

Dubiel, Helmut (1978): *Wissenschaftsorganisation und politische Erfahrung*, Frankfurt/M.

Foucault, Michel (1976): *Überwachen und Strafen*, Frankfurt/M.

Gorz, André (1989): *Kritik der ökonomischen Vernunft*, Berlin.

Habermas, Jürgen (1981): *Theorie des kommunikativen Handelns*. 2. Bd., Frankfurt/M.

– (1983): *Moralbewußtsein und kommunikatives Handeln*, Frankfurt/M.

– (1984): *Vorstudien und Ergänzungen zur Theorie des kommunikativen Handelns*, Frankfurt/M.

Hasselbach, I./W. Bonengel (1993): *Die Abrechnung. Ein Neonazi sagt aus*, Berlin und Weimar.

Honneth, Axel (1980): »Arbeit und instrumentales Handeln«, in: ders., U. Jaeggi (Hg.): *Arbeit, Handlung, Normativität*, Frankfurt/M.

– ([2]1999): *Die zerrissene Welt des Sozialen*, Frankfurt/M.

– (1992): *Kampf um Anerkennung. Zur moralischen Grammatik sozialer Konflikte*, Frankfurt/M.

Horkheimer, Max (1937): »Traditionelle und kritische Theorie«, in: ders., *Gesammelte Schriften*, Bd. 4, Frankfurt/M. 1988.

– (1971): »Pessimismus heute« in: ders., *Gesammelte Schriften*, Bd. 7, Frankfurt/M. 1985.

Horkheimer, Max/Th. W. Adorno (1969): *Dialektik der Aufklärung*, Frankfurt/M.

Küsters, Gerd-Walter (1980): *Der Kritikbegriff der kritischen Theorie Max Horkheimers*, Frankfurt/M. 1980

Lohmann, Georg (1993): »Zur Rolle von Stimmungen in Zeitdiagnosen«, in: ders./H. Fink-Eitel (Hg.), *Zur Philosophie der Gefühle*. Frankfurt/M.

McCarthy, Thomas (1993): »Philosophie und kritische Theorie. Eine Reprise«, in: ders., *Ideale und Illusionen, Dekonstruktion und Rekonstruktion in der kritischen Theorie*, Frankfurt/M.

Moore, Barrington (1982): *Ungerechtigkeit. Die sozialen Ursachen* von *Unterordnung und Widerstand*, Frankfurt/M.

Wiggershaus, Rolf (1986): *Die Frankfurter Schule*, München.

Moralbewußtsein und soziale Klassenherrschaft

*Einige Schwierigkeiten in der Analyse normativer Handlungspotentiale**

Ein Zentralproblem kritischer Gesellschaftstheorie stellt der Zusammenhang von normativer Theorie und historisch situierter Moralität dar; will die Theorie die moralischen Maßstäbe, die sie ihrer Kritik der Gesellschaft zugrunde legt, nicht nur appellativ behaupten, so muß sie empirisch wirksame Formen von Moralität nachweisen können, an die sie begründet anknüpfen kann. Gelöst schien dieses Problem, solange anzunehmen war, die historische Evidenz von Klassenkämpfen demonstriere die Existenz einer moralisch geleiteten Sozialbewegung. Der Zusammenbruch dieses Revolutionsvertrauens des Marxismus ist die Schlüsselerfahrung der Kritischen Theorie der Frankfurter Schule; ihr hat sich die Aufgabe einer Vermittlung von theoretisch begründeten Normen und historisch wirksamer Moralität in einer Situation gestellt, in der eine politisch organisierte Arbeiterbewegung in Deutschland nicht mehr vorhanden war. Von Adorno bis zu Marcuse interpretiert die Kritische Theorie diese historische Tatsache als das Resultat einer endgültigen Integration der Industriearbeiterschaft in den institutionellen Rahmen der kapitalistischen Gesellschaft; die Konzepte der »total verwalteten Welt« oder der »eindimensionalen Gesellschaft« stellen die theoretischen Versuche dar, diese Zeiterfahrung zu verarbeiten. Beide sind so stark von dem Eindruck eines restlos integrierten Kapitalismus geprägt, daß sie sich nicht mehr zutrauen, Moralität in den gesellschaftlichen Strukturkonflikten historisch zu verankern; weder Adorno noch Marcuse binden die normativen Perspektiven ihrer Gesellschaftskritik an eine empirisch wirksame Moralität zurück – Adorno hat das verlorene Revolutionsvertrauen der Theorie in einer philosophischen Ästhetik kompensiert, die im Kunstwerk den historisch maßgeblichen Ort moralischer Einsichten erblickt; Marcuse hat das verlorene Revolutionsvertrauen in einer freudianischen Triebtheorie naturalistisch wiederzugewinnen versucht, die in einem sozial unangreif-

* Für die ursprüngliche Idee und den argumentativen Aufbau dieses Aufsatzes habe ich in Gesprächen mit Birgit Mahnkopf vieles gelernt; Hans Joas möchte ich für anregende und weiterhelfende Kritik danken.

baren Reservoir erotischer Antriebe die heute wirksame Quelle emanzipatorischen Handelns vermutet. In beiden Versionen einer kritischen Theorie der Gesellschaft hat sich mithin der normative Anspruch von der Aufgabe einer begleitenden Analyse der sozial einflußreichen Normenkonflikte der Gegenwartsgesellschaft gelöst.

Dies wohlvertraute Kapitel der Geschichte der Kritischen Theorie scheint mit der Habermasschen Rekonstruktion des Historischen Materialismus überwunden; in ihr ist die Gesellschaftsanalyse so angelegt, daß sie in den Reformationen des Spätkapitalismus die empirische Kraft eines moralischen Bewußtseins zu entdecken weiß, das im Reproduktionsprozeß der Gattung selbst verankert ist. Dieser anspruchsvollen Version einer kritischen Gesellschaftstheorie dient eine Evolutionstheorie, die den soziokulturellen Entwicklungsprozeß in zwei Rationalisierungsdimensionen, einen moralisch-praktischen Lernprozeß und einen instrumental-technischen Lernprozeß, auseinanderlegt; sie gibt den logischen Rahmen für eine Gesellschaftsanalyse ab, die in den Strukturkonflikten eines Gesellschaftssystems die Spuren einer historischen Bewegung zu entdecken hat, in der der moralische Lernprozeß der Gattung sich beharrlich Ausdruck verschafft. Dieses hegelianisch gefärbte Grundmodell, in dem moralische Einsichten die historisch produktivste Funktion übernehmen, gibt den theoretischen Hintergrund ab, vor dem Habermas nun auch soziologisch die normativen Handlungspotentiale der spätkapitalistischen Gesellschaft analysiert; in der Konsequenz seiner evolutionstheoretischen Grundgedanken ist er gezwungen, die normative Fähigkeit zu sozialer Umwälzung in Form einer Identifizierung von moralisch-praktischen Wissensgehalten zu analysieren. Der normative Lernprozeß der Gattung findet heute, so legt seine Gesellschaftstheorie nahe, in denjenigen Avantgarden eine neue Trägerschaft, die in einem sozioökonomisch entlasteten Klima die normativen Überschüsse der bürgerlichen Universalmoral einzuklagen und zu einer kommunikativen Ethik auszuarbeiten lernen; es sind daher, nur konsequent, nicht mehr die an den Klassenstatus gebundenen Erfahrungen sozialer Deprivation und ökonomischer Abhängigkeit, sondern die an einen kognitiv vorbildlich organisierten Sozialisationsprozeß gebundenen Sensibilisierungen für gesellschaftlich unausgeschöpfte Gerechtigkeitsansprüche, die gegenwärtig die Voraussetzung praktisch-moralischer Kritik darstellen.

Das Gesellschaftsbild, das dieser Überlegung zugrunde liegt, teilt Habermas mit Adorno und Marcuse. Das spätkapitalistische Gesellschaftssystem kann bislang deswegen aufrechterhalten werden, weil das moralisch-praktische Interesse der sozialen Klasse der Lohnarbeiter materiell weitgehend kompensiert und auf die Gleise einer privatistischen Konsumhaltung umgelenkt werden kann. Das normative Potential der Arbeiterschaft scheint durch den Staatsinterventionismus ausgetrocknet. Ein praktisches Interesse an einer höheren Form sozialer Gerechtigkeit sammelt sich, folgt man diesen Prämissen, allein in den gesellschaftlich privilegierten Gruppen, die aus einem ethisch prinzipialisierten Unverständnis für den Instrumentalisierungsgrad spätkapitalistischer Gesellschaft eine von überflüssiger Herrschaft befreite Gesellschaft fordern. Habermas übersetzt daher diese Hypothesen in eine sozialpsychologische Krisentheorie, in der sich die normativ-praktischen Konflikte des Spätkapitalismus von den Reibungslinien zwischen den sozialen Klassen auf die Erfahrungszonen jugendlichen Protestverhaltens verlagert haben. Die Krisentheorie, die die sozialen Konstitutionsbedingungen empirisch wirksamer Moralität untersuchen soll, hat, scheint es, alle Verbindung mit der Theorie des Klassenkonflikts verloren.

Ich möchte nun diese Krisentheorie nicht direkt kritisieren; sie kann im Augenblick auch nur zu leicht empirische Evidenz für sich in Anspruch nehmen. Die Fragen, die ich in aller Kürze betrachten möchte, bewegen sich im begrifflichen Vorfeld einer Theorie, die die makrosoziologische Analyse von normativ-kritischen Handlungspotentialen zur Aufgabe hat. Da dieses wissenschaftliche Unterfangen offensichtlich von der kategorialen Schärfe abhängt, mit der die Gesellschaftstheorie die normativ-praktischen Konflikte ihrer Zeit ausleuchtet, werde ich mich auf dieses Problem konzentrieren. Wie, so möchte ich fragen, müssen die Kategorien einer Gesellschaftstheorie angelegt sein, damit sie empirisch wirkende Formen von Moralität überhaupt entschlüsseln kann? Meine Vermutung ist, daß die Habermassche Gesellschaftstheorie so beschaffen ist, daß sie all jene Formen existierender Gesellschaftskritik systematisch übergehen muß, die von der politisch-hegemonialen Öffentlichkeit nicht anerkannt werden. Daher, so vermute ich weiter, ist Habermas gezwungen, die Identifizierung moralisch folgenreicher Konfliktfelder strikt aus einer Theorie des kapitalistischen Klassenkonfliktes herauszulösen. Ich werde in drei

Schritten vorgehen: 1. Zunächst werde ich zu zeigen versuchen, daß die Habermassche Vorstellung von empirisch wirksamen Moralitätsvorstellungen die klassenspezifischen Ausdrucksformen und Formulierungsbedingungen von Moralität nicht hinreichend berücksichtigt; 2. möchte ich kurz zeigen, daß die Veröffentlichungsweisen von sozialen Unrechtsempfindungen auch abhängig sind von der Effektivität sozialer Kontrolle, um dann 3. aus diesen beiden Überlegungen die Konsequenz anzudeuten: daß sich nämlich hinter der Integrationsfassade des Spätkapitalismus durchaus ein Feld moralisch-praktischer Konflikte verbergen mag, in denen sich die alten Klassenauseinandersetzungen in neuen – sei es sozial kontrollierten, sei es hoch individualisierten – Formen reproduzieren. Diese Überlegungen verstehe ich als spekulative Anregungen, die auf das Maß empirisch bearbeitbarer Fragestellungen erst noch gebracht werden müssen.

I

Der Habermasschen Theorie, die den normativen Anspruch einer kritischen Gesellschaftstheorie in einer prozeduralen Diskursethik begründen will, stellt sich das Problem, die formalen Moralprinzipien[1] historisch-sozial einbetten zu müssen. Seine Konzeption präjudiziert eine Lösung, in der die empirischen Träger gesellschaftlich innovativer Moralprinzipien unter dem Gesichtspunkt des ethischen Grades ihrer Bewußtseinsformen und Gerechtigkeitsvorstellungen identifiziert werden. Ich möchte mich auf diese Nahtstelle zwischen der formalen Diskursethik und einer empirisch gerichteten Moralsoziologie konzentrieren. Ich vermute, daß Habermas all die moralischen Handlungspotentiale, die zwar nicht die Stufe elaborierter Werturteile erreicht haben, sich jedoch in kulturell verschlüsselten Aktionen kollektiven Protests oder auch nur stumm bleibender »sittlicher Mißbilligung« (M. Weber)[2] verkör-

1 Vgl. etwa Seyla Benhabib, *Procedural and Discursive Norms of Rationality,* Ms. 1980; Herbert Kitschelt, »Moralisches Argumentieren und Sozialtheorie«, in: *Archiv f. Rechts- und Sozialphilosophie*, Bd. XVI 3/1980, S. 391 ff.

2 Diesen Begriff, der mir wichtig erscheint, um sprachlose Formen von Moralität zu erfassen, verwendet Max Weber, um etwa das »Bremsen«, die gezielte Einschränkung der Arbeitsleistung durch die Industriearbeiter, zu erfassen: Max Weber, *Wirtschaft und Gesellschaft*, Tübingen 1972, Zweiter Halbband, S. 533.

pern, implizit ignorieren muß; dies jedoch hätte Folgen für die Art und Weise, in der Habermas die moralisch-praktischen Konflikte der Gegenwart auslotet. Um die Unterscheidung, mit der ich operieren will, deutlich zu machen, möchte ich an neuere Versuche einer Sozialgeschichtsschreibung der Unterschichten und der Industriearbeiterschaft anknüpfen.[3] Hier ist die krasse Diskrepanz zwischen den in den bürgerlichen Expertenkulturen und politischen Avantgarden ausformulierten, normativ begründeten Gerechtigkeitsvorstellungen einerseits und der situativ abhängigen, in sich hochgradig fragmentierten Sozialmoral der unterdrückten Klassen andererseits herausgearbeitet worden. Die moralischen Leitvorstellungen, die den sozialen Protest der bäuerlichen und städtischen Unterschichten stützen und begleiten, lassen sich dann, wie George Rudé es versucht hat, als ein Resultat dieser beiden, unterschiedlich generalisierten Wertsysteme begreifen: »Of these, the first is what I call the ›inherent‹, traditional element – a sort of ›mother's milk‹ ideology, based on direct experience, oral tradition or folk-memory and not learned by listening to sermons or speeches or reading books. In this fusion the second element is the stock of ideas and beliefs that are ›derived‹ or borrowed from ohers, often taking the form of a more structured system of ideas, political or religious, such as the Rights of Man, Popular Sovereignty, Laissez-faire and the Sacred Right of Property, Nationalism, Socialism, or the various versions of justification by Faith ... there is no such thing as a tabula rasa, or an empty tablet in the place of a mind on which new ideas may be grafted where there were no ideas before.«[4] Mir scheint es sinnvoll, diesen Gedankengang aus dem geschichtstheoretischen Rahmen, in dem er hier vorgestellt wird, herauszulösen und für die soziologische Analyse normativer Handlungspotentiale fruchtbar zu machen; dann können wir uns von der Vorstellung leiten lassen, daß das Gefüge von ungeschriebenen und erfahrensgebundenen Moralempfindungen, aus dem die authentische Gesellschaftsethik der Unterschichten sich zusammensetzt, wie ein kognitiver Filter wirkt, auf den die hegemonialen oder herrschaftskritischen Normensysteme erst auftreffen. Während diese in den kulturell qualifizierten Schichten ent-

3 Hier vor allem: Barrington Moore, *Ungerechtigkeit. Die sozialen Ursachen von Unterordnung und Widerstand*, Frankfurt/M. 1982; George Rudé, *Ideology and Popular Protest*, New York 1980.

4 George Rudé, *Ideology and Popular Protest*, a. a. O., S. 28.

wickelten Normensysteme in sich relativ stimmige und logisch miteinander verknüpfte Rechtsvorstellungen enthalten, die aus der fiktiven Perspektive eines erfahrungsneutralen Beobachters Prinzipien gerechter Gesellschaftsordnungen entwerfen, stellt jene Gesellschaftsmoral der sozialen Unterschichten einen in sich unabgestimmten Komplex reaktiver Gerechtigkeitsforderungen dar. Während also die elaborierten Gerechtigkeitsvorstellungen in einem kohärenten Bezugssystem soziale Tatbestände bewerten, besteht die ungeschriebene Sozialmoral aus situationsgebundenen Verurteilungen sozialer Tatbestände. Da diese negativen Wertungen nicht zu einem positiven System von Gerechtigkeitsprinzipien generalisiert sind, möchte ich im Anschluß an Barrington Moore als Titel für ihr kognitives Substrat den Begriff »Unrechtsbewußtsein« vorschlagen.

Der Begriff des »Unrechtsbewußtseins« soll hervorheben, daß die Sozialmoral von unterdrückten Gruppierungen keine situationsabstrahierten Vorstellungen einer moralischen Gesamtordnung oder Projektionen einer gerechten Gesellschaft enthält, sondern ein hochempfindliches Sensorium für Verletzungen von als gerechtfertigt unterstellten Moralitätsansprüchen darstellt. Ihre »innere Moralität«, die in dem Komplex der Maßstäbe sittlicher Verurteilungen aufbewahrt ist, stellt gleichsam nur das Negativ einer institutionalisierten Moralordnung dar; ihr historisch produktives Potential liegt darin, daß sie hegemonial ausgegrenzte Gerechtigkeitsmöglichkeiten mit der Kraft lebensgeschichtlicher Betroffenheit anzeigen. Untereinander sind diese impliziten Kriterien moralischer Mißbilligung nicht zu einem distanzierten System von Handlungsnormen abstrahiert. Dieser logische Mangel wird freilich nicht durch eine kognitive Unterlegenheit der Unterschichten verursacht, sondern ist in den klassenspezifischen Differenzen des normativen Problemdrucks begründet. Die Bedingungen, die ich als Ursachen für den andersartigen Aufbau des Moralbewußtseins sozial unterdrückter Gruppen geltend machen möchte, sind daher sozialstruktureller Art.

Die Vorstellung einer argumentativen Konsistenz des moralischen Alltagsbewußtseins, die die philosophische Ethik, in gewisser Weise aber auch die Entwicklungspsychologie Kohlbergs nahelegt, wird inzwischen auch unter persönlichkeitstheoretischen Gesichtspunkten bezweifelt: das Handlungssubjekt ist prinzipiell in die zu bewertenden Situationen emotional zu sehr verstrickt, es hat generell seine soziale Umwelt zu variantenreich nach moralisierungsfähigen und nach strategisch zu behandelnden Bestandteilen untergliedert, als daß die Annahme des Normalfalls eines konsistenten Moralbewußtseins überhaupt sinnvoll wäre.[5] Gleichwohl halte ich es für aussichtsreich, nach sozialstrukturellen Bedingungen zu fragen, die die moralischen Orientierungen der Mitglieder sozialer Unterschichten in einer besonderen Weise sowohl von institutionellen als auch von informellen Konsistenzanforderungen unberührt sein lassen. Erste, intuitive Überlegungen können die Plausibilität einer solchen Vermutung belegen: so gehört ein kohärentes Wertsystem im Normalfall nicht zu den überprüften Bestandteilen der Berufsrolle von Angehörigen sozial unterdrückter Klassen; ihre Berufstätigkeit fordert sie selten oder gar nicht zu einem wie auch immer provisorischen Überblick über den sozialen Lebens- und Interessenzusammenhang der Gesamtgesellschaft heraus. In die Alltagsroutine dieser sozialen Schichten ist also kaum so etwas wie ein Zwang zur Entpersonalisierung der eigenen Handlungsnormen eingebaut. Andererseits wird von Angehörigen schlecht- oder nichtqualifizierter Berufsgruppen gewöhnlich ein Beitrag zur moralischen Dimension gesellschaftlicher Ordnung kaum erwartet. Ihnen wird der sprachliche oder kulturelle Code zur Lösung solcher Problemstellungen nicht zugetraut. Mithin ist insgesamt der Druck, die eigenen moralischen Handlungsnormen in ein abfragbares, konsistent aufgebautes System einzugliedern, für Mitglieder sozialer Unterschichten sehr gering. Es ist eine Überlegung dieser Art, die Michael Mann in einem einflußreich gewordenen Aufsatz den Schluß hat ziehen lassen, daß »only those actually sharing in societal power need develop consistent societal values«;[6] zwei Argumente lassen sich systematisch einführen, die dieser Vermutung ihren bloßen Plausibilitätscharakter nehmen:

a) Die Angehörigen der sozial unterdrückten Klassen unterliegen keinem gesellschaftlichen Legitimationszwang. Während die Mitglieder der sozial herrschenden Klasse die existierende Sozialordnung, die sie privilegiert, im Normalfall vor sich selber als auch vor den anderen Gesellschaftsmitgliedern zu rechtfertigen

5 Vgl. exemplarisch Rainer Döbert, »Was mir am wenigsten weh tut, dafür entscheid ich mich dann auch. Normen, Einsichten und Handeln«, in: *Kursbuch* 60, 1980, S. 43 ff.

6 Michael Mann, »The Social Cohesion of Liberal Democracy«, in: *American Sociological Review*, Vol. 35, 3/1970, S. 423 ff., hier: S. 435.

gezwungen sind, unterstehen die beherrschten Klassen diesem Rechtfertigungsdruck nicht. Zwar verlangt auch ihre soziale Lage ein kulturelles Interpretationssystem, das die erfahrene Ungleichheit erklärbar und die auferlegten Belastungen biographisch erträglich macht; sie stehen jedoch nicht vor dem inneren und äußeren Zwang, die rechtfertigungsbedürftigen Tatbestände einer Gesellschaft in einem Wertsystem zu begründen, das in einem Prinzip verankert ist. Daher ist für Mitglieder der sozialen Unterschicht der Druck, die geltenden Handlungsnormen in ein sozialübergreifendes System von Wertprämissen einzufügen, äußerst gering.

b) Das kulturelle Klima der sozial unterdrückten Klassen stellt die normativen Überzeugungen ihrer Mitglieder nicht unter Elaborierungsdruck. Die sozialen Schichten, die an der Ausübung politischer und ökonomischer Macht partizipieren, erwerben über hochqualifizierte Ausbildungsgänge, wie Pierre Bourdieu zeigt,[7] auch ein Monopol, die kulturelle Tradition anzueignen; sie besitzen mithin die symbolischen Mittel, eine moralische Überlieferung zu entschlüsseln, die die Einbettung der eigenen Handlungsnormen in ein situationsübergreifendes Wertsystem anregt und fördert. Zugleich verleiht das kulturelle Milieu der herrschenden Klasse soziale Prämien auf eine möglichst komplexe und entindividualisierte Präsentation normativer Überzeugungen, ohne daß die handlungsorientierende Kraft dieser ethischen Selbstbilder geprüft wird. Ein vergleichbares Anregungspotential zur Ausarbeitung eigener Wertüberzeugungen kennt das kulturelle Milieu sozialer Unterschichten sicherlich nicht; ihre Mitglieder werden von der Möglichkeit einer ethischen Relativierung oder einer verbalen Stilisierung ihrer Handlungsnormen durch die schulisch organisierten Prozesse der kulturellen Reproduktion eher ausgeschlossen.[8] Dies können empirische Untersuchungen indirekt belegen, die zeigen, daß Angehörige der Arbeiterklasse in der Behandlung von moralischen Problemen ihrer Lebensumwelt normensicher und ethisch reif reagieren, auf Fragen nach den möglichen Wertprinzipien einer Sozialordnung aber hilflos auf normative Standardsätze zurückgreifen.[9]

7 Pierre Bourdieu, »Kulturelle Reproduktion und soziale Reproduktion«, in: P. Bourdieu/J.-C. Passeron, *Grundlagen einer Theorie der symbolischen Gewalt*, Frankfurt/M. 1973, S. 88ff.

8 Ebd.

9 Vgl. sowohl die bei Michael Mann zitierten Untersuchungen als auch: Frank Par-

Diese zwei Überlegungen, die klassenspezifische Formulierungsbedingungen von Moralität skizzenhaft kenntlich zu machen versuchen, lassen ein generalisiertes, an moralischen Normen positiv orientiertes Wertsystem sozial unterdrückter Schichten und Klassen eher unwahrscheinlich erscheinen. Deren moralische Ansprüche sind in Formen von Unrechtsbewußtsein aufbewahrt. An deren impliziter Moralität aber zielt ein Konzept vorbei, das das normative Potential gesellschaftlicher Gruppen an kollektiven Gerechtigkeitsvorstellungen oder an moralischen Bewußtseinsformen zu messen sich vornimmt. Die innere Moralität sozialen Unrechtsbewußtseins läßt sich, da weder dessen Wertprämissen noch dessen Gerechtigkeitsvorstellungen transparent sind, nur indirekt, nämlich an den Maßstäben der moralischen Mißbilligung von sozialen Ereignissen und Vorgängen, ablesen. Unter dieser Perspektive geben sich möglicherweise eine Reihe von sozialen Handlungen, denen auf den ersten Blick jede normativ-praktische Intention und Richtung zu fehlen scheinen, als Ausdrucksformen sozialen Unrechtsbewußtseins zu erkennen. Deren Analyse wird nun freilich durch den einfachen Umstand erschwert, daß ihre Veröffentlichungsweisen sowohl vom Grade ihrer politischen Organisierung als auch vom Niveau ihrer sozialen Kontrolle mitbestimmt sind; auf diesen zweiten Gesichtspunkt möchte ich mich, um Anschluß an die Gegenwartssituation zu finden, in einem zweiten Schritt konzentrieren.

II

Bislang habe ich zeigen wollen, daß die Gerechtigkeitsvorstellungen, mit denen soziale Gruppen eine Gesellschaftsordnung moralisch bewerten und beurteilen, sich im Falle sozial unterdrückter Schichten eher implizit in typischen Unrechtsempfindungen auffinden lassen als in positiv formulierbaren Wertprinzipien; die Maßstäbe der moralischen Mißbilligung von sozialen Vorgängen sind zuverlässigere Indikatoren für die Erwartungen an eine gerechte und gute Sozialordnung als das häufig konventionalistische,

kin, *Class Inequality and Political Order*, London 1971, Chap. III (»Class Inequality and Meaning Systems«); Überlegungen dieser Art schließt David Miller (*Social Justice*, Oxford 1976) aus dem soziologischen Teil seiner Arbeit vollkommen aus.

selten in einen logisch zufriedenstellenden Zusammenhang gebrachte Wertsystem der Unterschichten. Wenn diese Überlegungen triftig sein sollten, dann ist in dem Unrechtsbewußtsein sozialer Gruppen ein Potential an Gerechtigkeitserwartungen, Bedürfnisansprüchen und Glücksvorstellungen negativ aufbewahrt, das zwar aus sozialstrukturellen Gründen die Schwelle von Entwürfen einer gerechten Gesellschaft nicht erreicht, aber gleichwohl unausgeschöpfte Wege moralischen Fortschritts anzuzeigen vermag. Der Gedankengang enthält allerdings eine doppelte Abstraktion: einerseits abstrahiere ich von allen den Prozessen, in denen entweder die unterdrückten Gruppierungen selber oder politische Avantgarden kollektive Unrechtsempfindungen kulturell mobilisieren und strategisch organisieren, um sie in der Form begründungsfähiger Gerechtigkeitsansprüche in politische Auseinandersetzungen einzubringen; andererseits abstrahiere ich auch von den staatlichen oder betrieblichen Prozessen, die die Chancen, soziale Unrechtsempfindungen zu formulieren und zu veröffentlichen, einschränken und kontrollieren, um sie unter die politische Artikulationsschwelle abzudrängen. Ich will mich nun auf diesen zweiten Gesichtspunkt, die Dimension der sozialen Kontrolle von Unrechtsbewußtsein, beschränken; er soll deutlich machen, daß die Darstellungsweisen sozialer Unrechtsempfindungen nicht, wie allzuleicht unterstellt wird, den betroffenen Subjekten frei zur Verfügung stehen, sondern von vielfältigen Mechanismen der Klassenherrschaft beeinflußt und mitbestimmt sind. Die gemeinsame Aufgabe dieser Prozesse der sozialen Kontrolle moralischen Bewußtseins ist es, die Veröffentlichungschancen sozialer Unrechtsempfindungen so früh zu unterbinden, daß der Konsens gesellschaftlicher Herrschaft nicht angetastet wird. Daher stellen diese Kontrolltechniken Strategien dar, die die kulturelle Hegemonie der sozial herrschenden Klasse sichern, indem sie latent die Möglichkeiten, Erfahrungen von Unrecht zu artikulieren, einengen.

Ich möchte versuchsweise Prozesse der kulturellen Ausschließung von Prozessen der institutionellen Individualisierung unterscheiden, um den Mechanismus der normativen Klassenherrschaft zu beschreiben. Diese Prozesse sozialer Kontrolle erfüllen ihre Aufgabe dadurch, daß sie entweder die symbolischen und semantischen Ausdrucksmöglichkeiten oder die räumlichen und soziokulturellen Kommunikationsbedingungen für klassenspezifische Entbehrungs- und Unrechtserfahrungen einschränken. Der erste

Prozeß zielt darauf, den Beherrschten sprachliche Artikulationsmöglichkeiten zu rauben; der zweite auf die Individualisierung klassenspezifischen Unrechtsbewußtseins:

a) Prozesse der kulturellen Ausschließung sind all die über die Einrichtungen der öffentlichen Ausbildung, die Medien der Kulturindustrie oder das Forum der politischen Öffentlichkeit wirkenden Strategien, die die Chancen der Artikulation klassenspezifischer Unrechtserfahrungen dadurch einschränken, daß sie die angemessenen Sprach- und Symbolmittel vorenthalten;[10] sie lähmen das Artikulationsvermögen, das Voraussetzung einer folgenreichen Thematisierung sozialen Unrechtsbewußtseins ist. Ich glaube, daß die Diskursanalyse Foucaults, so problematisch sie mir in ihren Grundannahmen auch scheint, hier der Analyse weiterhelfen könnte; er geht, um »Prozeduren der Ausschließung« zu untersuchen, davon aus, daß »man nicht das Recht hat, alles zu sagen, daß man nicht bei jeder Gelegenheit von allem sprechen kann, daß schließlich nicht jeder Beliebige über alles Beliebige reden kann. Tabu des Gegenstandes, Ritual der Umstände, bevorzugtes Recht des sprechenden Subjekts – dies sind die drei Typen von Verboten.«[11] Wenn wir diese Dreiteilung der sprachlichen Ausschließungsprozeduren einmal übernehmen, dann lassen sich darin leicht drei soziale Techniken entdecken, die die Artikulation sozialen Unrechts steuern können: das in den Sozialisationsagenturen gelehrte und über die Massenmedien verbreitete Sprachsystem formalisiert und entpersonalisiert heute gruppen- und klassenspezifische Unrechtserfahrungen so strikt, daß sie überhaupt außerhalb der Mitteilungswelt verbleiben; gleichzeitig werden die Situationen legitimer Mißbilligungen festgelegt, wenn nicht sogar rechtlich reguliert, und die Bedeutungsgrade moralischer Rede vertikal geschichtet – mit steigendem Bildungsniveau besitzen moralische Mißbilligungen ein um so größeres öffentliches Gewicht. Dadurch bleiben jedoch gerade die Ausschnitte aus dem individuellen Erfahrungshorizont, die aus klassenspezifischen Verletzungen und Entbehrungen bestehen, aus der öffentlichen Rede weitgehend ausgespart und werden individuell nur mit Mühe vertretbar. Dieser recht gut belegte Prozeß des Sprachraubs (»Entsprach-

10 Einen ähnlichen, allerdings sehr stark auf die Kulturindustrie zugeschnittenen Gedanken entwickelt Barrington Moore unter dem Titel »Die Enteignung moralischer Empörung«, in: ders., *Ungerechtigkeit*, a.a.O., Kap. 14, 7 (S. 659 ff.)

11 Michel Foucault, *Die Ordnung des Diskurses*, München 1977, S. 7.

lichung«)[12] wird durch Prozesse der institutionellen Verdrängung der kulturellen Traditionen und politischen Lernprozesse sozialer Widerstandsbewegungen begleitet. Das Ausmaß, in dem die symbolischen Zeugnisse der Geschichte der Arbeiterbewegung etwa aus der öffentlichen Arena der Bundesrepublik ausgeschlossen sind, ist dafür ein plastisches Beispiel; dies hat eine erinnerungsbehaftete Symbolwelt austrocknen und kontinuitätsstiftende Traditionen zerstören lassen. Mechanismen dieser Art lassen sich als Bestandteile einer kulturellen Ausschließung begreifen: sie beschädigen das individuelle Sprach- und Symbolvermögen und blockieren auf diesem Weg die Artikulation sozialen Unrechts.

b) Prozesse der institutionellen Individualisierung sind all die staatlich angeregten oder betriebsorganisatorisch verfügten Strategien, die die Gefahr einer kommunikativen Verständigung über gruppen- und klassenspezifisch geteilte Unrechtserfahrungen einzudämmen versuchen, indem sie individualistische Handlungs-Orientierungen direkt erzwingen oder fördern; sie zerstören die kommunikative Infrastruktur, die eine solidarische Mobilisierung von Unrechtsempfindungen voraussetzt. Das Instrumentarium dieser Individualisierungsstrategien ist äußerst komplex: es reicht von der sozialpolitischen Prämierung individualistischer Risikoverarbeitungen über die administrativ verfügte Zerstörung nachbarschaftlicher Wohnmilieus bis hin zur konkurrenzfördernden Einrichtung betriebsinterner Arbeitsmärkte. Die in den staatlichen Sozialisationseinrichtungen geförderte Leistungsideologie, die Lebenschancen vom individuellen Berufserfolg abhängig zu machen verspricht, verstärkt diese Individualisierung. Gut belegt ist die soziokulturelle Folge der kapitalistischen Sozialpolitik: zwar hat das staatliche System der sozialen Sicherung die Risiken des Lohnarbeiters finanziell erheblich verringern können, aber seine rechtliche Organisationsform in der Privatversicherung hat zugleich kollektive Organisationsalternativen unterbunden und schon die Wahrnehmung des Risikos individualisiert.[13] Die Stadtsanierung der Nachkriegszeit, um ein zweites Beispiel zu geben, hat zwar die

12 Vgl. etwa das Material, das Oskar Negt und Alexander Kluge vorlegen: O. Negt/A. Kluge, *Öffentlichkeit und Erfahrung*, Frankfurt/M. 1972.

13 Vgl. etwa Ulrich Rödel, Tim Guldimann, »Sozialpolitik als soziale Kontrolle«, in: *Starnberger Studien 2*, Frankfurt/Main 1972, S. 11 ff.; Lothar Hack, Irmgard Hack, »Bewirtschaftung der Zukunftsperspektive«, in: *Gesellschaft. Beiträge zur Marxschen Theorie 12*, Frankfurt/M. 1979, S. 101 ff.

Wohnverhältnisse der Arbeiterschaft drastisch verbessert, zugleich aber durch die soziale Durchmischung der neuen Stadtsiedlungen und die architektonische Privatisierung der Wohnformen die Gestaltungsräume klassenspezifischer Öffentlichkeitsformen eingeengt.[14] Prozesse dieser Art lassen sich, so lautet meine These, auch als Bestandteile einer Individualisierungspolitik begreifen, die die Kontrolle sozialen Unrechtsbewußtseins zur Aufgabe hat: sie vereinzelt die Erfahrung sozialer Lebensbedingungen und erschwert auf diesem Wege die kommunikative Identifizierung sozialen Unrechts.

Die Unterscheidung von institutionellen Prozessen der Entsprachlichung und der Individualisierung soll hier nur als ein provisorisches Kategoriengerüst dienen, um den Prozeß der sozialen Kontrolle von Unrechtsbewußtsein zu veranschaulichen; sie ist zweifellos noch unvollständig, weil sie etwa staatliche Strategien, Ansprüche ausgleichend zu erfüllen oder Unrecht symbolisch zu beseitigen, ausblendet. Mir ging es jedoch vor allem darum, einen Teil des institutionellen Unterbaus der Legitimität kapitalistischer Herrschaft zu veranschaulichen. Während ich im ersten Schritt zeigen wollte, daß die normativen Ansprüche sozialer Unterschichten eher in typischem Unrechtsempfinden indirekt aufbewahrt als in positiv vorgebrachten Gerechtigkeitsvorstellungen artikuliert sind, wollte ich mit diesem zweiten Schritt zeigen, daß das veröffentlichte Unrechtsbewußtsein sozialer Gruppen keinen direkten Rückschluß auf das Ausmaß sozial empfundenen Unrechts erlaubt. Wir haben vielmehr Prozesse staatlicher Kontrolle zu berücksichtigen, die zwar das Bewußtsein sozialen Unrechts nicht auflösen, seine Veröffentlichungsweise und Erfahrungsform jedoch erheblich mitbestimmen können. Ich hoffe, nun für den dritten Schritt meiner Argumentation begrifflich gerüstet zu sein.

III

Ich habe durch meine bisherige Argumentation zeigen wollen, wie schwierig es ist, moralische Handlungspotentiale makrosoziologisch auszumachen: empirisch wirksame Moralitätsansprüche nehmen, wenn wir die klassenspezifischen Formulierungsbedin-

14 Vgl. etwa Wulf Tessin, »Stadtumbau und Umsetzung«, in: *Leviathan*, Jg. 6/1978, S. 501 ff.

gungen sozialer Normen berücksichtigen, häufig nur die Gestalt eines relativ festsitzenden und erfahrungsnahen, auf unartikulierten und unabgestimmten Gerechtigkeitsvorstellungen aufsitzenden Unrechtsbewußtseins an; dies beläßt die hegemonialen Normen, weil es ein vergleichbar abstraktes Alternativsystem von Normen nicht besitzt, pragmatisch gelten, ohne freilich deren Geltungsanspruch normativ akzeptiert zu haben. Hinzu tritt die Schwierigkeit, daß ein sozial wirksames Unrechtsbewußtsein einem historisch variierenden Bündel von Kontrollmechanismen unterworfen sein kann, das seine Artikulationschancen einengt. Daher ist es äußerst problematisch, nur die gesellschaftlich veröffentlichten Gerechtigkeitsansprüche als Indikatoren für die empirisch wirksamen Normenkonflikte einer Gesellschaft heranzuziehen.

Wenn diese ersten Überlegungen einen Kern der Schwierigkeiten treffen, die uns in der Analyse der normativen Potentiale sozialer Gruppierungen begegnen, möchte ich die These vertreten, daß heute eine kritische Gesellschaftsanalyse ihre Aufgabe auch darin sehen muß, die hinter der spätkapitalistischen Integrationsfassade verborgenen, an die soziale Klassenstruktur gebundenen Normenkonflikte zu identifizieren. Diese Behauptung, der angesichts der inflationären Verabschiedungen vom Proletariat etwas Anachronistisches anhaftet, kann ich abschließend nur in wenigen Stichworten erläutern; ich möchte auf der Basis des versuchsweise entwickelten Kategoriengerüsts die einflußreiche These vom stillgestellten Klassenkampf problematisieren, um dann hypothetisch zwei weitgehend in den vorpolitischen Alltag abgedrängte Zonen eines gesellschaftlichen Normenkonflikts zu skizzieren, der mit den Reibungslinien zwischen den sozialen Klassen weiterhin zusammenfällt.

Das Kernstück all der kritischen Gegenwartsdiagnosen, die die normativen Sozialkonflikte aus dem Rahmen der Klassentheorie herauslösen, ist die These vom institutionalisierten oder stillgestellten Klassenkampf. Ihre Grundvorstellung, die auch auf einige Nachkriegsarbeiten der Frankfurter Schule zurückgreifen kann,[15] ist die, daß der spätkapitalistische Staatsinterventionismus über materielle Entschädigungen und die institutionelle Einbindung der gewerkschaftlichen Lohnpolitik die politisch-praktischen Interes-

15 Zur Problematik dieses gesamten Teilstückes der Kritischen Theorie vgl. jetzt David Held, *Introduction to Critical Theory*, London 1980, Ch. 13.

sen der Lohnabhängigen gleichsam austrocknet; die Stabilierung des Spätkapitalismus gelingt bislang, weil die ökonomisch abhängigen Schichten über quantifizierbare Leistungen (Einkommen; arbeitsfreie Zeit), die auf konfliktsicher eingerichteten Organisationsbahnen eingeklagt werden können, in einer Art von apathischer Folgebereitschaft gehalten werden können. In der Folge dieser Entmoralisierung der sozialen Ansprüche der unterdrückten Klassen geht daher das normative Konfliktzentrum sozialen Wandels vom Klassenkonflikt auf neue Konfliktherde über, die aus der Sensibilisierung[16] sozialisatorisch privilegierter Gruppen für immaterielle Deprivationen erwachsen. Das Zentralargument dieser Überlegung, das freilich eher versteckt bleibt, bildet die Unterstellung, daß die an der sozialen Klassenlage festgemachten Deprivationserfahrungen zu Ansprüchen führen, die mit kapitalismuskonformen Mitteln, also der individuellen Zuteilung von Geld- und Zeitressourcen, kompensatorisch erfüllt werden können. Nur auf dem Weg einer solchen staatlichen Entschädigungspolitik nämlich werden die Normenkonflikte, die dem sozialen Klassenkampf zugrunde lagen, in technokratisch bearbeitbare Themen des spätkapitalistischen Staates überführt. In dieser Argumentationskette wird nun freilich nicht gefragt, wohin und in welchem Ausmaß die aus klassenspezifischen Deprivationserfahrungen erwachsenen, normativ gerichteten Ansprüche der Arbeiterschaft abgedrängt worden sind. Ich vermute, daß die These vom stillgelegten Klassenkampf, um dieser Frage ausweichen zu können, den Integrationsgrad spätkapitalistischer Gesellschaften in fragwürdiger Weise erklärt und die kapitalistische Klassenstruktur reduktionistisch interpretiert.

Zunächst wird in diesen Konzepten aus der faktischen Anerkennung, die die gegenwärtige Legitimationsideologie findet, auf eine normative, wie auch immer brüchige Übernahme der wohlfahrtsstaatlichen, durch technokratische Zusatzargumente gestützten Rechtfertigungsideologie zurückgeschlossen: die Gerechtigkeitsansprüche der Angehörigen der unterdrückten Klasse können, so wird unterstellt, in dem Maße befriedigt werden, in dem die proklamierte Reduktion der spätkapitalistischen Politik auf Krisen-

16 V.a. Jürgen Habermas, *Legitimationsprobleme im Spätkapitalismus*, Frankfurt/M. 1973; Claus Offe »Politische Herrschaft und Klassenstrukturen«, in: G. Kress/D. Senghaas (Hg.), *Politikwissenschaft*, Frankfurt/M. 1969, S. 155 ff.

vermeidungsstrategien normative Zustimmung findet. Diese Interpretation des Konsenscharakters spätkapitalistischer Herrschaft schließt mithin eine Deutung aus, die auf der Basis meiner kategorialen Vorüberlegungen eher plausibel wäre: daß nämlich einerseits die hegemonialen Legitimationspostulate eine nur pragmatische Akzeptanz[17] finden, ohne auf ihre ethische Qualität hin überhaupt überprüfbar zu sein; und daß andererseits das taktisch akzeptierte Normensystem einer leistungsangemessenen Verteilungsgerechtigkeit einer andauernden Skepsis ausgesetzt bleibt, die sich aus sozial äußerst effektiv kontrollierten Unrechtsempfindungen speist. Eine solche Interpretation freilich nimmt die Beweislast für klassenspezifische Formen eines Unrechtsbewußtseins auf sich, das die bloß geduldeten Legitimationsnormen einem zwar unauffälligen, aber doch beständigen Zweifel aussetzt. Dieser Beweislast kann ich nicht empirisch, sondern nur mit Indikatoren für klassenstrukturell gebundene Normenkonflikte Rechnung tragen. Bevor ich dies abschließend versuche, muß ich jedoch erst den anderen problematischen Bestandteil der These vom stillgestellten Klassenkampf, eine reduzierte Interpretation der kapitalistischen Klassenstruktur, kenntlich machen.

In diesen Konzepten wird nämlich, zweitens, zwar weiterhin die privatkapitalistische Verfügungsgewalt über die Produktionsmittel als Schlüsselelement einer Klassentheorie benutzt, die die ungleiche Verteilung von Lebenschancen im Spätkapitalismus zu erklären hat, aber der Begriff der »Lebenschance« selbst ist inzwischen all seiner soziokulturellen Dimensionen verlustig gegangen: die ungleich auf die sozialen Klassen verteilten Lebenschancen sind auf der Ebene der Gesellschaftstheorie auf die eine Dimension der in quantifizierbaren Gütern abwägbaren Lebensbedürfnisse verkürzt. Nur deswegen, weil die kapitalistische Klassenstruktur primär als ein System strukturell ungleich verteilter Lebensgüter gedeutet wird, wird die These einsichtig, daß eine die unterdrückte Klasse präventiv mit quantifizierbaren Entschädigungsleistungen versorgende Politik deren normative Ansprüche absättigen kann: denn die systemkonformen Entschädigungen können dann in der Tat den Deprivationskern der Klassenlage auflösen und auf diesem Weg die Klassengrenzen verschwimmen lassen. Diese reduzierte Klassentheorie ist weder theoretisch zwingend noch empirisch

17 Den Begriff der »pragmatischen Akzeptanz« verwendet Michael Mann in dem zitierten Aufsatz.

überzeugend;[18] wenn wir nämlich statt dessen den Anregungen folgen, die etwa der erweiterte »Ausbeutungs«-Begriff Anthony Giddens'[19] oder die »anthropologische« Klassentheorie Jóhann Arnasons geben,[20] dann läßt sich eine auf den Kapitalismus zugeschnittene Klassentheorie gar nicht auf die ungleiche Verteilung materieller Lebensgüter beschränken, sondern muß auf die asymmetrische Verteilung kultureller und psychischer Lebenschancen hin erweitert werden. Ich meine damit die schwer meßbare, aber durchaus belegbare klassenspezifische Verteilung von Chancen zu kultureller Bildung, sozialer Anerkennung und identitätsverbürgender Arbeit. Nur wenn wir diese Dimension einer strukturell ungleichen Verteilung immaterieller Lebensgüter, von der die einzig über ihre manuelle Arbeitskraft verfügende Klasse der Lohnarbeiter kumulativ betroffen ist, in die Perspektive einer kritischen Gesellschaftstheorie miteinbeziehen, werden Zonen von unauffällig in den Alltag eingelassenen Normenkonflikten sichtbar, die in Empfindungen von Unrecht gründen. Daher hängt, so vermute ich, die Wahrnehmung normativ-praktischer Sozialkonflikte auch von der Tiefenschärfe der zugrunde gelegten Klassentheorie ab. Ich werde mich, um diese Fronten eines unter die Artikulationsschwelle der politischen Öffentlichkeit abgedrängten Klassenkonflikts anzudeuten, auf zwei hypothetische Stichworte beschränken; diese lassen sich von der Überzeugung leiten, daß die elementaren Bestandteile sozialer »Proletarität«, nämlich die Körperlichkeit und die Fremdbestimmung der geleisteten Arbeit, aller historisch unvergleichbaren Steigerung des Lebensstandards der Arbeiterschaft zum Trotz ihre erfahrungswirksame Bedeu-

18 Dagegen steht freilich die vor allem von Claus Offe vorgeschlagene Disparitätentheorie, vgl. etwa: Claus Offe, »Politische Herrschaft und Klassenstrukturen«, a. a. O.; empirisch allerdings scheint mir inzwischen ein wesentlich engerer Zusammenhang zwischen sozialer Klassenlage und kulturellen Lebenschancen, als ihn die Disparitätstheorie behauptet, gut belegt; für die Bundesrepublik vgl. etwa die an Giddens' Kategorienvorschlag anknüpfende Darstellung von Karl Ulrich Mayer, »Ungleiche Chancen und Klassenbildung«, in: *Soziale Welt*, Jg. XXVIII/1977, S. 466 ff.

19 Anthony Giddens, *Die Klassenstruktur fortgeschrittener Gesellschaften*, Frankfurt/M. 1979, S. 155 ff.

20 Jóhann P. Arnason, »Marx und Habermas«, in: Axel Honneth/Urs Jaeggi (Hg.), *Arbeit. Handlung. Normativität. Theorien des Historischen Materialismus* II, Frankfurt/M. 1980, S. 137 ff.

tung nicht verloren haben.[21] In den weitgehend individualisierten Kämpfen um soziale Anerkennung und den so gut wie publikumslosen alltäglichen Arbeitskämpfen, so vermute ich, verbergen sich Zeugnisse einer moralischen Verurteilung der existierenden Sozialordnung. Diese besitzen zwar das Potential universalisierungsfähiger Gerechtigkeitsansprüche, da sie gesellschaftlich etablierte Asymmetrien indirekt beleuchten, bilden faktisch aber, solange sie die Gestalt begründungsfähiger Forderungen politisch noch nicht angenommen haben, die Basis breit variierender, von antikapitalistischen Konservatismen bis zu kapitalismuskritischen Einstellungen reichenden Überzeugungen:

a) Die Existenz einer Klassengesellschaft, die in den ungleichen Marktchancen der einzelnen Produktionsagenten begründet, ideologisch jedoch an den individuellen Ausbildungserfolg geknüpft ist, hat eine dauerhafte Ungleichverteilung von sozialen Anerkennungschancen zur Folge. Informell und institutionell unterliegen die unterschiedlichsten Berufspositionen einem hegemonialen Bewertungssystem, das Respektchancen und Intelligenzgrade zuschreibt. Diese Ungleichverteilung sozialer Würde engt die Chance individueller Selbstachtung, wie Richard Sennett und Jonathan Cobb in ihrer imponierenden Studie über »The Hidden Injuries of Class« zeigen konnten,[22] für die unteren, vorwiegend manuell beschäftigten Berufsgruppen drastisch ein. Die praktischen Reaktionen auf diese alltäglichen Unrechtserfahrungen stellen, solange das identitätsstützende Milieu einer kollektiven Sozialbewegung fehlt, in die Privatheit vorpolitischen Handelns, ja selbst in die isolierte Gedankenwelt zurückgenommene Versuche dar, etwa die eigene Arbeitstätigkeit auf- oder die sozial höhergestellte Arbeitsform symbolisch abzuwerten – also Versuche der individuellen oder gruppenspezifischen Konstruktion einer »counterculture of compensatory respect«. Diesen unkoordinierten und weitgehend sprachlosen Versuchen, Ehre zurückzugewinnen, auf die auch Bourdieus Begriff der »kulturellen Distinktion« zielt, liegt ein empfindliches Unrechtsbewußtsein zugrunde, das implizit eine gesellschaftliche Umdefinition menschlicher Würde einklagt.

21 Vgl. die ungemein anregende Studie von Josef Mooser, *Arbeiterleben in Deutschland 1900-1970*, Frankfurt/M. 1984.

22 Richard Sennett/Jonathan Cobb, *The Hidden Injuries of Class*, New York 1973; vgl. zum Gesamtkomplex auch William J. Goode, *The Celebration of Heroes. Prestige as a Control System*, Berkeley 1978, Ch. 6.

b) Die kapitalistische Klassengesellschaft bestimmt nicht nur Art und Aufgabe der individuellen Berufsarbeit, sondern entscheidet über den Freiheits- und Kontrollgrad der einzelnen Arbeitstätigkeiten mit. Die Mitglieder der sozial unterdrückten Klasse, die im betrieblichen Herrschaftssystem die untersten Ränge einnehmen, sind zu initiativarmen und monotonen Arbeitstätigkeiten gezwungen. Die kapitalistische Produktionspolitik hat im Zuge der Taylorisierung den Arbeitsvorgang von allem technischen Wissen der Arbeiter abgekoppelt, die technische Planung von der manuellen Arbeit isoliert und auf der Basis dieses organisierten Wissensmonopols den gesamten Arbeitsvorgang einer minutiösen Kontrolle unterworfen. Auf diese Erfahrungen einer systematischen Enteignung ihrer Arbeitstätigkeit[23] antwortet ein System von alltäglich gewordenen Normenverletzungen und Regelverstößen, in dem die Arbeitenden informell die Kontrolle über die betriebliche Produktion zu bewahren versuchen. Daher ist die Politik der kapitalistischen Unternehmen von einem gegenläufigen Prozeß begleitet, in dem die Arbeiter ein überlegenes Wissen über die spezifische Arbeit an ihrem Arbeitsplatz als informelles Mittel praktischer Gegenwehr anzuwenden versuchen.[24] Diese unterhalb der Schwelle öffentlich anerkannter Normenkonflikte liegenden Arbeitskämpfe möchte ich als Indiz für ein Unrechtsbewußtsein deuten, das implizit ein Recht auf die autonome Organisation der Arbeit einklagt.

Diese knappen und recht spekulativen Überlegungen, die in kaum zulässiger Weise von allen gruppen- und geschlechtsspezifischen Merkmalen absehen, haben illustrativen Charakter; sie sollen nur die Richtung andeuten, auf die meine kategorialen Überlegungen zielen, um empirische Untersuchungen der öffentlichen Konfliktseite des politisch weitgehend institutionalisierten Klassenkampfes vorzubereiten helfen. Ich glaube, daß eine der Realität kapitalistischer Klassenverhältnisse gerecht werdende Analyse ihre Grundbegriffe so anzulegen hat, daß sie das normative Poten-

23 Dazu Harry Bravermann, *Die Arbeit im modernen Produktionsprozeß*, New York/Frankfurt 1977; vgl. auch: Axel Honneth, »Arbeit und instrumentales Handeln«, in: A. Honneth/U. Jaeggi (Hg.), *Arbeit, Handlung, Normativität*, a.a.O., S. 143 ff.

24 Vgl. Rainer-W. Hoffmann, »Die Verwissenschaftlichung der Produktion und das Wissen der Arbeiter«, in: G. Böhme/M. v. Engelhardt (Hg.), *Entfremdete Wissenschaft*, Frankfurt/Main 1979, S. 229 ff.; vgl. auch: ders. *Arbeitskampf im Arbeitsalltag*, Frankfurt/M./New York 1981.

tial sozial unterdrückter Gruppierungen überhaupt erfassen kann. Diesem Zweck soll der Begriff des Unrechtsbewußtseins dienen. Er will die kritische Gesellschaftstheorie offenhalten für die gesellschaftlich verdrängten Normenkonflikte, in denen unterdrückte Klassen auf strukturelle Restriktionen von Gerechtigkeitsansprüchen aufmerksam machen, also: auf bislang unausgeschöpft gebliebene Potentiale historischen Fortschritts.[25]

25 Durch den Versuch, Hegels frühes Konzept des »Kampfes um Anerkennung« für die normativ gehaltvolle Gesellschaftstheorie fruchtbar zu machen, habe ich diese vagen Überlegungen inzwischen systematisch weiterentwickelt: Axel Honneth, *Kampf um Anerkennung. Ein Theorieprogramm im Anschluß an Hegel und Mead*, Frankfurt/M. 1992.

II. Moral und Anerkennung

Das Andere der Gerechtigkeit
Habermas und die ethische Herausforderung der Postmoderne[1]

> Ungerechtigkeit ist das Medium
> wirklicher Gerechtigkeit
> Th. W. Adorno

War die philosophische Bewegung der Postmoderne in ihren Anfängen anscheinend strikt gegen jede Art von normativer Theorie gerichtet, so ist diese ursprüngliche Abwehrhaltung inzwischen einer stark gewandelten Einstellung gewichen: Autoren wie Derrida und Lyotard, zunächst vor allem mit einer radikalisierten Fortsetzung der Vernunftkritik beschäftigt, wenden sich heute in einem solchen Maße Fragen der Ethik und der Gerechtigkeit zu, daß Beobachter schon von einer ethischen Wende sprechen.[2] Das Feld der Moraltheorie, das für alle Vertreter des Poststrukturalismus wohl bis vor kurzem nur ein besonders markantes Beispiel für den zwanghaften Universalismus der Moderne war, ist zum eigentlichen Medium der Fortentwicklung postmoderner Theorien geworden. Zu einem Teil läßt sich der Einstellungswandel, der mit einer solchen Umorientierung einhergeht, als Reaktion auf einen Vorwurf verstehen, der schon lange in der theoretisch interessierten Öffentlichkeit gehegt worden war. Nicht nur Kritiker, sondern auch Parteigänger der Postmoderne hatten bereits frühzeitig den Einwand erhoben, daß es zu einer Unbestimmtheit in ethisch-politischer Hinsicht führen muß, wenn sich das Programm der philosophischen Kritik in der sprachtheoretischen Subversion der Metaphysik erschöpft; denn gegen die Einheitsvorstellungen der europäischen Denktradition läßt sich sowohl im Interesse an der Erweiterung menschlicher Freiheit als auch mit dem Ziel der bloßen Zerstörung eingespielter Ordnungen Einspruch und Protest erheben; daher bedarf es stets, um die Gefahr einer ethischen Indif-

1 Für Einwände und Ratschläge bin ich Rainer Forst, John Farrell und Stephen White dankbar.

2 Vgl. u. a. Simon Critchley, *The Ethics of Deconstruction. Derrida and Lévinas*, Oxford 1992; Richard J. Bernstein, *The New Constellation. The Ethical-Political Horizons of Modernity/Postmodernity*, Cambridge 1991; Stephen K. White, *Political Theory and Postmodernism*, Cambridge 1991; Andrew Benjamin (Hg.), *Judging Lyotard*, London/New York 1992.

ferenz zu vermeiden, des zusätzlichen Ausweises der normativ-politischen Orientierungen, von denen die Metaphysikkritik sich leiten lassen soll. Es ist aber wohl nicht allein der Versuch gewesen, Einwände solcher Art theoretisch außer Kraft zu setzen, was die philosophische Bewegung der Postmoderne in letzter Zeit verstärkt auf ethische Überlegungen hat zurückgreifen lassen. Die Absicht der Metaphysikkritik setzt auch aus sich heraus, wie das Beispiel der Philosophie Adornos zeigt, normativ-politische Konsequenzen frei: wer nämlich den Versuch unternimmt, an den Denksystemen der philosophischen Tradition das Abgespaltene und Ausgeschlossene freizulegen, wird spätestens dann mit einer gewissen Zwangsläufigkeit zu ethischen Schlußfolgerungen getrieben, wenn es sich bei diesem Abweichenden nicht um kognitive Alternativen, sondern um menschliche Subjekte handelt; in solchen Fällen liegt es nahe, das dem Einheitsdenken geopferte Moment, also die unverwechselbare Besonderheit der konkreten Person oder der sozialen Gruppe, als den schützenswerten Kern einer jeden Moral- oder Gerechtigkeitstheorie zu verstehen. Von der Idee einer moralischen Berücksichtigung des Besonderen, des Heterogenen, nimmt daher auch die Ethik der Postmoderne heute ihren theoretischen Ausgang; nicht anders als die ungeschriebene Moraltheorie Adornos kreist sie um die Vorstellung, daß sich erst im angemessenen Umgang mit dem Nicht-Identischen der Anspruch menschlicher Gerechtigkeit erfüllt.

Nun ist freilich mit dem bloßen Hinweis auf dieses zentrale Motiv noch nicht allzuviel ausgesagt, weil sich verschiedene Formen von Ethik daraus entwickeln lassen; alles weitere wird sich insofern daran bemessen, wie sowohl die Bedeutung des schutzbedürftigen Besonderen als auch die Art des moralischen Schutzes festgelegt wird. Hier tut sich sogleich ein ganzes Spektrum von möglichen Alternativen auf, die jeweils unterschiedliche Fassungen einer postmodernen Ethik ausmachen: das bedrohte Moment der Besonderheit kann in der Singularität eines sozialen Sprachspiels, in der unaufhebbaren Differenz aller menschlicher Wesen oder in der konstitutiven Hilfsbedürftigkeit des einzelnen Menschen gesehen werden; und die Art der Rücksichtnahme, die jenes Moment moralisch zu schützen hat, läßt sich als erweiterte Form der sozialen Gleichbehandlung, als Steigerung der ethischen Sensibilität oder als asymmetrische Verpflichtung zwischen Personen auffassen. Meine Rekonstruktion von verschiedenen Ansätzen wird auf die

These hinauslaufen, daß nur die letzte dieser drei Alternativen zu einer Form von postmoderner Ethik führt, die gegenüber den modernen, in der Tradition von Kant stehenden Moraltheorien eine wirkliche Herausforderung repräsentiert: während die ethischen Anliegen der ersten beiden Alternativen durchaus angemessener innerhalb des Rahmens zu vertreten sind, den heute die Habermassche Diskursethik zur Verfügung stellt, fehlt dem dritten Ansatz dieses Maß an theoretischer Verträglichkeit; denn hier wird, wie ich zeigen möchte, jenes Moment der Besonderheit als ein moralischer Bezugspunkt eingeführt, dessen Berücksichtigung nicht durch eine Erweiterung der Perspektive der Gerechtigkeit, sondern nur durch ihr Anderes, die menschliche Fürsorge, gewährleistet wird. Der moralische Gesichtspunkt der Gleichbehandlung bedarf, so soll sich am Ende zeigen, der steten Korrektur und Ergänzung durch einen Gesichtspunkt, der sich der konkreten Verpflichtung gegenüber hilfsbedürftigen Einzelsubjekten verdankt. Ich möchte so vorgehen, daß ich zunächst (I) die Überlegungen vorstelle, die Jean-François Lyotard zur Begründung einer postmodernen Ethik entwickelt hat; von dieser Konzeption läßt sich zeigen, daß sie mit der Diskursethik nicht nur vereinbar, sondern in ihrem Rahmen sogar besser zu artikulieren ist, weil ihr normativer Kern nichts anderes als eine radikalisierte Idee der Gleichbehandlung darstellt. Im zweiten Schritt (II) möchte ich mich den originellen Überlegungen zuwenden, in denen Stephen K. White auf Ideen des späten Heidegger zurückgegriffen hat, um die Grundzüge einer postmodernen Ethik zu umreißen; sein Beitrag bringt zwar, wie ich zeigen möchte, gegenüber einem konventionellen Kantianismus durchaus neuartige Gesichtspunkte zur Geltung, die aber allesamt so beschaffen sind, daß sie sich innerhalb des diskursethischen Rahmens produktiv explizieren lassen. Erst in den ethischen Überlegungen, die Jacques Derrida in jüngster Zeit im Rückgriff auf das Werk von Emmanuel Lévinas angestellt hat, gelangen moralische Gesichtspunkte zur Geltung, die den Denkhorizont der Diskursethik sprengen; sein Beitrag zu einer postmodernen Ethik, auf den ich im dritten Teil eingehen werde (III), macht an der moralischen Verantwortung für den konkreten Anderen eine Perspektive fest, die nicht in Übereinstimmung mit, sondern in Spannung zur Idee der Gleichbehandlung steht. Von hier aus läßt sich in einem letzten Schritt (IV) schließlich in Kritik an Habermasschen Vorstellungen die Fürsorge oder die Hilfe als der moralische Gesichtspunkt erläutern, der zur Einstellung der Gerechtigkeit ebenso einen notwendigen Kontrapunkt bildet, wie ihn auf der anderen Seite der Gesichtspunkt der Solidarität darstellt.

I

Den ersten Hinweis auf ein Konzept von Gerechtigkeit, das im Gegensatz zur Tradition des moralischen Universalismus den Schutz des Heterogenen gewährleisten soll, hatte Lyotard schon am Ende der Studie über das »postmoderne Wissen« gegeben; diesen eher beiläufigen Bemerkungen war dann in der Schrift, die den an Kant orientierten Titel »Der Widerstreit« trägt, eine zwar immer noch kryptische, im ganzen aber besser nachvollziehbare Argumentation gefolgt.[3] Der Ausgangspunkt der Überlegungen, die den moralphilosophischen Kern der beiden Bücher darstellen, bildet eine spezifische Fassung der These, wonach wir heute unumkehrbar unter Bedingungen nachmetaphysischen Denkens leben: unter dem Druck der historischen Erfahrungen, die unser Jahrhundert zentral geprägt haben, ist jede Möglichkeit ein- für allemal zerronnen, den Gang der menschlichen Geschichte narrativ in Form der Bezugnahme auf ein überindividuelles Subjekt zu legitimieren. Mit dem Ende der »großen Erzählungen«, wie sie die Geschichtsphilosophien des Marxismus oder des Liberalismus beispielhaft repräsentiert haben, geht für Lyotard zugleich eine Auflösung des universellen Vernunftanspruchs einher, den die Wissenschaften bislang unangetastet für sich reklamieren konnten; deren Vorrangstellung gegenüber allen anderen Formen des Wissens war nämlich gegen Einspruch nur so lange gesichert, wie sie sich parasitär den Umstand zunutze machen konnten, daß ihnen in allen geschichtsphilosophischen Rekonstruktionen stets die Rolle einer emanzipatorischen Kraft zugefallen war. Wenn heute daher mit der Überwindung metaphysischen Denkens auch die Legitimationsquelle der Wissenschaften versiegt ist, dann tritt zum ersten Mal unverstellt in den Blick, daß von Haus aus keine Form des Wissens mit einer überlegenen Erkenntnisfähigkeit ausgestattet ist;

3 Jean-François Lyotard, *Das postmoderne Wissen. Ein Bericht*, Graz/Wien 1986; ders. *Der Widerstreit*, München 1987; vgl. zum philosophischen Kontext: Wolfgang Welsch, *Unsere postmoderne Moderne*, Weinheim 1988, Kap. VI u. Kap. VIII.

es stehen sich in der sozialen Wirklichkeit vielmehr stets eine Vielzahl von sprachlich artikulierten Wissensarten gegenüber, zwischen denen mit rationalen Gründen nicht zu entscheiden ist, welche einen legitimen Anspruch auf Geltung behaupten kann. Nicht anders als Rorty setzt somit auch Lyotard zunächst mit der Prämisse ein, daß sich die Wahrheit eines sprachlich artikulierten Geltungsanspruchs an dem Erfolg bemißt, mit dem er sozial zur Vorherrschaft gelangt ist.

Von dieser Ausgangsthese, die natürlich nicht ohne Widerspruch geblieben ist,[4] geht Lyotard in einem zweiten Schritt zu einer detaillierten Analyse der Eigenschaften über, die das Feld der sprachlichen Äußerungen besitzt. In der kurzen Studie über das »postmoderne Wissen« überwiegt dabei eine Vorstellung, die an die »Ordnung des Diskurses« von Foucault erinnert, auch wenn sie unter Rückgriff auf Wittgenstein eingeführt wird; ihr zufolge stellt die menschliche Sprache ein Potential an ästhetischen Ausdrucksmöglichkeiten bereit, um deren Aneignung zwischen den sozialen Gruppen ein permanenter Wettbewerb stattfindet. Die Schrift über den »Widerstreit« hingegen läßt an dieselbe Stelle ein eher sprachwissenschaftliches Modell treten, das wiederum mit Verweis auf Wittgenstein erläutert wird, selbst wenn es diesmal eine gewisse Nähe zur Kybernetik aufweist: darin wird die sprachliche Verständigung als ein anonymer Prozeß vorgestellt, in dem Sätze nach bestimmten Regeln miteinander verkettet werden, um zwischen Sender und Empfänger einen Austausch zu ermöglichen.[5] Aus der Sicht Lyotards gilt für diesen Vorgang nun, daß zwischen den unterschiedlichen Regelsystemen, nach denen sich jeweils die Möglichkeit der Verkoppelung von Sätzen bemißt, ein Prinzip strikter Inkommensurabilität herrscht: jedes Regelsystem oder, wie es im »Widerstreit« heißt, jede Diskursart folgt einer Logik der Beweisführung, die mit derjenigen jeder anderen Diskursart im strengen Sinne unvereinbar ist. Daher kann es zwischen den verschiedenen Sprachspielen, deren Verwendung jeweils einer solchen Diskursart

4 Vgl. u. a. Seyla Benhabib, »Kritik des ›postmodernen Wissens‹ – eine Auseinandersetzung mit Jean-François Lyotard«, in: Andreas Huyssen/Klaus R. Scherpe (Hg.), *Postmoderne. Zeichen eines kulturellen Wandels*, Reinbek b. Hamburg 1986, S. 103 ff.; Axel Honneth, »Der Affekt gegen das Allgemeine. Zu Lyotards Konzept der Postmoderne«, in: *Merkur*, 430/1984, S. 893 ff.; Hans-Peter Krüger, *Perspektivenwechsel. Autopoiese, Moderne und Postmoderne im kommunikationsorientierten Vergleich*, Berlin 1993, Zweiter Teil, Kap. 2, S. 128 ff.

5 Jean-François Lyotard, *Der Widerstreit*, a. a. O., S. 9 ff.

gehorcht, keine rational überprüfbaren Übergänge geben; vielmehr bedeutet das Aufeinanderstoßen von zwei Sätzen, die unterschiedlichen Diskursarten angehören, in dem Sinn einen »Widerstreit«, daß zwischen ihnen ein irgendwie gearteter Vergleich nicht mehr möglich ist. Aus dieser Argumentation braucht Lyotard dann nur noch die Konsequenzen zu ziehen, um zu der zugespitzten These zu gelangen, daß jeder Satz die vorangegangene Äußerung spurlos verschwinden lassen kann; gehören beide Sätze nämlich unterschiedlichen Diskursarten an, so erlischt der Geltungsanspruch des ersten Satzes vollständig an demjenigen des zweiten Satzes, weil er in dessen Logik weder wahrgenommen noch artikuliert zu werden vermag.

Es ist diese letzte These, die Lyotard nun als eine argumentative Brücke benutzt, um zu den moralphilosophischen Schlußfolgerungen seiner Überlegungen überzuwechseln; deren Grundidee ist freilich nicht ganz so obskur, wie es die zuvor skizzierte Sprachtheorie vermuten lassen könnte. Zunächst übersetzt Lyotard das, was er bislang als ein rein sprachliches Geschehen geschildert hatte, in einen Sachverhalt mit moralischem Charakter: aus dem neutralen Umstand, daß der Geltungsanspruch einer sprachlichen Äußerung keine ihm gemäße Erwiderung findet, wird dann die Tatsache eines »Unrechts«, das der nachfolgende Satz an dem vorausgegangenen verübt.[6] Weil mit einer solchen Behauptung allerdings die kaum plausible Unterstellung verknüpft wäre, daß sprachlichen Entitäten irgendwie geartete Rechte zukommen, besteht der nächste Schritt Lyotards darin, die menschlichen Subjekte wieder in sein theoretisches Begriffssystem zu reimportieren; waren diese nämlich zunächst aus Gründen des objektivistischen Ansatzes aus dem Sprachgeschehen gänzlich ausgeschlossen, so treten sie nun darin unversehens wieder als Urheber sprachlicher Äußerungen in Erscheinung. Das zeigt sich etwa an den Beispielen, die angeführt werden, um das Unrecht der Unübersetzbarkeit des einen Sprachspiels in das andere historisch zu belegen: es sind die Überlebenden der nationalsozialistischen Vernichtungslager, deren moralische Anklagen allmählich verstummen, weil sie in der Diskursart des formalen Rechts kein angemessenes Artikulationsmedium finden, es sind die Arbeiter, deren Protest gegen unzumutbare Arbeitsbedingungen schließlich in stille Empörung mündet, weil er in der

6 Vgl. ebd., S. 9 und S. 17ff.

Sprache der ökonomischen Effizienz nicht zum Ausdruck gelangen kann. Werden Beispiele solcher Art systematisch verallgemeinert, so ergibt sich die Intuition, die den moralphilosophischen Kern der Überlegungen Lyotards darstellen mag: weil in unserer Gesellschaft bestimmte Diskursarten, darunter vor allem die des positiven Rechts und der ökonomischen Rationalität, zu einer institutionell gesicherten Vorherrschaft gelangt sind, bleiben bestimmte Sprachspiele anderer Geltungsart auf Dauer von der gesellschaftlichen Artikulation ausgeschlossen. Um diesen »stummen« Widerstreit der Gefahr des Vergessens zu entreißen, bedarf es einer politisch-ethischen Haltung, die der sozial verdrängten, abweichenden Seite zur Artikulation verhelfen kann.

An dieser Stelle hat Lyotard nun zwischen zwei Lösungen die Wahl, um aus seinen moralischen Intuitionen den Ansatz einer philosophischen Ethik zu entwickeln. Entweder findet er sich mit der sozialen Herrschaft bestimmter Sprachspiele ab und weist der Ethik die resignative Aufgabe zu, von der Existenz unartikulierbarer Interessen und Bedürfnisse stets wieder von neuem »Zeugnis« abzulegen: mit dem moralischen Schutz des Besonderen wäre dann der ununterbrochene, aber praktisch folgenlose Versuch gemeint, gesellschaftlich verdrängte Leidenserfahrungen im Medium einer anderen Sprache in Erinnerung zu bewahren. Oder aber Lyotard faßt eine Kritik der Vorherrschaft bestimmter Sprachspiele ins Auge und wendet sich der Begründung einer philosophischen Ethik zu, deren normatives Ziel die Öffnung der gesellschaftlichen Kommunikation für bislang ausgeschlossene Sprachspiele ist; mit dem moralischen Schutz des Besonderen wäre dann der politisch folgenreiche Versuch gemeint, allen Subjekten die gleiche Chance zur öffentlichen Artikulation ihrer Interessen und Bedürfnisse zu verschaffen. Zwischen diesen beiden Ansätzen kann sich Lyotard, wenn ich es richtig sehe, bis heute nicht wirklich entscheiden; sowohl für die Idee, mit der Ethik ein bloßes Zeugnis abzulegen, als auch für den Gedanken, mit ihrer Hilfe eine neue Form von Gerechtigkeit anzuvisieren, lassen sich in seinen Schriften genügend Belegstellen finden. Mit dem ersten Ansatz freilich, der entfernte Ähnlichkeit mit Gedankengängen Adornos aufweist, wird Lyotard sich wohl schon deswegen kaum zufriedengeben können, weil darin der Verzicht auf jede praktische Umsetzung von Gerechtigkeit beschlossen läge; solange er den Vorsatz beibehält, mit seiner Konzeption der »Postmoderne« auch eine neue Form von Gerechtigkeit zu bewirken,[7] wird er daher den zweiten Ansatz wählen müssen. Dessen Ausarbeitung würde von Lyotard allerdings eine Argumentation verlangen, die in eben die Richtung wiese, der er sich bislang stets mit Nachdruck entgegengestellt hat; denn auch der Habermasschen Diskursethik liegt als moralisch treibendes Motiv die Vorstellung zugrunde, daß jedem Subjekt die gleiche Chance zur Artikulation seiner Interessen und Bedürfnisse zukommen müsse.

Nicht anders als Lyotard geht Habermas mit Blick auf unsere Gegenwart von einem konstitutiven Pluralismus widerstreitender Lebensideale und Wertorientierungen aus; und ebenso wie jener rechnet er mit einer Gesellschaft, in der institutionelle und sprachliche Barrieren bislang dafür Sorge tragen, daß nur ein Teil dieser Einstellungen öffentlich zum Ausdruck gelangt. Im Unterschied zu Lyotard jedoch ist Habermas von Anfang an der Überzeugung gewesen, daß eine Kritik der damit gegebenen Ausgangssituation die Entwicklung einer Moraltheorie erforderlich macht, die normativen Charakter haben muß: für ihn stand nämlich außer Frage, daß die Einschränkungen der gesellschaftlichen Kommunikation nur dann als »Unrecht« zu beschreiben sind, wenn sie sich normativ als Verletzungen von gerechtfertigten Ansprüchen des Menschen ausweisen lassen. Den Versuch einer solchen moralischen Rechtfertigung hat Habermas mit dem Entwurf der Diskursethik unternommen: diese enthält in ihrem Kern jenen Bestand an universalistischen Prinzipien, auf den auch Lyotard nicht gänzlich verzichten kann, wenn er seine Konzeption in Richtung einer Kritik der gegebenen Kommunikationsverhältnisse fortentwickeln will.

Zu den Grundannahmen der Diskursethik ist Habermas im Ausgang von einer Prämisse gelangt, die er mit der gesamten auf Kant zurückgehenden Tradition der Moraltheorie teilt:[8] unter modernen Bedingungen divergieren die individuellen Lebensideale in so hohem Maße, daß die Ethik angesichts moralisch-praktischer Konflikte nicht mehr bestimmte Werte, sondern nur noch ein spezifisches Lösungsverfahren normativ empfehlen kann; dieses muß, damit es seinerseits moralischen Ansprüchen zu genügen vermag,

7 Vgl. etwa Jean-François Lyotard, *Das postmoderne Wissen*, a. a. O., S. 190ff.

8 Jürgen Habermas, »Treffen Hegels Einwände gegen Kant auch auf die Diskursethik zu?«, in: ders., *Erläuterungen zur Diskursethik*, Frankfurt/M. 1991, S. 9ff.

die substantielle Überzeugung zum Ausdruck bringen, daß alle Menschen sich wechselseitig als freie und gleiche Personen zu respektieren haben. Im Unterschied zur Tradition vertritt Habermas aber nun die These, daß Kant in seinem Werk aus der richtigen Ausgangsthese die falschen Konsequenzen gezogen hat, wenn er zur Bestimmung der entsprechenden Prozedur übergeht; denn in der Formel des kategorischen Imperativs wird der irreführende Anschein erweckt, als sei jedes Subjekt im moralischen Konflikt auf sich alleine gestellt und von allen anderen Betroffenen durch einen Abgrund der Sprachlosigkeit getrennt. In Zusammenarbeit mit Karl-Otto Apel hat Habermas daher dem Verfahrensvorschlag von Kant eine Fassung gegeben, die der sprachlichen Intersubjektivität des Menschen Rechnung zu tragen versucht; ihr zufolge muß der Universalisierungstest, mit dessen Hilfe jener das einzelne Subjekt prüfen läßt, ob den praktischen Normen seines Handelns moralische Geltung zukommen darf, als ein Verfahren aufgefaßt werden, das nur in einer Diskussion aller potentiell Betroffenen angemessen zur Anwendung gelangen kann; mithin sind es nicht mehr nur die jeweils eigenen Argumente, sondern zugleich die aller mitbetroffenen Personen, in deren Licht ein Subjekt zu erkunden hat, inwiefern eine umstrittene Norm den Anspruch auf Allgemeingültigkeit erfüllt. Mit dieser Umformulierung des kategorischen Imperativs sieht Habermas nun eine weitere Schlußfolgerung verknüpft, die sich bereits als indirekter Hinweis auf den normativen Maßstab einer Gerechtigkeitskonzeption verstehen läßt: wenn eine moralische Norm nämlich nur unter der Bedingung als gerechtfertigt gelten darf, daß alle potentiell Betroffenen ihr zugestimmt haben, dann muß dabei im Prinzip schon immer vorausgesetzt werden können, daß jedem von ihnen in der gleichen Weise die Chance einer ungezwungenen Stellungnahme zugekommen ist; denn ohne eine solche Unterstellung wären wir nicht in der Lage, die erzielte Übereinkunft als den Ausdruck der Interessen aller Beteiligten anzusehen. Insofern aber ist die Möglichkeit, die Geltung moralischer Normen von einem Verfahren diskursiver Willensbildung abhängig zu machen, an die transzendierende Idee eines herrschaftsfreien Diskurses gebunden.

Aus der Vielzahl von Konsequenzen, die mit diesem moraltheoretischen Grundgedanken einhergehen, sind hier vorläufig nur diejenigen von Interesse, mit denen sich die normativen Probleme der Konzeption des Widerstreits klären lassen. Auf verschiedenen

Stufen seiner Argumentation ist Lyotard entgegen der eigenen Absicht gezwungen, von moralischen Ideen solchen Typs Gebrauch zu machen, wie sie in der Dikursethik angelegt sind. Schon für die Ausgangssituation seiner Analyse gilt, daß sie ohne Rückgriff auf das normative Prinzip der diskursiven Willensbildung gar nicht angemessen zu beschreiben ist: denn nur, wenn wir unterstellen dürfen, daß alle Beteiligten eines praktischen Konfliktes ihre Interessen und Sichtweisen auch tatsächlich haben artikulieren können, wird sich überhaupt feststellen lassen, ob es sich um einen »Widerstreit« zwischen unterschiedlichen Diskursarten handelt. Liegt hingegen der Fall vor, daß einige Beteiligte ihre Überzeugungen nicht ungezwungen haben äußern können, weil sie durch institutionelle oder sprachliche Barrieren daran gehindert wurden, so kommt die Diskursethik auf einer zweiten Stufe zum Zuge; nunmehr können wir ihr nämlich die normativen Maßstäbe entnehmen, die wir in der Kritik von solchen Kommunikationssperren voraussetzen müssen, wie sie etwa in bestimmten Ausschlußmechanismen, sprachpolitischen Regelungen oder psychischer Gewaltausübung zur Anwendung gelangen.[9] Wenn diese beiden theoretischen Stufen genommen sind und also ein Fall von diskursiver Willensbildung vorliegt, dann kann schließlich die Möglichkeit auftreten, daß die beteiligten Parteien in ihren Wertüberzeugungen oder Interessen zu sehr voneinander abweichen, um einen moralisch-praktischen Konsens erzielen zu können; weil die Diskursethik keinen irgendwie gearteten Zwang zum Einverständnis unterstellt, kommt sie unter solchen, empirisch nicht seltenen Bedingungen in der Weise zum Zuge, daß sie die Verfahrensregeln beschreibt, nach denen sich in einem »Widerstreit« faire Kompromisse zu bilden vermögen.[10] Alle drei Stufen zusammengenommen bringen unzweideutig zum Vorschein, daß Lyotard gar

9 Vgl. etwa die eindrücklichen Analysen von Albrecht Wellmer, »Zur Dialektik von Moderne und Postmoderne: Vernunftkritik nach Adorno«, in: ders., *Zur Dialektik von Moderne und Postmoderne*, Frankfurt/M. 1985, S. 48ff., hier: S. 89ff.; diesen Ansatz hat inzwischen Christoph Demmerling auf instruktive Weise fortentwickelt, vgl. ders., *Sprache und Verdinglichung. Wittgenstein, Adorno und das Projekt einer kritischen Theorie*, Frankfurt/M. 1994; aus einer anderen Perspektive hat eine solche Analyse von Kommunikationsbarrieren Michel Foucault vorgelegt, vgl. ders., *Die Ordnung des Diskurses*, Frankfurt/M./Berlin/Wien 1977.

10 Jürgen Habermas, *Treffen Hegels Einwände gegen Kant auch auf die Diskursethik zu?*, a.a.O., S. 23.

nicht akzeptieren kann, was er mit Rorty an einigen Stellen zu behaupten scheint: daß nämlich nur dasjenige Sprachspiel oder dasjenige Überzeugungssystem einen Anspruch auf Wahrheit erheben darf, das sich mit Erfolg sozial hat durchsetzen können. Vielmehr muß er doch mit Gründen davon überzeugt sein, daß in den sozial verdrängten, ausgeschlossenen Sprachspielen ein Anspruch auf Wahrheit enthalten ist, der bislang zu Unrecht innerhalb der gesellschaftlichen Kommunikation noch nicht zur Geltung gelangt ist. Um diese Überzeugung verteidigen zu können, ist Lyotard auf die diskursethische Idee angewiesen, daß jedem Subjekt in der gleichen Weise die Chance zukommen muß, seine Interessen und Erfahrungen ungezwungen, und das heißt: herrschaftsfrei zu artikulieren; ohne den moralischen Universalismus, der darin im Sinne Kants angelegt ist, läßt sich gar nicht recht verstehen, was es heißen soll, daß das Besondere des unterdrückten Sprachspiels gegenüber dem herrschenden Einverständnis verteidigt werden muß.

Nun findet sich in den genannten Schriften Lyotards noch ein anderer Strang von Überlegungen, in denen nicht die Frage des Schutzes, sondern die der affektiven Erkundung von ausgeschlossenen Sprachspielen berührt wird; hier steht die Idee im Vordergrund, daß es stets eines erhöhten Maßes an moralischer Sensibilität bedarf, um das Unrecht zu erfassen, das dem Unterdrückten in einer Gesellschaft zugefügt wird. Es ist genau dieser Gedanke, von dem auch die Überlegungen ihren Ausgang nehmen, in denen Stephen K. White die Umrisse einer postmodernen Ethik zu skizzieren versucht.

II

Ist für Lyotard der eigentliche Fehler der Moderne, auf den eine postmoderne Ethik korrigierend zu antworten hat, die Verdrängung der Existenz des Widerstreits, so für White die Ignoranz gegenüber der Eigenart des Anderen. Seine Überlegungen nehmen ihren Ausgang von der These, daß der moralische Universalismus der kantischen Tradition in Abhängigkeit von einer ontologischen Prämisse steht, die zu einer selektiven Wahrnehmung der Wirklichkeit führen muß. Im neuzeitlichen Denken ist eine Sozialontologie zur Vorherrschaft gelangt, die das gesellschaftliche Leben auf nur solche Prozesse festlegt, die die Eigenschaft eines aktiven Eingriffs in die Welt besitzen; demgegenüber müssen alle Handlungsvollzüge oder Dispositionen, die einen bloß passiven Charakter aufweisen, kategorial in den Hintergrund treten. Innerhalb der modernen Ethik kommt dieses ontologische Vorurteil in der Tendenz zum Tragen, als den Bezugspunkt von moralischen Urteilen allein dasjenige menschliche Handeln zu betrachten, das zu empirisch wahrnehmbaren Veränderungen führt; alle Tätigkeiten hingegen, die keine praktischen Folgen in der Welt auslösen, bleiben aus dem Horizont der moralischen Reflexion ausgeschlossen. Für White ist daher das ethische Denken der Moderne von einem Prinzip geprägt, das er mit dem Ausdruck »responsibility to act«, also »Handlungsverantwortung«, belegt;[11] gemeint ist damit die Tatsache, daß sich die Bestimmung des moralisch Richtigen oder Guten hier stets an der Frage orientiert, von welchen moralischen Normen wir uns im praktischen Handeln leiten lassen sollen. Nun ist zwar unschwer nachzuvollziehen, welchen theoretischen Sachverhalt White an dieser Stelle vor Augen hat, aber die Formel, die er zu dessen Kennzeichnung heranzieht, ist nicht sehr glücklich gewählt; denn auf die Kantische Ethik läßt sich der Begriff der Handlungsverantwortung ja schon deswegen kaum anwenden, weil sich in ihr die moralische Qualität einer Handlung gerade nicht an den praktischen Konsequenzen, sondern nur an den individuellen Absichten bemessen lassen soll. Um Mißverständnisse solcher Art zu vermeiden, die sich aus der von White nicht gemeinten Unterscheidung zwischen »Gesinnungs-« und »Verantwortungsethik« ergeben, wäre es in seinem Sinne wohl angemessener, von einer Aktivitätsorientierung der modernen Ethik zu sprechen: als Gegenstand und Ziel moralischer Beurteilungen werden hier nur Handlungen betrachtet, die insofern einen aktiven Charakter besitzen, als sie zu einer praktischen Veränderung der Welt bereits geführt haben oder noch beitragen sollen. Vollständig klar wird freilich erst, was White mit seiner Ausgangsthese bezweckt, wenn nun die Grundzüge der ethischen Sichtweise betrachtet werden, die er heute in Konkurrenz zur Moraltheorie der Moderne treten sieht.

Es sind die philosophischen Ansätze von Nietzsche, Heidegger und Adorno, in denen sich für White zum ersten Mal die Umrisse einer Ethik abzeichnen, die zur Aktivitätsorientierung der neu-

11 Stephen K. White, *Political Theory and Postmodernism*, a.a.O., S. 20f.

zeitlichen Moral auf Distanz gegangen ist.[12] Was dieser ethischen Gegenbewegung zum Durchbruch verholfen hat, war die Einsicht, daß mit der Fixierung auf das menschliche Handeln eine kategoriale Verengung des Wirklichkeitsfeldes einhergehen muß: denn unter dem Druck, moralisch angemessen und »verantwortlich« zu handeln, kann die andere Person, kann aber auch die Welt im ganzen nicht mehr in ihrer inneren Diversifiziertheit wahrgenommen werden. Insofern ist mit der Handlungsfixierung der neuzeitlichen Moraltheorie latent die Tendenz einer Verdrängung der Eigenart des Anderen verknüpft: wie auch immer die universellen Normen im einzelnen gefaßt sein mögen, stets enthalten sie eine Aufforderung zum aktiven Handeln, die es nachdrücklich verhindert, daß die andere Person in ihrer Besonderheit zur Kenntnis genommen werden kann. Um dieser Verdrängungstendenz entgegenzuwirken, haben die philosophischen Wegbereiter einer alternativen Ethik nun Einstellungen und Verhaltensweisen normativ ausgezeichnet, in denen der Zwang zum Handeln gleichsam ausgeschaltet ist: was Heidegger mit dem Begriff der »Gelassenheit« zum Ausdruck hat bringen wollen, ist bei Adorno die »mimetische Reaktion«. Für White ist mit beiden Begriffen derselbe Hinweis auf eine Form der individuellen Einstellung gegeben, die durch eine Drosselung von Aktivität und eine entsprechende Aufmerksamkeitssteigerung für die Eigenart des Gegenübers gekennzeichnet ist: Im »gelassenen« Umgang oder in der »mimetischen« Einstellung nehmen wir den Anderen nicht mehr als bloßes Objekt der moralischen Pflichterfüllung wahr, sondern erschließen ihn in der ganzen Differenziertheit seiner Person. Von dieser Einsicht ist es nur noch ein kleiner Schritt bis zu den Überlegungen, von denen White glaubt, daß sie heute den Kern einer postmodernen Ethik bilden müssen.

In der Postmoderne erblickt White den Kulminationspunkt jener philosophischen Bewegung, in der zu Bewußtsein gelangt ist, daß das neuzeitliche Denken zu einer verengten, schematisierten Wahrnehmung des sozialen Gegenübers führt. Eine Ethik, die diesen zentralen Fehler der Moderne zu korrigieren versucht, muß dementsprechend die Form einer moralischen Lehre annehmen, durch die der Sinn für die Eigenart des Anderen erst wieder geweckt wird; das aber kann nur in der Weise geschehen, daß solche Verhaltensweisen gewissermaßen zu Tugenden erklärt werden, die

12 Ebd., S. 21 f.

zu einer Sensibilisierung unserer Wahrnehmung von individuellen Besonderheiten beitragen. Es ist daher nicht eigentlich überraschend, daß White seine Idee einer postmodernen Ethik in Form der Ausarbeitung einer Tugendlehre entfaltet; darin werden diejenigen Einstellungen und Haltungen normativ ausgezeichnet, denen die Eigenschaft gemeinsam ist, unsere Wahrnehmungsfähigkeit gegenüber anderen Personen zu erhöhen und damit unsere moralische Sensibilität im ganzen zu steigern. Welche Tugenden es im einzelnen sein sollen, die diese Leistung zu erbringen haben, ergibt sich für White aus einer systematischen Verallgemeinerung der Einstellung, die Heidegger im Begriff der »Gelassenheit« hat festhalten wollen; es handelt sich also um Haltungen oder Orientierungsweisen, in denen die Tendenz zum aktiven Eingriff in die Welt soweit gebrochen ist, daß Zeit und Aufmerksamkeit für die Registrierung von individuellen Nuancen und Unterschieden besteht. Als Beispiele für solche Tugenden der Sensibilität nennt White die Fähigkeit, zuhören zu können, die Bereitschaft zu emotionaler Zuwendung und schließlich das Vermögen, persönliche Eigenarten zuzulassen, ja zu ermutigen, kurz: alle Verhaltensweisen, die heute im Begriff der »Fürsorge« zusammengefaßt werden.[13]

Nun schreibt White diesen Tugenden aber nicht allein die moralische Funktion zu, ein Gespür für jene Dimension des Besonderen an anderen Personen zurückzugewinnen, die in der Moderne unter dem Einfluß einer falschen Ontologie verdrängt worden war. Zwar sieht auch er, nicht anders als Lyotard, seinen eigenen Vorschlag einer postmodernen Ethik zunächst und vor allem als ein Mittel an, um dem bislang ignorierten Moment des Heterogenen und Einzigartigen von nun an moralischen Schutz zu gewähren; die »mimetischen« und »gelassenen« Verhaltensweisen sollen also in Zukunft dafür Sorge tragen, daß der individuellen Besonderheit der einzelnen Person mehr an Aufmerksamkeit und Anerkennung gewährt wird, als es im Formalismus der traditionellen Moraltheorie der Fall gewesen ist. Zusätzlich aber weist White den zuvor umrissenen Tugenden auch noch die Aufgabe zu, zur Erkundung des praktischen Weges beizutragen, auf dem die universalistische Idee der Gleichbehandlung in der sozialen Realität durchgesetzt werden soll. Die These, die ihn zu dieser zweiten Funktionsbestim-

13 Ebd., S. 99f.

mung gelangen läßt, verdankt sich der Verallgemeinerung einer Überlegung, die von Richard Rorty entwickelt worden ist. Für dessen Auffassung von Liberalismus spielt der Gedanke eine zentrale Rolle, daß sich der moralische Fortschritt einer Gesellschaft nicht direkt in Form einer Etablierung von normativen Verbesserungen vollzieht, sondern negativ in der Weise einer schrittweisen Beseitigung von sozialem Unrecht; weil es zur Erkundung solchen Unrechts aber stets der Fähigkeit des Künstlers bedarf, uns kreativ mit dem möglichen Leiden der anderen Person vertraut zu machen, ist es für Rorty die ästhetische Sensibilität, die den eigentlichen Motor des moralischen Fortschritts ausmacht.[14] Daraus kann White nun im Sinne seiner eigenen Ethik folgern, daß sich die moralische Idee der Gleichbehandlung nur dann sozial verwirklichen läßt, wenn zuvor jene Tugenden sozial gegeben sind, die zur Wahrnehmung von individuellen Besonderheiten befähigen; denn was dem einzelnen an Unrecht, also an »ungleicher« Behandlung zugefügt wird, läßt sich nur in dem Maße erkunden, in dem wir uns mit seinen persönlichen Eigenschaften kraft einer gesteigerten Sensibilität haben vertraut machen können. Was Rorty also nur der Imaginationskraft des Künstlers zuzutrauen vermag, nämlich eine erhöhte Fähigkeit zur Wahrnehmung individueller Abweichungen und Differenzen, möchte White im Grunde genommen als ein sittliches Vermögen in einem jeden Subjekt verankert wissen: die moralische Alltagskultur soll im ganzen von solchen Tugenden durchdrungen sein, die es erlauben, das mögliche Leiden des Anderen imaginativ zu vergegenwärtigen. Von hier aus ist nun aber unschwer zu durchschauen, daß die von White umrissene Ethik nicht eigentlich in einem Gegensatz, sondern in einem Ergänzungsverhältnis zu jener Moraltheorie steht, die die Intentionen Kants unter intersubjektivitätstheoretischen Prämissen fortzusetzen versucht.

Für die Diskursethik ergeben sich bekanntlich eine Reihe von Folgeproblemen aus dem Umstand, daß der Universalisierungstest nicht mehr in Form einer monologischen Selbstbefragung, sondern in Gestalt von realen, tatsächlich zu praktizierenden Dialogen durchgeführt wird. Der Vorteil eines solchen Vorschlages besteht natürlich darin, daß an die Stelle der bloß imaginierten Reaktionen die faktischen Stellungnahmen all derer treten, die von einer um-

14 Richard Rorty, *Kontingenz, Ironie und Solidarität*, Frankfurt/M. 1990, vor allem Kap. III.

strittenen Norm potentiell betroffen sind; dadurch verliert der Test, in dem geprüft werden soll, ob jene Norm allgemeine Zustimmung finden kann, die Gefahr einer egozentrischen Projektion und wird zu einem öffentlichen Verfahren, in dem alle Betroffenen tatsächlich zu Wort kommen können. Ein zentrales Problem des damit umrissenen Vorschlags hängt nun aber mit der viel diskutierten Frage zusammen, welche Eigenschaften und Einstellungen die Subjekte von sich aus in eine Diskussionsveranstaltung einbringen können müssen, damit diese wirklich als ein moralischer Diskurs gelten darf. Hier berühren sich die Überlegungen, die White mit Blick auf eine postmoderne Ethik angestellt hat, mit einer Reihe von Vorstellungen, die inzwischen im Kontext der Diskursethik entwickelt worden sind. Eine gewisse Übereinstimmung zwischen beiden Ansätzen ergibt sich ja schon daraus, daß der von Apel und Habermas eingeschlagene Weg von einer ähnlichen Kritik an der Kantischen Moraltheorie seinen Ausgang nimmt, wie sie auch White seinem theoretischen Programm zugrunde legt: es ist die bei Kant angelegte Tendenz gewesen, in formalen Verfahren der Normenbegründung keinen Platz für eine Erkundung der faktischen Interessen aller Personen zu lassen, gegen die von Anfang an der Vorschlag der Diskursethik gerichtet war, den Test der Universalisierbarkeit einem realen Prozeß der gemeinsamen Diskussion zu überlassen. Die ganze Idee eines moralischen Diskurses stellt zunächst nichts anderes als ein Mittel dar, durch das jeder von einer Norm Betroffene die Chance erhalten soll, seine eigene Sichtweise öffentlich zu artikulieren und somit als ein unvertretbarer Einzelner in Erscheinung zu treten: nicht anders als bei White ist es somit der Impuls gewesen, gegen die bei Kant und seinen Nachfolgern vorherrschende Ignoranz des Anderen anzugehen, was die Diskursethik ursprünglich auf den Plan gerufen hat. Die Übereinstimmung zwischen den beiden Ansätzen reicht aber sogar noch weiter, sobald einmal klar geworden ist, daß Habermas den Diskurs als einen Typ von intersubjektiver Argumentation beschreibt, der von jedem unmittelbaren Handlungsdruck entlastet sein soll. Der Grund, den er für diese Bedingung anführt, ist mit dem Einwand vergleichbar, den White gegen die Aktivitätsorientierung der neuzeitlichen Moraltheorie erhebt; in beiden Fällen lautet das Argument, daß nur unter der Voraussetzung einer zeitweiligen Distanzierung vom Handlungszwang die Möglichkeit besteht, die Argumente oder eben die Sichtweise jeder anderen Person in ihrer individuellen Besonderheit zur Kenntnis zu nehmen. Habermas und White sehen mithin gemeinsam die Chance, der Eigenart des einzelnen Individuums normativ Rechnung zu tragen, nur in dem Maße als gegeben an, in dem die moralische Urteilsfindung vom direkten Druck der Bewältigung von Handlungsproblemen befreit ist.

Allerdings läßt nun diese letzte Formulierung die Frage entstehen, wie White seinen Gesichtspunkt der Verantwortung für den anderen im Hinblick auf die moralische Urteilsfindung eigentlich verstanden wissen möchte; je nachdem, ob es sich dabei um ein eigenständiges Moralprinzip oder um eine bloß korrektive Ergänzung des Kantischen Universalisierungsgrundsatzes handeln soll, fällt auch das Verhältnis zur Diskursethik anders aus. Die Überlegungen, die White im Kontext seiner theoretischen Anleihen bei Rorty angestellt hat, legen freilich nahe, daß er sich angesichts der beiden Alternativen für die zweite Deutungsmöglichkeit entschieden hat; das würde bedeuten, daß die von ihm herausgehobenen Tugenden nicht den Inhalt eines neuen Moralprinzips, sondern nur den Inbegriff der Einstellung ausmachen sollen, die wir einzunehmen haben, wenn wir die Idee der Gleichbehandlung mit der nötigen Sensibilität anzuwenden versuchen. Ist das der Fall, so verbleibt als ein zu lösendes Problem in der Verhältnisbestimmung der beiden Ansätze nur die Frage, ob den genannten Tugenden nicht die sozialkognitiven Einstellungen entsprechen, die auch Habermas voraussetzen können muß, wenn er den moralischen Diskurs als einen Prozeß der intersubjektiven Verständigung beschreibt. Hier nun steht zur Diskussion, was vorher schon kurz als ein Problem angeschnitten worden ist; auch die Diskursethik muß sich nämlich mit der Frage konfrontieren, inwiefern sie nicht diejenigen Verhaltensweisen normativ auszeichnen muß, die zusammengenommen erst das Gelingen eines moralischen Diskurses garantieren können.

Eine besondere Schwierigkeit in der Beantwortung dieser Frage ergibt sich daraus, daß in ihr im Grunde genommen zwei Probleme zugleich enthalten sind. Zum einen besteht Unklarheit darüber, ob das Modell des moralischen Diskurses überhaupt so angelegt ist, daß es besondere Verhaltensweisen oder Einstellungen von seiten der beteiligten Personen zur Voraussetzung hat; hier lautet die Frage also, welche sozialkognitiven oder habituellen Anforderungen mit dem Leitgedanken der Diskursethik verknüpft sind, die

Lösung aller moralischen Handlungskonflikte einem Verfahren der intersubjektiven Beratung zu überantworten. Ist diese Frage in dem Sinn positiv beantwortet, daß die Notwendigkeit solcher Einstellungen bejaht wird, dann ist im Hinblick auf deren Status aber weiterhin offen, ob sie, wenn nicht als Tugenden, so doch als besondere Verhaltensmuster normativ ausgezeichnet werden sollen; damit wäre die brisante Frage berührt, inwiefern mit der Diskursethik die Privilegierung einer bestimmten Lebensform intern so verknüpft ist, daß sie ethisch nicht vollkommen neutral sein könnte. Die Frage nach denjenigen Verhaltensmustern, die zur Teilnahme an einem moralischen Diskurs überhaupt erst befähigen, ist logisch unabhängig von der Frage nach deren normativem Status; aber erst die Beantwortung beider Fragen gibt die Chance, die postmoderne Ethik von White daraufhin zu befragen, ob sie als Ausbuchstabierung einer Implikation der Diskursethik begriffen werden darf.

Für ein Verständnis dessen, was an Einstellungen und Verhaltensweisen dem moralischen Diskurs vorausgesetzt werden muß, ist von Anfang an das Modell der idealen Rollenübernahme das Leitbild gewesen. Die auf G. H. Mead zurückgehende Vorstellung besagt, daß Subjekte nur dann zu einer kommunikativen Verständigung zu gelangen vermögen, wenn sie sich wechselseitig in die Rolle des anderen versetzen können. Nun läßt dieses Modell jedoch verschiedene Ausdeutungen zu, deren Unterschiede sich vor allem daran bemessen, ob der Prozeß der Rollenübernahme eher als kognitiver oder als affektiver Vorgang aufgefaßt werden soll; wird mit der ersten Alternative stärker der argumentative Charakter hervorgehoben, den moralische Diskurse deswegen besitzen müssen, weil in ihnen die Verallgemeinerbarkeit von Normen rational getestet werden soll, so wird mit der zweiten Alternative hingegen betont, daß ein solches intersubjektives Testverfahren nicht ohne ein gewisses Maß an wechselseitiger Einfühlungsbereitschaft erfolgreich sein kann. Für Habermas, der stets entschieden die kognitivistische Auffassung vertreten hat, geht mit der emotivistischen Deutung unweigerlich die Gefahr eines affektgestützten Partikularismus einher: wenn es primär Empathie und Einfühlungsvermögen sein sollen, was sich die Subjekte wechselseitig entgegenzubringen haben, dann gerät der moralische Diskurs schnell in Abhängigkeit von zufälligen Gefühlsbindungen und verliert die Funktion einer kooperativen, allein auf Gründe bezogenen Wahrheitssuche.[15] Daher nimmt Habermas vom Modell der idealen Rollenübernahme nur jene Züge in seine Diskursethik auf, die sich auf die kognitive Dimension der wechselseitigen Verständigung beziehen; die Fähigkeiten, die dabei vorausgesetzt werden müssen, reduzieren sich auf das bloße Vermögen, die sprachlich artikulierten Ansprüche aller mitbetroffenen Personen zu verstehen. Gegen diese Position ist nun freilich unschwer der Einwand zu erheben, daß sich die normativen Ansprüche anderer Subjekte nur dann in ihrem moralischen Gewicht einschätzen lassen, wenn zugleich die je besonderen Sichtweisen mitverstanden werden, aus denen sie hervorgegangen sind; welchen Stellenwert ein bestimmtes Interesse für eine konkrete Person besitzt, kann ich nur in dem Maße zu verstehen lernen, in dem ich mir zugleich auch deren individuelle Lebensideale und Orientierungsweisen verständllich zu machen versuche.[16] Eine solche Deutung ist nicht mit der von Seyla Benhabib vorgebrachten These zu verwechseln, derzufolge in jedem moralischen Diskurs zwangsläufig eine Stufe erreicht wird, auf der sich die beteiligten Personen wechselseitig als konkrete Andere wahrzunehmen haben;[17] das würde nämlich tatsächlich zur Folge haben, daß die rationale Auseinandersetzung gegenüber einer affektgeladenen Fürsorge bis zu der Schwelle ins Hintertreffen geriete, jenseits der es sich nicht mehr um die kommunikative Prüfung der Verallgemeinerungsfähigkeit von moralischen Normen handeln würde. Der zuvor angedeutete Vorschlag soll hingegen nur besagen, daß dieses gemeinsame Unternehmen von den beteiligten Subjekten auch dann mehr als bloß kognitive Fähigkeiten verlangt, wenn als sein Ziel eine allein über Gründe vermittelte Übereinkunft angesehen wird; denn die normativen Ansprüche der einzelnen Personen sind nur in dem Maße überhaupt zu bewerten, in dem mit dem entsprechenden Einfühlungsvermögen zugleich herausgehört wird, welche Rolle sie in deren unverwechsel-

15 Vgl. etwa Jürgen Habermas, »Gerechtigkeit und Solidarität. Zur Diskussion über ›Stufe 6‹«, in: ders., *Erläuterungen zur Diskursethik*, a.a.O., S. 49ff., hier S. 58ff.

16 In diese Richtung weist: Thomas McCarthy, »Praktischer Diskurs. Über das Verhältnis von Politik und Moral«, in: ders., *Ideale und Illusionen. Dekonstruktion und Rekonstruktion in der kritischen Theorie*. Frankfurt/M. 1993, S. 303ff.

17 Seyla Benhabib, »Der verallgemeinerte und der konkrete Andere. Ansätze zu einer feministischen Moraltheorie«, in: Elisabeth List/Herlinde Studer (Hg.), *Denkverhältnisse. Feminismus und Kritik*, Frankfurt/M. 1989, S. 454ff., bes. S. 475ff.

barer, besonderer Lebensgeschichte spielen. Insofern hängt der Erfolg eines moralischen Diskurses auch von der Voraussetzung ab, daß die betroffenen Personen möglichst viele jener Einstellungen und Verhaltensweisen teilen, die White in seinem Ansatz als Fähigkeiten der passiven Anteilnahme beschrieben hat; je mehr an solchen Eigenschaften die Diskutanten nämlich besitzen, desto eher werden sie gemeinsam dazu in der Lage sein, sich wechselseitig in die Rolle des anderen zu versetzen, um zu einem wirklichen Verständnis ihrer jeweiligen Interessen zu gelangen. Etwas anderes ist nun allerdings die Frage, ob diese verschiedenen Verhaltenseigenschaften nur deswegen, weil sie als wünschenswert gelten, zugleich auch als »Tugenden« normativ ausgezeichnet werden sollten.

Auch im Hinblick auf diese Frage zeichnen sich heute im theoretischen Umfeld der Diskursethik zwei verschiedene Positionen ab. Hier bemessen sich die jeweiligen Unterschiede daran, ob eher ein empirischer oder ein normativer Weg gewählt wird, um die Angewiesenheit des moralischen Diskurses auf bestimmte Verhaltensmuster zu beschreiben. Im Falle der ersten Alternative, für die wiederum die Beiträge von Habermas einstehen, gilt es als das Ergebnis eines historischen Lernprozesses, daß inzwischen weitgehend jene Einstellungen und Orientierungsweisen verbreitet sind, die zur Teilnahme an moralischen Argumentationen befähigen: die Diskursethik kann daher aus empirischen Gründen auf das »Entgegenkommen« der ihr entsprechenden Lebensformen vertrauen, darf diese selber aber ihrerseits nicht als vorbildliche, gar tugendhafte Handlungsweisen normativ auszeichnen wollen.[18] Demgegenüber wird mit der zweiten Alternative die These vertreten, daß die von Habermas eingenommene Position in einem gewissen Sinne inkonsequent ist: wer nämlich davon ausgeht, daß nur praktische Diskurse eine gerechtfertigte Form der Lösung von moralischen Handlungskonflikten darstellen, zugleich aber einräumt, daß dazu bestimmte, und seien es bloß kognitive Fähigkeiten die Voraussetzung bilden, der hat schließlich auch den Schluß zu ziehen, den Erwerb der entsprechenden Persönlichkeitseigenschaften als etwas normativ Erstrebenswertes anzusehen. Es ist aus der Perspektive dieser zweiten Position daher nur eine falsch gewählte Redeweise, wenn Habermas in einem funktionalistischen Sinn da-

18 Jürgen Habermas, *Treffen Hegels Einwände gegen Kant auch auf die Diskursethik zu?*, a. a. O., S. 25 f.

von spricht, daß eine universalistische Moral der »Übereinstimmung« mit postkonventionellen Bewußtseinsformen »bedarf«;[19] denn was hier »bedürfen« heißt, besitzt viel eher den normativen Sinn, auf etwas hinzuweisen, das wir alle anzielen sollten, sobald wir nur von der Gültigkeit einer universalistischen Moral überzeugt sind. Deren Grundprinzip, die Idee der Gleichbehandlung, verlangt einige wenige und zugleich nur höchst formal bestimmte Persönlichkeitseigenschaften, auf deren Durchsetzung wir nicht nur hoffen können, sondern die wir als solche auch normativ anstreben sollten. So gesehen ist mit der Diskursethik auf indirekte Weise der Entwurf einer Tugendlehre verknüpft, in der jene Einstellungen und Verhaltensmuster als ethisch wertvoll beschrieben werden, die zur Teilnahme an moralischen Argumentationen befähigen.[20] Werden nun im Gegensatz zu Habermas zu solchen kommunikativen Tugenden auch affektive Fähigkeiten gerechnet, wie sie etwa im Einfühlungsvermögen gegeben sind, so ist schon der Punkt erreicht, von dem aus in der postmodernen Ethik Whites die Ausarbeitung einer Implikation der Diskursethik zu erkennen ist: was jener im Rückgriff auf Heidegger als Fähigkeit zur Vergegenwärtigung individueller Besonderheiten beschrieben hat, ist ein zentrales Element der kommunikativen Tugenden, die hier als personale Voraussetzungen von moralischen Diskursen in Anschlag gebracht werden können.

III

Die postmodernen Ansätze einer Ethik, die uns bislang begegnet sind, haben den normativen Denkhorizont nicht wirklich überschritten, dessen Grenzlinien seit Kant mit der universalistischen Idee der Gleichbehandlung mehr oder weniger klar umrissen sind. Ob Lyotard den innergesellschaftlichen Widerstreit ethisch zu Bewußtsein bringen will oder White die individuelle Besonderheit

19 Ebd., S. 25.

20 In diesem formalen Sinn wird heute auch im Rahmen von verschiedenen Ansätzen der Fortentwicklung der Kantischen Moraltheorie von der Notwendigkeit einer Wiedereinführung der Tugendkategorie gesprochen; einen knappen Überblick bietet: Mary Midgley, »Virtuous Circles. Gratitude, loyalty, responsibility and the solitary chooser«, in: *TLS*, 18. 6. 1993, S. 3 ff. Einen interessanten Vorschlag dieser Art macht auch: Peter Rinderle, »Liberale Integrität«, in: *Dtsch. Z. Philos.*, 1/1994, S. 73 ff.

der einzelnen Person einklagen möchte, stets bleiben diese Vorstöße jener moraltheoretischen Vorstellung verhaftet, in der Habermas die Intentionen Kants unter intersubjektivitätstheoretischen Prämissen fortgeführt hat: daß nämlich jedes Subjekt die gleiche Chance erhalten muß, seine Interessen und Ansprüche ungezwungen in einem praktischen Diskurs zu artikulieren, der der verständigungsorientierten Lösung moralischer Handlungskonflikte zu dienen hat. Von der damit umrissenen Idee können weder Lyotard noch White, auch wenn sie selber es anders sehen mögen, in irgendeiner Weise Abstand nehmen; auf den universalistischen Grundsatz, der in der Diskursethik zur Anwendung gelangt, sind sie beide an entscheidender Stelle angewiesen, wenn sie in ihren Ansätzen jeweils das Heterogene und Besondere gegen das Allgemeine zu verteidigen suchen. Was Lyotard und White darüber hinaus an neuen, postmodernen Einsichten in die Debatte eingebracht haben, läßt sich wohl am ehesten als eine immanente Erweiterung der moralischen Perspektive begreifen, die sich in der Idee des praktischen Diskurses umrissen findet: jener, indem er deutlich gemacht hat, daß die Hindernisse einer ungezwungenen Verständigung bis in gesellschaftliche Zonen des Mißverstehens hinabreichen können, von denen die Moraltheorie bislang kaum Notiz genommen hat; und dieser, indem er vor Augen geführt hat, daß die intersubjektive Öffnung für die Besonderheit der einzelnen Person auf kommunikative Tugenden angewiesen ist, die sich bis ins affektive Verhalten hinein erstrecken. Aber so tiefgreifend die Analysen der beiden Autoren auch sein mögen, so konsequent sie ungeahnte Barrieren der zwischenmenschlichen Kommunikation in den Blick zu rücken vermögen, stets handelt es sich dabei eben nur um eine geringfügige Erweiterung des moralischen Gesichtspunktes, der in der Diskursethik bereits differenzierter formuliert worden ist: denn von Hindernissen der intersubjektiven Verständigung, von der Notwendigkeit einer affektiven Öffnung für die Besonderheit des Anderen läßt sich doch in einem normativen Sinn nur sprechen, wenn zuvor die universalistische Idee vertreten wird, daß jedem Subjekt in seiner Individualität die Chance einer ungezwungenen Artikulation seiner Ansprüche zukommen soll. Über den Denkhorizont, der von dieser Idee bestimmt ist, führen heute weder Lyotard noch White mit ihren Arbeiten hinaus. Ein solcher Schritt findet sich hingegen erst in dem Ansatz einer Ethik, den Jacques Derrida während der letzten Jahre in groben Zügen entwickelt hat; gestützt auf Überlegungen von Lévinas, sprengen seine neueren Schriften den bislang umrissenen Theorierahmen, indem sie einen zweiten Gesichtspunkt des Moralischen der Kantischen Perspektive der Gleichbehandlung entgegenzusetzen versuchen.

Ist bei Lyotard der Übergang zur Ethik mit einer gewissen Stringenz noch in der Zeitdiagnose begründet, die er bereits zuvor entwickelt hatte, so fehlt eine vergleichbare Form der internen Motivierung bei Derrida vollständig. Zwar lassen sich in dem frühen Aufsatz, den er zum Werk von Emmanuel Lévinas verfaßt hat, schon unschwer Hinweise auf moralische Motive ganz eigener Art erkennen;[21] und sicherlich können auch die dekonstruktivistischen Interpretationen, in denen er philosophische Texte auf unkontrollierbare Sinnbezüge hin untersucht hat, als indirekte Belege nicht nur einer neuen Bedeutungstheorie, sondern auch einer Ethik des richtigen Verstehens aufgefaßt werden.[22] Aber all das reicht nicht aus, um angemessen den Übergang zu erklären, den Derrida in seinen jüngsten Schriften in Richtung einer normativen Konzeption vollzogen hat; denn statt einer bloß negativen Explikation der Unabschließbarkeit von moralischen Regeln, wie es all seine zuvor entwickelten Überlegungen nahegelegt hätten, findet sich hier der durchaus positive Aufriß einer Ethik, die von dekonstruktivistischen Selbstvorbehalten gänzlich unberührt ist. Das kategoriale Bindeglied, das gleichwohl zu den früheren Schriften die Verbindung hält, stellt wie in den anderen Entwürfen einer postmodernen Ethik erneut der Begriff der »individuellen Besonderheit« dar; auch Derrida geht es mithin um den Versuch, innerhalb der Moralphilosophie die Stelle kenntlich zu machen, an der der Eigenart der einzelnen Person theoretisch mehr Aufmerksamkeit geschenkt werden muß. Im Unterschied zu White sieht er diese kritische Einsatzstelle aber nicht dort angelegt, wo in der philosophischen Tradition seit Kant die moralische Perspektive der Gerechtigkeit ihren Platz hat; seine These ist vielmehr, daß dem individuellen Subjekt in seiner Differenz zu allen anderen nur

21 Jacques Derrida, »Gewalt und Metaphysik. Essay über das Denken Emmanuel Lévinas'«, in: ders., *Die Schrift und die Differenz*, Frankfurt/M. 1976, S. 121 ff.

22 Vgl. Simon Critchley, *The Ethics of Deconstruction*, a. a. O., bes. Kap. 1; Richard Kearney, »Derrida and the Ethics of Dialogue« , in: *Philosophy & Sozial Criticism*, Nr. 1, Vol. 19/1993, S. 1 ff.; in dieselbe Richtung weist auf sehr instruktive Weise auch: Ruth Sonderegger, *(Un)making Sense. Zur Kritik des bedeutungstheoretischen Objektivismus bei Derrida und Wittgenstein*, M. A.-Arbeit, FU Berlin 1993, S. 157 ff.

eine moralische Perspektive gerecht zu werden vermag, die sich in einem Verhältnis der produktiven Entgegensetzung zur Idee der Gleichbehandlung befindet. Es ist das damit umrissene Spannungsverhältnis, das Derrida in seiner Ethik zu erläutern versucht; ihren theoretischen Kern bildet eine Phänomenologie der moralischen Erfahrungen, die alle Last der Begründung zu tragen hat.

Für Derrida stellt eine geeignete Erfahrungsform, um seine These zunächst einmal in elementaren Zügen vorzuführen, das Beziehungsmuster der Freundschaft dar.[23] Von Aristoteles bis Kant galt diesem Typ der zwischenmenschlichen Interaktion stets die besondere Aufmerksamkeit der praktischen Philosophie, weil sich daran studieren lassen sollte, wie zwei unterschiedliche Einstellungen der Moral in einem einzigen Sozialverhältnis eine Einheit zu bilden vermögen; denn als das Besondere der Freundschaft wurde von den philosophischen Klassikern durchgängig die Tatsache angesehen, daß in ihr Zuneigung und Achtung, Sympathie und moralischer Respekt zusammenfließen, ohne viel von ihrer jeweiligen Kraft einzubüßen. Die damit abgesteckte Tradition hat Derrida vor Augen, wenn er in seinem Aufsatz »The Politics of Friendship« nun selber darangeht, den Phänomenbereich des Moralischen von der Erfahrung der Freundschaft her aufzurollen; was ihn vor allem interessiert, ist die Frage, in welcher Weise hier zwei intersubjektive Einstellungen eine Synthese eingehen, die auf unterschiedliche Formen der menschlichen Verantwortung verweisen. In jedem Freundschaftsverhältnis, so behauptet Derrida, findet sich erstens eine Dimension der Beziehung auf den Anderen, in der dieser in der Rolle der konkreten, unvertretbaren Einzelperson auftritt; hier herrscht ein Prinzip der Verantwortung, das asymmetrische Züge trägt, weil ich mich der vorgängigen Bitte oder Anfrage des Freundes gegenüber ohne Erwägung wechselseitiger Pflichten schuldig weiß. Wäre die Beziehung aber nur von einem solchen Prinzip der asymmetrischen, einseitigen Verpflichtung geprägt, dann würde es sich nicht mehr um Freundschaft, sondern bereits um Liebe handeln: denn allein in der vor jeder anderen Erwägung ungetrübten Zuneigung erlebe ich den Anderen als eine Person, der ich mich jenseits jeder moralischen Verantwortung unbedingt verpflichtet weiß. Daher spielt in das Freundschaftsverhältnis für Derrida stets auch noch eine zweite Dimen-

23 Jacques Derrida. »The Politics of Friendship«, in: *Journal of Philosophy*, Vol. 85/1988, S. 632 ff.

sion der intersubjektiven Beziehung hinein, in der die andere Person in der Rolle des verallgemeinerten Anderen auftritt: mit dieser Instanz der Allgemeinheit sind jene institutionell verkörperten Moralprinzipien gemeint, die innerhalb einer Gesellschaft regeln, welche Verantwortung ich gemäß symmetrisch verteilter Rechten und Pflichten gegenüber allen anderen Personen besitze.[24] Innerhalb der Freundschaftsbeziehung begegnet mir also mein Gegenüber in einer Doppelrolle, indem er einerseits auf der affektiven Ebene von Sympathie und Zuneigung an meine asymmetrischen Verpflichtungen appellieren kann, andererseits zugleich aber auch als eine moralische Person wie jede andere respektiert werden will; und es ist diese unaufhebbare Spannung zwischen zwei unterschiedlichen Formen der Verantwortung, die überhaupt erst das moralische Band der Freundschaft stiftet. Nun ist mit dem bislang vorgestellten Gedankengang nur gezeigt, daß es zwei verschiedene Weisen der moralischen Bezugnahme auf menschliche Subjekte gibt: im Verhältnis der liebevollen Zuwendung tritt der Andere als der einzigartige Adressat von asymmetrischen Verpflichtungen auf, unter der Geltung moralischer Normen hingegen ist er der Adressat von Verpflichtungen, die er mit allen anderen Subjekten in symmetrischer Weise teilt. Ungeklärt ist damit freilich noch die Frage, inwiefern zwischen diesen beiden Anerkennungsmustern tatsächlich ein prinzipieller Gegensatz besteht, der darüber hinaus in Form einer Spannung das Erfahrungsfeld des Moralischen im ganzen bestimmen soll. Die philosophischen Erwägungen, die Derrida in den restlichen Teilen seines Aufsatzes anstellt, geben darauf keine Antwort; denn sie dienen im wesentlichen einer Begründung der These, daß sich im Vollzug einer Freundschaft stets verschiedene Zeitebenen überlagern, die jeweils aus der Aufrechterhaltung einer der beiden Verantwortlichkeiten resultieren. Die Position von Derrida gewinnt an Klarheit daher erst, wenn wir in die Darstellung nun jenen Text miteinbeziehen, in dem er sich unter dekonstruktivistischen Gesichtspunkten mit einer Analyse des modernen Rechts beschäftigt hat;[25] auch hier sind es nämlich wieder die beiden Typen der moralischen Verantwortung, aus deren

24 Ebd., S. 640f.

25 Jacques Derrida, *Gesetzherrschaft. Der »mystische« Grund der Autorität.* Frankfurt/M. 1991; vgl. dazu die hilfreiche Besprechung von Christoph Menke, »Für eine Politik der Dekonstruktion. Jacques Derrida über Recht und Gerechtigkeit«, in: *Merkur*, 526/1993, S. 65ff.

produktivem Gegensatz er herzuleiten versucht, was das Recht seiner innersten Form nach zur Gerechtigkeit beizutragen hat.

Mit einer Untersuchung des universalistischen Gehalts, den das Rechtsverhältnis unter den Bedingungen der Moderne angenommen hat, hält sich Derrida in seinem Text nicht lange auf; ja, es finden sich darin sogar Stellen, an denen der Eindruck entstehen muß, als sei ihm die Verankerung des modernen Rechts im moralischen Grundsatz der Gleichbehandlung nicht in ausreichendem Maße klar. Von Interesse sind daher hier weniger die Schwierigkeiten, die Derrida mit der moralischen Begründung des formalen Rechts der Moderne hat, als vielmehr die Überlegungen, in denen er dessen Anwendung auf den konkreten Fall behandelt; denn diese Anwendungssituation teilt für ihn mit dem Verhältnis der Freundschaft die Eigenschaft, daß zwei verschiedene Prinzipien der menschlichen Verantwortung aufeinanderstoßen, die beide in gleichem Maße legitime Gesichtspunkte des Moralischen verkörpern.

Um diese These begründen zu können, umreißt Derrida in einem ersten Schritt, wie die normativen Ausgangsbedingungen des formalen Rechtsverhältnisses der Neuzeit beschaffen sind. Mit jedem modernen System positiver Rechte geht das Gebot einher, mögliche Interessenkonflikte nach Maßgabe der Vorstellung zu regeln, daß allen Subjekten die gleichen Chancen in der Ausübung ihrer rechtlich begrenzten Freiheiten zustehen; aus der praktischen Anwendung dieses Gleichheitsgrundsatzes entsteht nun bekanntlich die Aufgabe, in jedem Einzelfall eines konkreten Rechtsstreits erneut zu klären, was in welcher Hinsicht als gleich und was als ungleich zu gelten hat. Weil damit interpretatorische Probleme verknüpft sind, die nicht ein für allemal, sondern stets wieder neu gelöst werden müssen, besitzt die Rechtsanwendung einen offenen, hermeneutischen und prozeduralen Charakter; ihrer Struktur nach ist sie das nicht abschließbare Unternehmen, im Falle jedes neuentstandenen Konfliktes immer wieder zu prüfen, was unter Berücksichtigung aller relevanten Aspekte als gleich und als ungleich angesehen werden muß. Befindet sich die Darlegung Derridas bis hierhin noch weitgehend in Übereinstimmung mit den Auffassungen, die heute auch von maßgeblichen Strömungen der jüngeren Rechtsphilosophie vertreten werden, so weicht er davon erst in dem zweiten Schritt seiner Darlegung ab: Als das Prinzip, an dem die Praxis der Rechtsanwendung sich idealerweise zu orientieren hat, betrachtet er nämlich nicht wiederum den Gleichheitsgrundsatz, sondern die Idee einer Gerechtigkeit gegenüber der »Unendlichkeit« des konkreten Anderen. Was damit im Unterschied zur herkömmlichen Auffassung gemeint ist, wird in einer ersten Annäherung deutlich, wenn die Konsequenzen der These betrachtet werden: Die normative Idee, von der die praxisorientierte Auslegung des Gleichheitsgebotes sich leiten lassen soll, stammt nicht selber aus den moralischen Grundlagen der Rechtsordnung, sondern tritt von außen in Form eines zweiten Moralprinzips an sie heran. Wie für das Verhältnis der Freundschaft, so unterscheidet Derrida auch für das moderne Rechtsverhältnis zwei Bezugsebenen, die jeweils durch unterschiedliche, sich aber wechselseitig ergänzende Gesichtspunkte des Moralischen konstituiert sein sollen; die Trennungslinie, die er hier vorschlägt, verläuft »zwischen der Gerechtigkeit (die unendlich ist, unberechenbar, widerspenstig gegen jede Regel, der Symmetrie gegenüber fremd, heterogen und heterotrop) und ihrer Ausübung in Gestalt des Rechts, der Legitimität oder Legalität (ausgleichbar und satzungsgemäß, berechenbar, ein System geregelter eingetragener codierter Vorschriften)«.[26]

Nun hängt alles weitere davon ab, was Derrida im einzelnen mit jenem moralischen Gesichtspunkt meint, durch den Gerechtigkeit gegenüber der »absoluten Andersheit« der einzelnen Person ausgeübt werden soll. Im Fall der Freundschaft handelte es sich dabei um die Perspektive, die wir in dem Augenblick einnehmen, in dem wir eine andere Person lieben und ihr gegenüber ein Gefühl der unbedingten Verpflichtung empfinden; aber was entspricht diesem Anerkennungsmuster der Liebe auf der sozialen Ebene, auf der wir es mit dem modernen System formaler Rechte zu tun haben? Hier hilft ein kurzer Hinweis auf die ethischen Grundgedanken weiter, die Derrida dem Werk des Religionsphilosophen Emmanuel Lévinas verdankt.

Bei Lévinas stehen die ethischen Überzeugungen, die wir bislang als das Produkt einer verspäteten Reflexion der Postmoderne auf ihre eigenen Grundlagen kennengelernt haben, bereits am Anfang des Weges in die Philosophie; den Ausgangspunkt seines theoretischen Schaffens bildet nämlich die These, daß die intersubjektive Beziehung zu anderen Personen einen normativen Gehalt besitzt,

26 Ebd., S. 44.

den die philosophische Tradition aufgrund ihrer ontologischen Prämissen nicht angemessen zur Kenntnis hat nehmen können. Wie für viele jüdische Religionsphilosophen seiner Zeit, so stellt auch für Lévinas die religiöse Überlieferung der Bibel von Beginn an eine theoretische Quelle ersten Ranges dar; ihr entnimmt er daher, noch bevor er sich systematisch der Philosophie zuwendet, die normativen Modelle, nach denen sich in Begriffen wie Güte und Mitleid die Kommunikation unter Menschen ethisch bestimmen lassen soll.[27] Bei dem Versuch, diese moralischen Erfahrungsgehalte nun in dem Denkrahmen zu artikulieren, den er bei seinen Lehrern Husserl und Heidegger kennengelernt hatte, mußte er schnell auf systematische Schwierigkeiten stoßen: den Bereich des Seienden hatten beide allen Unterschieden zum Trotz doch in derselben Weise auf einen Zusammenhang von gegebenen, endlichen Sachverhalten festgelegt, so daß darin kein Platz mehr für jene Erfahrung bleiben konnte, die sich in der direkten Kommunikation zwischen menschlichen Subjekten vollzieht; denn in derartigen Begegnungen, so stand für Lévinas außer Frage, tritt mir der andere Mensch stets als eine Person gegenüber, die des Schutzes und der Anteilnahme in einem solchen Maße bedürftig ist, daß ich in allen meinen endlichen Handlungsmöglichkeiten überfordert bin und damit zugleich auf eine Dimension der Unendlichkeit aufmerksam werde. Aus dieser Überlegung folgert Lévinas nun aber mehr als bloß die Notwendigkeit, die traditionelle, bis hin zu Husserl und Heidegger fortwirkende Ontologie um die entsprechenden Kategorien nur zu erweitern. Vielmehr zieht er den weitreichenden Schluß, das Verhältnis von Ontologie und Ethik überhaupt umzukehren, um die existentielle Vorrangstellung der zwischenmenschlichen Begegnung vor allen Seinsbereichen angemessen zum Ausdruck zu bringen: der kategoriale Aufbau der Wirklichkeit muß an dem Leitfaden nachvollzogen werden, den die ethische Erfahrung der Interaktion bereitstellt, weil darin der innerweltliche Hinweis auf eine Transzendenz angelegt ist, der gegenüber alle anderen Vorkommnisse und Begebenheiten als bloß sekundär, abgeleitet oder verdinglicht erscheinen.[28] Mit diesem Grundgedanken hatte Lévi-

27 Emmanuel Lévinas, *Ethik und Unendliches. Gespräche mit Philippe Nemo*, Wien 1992.

28 Sehr schön und erhellend hat dieses Programm aus seinen jüdischen Quellen die Studie von Susan A. Kandelman rekonstruiert: dies., *Fragments of Redemption. Jewish Thought and Literary Theory in Benjamin, Scholem & Lévinas*,

nas eine theoretische Basis gefunden, auf der er fortan seine religiös motivierte Ethik als eine philosophische Fundamentaldisziplin fortentwickeln konnte.

Die theoretischen Schritte, die nötig waren, um das damit umrissene Programm zu verwirklichen, bilden heute die verschiedenen Schichten, aus denen das philosophische Werk von Lévinas sich zusammensetzt. Dessen Kern muß natürlich in einem phänomenologischen Aufweis der Tatsache bestehen, daß wir in der Begegnung mit anderen Personen genau jene moralische Erfahrung machen, die sich als der innerweltliche Statthalter eines Prinzips der Unendlichkeit interpretieren läßt. Für Lévinas stellt den Anknüpfungspunkt für eine solche Beschreibung die Empfindung dar, die in der visuellen Wahrnehmung eines menschlichen Gesichts angelegt ist: Wird dieser optische Vorgang nur unverstellt genug beschrieben, so soll zum Vorschein kommen, daß darin die Erfahrung einer ethischen Aufforderung zugleich immer schon mitgegeben ist; denn angesichts des »Antlitzes« einer anderen Person können wir gar nicht anders, als uns verpflichtet zu sehen, ihr unmittelbare Hilfe zu leisten und bei der Bewältigung existentieller Probleme beizustehen.[29] Nun läßt Lévinas freilich im unklaren, ob es sich bei einem solchen Antlitz nur um die Gesichter von hilfsbedürftigen Menschen, also von »Armen« und »Fremden«,[30] handeln soll oder um diejenigen aller menschlichen Subjekte; erst an der Antwort auf diese Frage aber würde sich bemessen, in welchem Maße die phänomenologische Behauptung als plausibel gelten muß, daß in dem visuell gegebenen Bedeutungshorizont eines Gesichtes stets auch der kognitive Hinweis auf eine moralische Verpflichtung einbezogen ist. Bleibt das empirische Kernstück der Ethik von Lévinas mithin eher im dunkeln[31], so fällt die Bestimmung der notwendigen Folgen jener Wahrneh-

Bloomington/Indianapolis 1991, Teil a, S. 175 ff.; hilfreich ist auch Stéphane Mosès, »Gerechtigkeit und Gemeinschaft bei Emmanuel Lévinas«, in: M. Brumlik/H. Brunkhorst (Hg.), *Gemeinschaft und Gerechtigkeit*, Frankfurt/M. 1993, S. 364 ff.

29 Emmanuel Lévinas, *Totalität und Unendlichkeit. Versuch über die Exteriorität*, Freiburg/München 1987, bes. S. 277 ff.

30 Vgl. als eine typische Stelle: ebd., S. 361.

31 Dazu tritt an einigen Stellen noch die Unklarheit hinzu, ob der ethische Gehalt der Interaktion primär aus den sprachlichen Strukturen oder den visuellen Komponenten der Begegnung mit dem Anderen hergeleitet wird; vgl. etwa als Gegengewicht zu den Passagen, in denen an die optische Erfahrung angeknüpft wird, die Ausführungen zur ethischen Bedeutung der »Rede«: ebd., S. 278 ff.

mung hingegen um so klarer aus: weil ich angesichts des Antlitzes einer anderen Person gar nicht umhin können soll, als mich ihr gegenüber zur Fürsorge verpflichtet zu fühlen, muß ich mich fortan in meiner individuellen Autonomie in dem Sinn eingeschränkt wissen, daß meine eigenen Interessen eine nur noch untergeordnete Bedeutung besitzen. In dieser Situation einer nichtintendierten Freiheitsberaubung ist angelegt, was Lévinas für eine innerweltliche Erfahrung von Unendlichkeit hält: denn bei meinem Gegenüber handelt es sich stets um eine Person, die in ihrer unvertretbaren Einzelheit so wenig berechenbar ist, daß an mich die Aufforderung einer ins Unendliche weisenden Hilfeleistung ergeht. Insofern ist mit der intersubjektiven Begegnung für Lévinas strukturell die Erfahrung einer moralischen Verantwortung verknüpft, die die unendliche Aufgabe enthält, der Besonderheit der anderen Person durch immerwährende Fürsorge gerecht zu werden; und erst durch die Übernahme einer solchen grenzenlosen Verpflichtung, durch die der Egozentrismus des interessegeleiteten Handelns aufgebrochen wird, reift der einzelne Mensch zur moralischen Person.

In dieser elementaren Schicht der Ethik von Lévinas ist unschwer derjenige Teil der Ausführungen von Derrida wiederzuentdecken, der sich auf die Idee einer Gerechtigkeit gegenüber der Besonderheit jedes einzelnen Subjekts bezogen hat; nicht anders als dort, wenn auch ohne die phänomenologische Verankerung in einer Analyse des Blickkontaktes, wird auch hier als ein zentrales Prinzip der Moral die asymmetrische Verpflichtung angesehen, dem menschlichen Wesen in seiner individuellen Bedürftigkeit unbeschränkt Fürsorge und Hilfeleistung entgegenzubringen. Aber auch Lévinas hat nun den Phänomenbereich des Moralischen nicht in einer einzigen Perspektive aufgehen lassen, sondern ihn auf einer zweiten Ebene seiner Ethik um eine weitere Perspektive ergänzt, die zu jener ersten in einem Verhältnis der dauerhaften Spannung stehen soll; wiederum ist also in seinem Werk eine theoretische Konstruktion bereits vorweggenommen, auf die wir in den jüngsten Schriften von Derrida zuvor schon gestoßen waren. Lévinas führt in das Interaktionsgeschehen, das er bislang in seiner phänomenologischen Analyse beschrieben hat, eine zweite Dimension ein, indem er es um die Rolle eines neutralen Beobachters erweitert: dessen Perspektive bildet die Instanz, an der ich im Normalfall eines Konfliktes zwischen mehreren Fürsorgepflichten entscheiden muß, wie ich mich fairerweise zu verhalten habe.[32] Es ist leicht zu sehen, daß mit dieser Instanz eines verallgemeinerten »Dritten« der moralische Gesichtspunkt gemeint sein soll, der in der auf Kant zurückgreifenden Tradition stets mit dem Titel der »Gerechtigkeit« belegt worden ist: auch hier ist damit die Perspektive gemeint, die wir einnehmen, sobald wir unser Handeln am Maßstab der Universalisierbarkeit von normativen Ansprüchen orientieren. Wie später Derrida, so zögert auch Lévinas nun nicht, den so bestimmten Standpunkt einer unparteilichen Gerechtigkeit mit jener Sphäre im ganzen gleichzusetzen, in der die Grundsätze des modernen Rechts verankert sind: die rechtlichen Normen, soweit sie Bestandteil einer auf Gleichheit gegründeten Rechtsordnung sind, spiegeln auf dem Niveau staatlicher Institutionen die moralische Perspektive wider, die uns dazu anhält, zwischen konfligierenden Fürsorgepflichten einen fairen Ausgleich herzustellen. Durch das System der formalen Rechte wird daher das, was zuvor die unendliche und asymmetrische Verantwortung für das Wohl des Einzelnen war, in eine wechselseitige Pflicht zur Gleichbehandlung herabgestuft. Damit aber entsteht für das einzelne Subjekt, ja sogar für die Rechtsordnung im ganzen, eine Spannung, die alle moralisch relevanten Konflikte durchzieht; denn es findet sich keine übergeordnete Perspektive, die zu entscheiden hilft, an welchem der beiden Prinzipien von Verantwortung wir uns im konkreten Fall jeweils zu orientieren haben: »In Wirklichkeit schließt mich die Gerechtigkeit nicht in das Gleichgewicht ihrer Universalität ein – die Gerechtigkeit nötigt mich, über die gerade Linie der Gerechtigkeit hinauszugehen, und nichts kann danach das Ende dieses Ganges bestimmen; hinter der geraden Linie des Gesetzes erstreckt sich unendlich und unerforscht das Land der Güte, das alle Hilfsmittel einer singulären Präsenz benötigt.«[33]

Die Pointe dieses Gedankenganges besteht natürlich darin, daß Lévinas entsprechend seines Ausgangspunktes zwei unterschiedliche Perspektiven des Moralischen unterscheidet, sie beide aber als Einstellungen der »Gerechtigkeit« bezeichnet, um so die überraschende These formulieren zu können, derzufolge die Gerechtigkeit stets über die Gerechtigkeit selbst hinaustreibt; die moralische Orientierung der Güte, in der es um die grenzenlose Fürsorge für ein einzelnes, unvertretbares Individuum geht, enthält einen

32 Ebd., S. 307 ff. (»Der Andere und die Anderen«).
33 Ebd., S. 360.

Gesichtspunkt, unter dem das Unrecht immer wieder zutage tritt, das jenem Einzelnen zugefügt wird, sobald er in der moralischen Orientierung des Rechts als Gleicher unter Gleichen behandelt wird. Erst von diesem Zwischenergebnis aus gelangt Lévinas im nächsten Schritt zu dem Teil seines philosophischen Werkes, der dem Entwurf einer Sozialontologie gewidmet ist; ihr fällt die Aufgabe zu, die elementaren Tatbestände des sozialen Lebens in der Weise zu entschlüsseln, daß ihre Entstehung als ein Vorgang der gewaltsamen Abstraktion von jener primären Erfahrung deutlich wird, die sich in der intersubjektiven Begegnung mit dem Anderen vollzieht.[34] Auf eine Darstellung der Ideen, die Lévinas in dem damit abgesteckten Bereich seiner Ethik entfaltet, kann hier allerdings verzichtet werden, weil der theoretische Punkt bereits erreicht ist, von dem aus sich unsere Fragestellung weiter verfolgen läßt. Was Lévinas in dem zitierten Gedankengang als eine Spannung zwischen zwei moralischen Orientierungslinien bezeichnet hat, derjenigen des »Gesetzes« und derjenigen der »Güte«, mußte Derrida nämlich nur noch um eine weitere Drehung radikalisieren, um zu seiner eigenen Bestimmung des Phänomenbereiches des Moralischen gelangen zu können: für ihn stellen die beiden Perspektiven der Gleichbehandlung und der Fürsorge zwei unterschiedliche Quellen der moralischen Orientierung dar, zwischen denen die Art von kontinuierlichem Übergang gerade nicht möglich ist, die Lévinas zu unterstellen scheint. Vielmehr stößt die Anwendung des Rechts, jener normativen Sphäre also, in der sich die Idee der Gleichbehandlung verkörpert findet, stets wieder auf konkrete Fälle, in denen eine »gerechte« Lösung nur dann zu erreichen ist, wenn abrupt auf den Gesichtspunkt des individuellen Wohlergehens zurückgegriffen wird; der Perspektivenwechsel, der sich in solchen Situationen vollzieht, besitzt aber insofern etwas Gewaltsames, als er ohne jede Legitimierung in einer übergreifenden Idee des Moralischen vonstatten gehen muß.

Wie wir gleich noch sehen werden, besteht eine Schwäche dieser Theorie darin, daß sie so ausschließlich am Leitfaden der modernen Rechtsverhältnisse entwickelt worden ist; denn hier existieren eine Reihe von rechtlichen Sonderregelungen, die intern für eine weitestgehende Berücksichtigung des Einzelfalls in der Art Sorge tragen, wie Derrida es sich nur durch das äußerliche Hinzutreten

34 Vgl. vor allem ebd., Kap. II, »Innerlichkeit und Ökonomie«.

einer Perspektive der Güte oder der Fürsorge vorstellen kann. Im Augenblick aber bleibt festzuhalten, daß Derrida für die beiden moralischen Gesichtspunkte, die Lévinas in seiner Ethik unterschieden hat, in aufschlußreicher Weise ein Verhältnis des gewaltsamen und unlösbaren, zugleich aber auch produktiven Konfliktes behauptet. Unlösbar ist dieser Konflikt, weil die Idee der Gleichbehandlung zu einer Einschränkung der moralischen Perspektive zwingt, aus der heraus die andere Person in ihrer Besonderheit zum Empfänger meiner Fürsorge werden kann; ihr meine grenzenlose Anteilnahme und Hilfeleistung zu schenken, würde nämlich bedeuten, die moralischen Pflichten tendenziell zu vernachlässigen, die sich aus der wechselseitigen Anerkennung der Menschen als gleichberechtigte Personen ergeben. Und produktiv ist dieser Konflikt, weil der Gesichtspunkt der Fürsorge stets wieder ein moralisches Ideal eröffnet, an dem sich der praktische Versuch einer schrittweisen Verwirklichung der Gleichbehandlung korrektiv zu orientieren vermag; denn nur die Art von Verantwortung, die in der liebevollen Zuwendung zu einzelnen Personen ausgebildet wird, läßt das moralische Sensorium entstehen, mit dem auch das mögliche Leiden aller anderen Menschen wahrgenommen werden kann. Aber mit diesem Gedankengang hat Derrida die Grenzen schon weit überschritten, die heute in der auf Kant zurückgehenden Tradition der Gerechtigkeit gezogen sind; denn hier wird umgekehrt gerade der Versuch unternommen, die beiden unterschiedlichen Moralperspektiven in einem einzigen Orientierungsrahmen zu integrieren.

IV

Auch Habermas hat auf seinem Weg der Ausarbeitung der Diskursethik den Punkt kreuzen müssen, an dem sich die Frage stellt, in welchem Verhältnis die moderne Idee der Gleichbehandlung zum moralischen Grundsatz der Fürsorge steht; mit der Herausbildung der feministischen Moraltheorie war nämlich im Anschluß an die Untersuchungen von Carol Gilligan schnell der Vorwurf entstanden, daß in dem auf Kant zurückgehenden Ansatz der Diskursethik jene moralischen Einstellungen vernachlässigt werden, in denen wir uns ohne Berücksichtigung wechselseitiger Verpflichtungen dem konkreten Anderen zuwenden und ihm aus freien

Stücken Hilfe und Unterstützung entgegenbringen.[35] Vollziehen wir den Aufbau des diskursethischen Programms noch einmal bis zu der Stufe nach, auf der es um den Stellenwert von kommunikativen Tugenden und Fähigkeiten ging, so wird schnell klar, daß dieser Einwand in einem trivialen Sinn berechtigt ist, ohne zunächst allerdings systematische Relevanz zu besitzen: zwar ist jede Person stets nur als ein unverwechselbares Individuum im praktischen Diskurs einbezogen, aber dessen Symmetrievoraussetzungen zwingen dazu, von allen besonderen Bindungen abzusehen und Gesichtspunkte der Fürsorge dementsprechend in den Hintergrund treten zu lassen. Solange der praktische Diskurs als ein Verfahren betrachtet wird, das der konsensuellen Lösung von intersubjektiven Interessenskonflikten dient, ist in einer solchen Einstellung kein Problem zu sehen; denn bei konfligierenden Interessen ist eine gerechte Form der Einigung nur zu erzielen, wenn sich alle beteiligten Personen wechselseitig den gleichen Respekt entgegenbringen, ohne Gefühle der Sympathie und Zuneigung dabei ins Spiel kommen zu lassen. Insofern müssen Einstellungen der asymmetrischen Verantwortung, wie sie der Fürsorge oder der Wohltätigkeit zugrunde liegen, aus der Prozedur eines praktischen Diskurses von Anfang an ausgeschlossen bleiben. Damit ist freilich noch nicht die Frage beantwortet, wie sich die moralische Perspektive der Diskursethik überhaupt zu dem Prinzip verhält, das von der feministischen Ethik heute mit Recht unter dem Stichwort der »Fürsorge« eingeklagt wird; denn es ist ja kaum von der Hand zu weisen, daß sich unsere Vorstellung des Moralischen nicht im Begriff der Gleichbehandlung und der wechselseitigen Verantwortung erschöpft, sondern auch jene Verhaltensweisen miteinbezieht, die in asymmetrischen Akten der Wohltätigkeit, der Hilfsbereitschaft und der Nächstenliebe bestehen. Hier helfen auch die theoretischen Schlußfolgerungen nicht weiter, die Derrida aus seiner Untersuchung über die Anwendungsprobleme des Rechts gezogen hat, weil sie in Gefahr geraten, das Prinzip der Wohltätigkeit am falschen Ort zu plazieren: In einer diskursethischen Betrachtung

35 Vgl. den instruktiven Überblick von Herta Nagl-Docekal, »Jenseits der Geschlechtermoral. Eine Einführung«, in: H. Nagl-Docekal/H. Pauer-Studer (Hg.), *Jenseits der Geschlechtermoral*, Frankfurt/M. 1993, S. 7ff.; eine starke »care«-Ethik vertritt in demselben Band etwa: Nel Noddings, »Warum sollten wir uns ums Sorgen sorgen?«, ebd., S. 135ff. Zur Begründung einer Fürsorgeethik vgl. auch: Annette C. Baier, »Wir brauchen mehr als bloß Gerechtigkeit«, in: *Dtsch. Z. Philos.*, 2/1994, S. 225ff.

des Rechts läßt sich nämlich leicht zeigen, daß es inzwischen innerrechtliche Gesichtspunkte wie etwa die »Billigkeit« gibt, die es bis hin zur Gewährung von Gnade oder Amnestie erlauben, der Besonderheit einer extremen Notlage gerecht zu werden, ohne dabei die leitende Norm der Gleichbehandlung außer Kraft zu setzen.[36] Für die Frage, wie sich die Diskursethik zum Prinzip der »Fürsorge« verhält, stellen also die moralischen Grundlagen des modernen Rechts nicht den geeigneten Ansatzpunkt dar. Andererseits aber behält die These von Derrida, derzufolge sich das Prinzip der Gleichbehandlung mit demjenigen der Wohltätigkeit stets in einer zugleich unlösbaren und produktiven Spannung befindet, auch dann etwas von ihrer Durchschlagskraft, wenn sie sich in bezug auf das Recht als falsch erweist; denn in ihrem Licht tritt zutage, daß der Habermassche Vermittlungsversuch der beiden Moralprinzipien Züge einer vorschnellen und unangemessenen Versöhnung besitzt.

Wenn auch die Diskursethik durch die Herausforderung der feministischen Ethik nicht direkt in Bedrängnis geraten mußte, so war gleichwohl eine Antwort auf die Frage nötig, wie sie sich zum Prinzip der Fürsorge im ganzen verhält. Habermas hat daher in einem Aufsatz, der neueren Arbeiten von Lawrence Kohlberg gilt, einen eigenen Lösungsvorschlag zu entwickeln versucht;[37] seine Argumentation läuft auf die Vorstellung hinaus, daß die kommunikativen Voraussetzungen des Diskurses zwar nicht den Gesichtspunkt der Fürsorge einschließen, aber doch ein benachbartes Prinzip, in dem es ebenfalls um das »Wohl des Nächsten« geht: in jedem praktischen Diskurs ist eine Orientierung an der moralischen Perspektive der »Solidarität« eingebaut, weil sich in ihm die Beteiligten wechselseitig nicht nur als gleichberechtigte Personen, sondern zugleich auch als unvertretbare Einzelne anerkennen müssen. Mit der Fürsorge soll dieses Prinzip, das Habermas als das »Andere« der Gerechtigkeit bezeichnet,[38] den Zug einer bis ins Af-

36 Vgl. dazu besonders Klaus Günther, *Der Sinn für Angemessenheit*, Frankfurt/M. 1988; eine Fortentwicklung stellt dar: ders., »Universalistische Normbegründung und Normanwendung in Recht und Moral«, in: M. Herberger/U. Neumann/H. Rüßmann (Hg.), *Generalisierung und Idealisierung im Rechtsdenken*, Stuttgart 1992 (ARSP-Beiheft 45), S. 36ff. Eine interessante Kritik der Rechtskonzeption von Derrida hat jetzt auch Ludwig Siep vorgelegt: vgl. ders., »Recht und Gewalt«, in: A. Aarnio u. a. (Hg.), *Rechtsnorm und Rechtswirklichkeit. Festschrift für Werner Krawietz zum 60. Geburtstag*, Berlin 1993, S. 99ff.

37 Jürgen Habermas, *Gerechtigkeit und Solidarität*, a. a. O.

38 Ebd., S. 70.

fektive hineinreichenden Anteilnahme am existentiellen Los des anderen Menschen teilen; von ihr unterscheiden soll es sich aber dadurch, daß hier die individuelle Anteilnahme in gleichem Maße allen menschlichen Wesen gilt, also frei von jeder Art der Privilegierung oder Asymmetrie ist. Solidarität ist für Habermas deswegen die andere Seite der Gerechtigkeit, weil in ihr sich alle Subjekte wechselseitig um das Wohl des jeweils anderen bemühen, mit dem sie zugleich als gleichberechtigte Wesen die kommunikative Lebensform des Menschen teilen.

Was an einer solchen generalisierten Form der Anteilnahme freilich im unklaren bleiben muß, sind die besonderen Motive und Erfahrungen, die zu ihrer Herausbildung überhaupt erst führen können sollen. Habermas spricht in diesem Zusammenhang von einem Bewußtsein »der Zugehörigkeit zu einer idealen Kommunikationsgemeinschaft«, das einer »Gewißheit der Verschwisterung in einem gemeinsamen Lebenszusammenhang entspringen würde«.[39] Nun kann sich aber ein derartiges Gefühl der sozialen Zugehörigkeit zu einer gemeinsamen Lebensform überhaupt nur in dem Maße bilden, in dem auch Belastungen, Leiden und Aufgaben als etwas Gemeinsames erfahren werden; und weil sich eine derartige Erfahrung gemeinsamer Belastungen und Nöte wiederum nur unter der Bedingung kollektiver Zielsetzungen entwikkeln kann, die Definition solcher Ziele aber allein im Lichte gemeinsam geteilter Werte möglich ist, bleibt die Entstehung eines Gefühls der sozialen Zugehörigkeit zwangsläufig an die Voraussetzung einer Wertgemeinschaft gebunden. Daher ist Solidarität, verstanden als moralisches Prinzip der wechselseitigen Anteilnahme, nicht ohne jenes Element des Partikularismus zu denken, das noch jeder Entstehung einer sozialen Gemeinschaft anhaftet, insofern sich deren Mitglieder in bestimmten, ethisch definierten Zielsetzungen einig wissen und damit auch die Erfahrung spezifischer Belastungen teilen.[40] Auf einer normativ angelegten Skala läßt sich zwar auch der Fixpunkt einer solidarischen Menschheit denken, aber doch nur unter der extrem idealisierenden Unterstellung, daß alle menschlichen Wesen jenseits ihrer kulturellen Unterschiede ein

39 Ebd., S. 72.

40 Vgl. meine Überlegungen zum Begriff der »Solidarität«: Axel Honneth, *Kampf um Anerkennung. Zur moralischen Grammatik sozialer Konflikte*, Frankfurt/M. 1992, S. 1961 ff.

gemeinsames Ziel besitzen.[41] Im Gegensatz zur universalistischen Idee der Gleichbehandlung wohnt der Vorstellung einer menschheitsübergreifenden Solidarität mithin etwas abstrakt Utopisches inne; um so weniger aber kann sie als ein universalistischer Statthalter jenes moralischen Prinzips gelten, das in Form der einseitigen Fürsorge und Wohltätigkeit schon immer ein transzendierendes Element unserer sozialen Welt gebildet hat.

Was Derrida im Anschluß an Lévinas als fürsorgende Gerechtigkeit gegenüber der unendlichen Besonderheit des einzelnen Menschen bezeichnet hat, besitzt im Unterschied sowohl zur Gleichbehandlung wie auch zur Solidarität den Charakter einer vollkommen einseitigen, nicht-reziproken Zuwendung; die Verpflichtung, die mit ihr einhergeht, wird der Tendenz nach stets so weit gehen, daß auch die eigene Handlungsautonomie in hohem Maße eingeschränkt werden muß.[42] Insofern läßt sich die Übernahme einer solchen Form von Verantwortung nicht allen Menschen in derselben Weise zumuten, wie von ihnen die Achtung vor der Würde eines jeden anderen moralisch zu erwarten ist. Genetisch aber geht die Erfahrung dieses Moralprinzips, weil es unter glücklichen Umständen am Beginn des kindlichen Entwicklungsprozesses steht, der Begegnung mit allen anderen Gesichtspunkten der Moral voraus; ja es mag sein, daß ein Sensorium für das, was Gleichbehandlung in einem unbeschränkten Sinn heißen kann, überhaupt nur dann zu entwickeln ist, wenn an der eigenen Person einmal die Erfahrung einer unbegrenzten Fürsorge, einer Ungerechtigkeit, gemacht worden ist.[43] Zwischen den beiden Moralprinzipien besteht aber nicht nur ein Verhältnis der genetischen Vorrangigkeit, sondern auch eine Beziehung der wechselseitigen Ausschließlichkeit: eine Verpflichtung zur Fürsorge und Wohltätigkeit kann überhaupt nur dort bestehen, wo sich eine Person in einem Zu-

41 Das sehe ich auch als einen Mangel der ansonsten sehr klaren Überlegungen von Lutz Wingert an: ders., *Gemeinsinn und Moral*, Frankfurt/M. 1993, S. 201 ff.

42 Sehr klar hat das Will Kymlicka in seiner Auseinandersetzung mit der feministischen Fürsorgeethik gemacht: ders., *Contemporary Political Philosophy. An Introduction*, Oxford 1990, S. 238 ff., bes. S. 285.

43 In die Richtung einer solchen Annahme zielen die Überlegungen von Justin Oakley, *Morality and the Emotions*, London/New York 1993, Kap. 2, S. 38 ff. Auch die als Motto vorangestellte Äußerung Adornos ist, wenn der Kontext berücksichtigt wird, in diesem Sinn zu verstehen: Th. W. Adorno, »Für Anatole France«, in: ders., *Minima Moralia*. Gesammelte Schriften, Bd. 14, Frankfurt/M. 1986, S. 83 ff. (hier: S. 85).

stand so extremer Bedürftigkeit oder Not befindet, daß der moralische Grundsatz der Gleichbehandlung auf sie nicht mehr in einem ausgewogenen Maße anzuwenden ist; so verdienen menschliche Wesen, die zur Teilnahme an praktischen Diskursen physisch oder psychisch nicht in der Lage sind, zumindest die aufopfernde Fürsorge derjenigen, die ihnen durch emotionale Bindung nahestehen. Aber umgekehrt wird in dem Augenblick, in dem die andere Person als ein gleichberechtigtes Wesen unter allen anderen dadurch anerkannt wird, daß sie in praktische Diskurse einbezogen ist, die einseitige Beziehung der Fürsorge ein Ende nehmen müssen; gegenüber Subjekten, die ihre Überzeugungen und Sichtweisen öffentlich zu artikulieren vermögen, verbietet sich eine Einstellung der Wohltätigkeit.[44]

Aus all dem darf nun in keiner Weise mit Lévinas der Schluß gezogen werden, die Fürsorge oder die Wohltätigkeit nicht nur zum genetischen, sondern auch zum logischen Anfangsgrund aller Prinzipien des Moralischen zu erklären; was wir unter modernen Bedingungen als den moralischen Gesichtspunkt, als den »moral point of view« begreifen, erklärt sich zunächst und vor allem aus dem universalistischen Grundsatz der Gleichbehandlung. Aber mit dem Gesagten muß auch die Konsequenz einhergehen, der Fürsorge im Phänomenbereich des Moralischen wieder den Platz zurückzuerstatten, der ihr in der auf Kant zurückgehenden Tradition der Moralphilosophie allzu häufig versagt geblieben ist: wie die Solidarität insofern einen notwendigen Gegenpol zum Grundsatz der Gerechtigkeit bildet, als sie ihn auf partikularistische Weise mit den affektiven Impulsen der wechselseitigen Anteilnahme ausstattet, so stellt auf der anderen Seite die Fürsorge dessen ebenso notwendigen Gegenpol dar, weil sie ihn um ein Prinzip der einseitigen, vollkommen interesselosen Hilfeleistung ergänzt. In der Entdeckung der unlösbaren, aber produktiven Spannung, die in diesem Bereich des Moralischen angelegt ist, liegt die Leistung der jüngsten Schriften von Derrida; mit ihnen hat am Ende die postmoderne Ethik doch noch einen kleinen, jedoch wichtigen Schritt über den normativen Horizont hinaus unternommen, der mit der Idee der Gleichbehandlung für die Moderne bislang bestimmend war.

44 Diesen Aspekt klammern alle Versuche vorschnell aus, die die Perspektive der Fürsorge mit dem Grundsatz der Gleichbehandlung in einem einzigen Prinzip verschmelzen wollen; vgl. exemplarisch Herta Nagl-Docekal, *Jenseits der Geschlechtermoral. Eine Einführung*, a.a.O., S. 7ff.

Zwischen Aristoteles und Kant
*Skizze einer Moral der Anerkennung**

In den letzten Jahren ist die Einsicht in die Komplexität dessen, was wir Moral oder Moralität nennen, wieder in einem starken Maße angewachsen. Die einfache Alternative zwischen einer kantianischen Position, nach der sich moralische Forderungen aus der unparteilichen Perspektive einer Überprüfung der Verallgemeinerungsfähigkeit unserer Handlungsgrundsätze ergeben, und einer aristotelischen Position, nach der sich moralische Forderungen nur indirekt als Nebenprodukte einer ethischen Erkundung des für uns guten Lebens ergeben, besitzt heute kaum mehr Überzeugungskraft; beide Seiten, so scheint es, können nicht in befriedigender Weise klarmachen, was es für unser alltägliches Handeln heißen soll, sich an Grundsätzen der Moral zu orientieren. Vor allem die auf Kant zurückgehende Tradition ist inzwischen einer Vielzahl von überzeugenden Einwänden ausgesetzt, die gemeinsam darauf bestehen, daß die einseitige Orientierung an einem universalistischen Begründungsverfahren der komplexen Motivationsstruktur des menschlichen Handelns nicht gerecht wird: erstens ist nicht wirklich einzusehen, warum ein solcher Begriff der Moral jemals praktische Relevanz haben soll, wenn doch der individuelle Aktor stets aus einer Reihe von persönlichen Absichten, Gefühlen und Bindungen heraus handelt, denen gegenüber unparteiliche Prinzipien motivational kraftlos sind; zweitens zeigt unser alltägliches Handeln auch, daß wir im allgemeinen mit so vielen verschiedenen Erwartungen, Verbindlichkeiten und Wünschen konfrontiert sind, daß nicht die kohärente Anwendung eines Moralprinzips, sondern die konflikthafte Integration unterschiedlicher moralischer Gesichtspunkte der Regelfall ist; und drittens schließlich ist leicht zu sehen, daß einige unserer persönlichen Bindungen für unser Leben von so zentraler Bedeutung sind, daß ihnen gegenüber die Forderung nach moralischer Unparteilichkeit einen Zug von Absurdität besitzt (Williams 1978; Williams 1988). Aber auch die auf

* Für wertvolle Ratschläge und Einwände, die ich vollständig noch gar nicht habe berücksichtigen können, möchte ich Alessandro Ferrara und Charles Larmore danken; ferner bin ich Hilal Sezgin dankbar, die mir bei der stilistischen Überarbeitung des Manuskripts sehr geholfen hat.

Aristoteles zurückgehende Tradition ist natürlich mit einer Reihe von überzeugenden Einwänden konfrontiert, die es als falsch erscheinen lassen, den moralischen Gesichtspunkt einfachhin als integralen Gesichtspunkt einer Suche nach dem guten Leben zu verstehen: zum einen stellt sich nach dem Wegfall einer metaphysischen Teleologie ganz allgemein die Frage, wie generelle Aussagen über objektiv Erstrebenswertes noch möglich sein sollen, die über die Behauptung einiger weniger, minimaler Voraussetzungen hinausgehen; vor allem aber bleibt bei einer solchen ethischen Orientierung vollkommen unklar, inwiefern überhaupt moralische Verantwortlichkeiten und Pflichten miteinbezogen werden müssen, die doch mit Rücksicht auf oder Respekt für das Wohlbefinden anderer Personen zu tun haben (Tugendhat 1984). Mithin befindet sich die Moraltheorie heute in einer Situation, die in auffälliger Weise derjenigen ähnelt, in der der moralische Aktor im alltäglichen Handeln stets schon verstrickt ist: auf der einen Seite Empfindungen der Schuld oder Reue bei der Vernachlässigung von Pflichten, die sich aus verallgemeinerter Perspektive als moralisch zwingend erweisen, auf der anderen Seite Gefühle der Verzweiflung oder des Aufbegehrens bei der Preisgabe von individuell bedeutsamen Lebenszielen, die mit den moralischen Forderungen einer unparteilichen Vernunft unvereinbar scheinen. Ebenso wie die kantische Position einen Gesichtspunkt zu erhalten scheint, auf den wir bei der Explikation von Moral nicht ganz verzichten können, so scheint auch die aristotelische Position einen Blickwinkel einzunehmen, der für die Erläuterung dessen, was Moral ist, unverzichtbar ist. Die Entdeckung einer Alternative, in der beide Gesichtspunkte auf eine Weise integriert sind, daß wir damit weniger entzweit leben können, halte ich für die zentrale Aufgabe einer Moraltheorie heute.

Ein erster Schritt in die damit angezeigte Richtung muß meines Erachtens in dem Versuch bestehen, den Ort kenntlich zu machen, den die Moral bei der ethischen Erkundung der Voraussetzungen eines guten Lebens erhält; auf diese Weise bleibt von Anfang an jene aristotelische Verklammerung mit einem teleologischen Begriff des Guten bewahrt, die sicherstellen soll, daß zumindest aus verallgemeinerter Sicht den moralischen Einstellungen eine positive Funktion in Hinblick auf unser Wohlergehen zukommt. Freilich macht schon die gewählte Formulierung deutlich, daß eine solche ethische Bestimmung des Moralischen heute nicht mehr die klassische Form einer Explikation des Beitrags moralisch guter Handlungen oder Einstellungen bei der Erreichung des Zieles eines guten Lebens annehmen kann; da wir die verwegene Vorstellung preisgegeben haben, ein für alle Menschen gleichermaßen wertvolles Telos benennen zu können, kann auch die Moral bestenfalls nur noch eine der Voraussetzungen bilden, von denen wir überzeugt sind, daß sie bei der individuellen Erkundung des jeweils für mich Guten unverzichtbar sind. Eine derartig indirekte Funktion des Moralischen wird meines Erachtens nun sichtbar, sobald wir den engen Zusammenhang sehen, in dem moralische Einstellungen und Normen mit Formen der intersubjektiven Anerkennung stehen: denn anhand dieses Zusammenhangs läßt sich klarmachen, daß wir mit Hilfe der Übernahme moralischer Pflichten wechselseitig die intersubjektiven Bedingungen unserer Identitätsbildung sicherstellen. Insofern würde die Moral, zunächst aus der objektivierenden Perspektive einer Analyse der sozialen Lebensbedingungen unserer Gattung betrachtet, dem Schutz der Voraussetzungen eines guten Lebens dienen.

Natürlich ist es nicht möglich, die mit dieser Hypothese verknüpften Fragen in der ersten Skizze eines theoretischen Programms auch nur halbwegs befriedigend zu klären; daher will ich mich im folgenden darauf beschränken, in groben Zügen jeweils die Schritte zu erläutern, deren korrekte Ausarbeitung zusammengenommen eine Moral der Anerkennung vielleicht begründen könnte. Einen sinnvollen Einstieg in das Thema bietet eine kurze Rückerinnerung an die Umstände, unter denen in den letzten Jahren der Begriff der »Anerkennung« überhaupt erst wieder zum Bezugspunkt moralphilosophischer Diskussionen geworden ist; dabei wird sich zeigen, inwiefern heute unter einer Einstellung oder Haltung der »Anerkennung« so unterschiedliche moralische Perspektiven verstanden werden, daß deren interner Zusammenhang auf den ersten Blick gar nicht zu erkennen ist (I). Demgegenüber soll die knappe Vergegenwärtigung des Hegelschen Anerkennungsbegriffs, die ich im zweiten Schritt unternehmen werde, einen ersten Ausweg aus dieser unübersichtlichen Diskussionssituation anzeigen; denn bereits der junge Hegel hat in praktisch-philosophischer Absicht Differenzierungen am Begriff der Anerkennung vorgenommen, die sowohl die Einheit als auch die Unterschiede in den verschiedenen Einstellungen der Anerkennung sichtbar werden lassen (II). In einem dritten Schritt soll dann versucht werden, den systematischen Zusammenhang zwischen Moral und Anerkennung herzustellen, indem die Eigenart moralischer Verletzungen phänomenologisch erschlossen wird (III). Ist der Phänomenbereich des Moralischen auf diese negative Weise schon einmal in ersten Zügen umrissen, so läßt sich in einem nächsten Schritt versuchen, die positive Bedeutung der Anerkennung für die Moral herauszuarbeiten; dabei wird sich zeigen, daß es auch heute noch sinnvoll ist, an die schon von Hegel vorgenommene Dreiteilung anzuknüpfen (IV). Den Abschluß soll schließlich ein kurzer Überblick über die Konsequenzen bilden, die sich aus dem vorgestellten Konzept der Anerkennung für die heute aktuellen Fragen der Moralphilosophie ergeben (V).

I

Zwar hat der Begriff der »Anerkennung« in der ein oder anderen Fassung schon immer eine wesentliche Rolle innerhalb der praktischen Philosophie gespielt: so herrschte in der antiken Ethik die Überzeugung vor, daß nur diejenige Person ein gutes Leben zu führen vermag, deren Handlungsweisen soziale Wertschätzung in der Polis finden können; die schottische Moralphilosophie ließ sich von der Vorstellung leiten, daß die öffentliche Anerkennung oder Mißbilligung den sozialen Mechanismus darstellt, durch den der einzelne zur Erlangung der wünschenswerten Tugenden angehalten wird; und bei Kant schließlich übernimmt der Begriff der »Achtung« sogar in dem Sinn die Funktion eines höchsten Prinzips aller Moral, daß er den Kern des kategorischen Imperativs enthält, jeden anderen Menschen nur als Zweck in sich selber zu behandeln. Aber bei keinem der klassischen Autoren, natürlich mit der großen Ausnahme Hegels, der in dieser Hinsicht zum einsamen Vordenker wurde, ist das Prinzip der Anerkennung als solches zum Grundstein einer Ethik gemacht worden; bei aller indirekten Bedeutung im einzelnen verblieb der Begriff doch immer im Schatten anderer, für fundamentaler angesehenen Bestimmungen.

Die damit gegebene Lage hat sich grundlegend erst gewandelt, nachdem in den letzten zwanzig Jahren eine Reihe von politischen Debatten und sozialen Bewegungen entstanden sind, die aus sich heraus auf eine stärkere Berücksichtigung der Idee der Anerkennung drängen: denn ob in den Diskussionen über Multikulturalismus oder der theoretischen Selbstverständigung des Feminismus, stets erwies sich schnell als ein gemeinsames Leitbild die normative Vorstellung, daß die Individuen oder die sozialen Gruppen in ihrer »Differenz« Anerkennung oder Respekt finden müssen (Taylor 1992). Von hier aus war es nur ein kurzer Schritt zu der verallgemeinerten Einsicht, daß sich die moralische Qualität sozialer Verhältnisse nicht nur an der fairen oder gerechten Verteilung materieller Güter bemessen kann; vielmehr muß unsere Vorstellung von moralisch richtigem Handeln ganz wesentlich auch mit Auffassungen darüber zusammenhängen, wie und als was die Subjekte sich wechselseitig anerkennen. So ergab sich aus den politischen Fragestellungen allmählich der Stoff für eine moralphilosophische Diskussion, deren Ausgangspunkt die Überlegung bildet, daß sich der normative Gehalt der Moral anhand von bestimmten Formen der reziproken Anerkennung erläutern lassen muß: was wir meinen, wenn wir vom »moral point of view« sprechen, bezieht sich primär auf wünschenswerte oder einklagbare Eigenschaften der Beziehungen, die Subjekte miteinander unterhalten.

Allerdings ist mit einem solchen Vorschlag nur erst die Basis für den Versuch gelegt, Prinzipien einer Moraltheorie direkt aus den normativen Implikationen des Begriffs der Anerkennung zu gewinnen; sobald dieser Weg nämlich einmal eröffnet ist, zeigt sich schnell, wie vielzählig die Probleme sein müssen, die mit dem Entwurf eines solchen Ansatzes verknüpft sind. Von der Anstrengung, diese Schwierigkeiten wenigstens systematisch einzukreisen, ist heute die Diskussion um eine Moral der Anerkennung weitgehend bestimmt. Ein erstes Problem, das ein derartiger Ansatz aufwirft, hängt schon mit der Bedeutungsvielfalt der zugrundegelegten Schlüsselkategorie zusammen. Im Unterschied zum Begriff der »Achtung«, der seit Kant moralphilosophisch relativ klare Konturen besitzt, ist der Begriff der »Anerkennung« weder alltagssprachlich noch philosophisch in irgendeiner Weise festgelegt. So wird heute in Zusammenhängen der Begründung einer feministischen Ethik der Begriff vor allem verwendet, um jene Form der liebevollen Zuwendung und Fürsorge zu kennzeichnen, für die das Verhältnis der Mutter zum Kind das empirische Vorbild abgibt (vgl. Hirschmann 1989); im Kontext der Diskursethik hingegen soll mit »Anerkennung« jene Art einer wechselseitigen Respektierung zugleich der Besonderheit und der Gleichheit aller anderen Personen gemeint sein, für die das Diskussionsverhalten von Argumentationsteilnehmern das paradigmatische Beispiel bildet (Habermas 1993, Kap. III.; Wingert 1993); und im Rahmen von Versuchen einer Fortentwicklung des Kommunitarismus schließlich wird die Anerkennungskategorie heute benutzt, um solche Formen einer Wertschätzung von fremden Lebensweisen zu charakterisieren, wie sie sich typischerweise im Horizont gesellschaftlicher Solidarität herausbilden (Taylor 1992).

Aus dieser Vielzahl von Verwendungsweisen ergibt sich als ein zweites Problem, daß sich je nach zugrundegelegter Bedeutung auch der moralische Gehalt des Anerkennungsbegriffs zu verändern scheint: so mag es in Hinblick auf die Anerkennung der moralischen Autonomie aller menschlichen Wesen sinnvoll sein, von universellen Rechten und Pflichten zu sprechen; eine derartige Redeweise wäre hingegen bei den Anerkennungsformen der Fürsorge oder der Wertschätzung kaum angemessen, denn hier scheinen wir Pflichten oder eine besondere Art der Verantwortung doch nur gegenüber solchen Personen zu besitzen, mit denen uns eine spezifische Form von Beziehung verbindet. Insofern liegt die Vermutung nahe, daß die unterschiedlichen Bedeutungsgehalte von »Anerkennung« jeweils mit gesonderten moralischen Perspektiven verknüpft sind. Aus dieser Pluralisierung ergibt sich schließlich die Frage, ob die verschiedenen Gesichtspunkte des Moralischen in dem Sinn auf eine einheitliche Wurzel verweisen, daß sie sich gemeinsam normativ rechtfertigen lassen; damit ist das Problem einer Begründung der moralischen Implikationen berührt, die den unterschiedlichen Formen der Anerkennung jeweils zugrunde liegen. Die Vielzahl an theoretischen Schwierigkeiten, die heute mit dem Entwurf einer Moral der Anerkennung verknüpft sind, läßt sich freilich ein Stück weit reduzieren, wenn wir uns in gebotener Kürze auf die Anerkennungstypologie des jungen Hegel besinnen: denn in dessen frühen Schriften findet sich in expliziter Form der Vorschlag enthalten, drei verschiedene Muster der Anerkennung unter dem Gesichtspunkt zu unterteilen, zu welcher Art von Selbstverhältnis sie einem Individuum jeweils verhelfen können.

II

Als sich Hegel an der Wende zum 19. Jahrhundert an das Projekt begab, die Entwicklungsgeschichte der menschlichen Sittlichkeit mit Hilfe des Begriffs der »Anerkennung« zu rekonstruieren, konnte er dabei bereits auf eine ganze Reihe von philosophischen Entwürfen zurückblicken, in denen benachbarte Begriffe und Konzepte eine prominente Rolle übernommen hatten. Hobbes beispielsweise war unter dem Einfluß von Machiavelli von dem anthropologischen Grundsatz ausgegangen, daß die Menschen vor allem von dem Bedürfnis beherrscht werden, ein stetig wachsendes Maß an »Achtung« und »Ehre« zu erlangen (Hobbes, 1959, 1. Kap.); Rousseau hatte in seiner kritischen Darstellung des Zivilisationsprozesses sogar die These aufgestellt, daß erst mit dem Streben nach sozialer Wertschätzung die Menschen jene ruhige Selbstsicherheit zu verlieren begonnen haben, durch die das friedfertige Leben im Naturzustand gesichert gewesen sein sollte (Rousseau, 1984); und Fichte endlich war in strikter Entgegensetzung zu einem solchen Negativismus in seiner Grundlegung des Naturrechts zu der Überzeugung gekommen, daß die Subjekte nur dann ein Bewußtsein ihrer Freiheit erlangen können, wenn sie sich wechselseitig zum Gebrauch ihrer Autonomie auffordern und dementsprechend als freie Wesen anerkennen (Fichte 1971; dazu Honneth 1998). So heterogen, ja widersprüchlich diese Gedankensplitter auch sein mochten, so konnten sie zusammengenommen beim frühen Hegel doch die Idee reifen lassen, daß das Selbstbewußtsein des Menschen von der Erfahrung sozialer Anerkennung abhängig ist: zwar herrschte in der politischen Anthropologie von Hobbes oder Rousseau insofern eine gewisse Tendenz zum Pessimismus vor, als in dem Streben nach Anerkennung eine Gefährdung der politischen Ordnung oder der persönlichen Authentizität vermutet worden war; aber indirekt ließ sich aus diesen Auffassungen ja schließen, daß die menschlichen Subjekte im Vollzug ihres Lebens auf den Respekt oder die Wertschätzung ihrer Interaktionspartner angewiesen sind.

Für die Zwecke freilich, die Hegel in seinen frühen Schriften verfolgte, konnte die pure Behauptung eines notwendigen Zusammenhangs zwischen Selbstbewußtsein und intersubjektiver Anerkennung nicht ausreichend sein; wenn erklärt werden sollte, wie die Erfahrung der Anerkennung einen Fortschritt in den Verhältnissen der Sittlichkeit zu bewirken vermochte, bedurfte es zusätzlich einer Erklärung des dynamischen Wechselverhältnisses, das zwischen dem intersubjektiven Erwerb von Selbstbewußtsein und der moralischen Entwicklung ganzer Gesellschaften bestehen mußte. Die Antworten, die Hegel auf diese komplexen Fragen im Zuge der Ausarbeitung seiner ersten Systementwürfe gefunden hat (Hegel 1967b; ders. 1967a), machen den Kern seines Modells eines »Kampfes um Anerkennung« aus; es enthält die riskante, aber auch herausfordernde Idee, daß sich der sittliche Fortschritt entlang einer Stufenfolge von drei zunehmend anspruchsvolleren Anerkennungsmustern vollzieht, zwischen denen jeweils ein intersubjektiver Kampf vermittelt, den die Subjekte um die Bestätigung ihrer Identitätsansprüche führen.

Das Besondere an diesem Ansatz besteht zunächst in der weit über Fichte hinausweisenden These, daß drei Formen von wechselseitiger Anerkennung unterschieden werden müssen, sobald einmal die intersubjektiven Voraussetzungen der Entstehung von Selbstbewußtsein durchschaut worden sind; denn der Mechanismus der reziproken Einräumung einer Sphäre individueller Freiheit, den Fichte in seiner Begründung des Naturrechts vor Augen hatte, erklärt zwar tatsächlich die Bildung eines subjektiven Rechtsbewußtseins, damit jedoch ist das positive Selbstverständnis einer freien Person längst nicht in seiner Vollständigkeit erfaßt. Hegel fügt daher der rechtlichen Anerkennung, die ungefähr das beinhalten sollte, was Kant unter moralischer Achtung verstanden hatte, noch zwei weitere Formen der wechselseitigen Anerkennung hinzu, denen jeweils auch besondere Stufen des individuellen Selbstverhältnisses entsprechen mußten: in der Liebe, die Hegel in seinem Frühwerk noch ganz im emphatischen Sinn der Vereinigungsphilosophie Hölderlins begreift, erkennen sich die Subjekte wechselseitig in ihrer einzigartigen Bedürfnisnatur an, so daß sie zu einer affektiven Sicherheit in der Artikulation ihrer Triebansprüche gelangen; und in der staatlichen Sphäre der Sittlichkeit schließlich ist eine Form der Anerkennung angelegt, die es den Subjekten erlauben soll, sich wechselseitig in den Eigenschaften wertzuschätzen, die zur Reproduktion der gesellschaftlichen Ordnung beitragen. Hegel scheint nun in seinen Frühschriften davon überzeugt gewesen zu sein, daß der Übergang zwischen diesen verschiedenen Anerkennungssphären jeweils durch einen Kampf hergestellt wird, den die Subjekte untereinander um die Respektierung ihrer stufenweise wachsenden Selbstauffassungen führen: der Anspruch, in immer neuen Dimensionen der eigenen Person anerkannt zu werden, sorgt gewissermaßen für einen intersubjektiven Konflikt, dessen Auflösung stets nur in der Etablierung einer jeweils weiteren Sphäre der Anerkennung bestehen kann (Honneth 1992, Kap. I.).

Natürlich ist Hegel noch nicht Gesellschaftstheoretiker genug, um sich diesen Prozeß tatsächlich als einen Vorgang der Konstitution moderner Gesellschaften vorstellen zu können. Ganz im Horizont des deutschen Idealismus befangen erblickt er darin vielmehr das Insgesamt an geistigen Leistungen, das die Subjekte miteinander erbringen müssen, um zum Aufbau einer gemeinsamen Welt des »objektiven Geistes« in der Lage zu sein. Immerhin aber ist sein frühes Modell eines Kampfes um Anerkennung so komplex und vielschichtig, daß von ihm bis heute eine Vielzahl von moralphilosophischen und gesellschaftstheoretischen Anregungen ausgehen (Siep 1971; Wildt 1982; Honneth 1992). Zwar hat Hegel bereits in der »Phänomenologie des Geistes« sein ursprüngliches Programm durch ein Konzept ersetzt, in dem die Voraussetzungen des späteren Systems immer stärker zum Tragen kommen; von nun an wird die Konstitution der sozialen Wirklichkeit nicht mehr über einen intersubjektiven Prozeß der Konfliktbildung erklärt, sondern als Resultat der dialektischen Selbstaufstufung des Geistes begriffen. Aber in der »Rechtsphilosophie« nimmt Hegel eine Differenzierung zwischen der Familie, der bürgerlichen Gesellschaft und dem Staat vor, die noch einmal die frühe Unterscheidung von drei Formen der Anerkennung widerspiegelt; und es ist diese Dreiteilung, die es heute erlaubt, auch das reife System Hegels im Sinne einer praktischen Philosophie fortzuentwickeln (Hardimon 1995).

III

Wenn heute im Abstand von beinah zweihundert Jahren an den Begriff der »Anerkennung« angeknüpft wird, um eine Konzeption der Moral einzuführen, so stellt den Ausgangspunkt zumeist eine phänomenologische Analyse von moralischen Verletzungen dar (Honneth 1992; Wingert 1993, II, 1; Tugendhat 1993, S. 304 f.; für den Begriff des »Respekts« vgl. auch: Margalit 1996). Eine zentrale

Rolle bei dieser negativistischen Vorgehensweise spielt der Gedanke, daß die als »Unrecht« erlebten Tatbestände einen geeigneten Schlüssel angeben, um den internen Zusammenhang zwischen Moral und Anerkennung zunächst erst einmal vorgriffshaft zu erläutern. Anhand der Kriterien, mit denen die Betroffenen selber zwischen einem moralischen Vergehen und bloßem Unglück oder Zwang unterscheiden, läßt sich nämlich unschwer zeigen, daß im ersten Fall stets die Komponente der vorenthaltenen oder verweigerten Anerkennung gegeben sein muß, während im zweiten Fall eine solche Bezugnahme natürlich wegfällt. So wird eine physische Verletzung dann zu einem moralischen Unrecht, wenn der Betroffene darin eine Handlung zu erblicken hat, die ihn intentional in einem wesentlichen Aspekt seines Wohlseins mißachtet; nicht schon der körperliche Schmerz als solcher, sondern erst das begleitende Bewußtsein, im eigenen Selbstverständnis nicht anerkannt zu werden, macht hier die Bedingung der moralischen Verletzung aus. Nicht anders verhält es sich im Falle des Betruges, der erst dadurch die spezifische Qualität eines moralischen Unrechts erhält, daß durch ihn eine Person in einer zentralen Hinsicht ihres Selbstverhältnisses nicht ernst genommen wird: ebenso wie auch bei der symbolischen Kränkung oder der Demütigung ist es hier also die Mißachtung der persönlichen Integrität, die aus einer Handlung oder Äußerung den Tatbestand einer moralischen Verletzung macht.

Werden aus solchen Beispielsfällen in verallgemeinernder Absicht die Konsequenzen gezogen, so treten die Prämissen hervor, die zusammengenommen den konstitutiven Zusammenhang zwischen moralischer Verletzung und vorenthaltener Anerkennung deutlich machen:

a) Nur solche Lebewesen sind moralisch überhaupt verletzbar, die sich in dem Sinn reflexiv auf ihr eigenes Leben beziehen, daß es ihnen voluntativ um ihr eigenes Wohlsein geht; denn ohne die Bezugnahme auf qualitative Maßstäbe des eigenen Lebens ist gar nicht erklärbar, was an einer Person eigentlich beschädigt oder beeinträchtigt wird, wenn wir statt von bloßem Schaden, Unglück oder Zwang von moralischen Verletzungen reden.

b) Ist mit diesem Verweis auf das praktische Selbstverhältnis das Was der moralischen Verletzung erklärt, so freilich noch nicht die Bedingung ihrer Möglichkeit. Daß menschliche Subjekte in ihrem Sichzusichverhalten überhaupt verletzbar sind, ergibt sich aus dem

Umstand, daß sie zum Aufbau und zur Bewahrung einer positiven Selbstbeziehung nur mit Hilfe der zustimmenden oder bejahenden Reaktionen anderer Subjekte in der Lage sind; ohne die Bezugnahme auf diese intersubjektiven Voraussetzungen ist gar nicht erklärbar, warum einer Person überhaupt geschadet wird, wenn durch bestimmte Handlungen, Äußerungen oder Umstände ein spezifischer Aspekt ihres Selbstverständnisses zerstört wird.

c) Wenn die Eigenart moralischer Verletzungen darin besteht, daß durch sie eine Person in Aspekten ihrer positiven Selbstbeziehung mißachtet wird, auf deren intersubjektive Bestätigung sie gleichzeitig elementar angewiesen ist, so erhellt das auch den Zusammenhang mit einem psychologischen Tatbestand: mit der Erfahrung eines moralischen Unrechts muß insofern stets auch eine psychische Erschütterung einhergehen, als das betroffene Subjekt in einer Erwartung enttäuscht wird, deren Erfüllung zu den Bedingungen der eigenen Identität gehört. Jede moralische Verletzung stellt daher, weil sie eine wesentliche Voraussetzung der individuellen Handlungsfähigkeit zerstört, einen Akt der persönlichen Beschädigung dar.

Ist mit diesen Prämissen in groben Zügen geklärt, inwiefern die Eigenart moralischer Verletzungen im Entzug oder in der Verweigerung von Anerkennung besteht, so erlaubt der eingeschlagene Weg eines negativen Explikationsverfahrens nun aber auch noch einen weiteren Schritt in der Argumentation. Auf der Basis des dargelegten Zusammenhangs läßt sich nämlich der Versuch unternehmen, verschiedene Formen des Unrechts so voneinander zu unterscheiden, daß sich daraus bereits ein erster Gesichtspunkt für die Gliederung des moralischen Phänomenbereichs im ganzen ergibt. Freilich ist zu diesem Zweck eine Vorentscheidung darüber nötig, welche Aspekte es sein sollen, in Hinblick auf die eine solche Differenzierung vorzunehmen ist. Unter den verschiedenen Alternativen, die sich hier anbieten, scheint diejenige am geeignetsten zu sein, die die Unterscheidungskriterien in größter Nähe zu den individuellen Erfahrungen beläßt; denn damit ist von Anfang an gesichert, daß die kategoriale Erschließung der moralischen Sphäre aus dem Blickwinkel der betroffenen Subjekte erfolgt. Ein Kriterium, das diesen Anspruch erfüllt, ergibt sich aus Überlegungen, die an den Stufen des individuellen Selbstverhältnisses ansetzen: moralische Verletzungen werden als um so schwerwiegender empfunden, je elementarer die Art der Selbstbeziehung ist, die sie jeweils beeinträchtigen oder zerstören. Wenn die damit hergestellte Verknüpfung plausibel ist, dann läßt sich eine erfahrungsnahe Typologie entwerfen, die das Spektrum der moralischen Verletzungen unter dem Gesichtspunkt der jeweils betroffenen Stufe des Selbstverhältnisses untergliedert: jeder Schicht in der praktischen Beziehung auf sich selbst entspricht dann ein gesonderter Typ des Unrechts, der wiederum mit einem spezifischen Grad der psychischen Beschädigung korrespondiert.

Nun zeigen diese wenigen Überlegungen schon, daß auch der Versuch einer solchen negativen Explikation nicht ohne Vorgriffe auf diejenigen Strukturen auskommt, die dem ins Auge gefaßten Objektbereich präsumptiv zugrunde liegen müssen. Im Falle des hier unternommenen Versuchs bedarf es offensichtlich eines Vorwissens um jene Stufen oder Schichten, die das praktische Verhältnis zu sich selber umfaßt; denn ohne Kenntnisse solcher Art läßt sich gar nicht angeben, welche und wie viele Aspekte der Selbstbeziehung sinnvoll zu unterscheiden sind, um daran die Unterscheidung von Formen der moralischen Verletzung festzumachen. Die Disziplinen, von denen in dieser Hinsicht am ehesten Aufklärung zu erwarten ist, stellen im Bereich der Philosophie die unterschiedlichen Ansätze einer Theorie der Person dar, im psychologischen Bereich hingegen die diversen Beiträge zur frühkindlichen Entwicklung. Es liegt daher nahe, die dort entwickelten Überlegungen heranzuziehen, um Anhaltspunkte für eine Differenzierung von Aspekten der Selbstbeziehung zu gewinnen.

In einer gewiß gewagten Zusammenfassung der entsprechenden Forschungsliteratur läßt sich nun behaupten, daß zwischen diesen Forschungsrichtungen heute eine gewisse Übereinstimmung dahingehend besteht, drei Schichten der praktischen Selbstbeziehung voneinander zu unterscheiden; dabei ist mit »Selbstbeziehung« stets das Bewußtsein oder das Gefühl gemeint, das eine Person von sich selber in Hinblick darauf besitzt, welche Fähigkeiten und Rechte ihr zukommen (vgl. die vergleichbaren Vorschläge bei Habermas 1992; Tugendhat 1979). Unbestritten ist nun eine erste, zumindest genetisch vorrangige Stufe, auf der die Subjekte sich in der Weise auf sich selber beziehen, daß sie ihre physischen Bedürfnisse und Wünsche als artikulationsfähigen Teil der eigenen Person begreifen; mit einem Begriff, den E. H. Erikson für die Psychoanalyse fruchtbar gemacht hat, läßt sich diese Art von elementarer Sicherheit über den Wert der eigenen Bedürftigkeit »Selbstvertrauen« nennen (Erikson 1980). Mit nur geringen Differenzen in Detailfragen wird heute ferner davon ausgegangen, daß eine zweite Form der praktischen Selbstbeziehung in dem Bewußtsein besteht, ein moralisch zurechnungsfähiges Subjekt zu sein; unter Rückgriff auf die kantische Tradition läßt sich eine solche Art von Sicherheit über den Wert der eigenen Urteilsbildung »Selbstachtung« oder »Selbstrespekt« nennen (Dillon 1995). Schließlich herrscht Einigkeit auch über eine dritte Form der Selbstbeziehung, die in dem Bewußtsein zum Tragen kommt, gute oder wertvolle Fähigkeiten zu besitzen; für diese Art von Sicherheit über den Wert der eigenen Fähigkeiten bietet sich naheliegenderweise der Begriff des »Selbstwertgefühls« an (Tugendhat 1993, S. 57f.).

Wenn diese Formen der Selbstbeziehung nun in dem Sinn als Stufen begriffen werden, daß sie unter normalen Bedingungen eine Abfolge von notwendigen Voraussetzungen bilden, dann lassen sich ihnen jeweils Typen der moralischen Verletzung zuordnen, die mit Graden der psychischen Beschädigung korrespondieren. Dabei ist leicht zu sehen, daß jede der so gewonnenen Klassen von Unrecht ihre Eigenart jeweils dem Wert verdankt, in Hinblick auf die ein Subjekt mißachtet oder nicht anerkannt wird:

a) Als elementar müssen nach dem bislang Gesagten diejenigen moralischen Verletzungen gelten, die einer Person die Sicherheit rauben, über ihr physisches Wohlergehen verfügen zu können; was nämlich durch Akte solcher Art zerstört wird, ist das Vertrauen in den Wert, den die eigene Bedürftigkeit in den Augen aller anderen genießt. Neben dem Grenzfall des Mordes, der bereits die Bedingung allen physischen Wohlergehens mißachtet, stellen typische Fälle dieser Klasse die physische Mißhandlung, die Folter und die Vergewaltigung dar.

b) Unzählig sind natürlich die Fälle von moralischen Verletzungen, deren Eigenart darin besteht, die moralische Zurechnungsfähigkeit von Personen zu mißachten. Was durch solche Akte in Mitleidenschaft gezogen oder gar zerstört wird, ist die Selbstachtung, die wir dadurch erlangen, daß wir den Wert unserer Urteilsbildung von anderen Personen anerkannt sehen. Das Spektrum der typischen Beispiele reicht hier von den individuellen Fällen der Täuschung und des Betrugs bis hin zum Fall der rechtlichen Benachteiligung ganzer Gruppen.

c) Schließlich stellen eine dritte Klasse von moralischen Verletzungen jene Fälle dar, in denen einer oder mehreren Personen durch Demütigung und Respektlosigkeit demonstriert werden soll, daß ihre Fähigkeiten keine Anerkennung genießen; was durch solche Akte beschädigt wird, ist das Gefühl, innerhalb einer konkreten Gemeinschaft von sozialer Bedeutung zu sein. Hier reicht das Kontinuum der typischen Beispiele von dem harmlosen Fall des Nicht-Grüßens (Tugendhat 1993, S. 305) bis zum massiven Fall der Stigmatisierung.

Von diesen vorläufigen Unterscheidungen aus gäbe es eine Reihe von Möglichkeiten, das Feld der moralischen Verletzungen in sich weiter zu differenzieren und aufzuhellen; neben der bedeutsamen Frage, welche Inklusionsbeziehungen zwischen den verschiedenen Klassen bestehen (Wingert 1993, S. 167f.), wäre es vor allem von Interesse, in jedem einzelnen Fall den Stellenwert der vorenthaltenen Anerkennung näher zu untersuchen. Die bislang vorgestellten Überlegungen hatten jedoch nur die Funktion, auf negativem Weg einen ersten Hinweis auf die interne Verknüpfung von Moral und Anerkennung zu erbringen: wenn es stimmt, daß moralische Verletzungen ihren Kern in der Verweigerung von Anerkennung besitzen, dann legt das in umgekehrter Richtung nun die Vermutung nahe, daß moralische Einstellungen mit der Ausübung von Anerkennung zusammenhängen. Aus dieser engen Verknüpfung ließe sich darüber hinaus aber noch der zusätzliche Schluß ziehen, daß den verschiedenen Typen der moralischen Verletzung in positiver Hinsicht ebenso viele Formen der Anerkennung korrespondieren müssen.

IV

Das negative Explikationsverfahren, das bislang angewendet wurde, hat zu einer Reihe von Bestimmungen geführt, die vorläufig nur einen moralpsychologischen oder anthropologischen Charakter besitzen. Wie in gewisser Weise schon bei Hegel, so besteht der erste Schritt in der Entfaltung einer Anerkennungsmoral nämlich in dem grundsätzlichen Nachweis, daß sich die Möglichkeit moralischer Verletzungen aus der Intersubjektivität der menschlichen Lebensform ergibt: menschliche Wesen sind deswegen in jener spezifischen Weise verletzbar, die wir »moralisch« nennen, weil sie ihre Identität dem Aufbau einer praktischen Selbstbeziehung verdanken, die vom ersten Augenblick an auf die Mithilfe und Bejahung von seiten anderer Menschen angewiesen ist (Habermas 1983, S. 53-67). Soll aus dieser anthropologischen Prämisse nun die Konsequenz eines positiven Begriffs der Moral gezogen werden, so bietet es sich an, ihn auf den Zweck des Schutzes vor den genannten Gefährdungen festzulegen: mit dem »moralischen Standpunkt« wäre dann das Geflecht derjenigen Einstellungen gemeint, die wir einnehmen müssen, um menschliche Lebewesen vor Verletzungen zu schützen, die aus den kommunikativen Voraussetzungen ihrer Selbstbeziehung erwachsen. Aller negativen Bestimmungen entkleidet lautet die entsprechende Formulierung dann, daß die Moral den Inbegriff der Einstellungen darstellt, die wir wechselseitig einzunehmen verpflichtet sind, um gemeinsam die Bedingungen unserer persönlichen Identität zu sichern.

Mit dieser Begriffsbestimmung wird zunächst einem aristotelischen Bedenken insofern Rechnung getragen, als unsere Vorstellung von Moral einen teleologischen Charakter erhält. Die verschiedenen Einstellungen, die zusammengenommen den moralischen Standpunkt ausmachen sollen, werden nämlich mit Bezug auf einen Zustand eingeführt, der aus objektivierender Sicht als wünschenswert gilt, weil er indirekt dem menschlichen Wohlergehen dient; insofern ist es im ersten Schritt, entgegen der kantischen Forderung der Abstraktion von aller »Glückseligkeit«, eine wenn auch minimale, so doch klarerweise ethische Auffassung des Guten, woran sich Sinn und Umfang des moralisch Richtigen bemessen (vergleichbar hier: Seel 1995, S. 191 ff.). Die Gefahren des Konsequentialismus oder Utilitarismus, die mit einer solchen Entgrenzung von Moral und Ethik einhergehen, lassen sich nun aber wieder eindämmen, indem im zweiten Schritt erneut ein Stück weit auf die kantische Position zugegangen wird. Dabei ist der Grundgedanke der, daß es sinnvoll ist, zwischen der objektiven Funktion moralischer Einstellungen im ganzen und ihrer praktischen Rechtfertigung im einzelnen zu unterscheiden: zwar ergibt sich ein gemeinsames Verständnis der Moral für uns nur aus der radikal externen Perspektive, aus der heraus wir sie als kollektive Vorrichtung der Sicherung unserer persönlichen Integrität zu begreifen lernen; aber die Rechtfertigung von moralischen Rechten und Pflichten im alltäglichen Handeln erfolgt mit Hilfe von allgemeinen, universalisierungsfähigen »Gründen«, die sich auf die Ansprüche oder das Wohlergehen anderer Personen beziehen. Was wir nämlich für »gute« Gründe halten, wenn wir zum Zweck der Lösung eines moralischen Konflikts mit uns selber oder anderen argumentieren, bemißt sich jeweils an der Art der Beziehung, die wir mit den betroffenen Personen unterhalten; und über den »kognitiven« Spielraum, den uns diese verschiedenen Arten von Beziehungen bei der rationalen Abwägung bieten, klärt uns gewissermaßen stets der Wechsel zu jener objektivierenden Perspektive auf, aus der heraus die »ethische« Funktion der jeweiligen Anerkennungsbeziehung in den Blick tritt.

Insofern ergeben sich die moralischen Hinsichten, die uns die Ansprüche von Personen als gerechtfertigt oder ungerechtfertigt wahrnehmen lassen, zunächst tatsächlich aus der anthropologischen Funktionsbestimmung der Moral; diese umreißt gewissermaßen »extern« die verschiedenen Hinsichten, im Hinblick auf die wir »intern« normative Gründe mobilisieren können, um unser Verhalten gegenüber anderen Personen vor uns selber oder unseren Interaktionspartnern zu rechtfertigen. Insofern gibt die Vorstellung, daß die Einnahme der moralischen Perspektive dem Schutz vor moralischen Verletzungen dient, bereits einen Hinweis auf die Eigenart und Anzahl der entsprechenden Einstellungen: weil mit ihnen die intersubjektiven Bedingungen gesichert werden sollen, unter denen menschliche Subjekte ihre Integrität bewahren können, müssen sie in ebenso vielen Formen der Anerkennung bestehen, wie es Typen der moralisch verletzenden Mißachtung gibt. Daß die moralischen Einstellungen dabei selber den Charakter von Anerkennungsformen anzunehmen haben, hängt mit der Eigenschaft der Bedingungen zusammen, die durch sie gewissermaßen hergestellt werden sollen: menschliche Subjekte gelangen nämlich zu einer intakten Selbstbeziehung nur dadurch, daß sie sich im Wert bestimmter Fähigkeiten und Rechte bestätigt oder anerkannt sehen. Und daß die Anzahl dieser Anerkennungsweisen derjenigen entsprechen soll, die sich zuvor an den Formen der moralischen Verletzungen hat unterscheiden lassen, ergibt sich aus dem gemeinsamen Bezug auf die Integritätserfordernisse menschlicher Subjekte: es sind dieselben Stufen des praktischen Selbstverhältnisses, die durch Praktiken der Mißachtung verletzt werden können, während sie durch entsprechende Formen der Anerkennung gerade konstituiert werden sollen. Wenn aus diesem Gedankengang die Konsequenzen gezogen werden, dann zeigt sich, daß der moralische Standpunkt nicht nur eine, sondern drei voneinander unabhängige Weisen der Anerkennung umfassen muß:

a) In bezug auf die erste Stufe eines praktischen Selbstverhältnisses wird der einzelne als ein Individuum anerkannt, dessen Bedürfnisse und Wünsche für eine andere Person von einzigartigem Wert sind; für diese Art von Anerkennung, die den Charakter affektiver Zuwendung besitzt, finden sich in der moralphilosophischen Tradition Begriffe wie »Fürsorge« oder »Liebe« – damit ist eine konditionale, weil emotionsgebundene Sorge um das Wohlergehen des anderen um seiner oder ihrer selbst willen gemeint.

b) In bezug auf die zweite Stufe seines praktischen Selbstverhältnisses wird der einzelne als eine Person anerkannt, der dieselbe moralische Zurechnungsfähigkeit wie allen anderen Menschen zukommt; für diese Art von Anerkennung, die den Charakter einer universellen Gleichbehandlung besitzt, hat sich im Rückgriff auf die kantische Tradition inzwischen der Begriff des »moralischen Respekts« eingebürgert – damit ist die kategorische Pflicht zur Anerkennung der Zurechnungsfähigkeit aller anderen gemeint.

c) In bezug auf die dritte Stufe seines praktischen Selbstverhältnisses wird der einzelne schließlich als eine Person anerkannt, deren Fähigkeiten von konstitutivem Wert für eine konkrete Gemeinschaft sind; für diese Art von Anerkennung, die den Charakter einer besonderen Wertschätzung besitzt, fehlen in der philosophischen Tradition die entsprechenden Moralbegriffe, aber es mag durchaus sinnvoll sein, hier auf Kategorien wie »Solidarität« oder »Loyalität« zurückzugreifen – damit ist hier die konditionale, weil wertgebundene Sorge um das Wohlergehen des anderen um unserer gemeinsamen Ziele willen gemeint.

Mit diesen drei Anerkennungsformen sind die moralischen Einstellungen benannt, die zusammengenommen den Standpunkt bilden, dessen Einnahme die Bedingungen unserer persönlichen Integrität sicherstellt. Nun machen aber schon die Asymmetrien, die zwischen den einzelnen Formen in Hinblick auf den Umfang der Anerkennungsbeziehung herrschen, auf eine weitere Schwierigkeit aufmerksam: was an moralischen Leistungen hier jeweils verlangt oder erwartet wird, bezieht sich auf einen Kreis von Subjekten, dessen Größe mit der Art der Anerkennung variiert. So macht schon die »Konditionalität« der ersten Einstellung klar, daß moralische Leistungen der Fürsorge nur in solchen Fällen den Subjekten zuzumuten sind, in denen wechselseitige Bindungen auf affektiver Basis bestehen; der moralische Respekt hingegen bezeichnet eine Form der Anerkennung, die von allen Subjekten gleichermaßen erwartet werden kann; im Fall der Wertschätzung schließlich scheint es so zu sein, daß ihr moralische Leistungen entsprechen, die nur im Rahmen konkreter Gemeinschaften einen verpflichtenden Charakter besitzen. Aus dieser Relativierung ergibt sich allerdings die paradoxe Konsequenz, daß der moralische Standpunkt eine Perspektive beschreibt, die die Subjekte je nach Art der intersubjektiven Beziehung zu unterschiedlichen Einstellungen oder Leistungen verpflichtet. Wie das damit angedeutete Ergebnis genauer zu verstehen ist, zeigt sich freilich erst, wenn nun am Ende der moralische Gehalt der einzelnen Anerkennungsformen selber kurz betrachtet wird.

V

Die moralischen Rechte und Pflichten, die den drei umrissenen Anerkennungsformen jeweils korrespondieren, ergeben sich aus der spezifischen Struktur des Selbstverhältnisses, das durch sie gewissermaßen erst hergestellt oder bekräftigt werden soll: denn jemanden in einer bestimmten Dimension seiner persönlichen Integrität anzuerkennen kann nichts anderes heißen, als genau diejenigen Handlungen zu vollziehen, Verantwortlichkeiten zu übernehmen oder Einstellungen einzunehmen, die ihn zu dem entsprechenden Verständnis seiner eigenen Person gelangen lassen. Dabei soll unter »Pflichten« hier tentativ zunächst nur das an innerlich verspürter Forderung verstanden werden, was uns als vernachlässigter Teil der eigenen Persönlichkeit dann zu Bewußtsein kommt, wenn eine bereits eingespielte oder neu zu etablierende Sozialbeziehung in eine Krise gerät; welche konkreten Pflichten es dann im einzelnen sind, die ich in meinem Interaktionsverhalten vernachlässigt habe, ergibt sich freilich erst als ein Resultat jener moralischen Deliberation, in der ich »gute« Gründe mit Blick auf eine Lösung der Krise abwäge. Es ist diese interne Verknüpfung mit bestimmten Pflichten oder Ansprüchen, die es überhaupt erst erlaubt, von einer »Moral« der Anerkennung zu sprechen: die Anerkennungsbeziehungen, die wir bislang unter dem funktionalen Gesichtspunkt der Konstitution von praktischen Selbstverhältnissen betrachtet haben, sind von Haus aus so beschaffen, daß sie moralische Leistungen enthalten.

Von hier aus ist nun zu überblicken, worin die Verpflichtungen jeweils bestehen müssen, die die moralische Seite der einzelnen Anerkennungsbeziehung repräsentieren. Wo es sich um jene Form der Anerkennung handelt, durch die der Wert der individuellen Bedürfnisnatur bestätigt wird, bestehen Pflichten der emotionalen Fürsorge, die sich in symmetrischer oder asymmetrischer Weise auf alle Partner einer solchen Primärbeziehung erstrecken; der typische Fall einer asymmetrischen Verpflichtung ist hier die Beziehung von Eltern zu ihren Kindern, den typischen Fall einer reziproken Verpflichtung stellt das Verhältnis der Freundschaft dar. Handelt es sich hingegen um jene Form der Anerkennung, durch die die moralische Autonomie des einzelnen bekräftigt wird, so bestehen reziproke Verpflichtungen zur universellen Gleichbehandlung; alle Subjekte besitzen wechselseitig die Pflicht, sich als Personen zu respektieren und zu behandeln, denen dieselbe moralische Zurechnungsfähigkeit zukommt. Und wo es sich schließlich um jene Form der Anerkennung handelt, durch die der Wert von individuellen Fähigkeiten bekräftigt wird, bestehen reziproke Pflichten zur solidarischen Anteilnahme, die sich auf alle Mitglieder der entsprechenden Wertgemeinschaft erstrecken; zu denken ist hier an jene Art der besonderen Rücksichtnahme, die wir uns wechselseitig schuldig sind, soweit wir gemeinsam an der Realisierung eines Projektes partizipieren.

Wie sich in dieser knappen Zusammenfassung bereits abzuzeichnen beginnt, stellt die Konsequenz der hier entwickelten Moraltheorie eine Vorstellung dar, die in einem entscheidenden Punkt von allen herkömmlichen Auffassungen abweicht: zwischen den drei Weisen der Anerkennung, die zusammengenommen den moralischen Standpunkt ausmachen sollen, kann kein harmonisches Verhältnis bestehen, sondern muß ein Verhältnis der steten Spannung existieren. Zwar bezeichnen nach dem bisher Gesagten die drei Anerkennungsmuster jeweils moralische Einstellungen, die insofern nicht miteinander in Konflikt geraten können, als sie einen verpflichtenden Charakter nur im Rahmen je gesonderter Formen der sozialen Beziehung besitzen. Aber welche der verschiedenen Anerkennungsbeziehungen jeweils vorzuziehen ist, wenn in ein und demselben Augenblick meine unterschiedlichen Sozialbeziehungen mich mit konfligierenden Ansprüchen konfrontieren, läßt sich aus der Perspektive der hier entwickelten Moralkonzeption in keiner Weise vorentscheiden: der moralische

Standpunkt umfaßt drei moralische Einstellungen, zwischen denen nicht noch einmal von einem übergeordneten Blickpunkt aus eine Rangordnung festgelegt ist. Insofern durchzieht den gesamten Bereich des Moralischen eine Spannung, die jeweils nur in individueller Deliberation gelöst werden kann: wir sind in konkreten Situationen zu den Anerkennungsleistungen verpflichtet, die sich aus der Art unserer sozialen Beziehungen ergeben, müssen aber im Konfliktfall nach anderen Gesichtspunkten entscheiden, welcher unserer Bindungen wir einen Vorrang einräumen. Dabei ergibt sich freilich aus dem universalistischen Charakter, den die Anerkennungsform des Respekts besitzt, eine normative Beschränkung, die solchen Entscheidungen auferlegt ist; weil wir alle menschliche Wesen als Personen anerkennen müssen, die das gleiche Recht auf Autonomie genießen, dürfen wir uns aus moralischen Gründen nicht für soziale Beziehungen entscheiden, deren Vollzug eine Verletzung jener Ansprüche verlangen würde.

Dieser letzte Hinweis gibt zu erkennen, daß auch eine Moral der Anerkennung in zwei Hinsichten den Intuitionen folgt, die in der kantischen Tradition der Moralphilosophie seit jeher vorgeherrscht haben: im Falle eines moralischen Konflikts kommt erstens den Ansprüchen, die alle Subjekte gleichermaßen auf den Respekt ihrer individuellen Autonomie besitzen, ein absoluter Vorrang zu. Zweitens aber kann eine Moraltheorie im Fall eines solchen Konflikts auch nur die Hinsichten beschreiben, die es in einer rationalen Prozedur der moralischen Deliberation zu berücksichtigen gilt – insofern ist auch eine von Aristoteles in vielem belehrte Moraltheorie im Kern prozeduralistisch. Aber in der Beschreibung dessen, was die zu berücksichtigenden Hinsichten eines solchen Konfliktes ausmacht, unterscheidet sich die hier entwickelte Konzeption doch erheblich von allen kantischen Prämissen: nicht Pflicht und Neigungen stehen sich normalerweise gegenüber, sondern verschiedene Verpflichtungen, die deswegen unterschiedslos einen moralischen Charakter besitzen, weil sie jeweils eine andere Anerkennungsbeziehung zum Ausdruck bringen. Mit dieser Einsicht gelangt in einer Moral der Anerkennung zu Bewußtsein, daß neben der kantischen Konzeption auch die Tradition der Fürsorgeethik wie die kommunitaristischen Ansätze einen legitimen Platz beanspruchen dürfen: in allen drei Traditionen wird jeweils eine der moralischen Einstellungen artikuliert, die den drei Anerkennungsformen entsprechen, mit denen wir zusammengenommen unsere persönliche Integrität als menschliche Wesen schützen.

Literatur

Dillon, Robin S. (Hg.): *Dignity, Character and Self-Respect*, New York/London 1995.

Erikson, Erik H.: *Identity and Lifecycle*, New York, 1980.

Fletcher, George P.: *Loyality*, New York/Oxford, 1993.

Fichte, Johann Gottlieb: »Grundlage des Naturrechts nach Principien der Wissenschaftslehre«, in: *Fichtes Werke III, Zur Rechts- und Sittenlehre I*, hrsg. von Immanuel Hermann Fichte, Berlin 1971.

Habermas, Jürgen: »Diskursethik – Notizen zu einem Begründungsprogramm«, in: ders., *Moralbewußtsein und kommunikatives Handeln*, Frankfurt/M. 1983, S. 53ff., 1983.

ders.: »Individuierung durch Vergesellschaftung. Zu G. H. Meads Theorie der Subjektivität«, in: ders.: *Nachmetaphysisches Denken*, Frankfurt/M. 1988, S. 187ff.

ders.: *Faktizität und Geltung*, Frankfurt/M., 1992.

Hardimon, Michael O.: *Hegel's Social Philosophy: The Project of Reconciliation*, Cambridge 1994.

Hegel, G. W. F.: *Jenaer Realphilosophie. Vorlesungsmanuskripte zur Philosophie der Natur und des Geistes von 1805-1806*, Johannes Hoffmeister (Hg.), Hamburg 1967a.

ders.: *System der Sittlichkeit*, Georg Lasson, Hamburg 1967b.

Hirschmann, Nancy: Freedom, »Recognition and Obligation: A Feminist Approach to Political Theory«, in: *American Political Science Review*, Vol. 83, No. 4/1989, S. 1227ff.

Hobbes, Thomas: *Vom Bürger*, eingel. und hrsg. von Günter Gawlick, Hamburg 1959.

Honneth, Axel: *Kampf um Anerkennung. Zur moralischen Grammatik sozialer Konflikte*, Frankfurt/M. 1992.

Margalit, Avishai: *The Decent Society*, transl. by Naomi Goldblum, Cambridge/London 1996.

Rousseau, Jean-Jacques: *Diskurs über die Ungleichheit*, übers. von Heinrich Meier, Paderborn/München/Wien/Zürich 1984.

Seel, Martin: *Versuch über die Form des Glücks*, Frankfurt/M. 1995.

Siep, Ludwig: *Anerkennung als Prinzip der praktischen Philosophie. Untersuchungen zu Hegels Jenaer Philosophie des Geistes*, Freiburg 1979.

Taylor, Charles: *Multikulturalismus und die Politik der Anerkennung*, Frankfurt/M. 1992.

Tugendhat, Ernst: *Selbstbewußtsein und Selbstbestimmung*, Frankfurt/M. 1979.

ders.: »Antike und moderne Ethik«, in: ders.: *Probleme der Ethik*, Stuttgart 1984, S. 33-56.

ders.: *Vorlesungen über Ethik*, Frankfurt/M. 1993.

Wildt, Andreas: *Autonomie und Anerkennung. Hegels Moralitätskritik im Lichte seiner Fichte-Rezeption*, Stuttgart 1982.

Williams, Bernard: »Sittlichkeit und Gefühl«, in: ders., *Probleme des Selbst. Philosophische Aufsätze 1956-1972*, Stuttgart 1978, S. 329-365.

ders.: »Personen, Charakter und Moralität«, in: ders., *Moralischer Zufall*, Königstein/Ts. 1984, S. 11-29.

Wingert, Lutz: *Gemeinsinn und Moral. Grundzüge einer intersubjektivistischen Moralkonzeption*, Frankfurt/M. 1993.

Zwischen Gerechtigkeit und affektiver Bindung

*Die Familie im Brennpunkt moralischer Kontroversen**

Obwohl sich die moderne Familie im Zuge der kapitalistischen Industrialisierung als eine Sphäre der Privatheit etablierte und somit allen politisch-moralischen Kontroversen enthoben schien, stand sie doch von Anfang an im Zentrum normativer Auseinandersetzungen. Kaum eine der Beziehungsebenen, die das familiale Leben seit der Institutionalisierung der Kleinfamilie umfassen sollte, war nicht sofort auch Gegenstand von heftigen Diskussionen, die einen mehr oder weniger moralischen Charakter besaßen. Was den innersten Kern der sich neu herausbildenden Institution anbelangte, die eheliche Beziehung zwischen Mann und Frau, so galt das Interesse zunächst der Frage, ob und wie sie von allen sozialen und politischen Einflüssen freizusetzen sei; denn das neugeschaffene Ideal der Familie verlangte, daß jede Heirat allein in Gefühlen wechselseitiger Liebe gründen mußte und also von externen Erwägungen unabhängig zu sein hatte.[1] In Hinblick auf das Verhältnis der Eheleute zu ihrer Nachkommenschaft entstand schnell das Problem, ob die verschiedenen Rechte und Pflichten auch die elterliche Erwartung einschließen durften, durch die Erwerbsarbeit der eigenen Kinder ökonomische Unterstützung zu erhalten; mit dem modernen Familienideal war nämlich zum ersten Mal auch die Vorstellung erwacht, daß die Kindheit eine besondere Phase geschützter Intimität darzustellen habe, in die weder ökonomische noch staatliche Imperative hineinzuregieren hatten.[2] Und was schließlich das Ganze der Familie betraf, also die komplexe Beziehung zwischen Ehefrau, Ehemann und Kindern, so erwies sich nach kürzester Zeit als das zentrale Problem, wie das ökonomische Vermögen sowohl

* Die Anregung, mich mit diesem Thema auseinanderzusetzen, habe ich von Sigridur Thorgeirsdottir erhalten; für die Geduld und Aufmerksamkeit, mit der sie das Entstehen meines Aufsatzes begleitet hat, bin ich sehr dankbar. Vieles habe ich ferner in Gesprächen gelernt, die ich mit Beate Rössler, Rainer Forst und Christine Pries geführt habe; auch ihnen möchte ich auf diesem Wege sehr herzlich danken.

1 Vgl. Edward Shorter, *Die Geburt der modernen Familie*, Hamburg 1977, bes. Kap. 6.

2 Philipe Ariès, *Geschichte der Kindheit*, München/Wien 1976.

in der Gegenwart als auch in der Zukunft angemessen zu verteilen sei; denn mit der neuen Vorstellung der Familie war doch zumindest die Idee verknüpft, daß zwischen ihren verschiedenen Mitgliedern eine Gleichheit herrschen mußte, die auch durch eine faire Güterverteilung und Erbschaftsregelung sicherzustellen sei. Es waren diese drei Problembereiche, die seit der Mitte des achtzehnten Jahrhunderts schnell dazu führten, daß um die sich neu herausbildende Institution der modernen Kleinfamilie eine Vielzahl von moralischen Kontroversen entbrannte; ob die Kirche, die Universitätsphilosophie oder die politische Verwaltung, es gab kaum eine intellektuelle Instanz der damaligen Gesellschaft, die nicht in irgendeiner Weise auf die umrissenen Fragen eine Antwort gesucht hätte.

Die zweihundert Jahre, die seit dieser Anfangsphase verflossen sind, geben im Rückblick leicht zu erkennen, worin der gemeinsame Bezugspunkt der verschiedenen Problemfelder gelegen hat: was in ihnen an sozialen Mißständen und Herausforderungen thematisiert wurde, hing stets mit der historischen Tatsache zusammen, daß die Familie aus dem institutionellen Rahmen der Gesellschaft noch gar nicht hinreichend herausgelöst worden war. Im Zentrum der moralischen Kontroversen, die sich an der Wiege der modernen Familie entzündeten, standen mithin normative Fragen, die sich aus der Aufgabe ihrer sozialen Ausdifferenzierung ergaben: die Freisetzung der Ehe von externen Einflüssen, das Verbot der Erwerbstätigkeit von Kindern und schließlich die rechtliche Regelung der Vermögensteilung bezeichneten gleichsam soziale Herausforderungen, die gelöst werden mußten, um für die Familie überhaupt erst institutionell eine Sphäre der Privatheit zu schaffen. Sobald dieser Rahmen aber einmal etabliert worden war, hat die moderne Familie mit schichtspezifischen Verzögerungen die Strukturen herausbilden können, die dem ursprünglich intendierten Ideal entsprachen; von einer Institution, deren interne Verhältnisse noch wesentlich von sozialen und ökonomischen Zwängen bestimmt sind, hat sie sich inzwischen weitgehend in ein »reines« Beziehungsverhältnis verwandelt, in dem affektive Bindungen zur einzigen Quelle der Integration geworden sind.[3] Heute stellt die Kleinfamilie daher eine Lebenswelt dar, in der sich die Kommunikationsvorgänge über Einstellungen und Orientierungen vollzie-

3 Zum Konzept der »reinen Beziehung« vgl. Anthony Giddens, *Modernity and Self-Identity*, Cambridge, UK 1991, u. a. S. 88 ff.

hen, die vor allem die persönlichen Gefühle der Mitglieder zum Ausdruck bringen.

Es macht nun die Paradoxie dieses Autonomisierungsvorgangs aus, daß sich in seiner Folge auch die moralischen Probleme der Familie von außen nach innen verlagert haben. Schon die Themen, die gegenwärtig die öffentliche Diskussion um die Familie beherrschen, markieren eine solche Verlagerung der Aufmerksamkeit von den Rändern in den Binnenraum der Intimität: als Mißstände werden heute vor allem die Verwahrlosung oder Mißhandlung von Kindern wahrgenommen, die ungleiche Verteilung der Hausarbeit oder das Ausmaß der Gewalt gegenüber Frauen in der Ehe. Der Verlagerung der Problemwahrnehmung entspricht eine Änderung der Richtung, in der gegenwärtig nach Lösungen in der moralischen Kontroverse gesucht wird: beherrscht wird die Diskussion nämlich durch die Frage, ob die Familie nicht dadurch wieder stärker in die zivile Sphäre der Gesellschaft eingegliedert werden kann, daß sie entweder für weitere Verrechtlichungen geöffnet oder dem Geltungsbereich der politischen Gerechtigkeit im ganzen unterworfen wird. In direktem Gegensatz zu der normativen Richtung, die die intellellektuelle Diskussion um die Familie vor zweihundert Jahren genommen hat, weist die Kontroverse in unseren Tagen von der Privatsphäre auf die institutionelle Sphäre des Staates und der Gesellschaft zurück: so mehren sich die Stimmen derer, die Kinder mit einem ganzen Bündel subjektiver Rechte ausstatten wollen, um sie vor den biographischen Folgen elterlicher Willkür und Autorität zu schützen;[4] von nicht geringerer Bedeutung sind heute die weit vorangeschrittenen Versuche, das Ausmaß der physischen Mißhandlung von Frauen innerhalb der Ehe durch eine Reihe von neuen Strafgesetzen einzuschränken;[5] und schließlich beschäftigt sich eine breite Strömung der gegenwärtigen Moralphilosophie mit der Frage, ob nicht faire und egalitäre Bedingungen innerhalb von Familien erst dann in Aussicht genommen werden können, wenn wir den familialen Binnenraum in derselben Weise einem unparteilichen Test der morali-

4 John Holt, *Escape from Childhood*, New York 1974; zur Diskussion insgesamt vgl. Jeffrey Blustein, *Parents and Children. The Ethics of the Family*, Oxford 1982, Chap. II, 3 (S. 162ff.).

5 Vgl. die Beiträge, die im 1. Kapitel des von Alison M. Jaggar herausgegebenen Sammelbandes enthalten sind: dies. (Hg.), *Living with Contradictions, Controversies in Feminist Social Ethics*, Boulder, Co. 1994.

schen Verallgemeinerbarkeit unterwerfen wie andere öffentliche Institutionen auch.[6]

Alle diese Innovationen und Vorstöße machen nicht nur deutlich, in welchem Maße die moderne Familie heute von einem Prozeß der inneren, affektiven Auflösung bedroht ist; es drängt sich gegenwärtig vielmehr auch die allgemeine Frage auf, wie die moralische Perspektive beschaffen sein muß, unter der die verschiedenen Probleme und Konflikte einer Lösung zugeführt werden können. Ich will im folgenden ein wenig Klarheit in die unübersichtliche Diskussion zu bringen versuchen, indem ich zunächst kurz den historischen Vorgang nachzeichne, der zu der moralischen Aufmerksamkeitsverlagerung geführt hat; dabei wird sich zeigen, daß die Familie im Zuge ihrer sozialen Ausdifferenzierung zwei Typen der Verletzbarkeit erzeugt hat, mit deren Resultaten wir heute moralisch konfrontiert sind (I). In Rückgang auf die Kritik, die Hegel an der Kantischen Vertragskonstruktion der Familie entwickelt hat, will ich im nächsten Schritt zwei systematische Alternativen gegenüberstellen, die uns die philosophische Tradition in Hinblick auf die moralischen Probleme der Familie hinterlassen hat; während in dem Kantischen Modell die moralischen Einstellungen, die in der Familie vorherrschen sollen, mit Blick auf allgemeine Forderungen der Gerechtigkeit bestimmt werden, ergeben sich die entsprechenden Einstellungen in dem Hegelschen Modell aus den normativen Implikationen einer auf Liebe gegründeten Beziehung (II). Im dritten Teil will ich schließlich zeigen, daß sich die moralische Interaktion in modernen Familien stets in der Spannung zwischen beiden Orientierungen vollzieht; daher auch kann eine Antwort auf die gegenwärtigen Probleme nur gefunden werden, wenn das interne Zusammenspiel von Gerechtigkeitsfragen und affektiven Bindungen in Familien berücksichtigt wird (III). Allerdings bedarf es, wie ich in einem kurzen Ausblick behaupten werde, bei einer solchen Lösung einer innerfamilialen Zunahme an diskursiver Reflexivität, weil nur die Betroffenen selber jeweils entscheiden können, wo die Grenzlinie zwischen den beiden Einstellungen verlaufen soll (IV).

6 Vgl. Susan Moller Okin, *Justice, Gender and the Family*, New York 1989; Virginia Held, »The Equal Obligations of Mothers and Fathers«, in: Onora O'Neill/William Ruddick (Hg.), *Having Children. Philosophical and Legal Reflections on Parenthood*, New York 1979, S. 227ff.

I

Mit den moralischen Kontroversen, die an der Wiege der modernen Familie stehen, werden normative Strukturveränderungen eingeleitet, die der Institutionalisierung einer aus der Gesellschaft ausgegliederten Privatsphäre dienen: sowohl die Verankerung der Ehebeziehung im Liebesverhältnis als auch das Verbot der Kinderarbeit wie schließlich die rechtliche Regelung der Vermögensteilung lassen sich nämlich als drei normative Innovationen verstehen, durch die der Familie eine gesonderte Sphäre bloß privaten Lebens überhaupt erst eröffnet worden ist. Natürlich setzen sich diese Veränderungen im Laufe des 19. Jahrhunderts erst sehr allmählich durch und unterliegen zudem schichtspezifischen Einschränkungen: während die soziale und ökonomische Lage des Bürgertums so beschaffen war, daß das neue Ideal schon bald verwirklicht werden konnte, bedurfte es erst eines langwierigen Kampfes um wirtschaftliche Verbesserungen, um auch für das Proletariat vergleichbare Bedingungen zu schaffen. Doch an der Schwelle zum zwanzigsten Jahrhundert sind in den westlichen Industrieländern weitgehend die sozialen Voraussetzungen etabliert, die es dem größten Teil der Bevölkerung erlauben, Familien des modernen Typs zu bilden; seither können sich die inneren Strukturen der neuen Institution, zugespitzt gesagt, in einer gesonderten Sphäre autonom entfalten.[7] Mit diesem Prozeß einer Autonomisierung entstehen paradoxerweise nun aber neue Gefährdungen, die nicht mehr das Verhältnis der Familie zu ihrer sozialen und ökonomischen Umwelt, sondern ihr inneres Leben selber betreffen: sowohl die Kinder als auch die Ehefrauen sind heute in hohem Maße Formen der Verletzung ausgesetzt, die sich als die ambivalenten Folgen einer Enttraditionalisierung des Familienlebens begreifen lassen. In zwei Entwicklungsprozessen läßt sich zusammenfassen, welche neuen Typen der Gefährdung es sind, die sich aus dieser endgültigen Freisetzung für das Familienleben ergeben.

Solange die Familie noch direkt in die Sphäre gesellschaftlicher Arbeit eingebunden war, gab es für die Emotionalisierung ihrer internen Beziehungen nur wenig Raum. Von dem Augenblick an jedoch, an dem die Eheschließung von sozialen und ökonomischen

7 Zu dieser Autonomisierungsthese, allerdings mit einer gewissen Neigung zu sehr optimistischen Schlußfolgerungen, vgl.: Jürgen Habermas, *Theorie des kommunikativen Handelns*, Bd. II, Frankfurt/M. 1981, S. 567ff.

Erwartungen unabhängig zu werden beginnt, setzt ein breiter Prozeß der Entkonventionalisierung der Familiengründung ein: der Entschluß, eine Familie zu gründen, wird nun zunehmend von der affektiven Zuneigung bestimmt, die die beiden Ehepartner füreinander empfinden. Damit nähert sich die Familie jenem Typus einer sozialen Beziehung an, den Anthony Giddens als »rein« bezeichnet hat; das bindende Element ergibt sich darin nur noch aus der bloßen Existenz positiver Gefühle, so daß von deren Fortdauer das Schicksal der Beziehung im ganzen abhängig wird.[8] Die Folge dieser Intimisierung ist nicht nur, daß die Beziehung zwischen den Ehepartnern selber im wachsenden Maß fragil wird, weil die Gefühle der wechselseitigen Zuneigung der intentionalen Verfügung entzogen sind; vielmehr wandeln sich auch die Beziehungsmuster zwischen allen Familienmitgliedern insofern, als sie immer weniger von konventionellen Rollenerwartungen bestimmt werden, sondern ebenfalls in Abhängigkeit vom Fluß persönlicher Gefühle und Stimmungen geraten. Was mit Blick auf das interne Familienleben daher als eine Freisetzung von unverfügbaren Emotionen erscheint, tritt nach außen aber auch als ein wachsender Prozeß der Deinstitutionalisierung der Kleinfamilie auf: sobald nämlich einmal kulturell die Einsicht vollzogen worden ist, daß das Verheiratetsein nur Ausdruck emotionaler Zuwendungen sein soll, steht einer allmählichen Auflösung des normativen Zusammenhangs zwischen Liebe und Familie im Prinzip nichts mehr im Wege. Das institutionelle Band, das im Laufe der Jahrhunderte zwischen sexueller Zuneigung und Ehe, Ehe und Zusammenleben, Zusammenleben und Kinderzeugung gestiftet worden war, kann unter der Vorherrschaft emotionaler Erwägungen wieder in seine einzelnen Bestandteile zerfallen: »aus Liebe folgt heute durchaus nicht mehr (...) Heirat/Ehe«, wie Hartmut Tyrell geschrieben hat, »aus Verheiratetsein nicht mehr selbstverständlich Zusammenwohnen (...), aus Verheiratetsein aber auch nicht mehr notwendig ein Sexualprivileg oder der Wunsch nach Kindern«.[9] Mit den wachsenden Scheidungsraten, die sich aus diesen Auflösungsprozessen ergeben, steigt gegenwärtig auch die Zahl der alternativen Beziehungs-

8 Vgl. Anthony Giddens, *Modernity and Self-Identity*, a. a. O. bes. S. 88 ff.

9 Hartmut Tyrell, »Ehe und Familie – Institutionalisierung und Deinstitutionalisierung«, in: Kurt Lüscher/Franz Schultheis/Michael Wehrspann (Hg.), *Die »postmoderne« Familie: Familiale Strategien und Familienpolitik in einer Übergangszeit*, Konstanz 1990, S. 155.

arrangements, in denen die leibliche Mutter oder der leibliche Vater nach der Trennung mit ihren Kindern zusammenleben. Nicht zu Unrecht wird daher von einer neuen Pluralisierung der Formen familialen Zusammenlebens gesprochen.

Auf der einen Seite ergibt sich heute aus diesen Prozessen einer Freisetzung emotionaler Motive eine Zunahme an individuellen Freiheiten, weil mit der Deinstitutionalisierung der Familie die Zahl der Handlungsoptionen für den einzelnen erheblich steigt. Dieselben Prozesse können sich auf der anderen Seite aber auch im Sinne einer »sublimen Verwahrlosung« (Habermas) auswirken, denen vor allem, aber nicht nur die Kinder und die Ehefrauen ausgesetzt sind:[10] mit den Instabilitäten des elterlichen Verhaltens wächst für die Kinder die Gefahr, daß sie entweder emotional in Vergessenheit geraten oder zum Spielball von Beziehungskonflikten werden; und bei einer ungezügelten Konfliktsteigerung innerhalb der Ehe können Frauen leicht in die Situation geraten, zum Opfer der schwer kontrollierbaren Gewaltausbrüche ihrer Männer zu werden. So wächst mit der Autonomisierung der Kleinfamilie ein neuer Typ von Gefährdungen heran, der in der Zerrüttung und Verwahrlosung der familialen Beziehungen besteht.

Der zweite Entwicklungsprozeß, der mit der endgültigen Ausdifferenzierung der Familie einsetzt, besteht in der allmählichen Auflösung der geschlechtsspezifischen Rollenzuschreibungen; sobald nämlich einmal die Familie vollständig aus allen institutionellen Rahmenbedingungen der Gesellschaft herausgelöst war, bedurfte es nur noch der wachsenden Einbeziehung der Frauen in den Arbeitsmarkt, um der traditionellen Verteilung der Hausarbeit endgültig jede ideologische Legitimation zu nehmen. Zwar entsteht die Idee der modernen Familie in einer Zeit, die kulturell noch so stark von Vorurteilen über geschlechtsspezifische Eigenschaften geprägt ist, daß auch das Bild des innerfamilialen Lebens wie selbstverständlich daran orientiert bleibt: von Locke bis Hegel gilt der Ehemann als Haushaltsvorstand, weil er durch seine Erwerbsarbeit sowohl für den ökonomischen Unterhalt aufkommt als auch am öffentlichen Leben partizipiert, während die Ehefrau aufgrund der ihr zugeschriebenen Fähigkeiten im affektiven Bereich die Aufgabe erhalten soll, für die Erziehung der Kinder und die Hausarbeit

10 Jürgen Habermas, *Theorie des kommunikativen Handels*, Bd. II. a. a. O., S. 567 ff.

zu sorgen.[11] Aber schon durch den sozialen Prozeß, der auch nichtbürgerlichen Schichten die Chance zur Gründung einer Kleinfamilie eröffnet, erfährt diese traditionalistische Auffassung eine erste Erschütterung: denn in den Unterschichten ist weder die Erwerbsarbeit des Vaters gesichert oder anspruchsvoll genug, um innerfamilial als Stütze seiner Autorität gelten zu können, noch ist die Mutter immer in dem Maße von aller Erwerbsarbeit befreit, daß sie sich allein auf Tätigkeiten im Haushalt beschränken kann. Insofern spiegelt sich in den soziologischen Diskussionen, die seit den dreißiger Jahren unseres Jahrhunderts über den »Autoritätsverlust« des Vaters geführt werden, eine erste Phase der Auflösung der innerfamilialen Rollenzuschreibungen. Erst recht aber wird die traditionelle Aufgabenteilung erschüttert, als mit dem rapiden Anstieg weiblicher Erwerbsarbeit in den Industrieländern ein kultureller Prozeß in Gang kommt, der das überkommene Bild der Frau auf breitester Front in Frage stellt; unterstützt durch den feministischen Kampf um rechtliche Gleichstellung, verlieren die alten Rollenklischees so schnell ihre legitimierende Kraft, daß bald auch die innerfamiliale Arbeitsteilung keine normative Basis mehr besitzt. Heute befindet sich die Familie daher in einer Situation, in der zwar alle traditionellen Legitimationen für geschlechtsspezifische Aufgabenzuweisungen weitgehend zerfallen sind, der Frau aber weiterhin unter dem gewaltsamen Druck männlicher Gewohnheiten die Erledigung der kurativen und reproduktiven Tätigkeiten im Haushalt zufällt; gerade weil sie sich von überkommenen Rollenklischees zu befreien begonnen haben, ist es gegenwärtig vor allem die Lebenswelt in der Familie, die die Frauen an der Verwirklichung ihrer individuellen Autonomie hindert und insofern einen zentralen Ort ihrer »Verletzbarkeit« darstellt.

Die beiden umrissenen Entwicklungsprozesse erklären, warum sich im Laufe der letzten Jahrzehnte die moralische Aufmerksamkeit von den institutionellen Rändern in das Innere der modernen Familie verlagert hat: mit der Entkonventionalisierung des Familienlebens hat sich die »Verletzbarkeit« der Kinder enorm gesteigert, weil sie zum wehrlosen Opfer von Handlungen oder Entscheidungen werden können, die die Erwachsenen in Orientierung an ihren wechselnden Gefühlslagen vollziehen; und mit der Enttraditionalisierung des Familienlebens ist inzwischen zutage getre-

11 Vgl. den Überblick von Susan Moller Okin, *Women in Western Political Thought*, Princeton, New Jersey 1979.

ten, daß die innerfamiliale Arbeitsteilung eine soziale Bedingung darstellt, die die Frauen wesentlich an der Verwirklichung ihrer Autonomie hindert. Beide Mißstände bezeichnen kommunikative Vorgänge, die nicht mehr an der Grenzlinie zwischen Gesellschaft und Familie, sondern im Binnenraum familialer Intimität selber stattfinden. Bevor ich dazu übergehe, angemessene Lösungsformen dieser Mißstände zu diskutieren, will ich zunächst klären, welche moralischen Paradigmen uns dabei zur Verfügung stehen; dazu ist es nötig, einen kurzen Blick auf die Hegelsche Kritik an der Kantischen Vertragskonstruktion der Ehe zu werfen.

II

Obwohl sich die Philosophen an der Wende zum 18. Jahrhundert in hohem Maße darin einig waren, daß den Frauen aufgrund ihrer typischen Eigenschaften nur kurative und reproduktive Aufgaben im Haushalt zustehen können, brachten sie in der moralischen Behandlung der Familie im ganzen doch sehr unterschiedliche Paradigmen zur Geltung; schon damals entsteht nämlich jene einflußreiche Entgegensetzung von Vertragsbeziehung und Gefühlsgemeinschaft, die auch heute noch die öffentliche Diskussion um die Familie in starkem Maße beherrscht. Es war Kant, der in seiner Rechtslehre wohl am konsequentesten die Ehe als eine Beziehung interpretiert hat, deren innerster Kern in einem Vertrag zwischen zwei autonomen Subjekten besteht; eine natürliche Geschlechtsgemeinschaft ist dann »nach dem Gesetz«, so lautet die berühmte Formulierung, wenn sie auf einem Vertrag gegründet ist, der »die Verbindung zweier Personen verschiedenen Geschlechts zum lebenslangen wechselseitigen Besitz ihrer Geschlechtseigenschaften« regelt.[14] Die Gründe, mit denen Kant die Notwendigkeit einer solchen Vertragskonstruktion rechtfertigt, ergeben sich schlüssig aus den Prämissen, die seinem Begriff der moralischen Autonomie zugrunde liegen: in einer sexuellen Beziehung machen sich beide Partner wechselseitig in einer Weise zu Objekten ihrer Begierden, die mit dem »Rechte der Menschheit« insofern unvereinbar ist, als es die Behandlung eines jeden anderen als bloßes Mittel kategorisch verbietet; diese Gefahr kann nur unter der Bedingung ausgeschaltet

14 Kant, *Die Metaphysik der Sitten*, in: *Werkausgabe* Bd. VIII, hg. von W. Weischedel, Frankfurt/M. 1982, S. 390, AB 107/108.

werden, daß die Personen sich wechselseitig »als Sache« erwerben, weil sie sich beide damit als autonome Vertragspartner konstituieren und mithin »ihre Persönlichkeit« wiederherstellen.[15] Wenige Sätze später geht Kant sogar noch ein Stück weiter, indem er in den Ehevertrag Rechte miteinbezieht, die die beiden Partner wechselseitig zum Eigentum des anderen werden lassen. Aber den Kern seiner Konstruktion macht wohl die Vorstellung aus, daß nur die reziproke Zusicherung gleicher Rechte die Bedingungen schafft, unter denen in einer Ehe beide Partner weiterhin Respekt für ihre moralische Autonomie genießen können; denn der Umstand, daß sie sich wechselseitig als Rechtspersonen begreifen können, sichert sie beide vor der moralischen Gefahr, als bloßes Objekt der sexuellen Bedürfnisse des jeweils anderen behandelt zu werden.

In diese kantische Konstruktion fließen, wie unschwer zu sehen ist, religiöse Vorstellungen christlichen Ursprungs ein. Schon im Alten Testament findet sich eine theologische Rechtfertigung der Ehe, in der die Institution der Verheiratung mit Blick auf die moralischen Gefahren der sexuellen Lust begründet wird; danach bildet die Ehe eine soziale Einrichtung, die Gott geschaffen hat, um den Menschen die Chance einer Befriedigung ihrer natürlichen Bedürfnisse zu geben, die nichts mehr von der Sündhaftigkeit der gewöhnlichen Fleischeslust an sich hat.[16] Kant eignet sich diese christliche Vorstellung im Rahmen seiner Autonomielehre an, wodurch sich natürlich sowohl der Charakter der moralischen Gefahr als auch die Eigenart der rettenden Institution ändert: es ist nicht mehr ein von Gott gestifteter Bund, sondern ein zwischen den beiden Partnern geschlossener Vertrag, der die moralische Gefahr beseitigen soll, die weniger in der sexuellen Lust überhaupt als in der mit ihr einhergehenden Tendenz der wechselseitigen Objektivierung besteht. Nichtdestoweniger behält Kant von dem christlichen Modell doch die zentrale Vorstellung bei, daß die Ehe diejenige soziale Einrichtung darstellt, innerhalb derer die Menschen ihre sexuellen Bedürfnisse ohne den Verlust ihrer moralischen Würde befriedigen können. Gegen diese reduktionistische Auffassung hat nun Hegel Einwände geltend gemacht, die sich ebenfalls im Sinne einer Aktualisierung von christlichen Tradi-

15 Ebd., AB 109.

16 Vgl. Gordon Graham, »Commitments and the Value of Marriage«, in: George Graham/Hugh Lafollette (Hg.), *Person to Person*, Philadelphia 1989, S. 199-212, bes. 202 ff.

tionsbeständen verstehen lassen. Neben der Idee einer von Gott gestifteten Institution findet sich im Alten Testament nämlich noch eine zweite Rechtfertigung der Ehe, die nicht an der Gefahr der sexuellen Lust, sondern an der moralischen Qualität der emotionalen Beziehung ansetzt; danach entsteht mit der Ehe insofern etwas vollkommen Neues in der Welt, als die wechselseitige Liebe der beiden Partner zu einer Verschmelzung führt, die am Ende aus zwei Menschen eine höherstufige Einheit werden läßt.[17] Hegel ist nicht weit von diesem zweiten christlichen Vorstellungsmodell entfernt, wenn er in seiner »Rechtsphilosophie« eine moralische Charakterisierung von Ehe und Familie entwickelt, die sich gezielt als Alternative zum kantischen Vertragsparadigma verstehen lassen soll.

In seiner Argumentation vertritt Hegel die Überzeugung, daß die Reduktion der Ehe auf ein bloßes Rechtsverhältnis den Kern dessen verfehlen muß, was die Beziehung zwischen den Partnern tatsächlich ausmacht; zwar wird jede Ehe erst durch einen förmlichen Vertragsschluß gestiftet, aber dieser ist nur dazu da, um im Aufbau und Vollzug einer wirklichen Gefühlsgemeinschaft »aufgehoben«[18] zu werden. Worin sich ein solches »sittliches Verhältnis« von allen Vertragsbeziehungen unterscheidet, ergibt sich bei Hegel in derselben Weise aus den Prämissen seiner Konzeption von Sittlichkeit, in der bei Kant aus seiner Lehre von der moralischen Autonomie die Notwendigkeit eines Ehevertrages gefolgt war: jedem Vertragsverhältnis, so argumentiert Hegel, haftet insofern etwas bloß Zufälliges an, als sich die Partner hier nur negativ aufeinander beziehen, indem sie jeweils gegenüber dem anderen auf ihren rechtlichen Ansprüchen bestehen; eine gelungene Ehe zeichnet sich hingegen dadurch aus, daß die individuellen Wünsche und Bedürfnisse nicht in Form von Ansprüchen eingeklagt werden müssen, sondern auf dem Weg der »gegenseitigen Liebe und Beihilfe«[19] zur Erfüllung gelangen; daher ist es grundsätzlich falsch, ja »schändlich«,[20] die Ehe und die Familie nach Art einer rechtsför-

17 Ebd., S. 204f.
18 Hegel, *Grundlinien der Philosophie des Rechts* (im folgenden: *Rechtsphilosophie*), Frankfurt/M. 1986, § 163; eine vorzügliche Rekonstruktion der Hegelschen Idee der Familie liefert: Merold Westphal, »Hegel's radical idealism: family and state as ethical communities«, in: Z. A. Pelczynski (Hg.), *The State & Civil Society Studies in Hegel's Political Philosophy*, Cambridge 1984, S. 77ff.
19 Hegel, *Rechtsphilosophie*, § 164.
20 Ebd., § 75.

migen Beziehung zu verstehen, in der voneinander isolierte Partner ohne jede Gefühlsbindung wechselseitig Ansprüche erheben müssen, um zu ihren individuell definierten Zielen zu gelangen.

In diesen Überlegungen läßt Hegel, auch wenn sich inzwischen mit dem theoretischen Rahmen seiner Konstruktion ebenfalls die Begrifflichkeit stark gewandelt hat, jene Unterscheidung von verschiedenen Formen der Anerkennung noch einmal aufleben, die er den Überlegungen seiner Jenaer Frühschriften zugrunde gelegt hatte: während sich im Vertragsverhältnis die Subjekte wechselseitig als Träger prinzipiell gleicher Rechte anerkennen, so hieß es damals, zeichnen sich die Liebe und die Familie durch eine Form der wechselseitigen Anerkennung aus, in der die individuelle Bedürfnisnatur selber durch Zuwendung Bestätigung erhält. Die Schlußfolgerung, zu der Hegel mit Hilfe dieser Unterscheidung in seinen Frühschriften gelangt war, läuft auf dieselbe These hinaus, in die er auch seine Kritik an Kant in der »Rechtsphilosophie« zusammenfaßt: die Familie kann deswegen kein bloßes Rechtsverhältnis darstellen, weil es hier die Übereinstimmung der positiven Gefühle ist, die für die Erfüllung der individuellen Wünsche sorgt.

Nun läßt Hegel allerdings in seiner Argumentation offen, ob diese »Vereinigung der Liebe«[21] das Rechtsverhältnis in der Familie bloß ergänzen oder vollständig ersetzen soll; der Begriff der »Aufhebung«, den er hier wie so häufig in seinem Werk verwendet, läßt im Prinzip beide Interpretationen zu. Die damit verknüpfte Unklarheit erlaubt es freilich, dem Hegelschen Ansatz zum Zweck größerer Anschaulichkeit eine so einseitige Deutung zu geben, daß sich mit ihm eine vollständige Alternative zum kantischen Vorstellungsmodell gewinnen läßt; es entstehen dadurch zwei Paradigmen, in denen die moralische Einheit der Familie auf sich wechselseitig ausschließende Weise bestimmt wird. Innerhalb des ersten Paradigmas, das sich in Verallgemeinerung des kantischen Ansatzes als Rechtsmodell bezeichnen läßt, wird die moralische Beziehung der Familienmitglieder untereinander nach dem Muster von Rechten und Pflichten gedacht: nicht anders als in gesellschaftlichen Beziehungen überhaupt, verfügt auch in der Familie jede Person über bestimmte Ansprüche, die die jeweils anderen Familienmitglieder zu erfüllen haben, so wie sie umgekehrt bestimmte Pflich-

21 Ebd., § 165.

ten besitzt, den ebenso legitimen Ansprüchen der restlichen Mitglieder nachzukommen. Das Spezifische an diesem Rechtsmodell ist nicht etwa die Idee, daß zwischen Rechten und Pflichten in der Familie ein Verhältnis der Reziprozität besteht; denn schon angesichts der Beziehung zu den Kindern, die Pflichten noch gar nicht übernehmen können, würde eine derartige Vorstellung ja scheitern. Entscheidend ist vielmehr der Grund, warum die Mitglieder der Familie überhaupt als Träger von Rechten und Pflichten eingeführt werden; damit soll nämlich sichergestellt werden, daß innerhalb der Familie unter spezifischen Bedingungen dieselbe Art von Gerechtigkeit herrscht, die außerhalb ihrer Sphäre im Prinzip der moralischen Autonomie bereits etabliert ist. Nach dem Rechtsmodell wird mithin das, was in der Familie Gerechtigkeit heißen kann, als kontextspezifische Anwendung eines allgemeinen Moralprinzips vorgestellt: gerecht sind auch innerhalb der Familie nur jene Handlungen oder Einstellungen, die die moralische Autonomie des Partners respektieren oder ihr im Falle des Kindes zur Durchsetzung verhelfen. Die moralische Intuition, die mit Hilfe dieses Paradigmas zum Ausdruck gebracht werden soll, hat Kant mit bewunderungswürdiger Klarheit formuliert: innerhalb von Familien dürfen sich unter dem Einfluß von Neigungen und Gefühlen nicht Verhältnisse etablieren dürfen, die dazu führen, daß die Schwelle des Respekts von Rechtspersonen unterschritten wird.

Demgegenüber geht das zweite Paradigma, das sich in Orientierung an Hegel als Gefühlsmodell bezeichnen läßt, von der geradezu entgegengesetzten Intuition aus: wo immer in Familien von einem Mitglied Ansprüche angemeldet werden, die rechtsförmigen Charakter besitzen, ist die moralische Substanz des familialen Lebens bereits zerstört; denn die Beziehungen zwischen den verschiedenen Mitgliedern bestehen im Normalfall nicht im Austausch von Rechten und Pflichten, sondern in der wechselseitigen Gewährung von Fürsorge und Zuwendung. Auch an diesem Modell ist das Spezifische nicht etwa die Idee, daß in der Familie solche Handlungen aus Fürsorge in einem starken Sinn reziprok ausgetauscht werden; ja, im Unterschied zum ersten Paradigma erübrigt sich hier in gewisser Weise die Frage nach dem Maß der individuellen Leistungen oder Ansprüche. Denn entscheidend für das Gefühlsmodell ist die Vorstellung, daß als Quelle aller moralischen Einstellungen in der Familie nicht die rationale Einsicht in Rechte und Pflichten gelten kann, sondern nur das Gefühl der Zuwendung und Liebe; insofern müssen individuelle Wünsche hier auch gar nicht erst die Form von besonderen Rechtsansprüchen annehmen, da die bloße Artikulation von Bedürfnissen ausreichen soll, um durch Fürsorge befriedigt zu werden. Es ist klar, daß sich auf der Basis eines solchen Denkmodells auch die Vorstellung davon ändern muß, was innerhalb der Familie Gerechtigkeit heißen kann: »gerecht« sind nunmehr all jene Handlungen oder Einstellungen, die der individuellen Bedürfnislage des einzelnen Familienmitglieds angemessen zur Erfüllung verhelfen.

In der Alternative der beiden Paradigmen sind mithin auch zwei unterschiedliche Auffassungen darüber angelegt, wodurch sich auszeichnen soll, was innerhalb von Familien als »Gerechtigkeit« gelten kann: im Fall des Rechtsmodells bemißt sich das, was gerecht bedeuten soll, am allgemeinen Prinzip der individuellen Autonomie, im zweiten Fall hingegen an den besonderen Bedürfnissen des einzelnen Familienmitgliedes. Der Unterschied wird freilich erst vollständig klar, wenn zusätzlich Berücksichtigung findet, daß sich aus der zweiten Vorstellung auch die Möglichkeit einer Einschränkung der individuellen Autonomie ergeben kann: um den Bedürfnissen des anderen Familienmitglieds »gerecht« zu werden, mag es hier normativ erforderlich sein, auf die Verwirklichung der eigenen Interessen oder Lebenspläne zumindest temporär zu verzichten. Vor dem Hintergrund dieser Unterscheidung möchte ich im nächsten Teil nun den Versuch unternehmen, die Tauglichkeit der beiden Paradigmen für die Probleme zu überprüfen, mit denen heute die Familien konfrontiert sind.

III

Zwischen den Idealvorstellungen, die in den beiden zuvor entwikkelten Paradigmen zum Ausdruck gelangen, und der gegenwärtigen Situation der Familie scheint eine kaum zu überbrückende Kluft zu bestehen: von Kants Überzeugung, daß nur der Ehevertrag vor der Gefahr der wechselseitigen Instrumentalisierung schützen kann, trennt uns ein zweihundertjähriger Prozeß der kulturellen Emanzipation, in dessen Verlauf die Sexualität als solche ihre moralisch verwerflichen Züge verloren hat; und von Hegels Kritik an dem Vertragsmodell der Ehe trennt uns jener paradoxe Prozeß, in dessen Verlauf die Autonomisierung der Familie zu Zuständen geführt hat, die in wachsendem Maße den Einsatz von rechtlichen Schutzmaßnahmen erforderlich machen. Trotz dieser unzweideutigen Zeichen einer fortschreitenden Veraltung sind es aber weiterhin die beiden Modelle von Kant und Hegel, die heute maßgeblich herangezogen werden, um die moralischen Probleme im Umkreis der Familie zu klären: auf der einen Seite finden sich Ansätze, die die Intuition des kantischen Modells dadurch zu aktualisieren versuchen, daß sie innerhalb von Familien durch die Stärkung individueller Rechte eine gerechte Ordnung herstellen wollen; nicht nur den Tendenzen der Verwahrlosung, sondern auch der sozialen Benachteiligung von Frauen durch Hausarbeit soll entgegengewirkt werden, indem Familien nach denselben Prinzipien der Gerechtigkeit reorganisiert werden, die bislang nur für den »öffentlichen« Sektor Geltung besaßen.[22] Auf der anderen Seite finden sich heute aber ebenso viele Ansätze, die im Rückgriff auf oder im Geiste von Hegels Vertragskritik darauf bestehen, daß die Familie nur als eine Sphäre nicht-rechtlicher Solidarität überleben kann; die Vielzahl ihrer internen Spannungen soll mithin dadurch aufgelöst werden, daß jene Gefühle der Liebe und Fürsorge erneut mobilisiert werden, durch die bereits Hegel die Familie hat charakterisieren wollen.[23]

In der Einschätzung dieser theoretischen Lage herrscht nun heute im allgemeinen die Überzeugung vor, daß der erste Ansatz vor allem dem Ziel einer Überwindung von geschlechtsspezifischen Benachteiligungen gilt, während der zweite Ansatz allein der konservativen Absicht einer Reintegration der Familie behilflich zu sein mag: führt die Orientierung am kantischen Modell zu einer weiteren Implementierung von Rechtsansprüchen, mit deren Hilfe

22 Vgl. Susan Moller Okin, *Justice, Gender and the Family*, New York 1989; Virginia Held, »The Equal Obligations of Mothers and Fathers«, in: Onora O'Neill/William Ruddick (Hg.), *Having Children. Philosophical and Legal Reflections on Parenthood*, New York 1979. Eine interessante Anwendung des kantischen Paradigmas auf Formen der sexuellen Mißhandlung von Frauen in der Ehe unternimmt Barbara Herman: dies., »Ob es sich lohnen könnte, über Kants Auffassungen von Sexualität und Ehe nachzudenken«, in: *Dtsch. Z. Philos.*, 6/1995, S. 967ff.

23 Einen großangelegten Versuch dieser Art, in dem die Familie im hegelschen Sinn als Modell nicht-rechtlicher Solidarität interpretiert wird, hat Andreas Wildt unternommen, vgl. ders., *Autonomie und Anerkennung. Hegels Moralitätskritik im Lichte seiner Fichte-Rezeption*, Stuttgart 1982; vgl. zusätzlich die Überlegungen in Michael Sandel, *Liberation and Limits of Justice*, Cambridge, 1982, S. 32ff.

sich innerhalb von Familien egalitäre Bedingungen herstellen lassen, so kann die Orientierung an der Hegelschen Vertragskritik die Familie nur in ihrer alten, erschütterten Form bewahren. Hinter dieser politischen Entgegensetzung verbirgt sich die Vorstellung, daß nur auf dem Weg der Erweiterung von Rechtsansprüchen innerhalb von Familien Gerechtigkeit durchzusetzen ist, während die moralischen Einstellungen der Liebe und Fürsorge die etablierten Formen der geschlechtsspezifischen Arbeitsteilung bloß bestehen lassen; es sind, kurz gesagt, die universalistischen Prinzipien der Gerechtigkeit, die heute eine Reform des Familienlebens erlauben, wohingegen die affektiven Bindungen nur die konservative Rolle einer Fixierung auf die überkommene Institution zu übernehmen scheinen. Insofern läge es heute nahe, sich an dem kantischen Paradigma zu orientieren, wenn nach einem moralischen Rahmen für die Lösung der Krise der Familie gesucht wird.

An dieser politischen Entgegensetzung erweist sich als ein erstes, folgenreiches Problem, daß die beiden Paradigmen jeweils so behandelt werden, als ob sie nur selbständig und exklusiv zur Anwendung gelangen könnten: entweder, so scheint der Konsens im Hintergrund zu lauten, muß die Familie als eine öffentliche Sphäre vorgestellt werden, in der die Mitglieder gegeneinander Rechtsansprüche besitzen, oder als eine Privatsphäre, in der bloß affektive Bindungen vorherrschen. Schon der kurze Überblick über die aktuellen Probleme der Familie hat aber deutlich gemacht, daß keines der beiden Paradigmen heute noch selbständig Verwendung finden kann. Einerseits hat nämlich die Freisetzung der Familie von Konvention und Tradition paradoxerweise dazu geführt, daß ihr inneres Leben inzwischen einen Grad von emotionaler Fragilität und Instabilität erreicht hat, der vor allem die Kinder, aber auch die Ehepartner selber zunehmend Gefährdungen aussetzt; insofern scheint heute die Notwendigkeit zu wachsen, im Sinne des Rechtsmodells dafür Sorge zu tragen, daß die persönliche Integrität der Familienmitglieder bewahrt bleibt. Andererseits bringt dieser Bedeutungszuwachs von Rechten umgekehrt aber gerade zum Vorschein, wie wichtig für die Familie weiterhin jenes emotionale Band aus Zuwendung und Fürsorge ist, das Hegel in seinem Gefühlsmodell vor Augen hatte; denn jede rechtliche Klage, die heute wegen Kindesmißhandlung oder Vergewaltigung in der Ehe erhoben wird, macht auf indirektem Wege bloß sichtbar, daß ein Familienleben nur so lange intakt bleiben kann, wie es in wechselseitiger

Liebe verankert ist. Die Familie, so läßt sich daher vorläufig schließen, stellt eine soziale Sphäre dar, in der beide moralischen Orientierungen permanent aufeinanderstoßen: einerseits müssen sich die Familienmitglieder untereinander als Rechtspersonen anerkennen können, weil sie nur so ihre persönliche Integrität geschützt wissen können, andererseits müssen sie sich wechselseitig aber auch als einzigartige Subjekte anerkennen, deren individuelles Wohlergehen besondere Aufmerksamkeit und Fürsorge verdient; erlischt die erste Form der Anerkennung, so ist die Autonomie der einzelnen Familienmitglieder bedroht, trocknet hingegen die zweite Form der Anerkennung aus, so ist das emotionale Band des Familienlebens zerstört. Aus diesem ersten Befund ergibt sich nun die Frage, ob sich theoretisch etwas über die Grenzlinie aussagen läßt, die innerhalb von Familien zwischen den beiden moralischen Orientierungen verlaufen muß.

Ein erster Hinweis auf den Bereich, in dem innerhalb der Familie das Rechtsmodell zur Anwendung gelangen muß, hat sich schon aus der Art der angeführten Beispiele ergeben: überall dort, wo ein Familienmitglied in seiner persönlichen Integrität bedroht ist, müssen Rechte einen Raum bereitstellen, in den dieses Mitglied sich zu seinem eigenen Schutz zurückziehen kann.[24] Aus der Sicht der einzelnen Subjekte bedeutet das, daß sie immer dann die Prinzipien jener allgemeinen Gerechtigkeit in Anspruch nehmen können müssen, wenn sie sich innerhalb der Familiengemeinschaft nicht einmal mehr in der Würde einer Rechtsperson anerkannt sehen; natürlich kann diese Möglichkeit nur von erwachsenen Personen aus Eigeninitiative ergriffen werden, während sie im Fall von Kindern stellvertretend durch die Rechtsgemeinschaft aktiviert werden muß. Wenn wir uns darüber hinaus klarmachen, daß Rechte in bezug auf die Familie stets auch die Funktion besitzen, dem einzelnen die Chance des Austritts zu garantieren, dann wird der übergreifende Stellenwert des Rechtsmodells klar: es soll einen institutionellen Freiraum konstituieren, in dem die Subjekte ohne Angst vor physischen oder psychischen Gefährdungen den Versuch unternehmen können, eine auf Liebe gegründete Gemeinschaft zu verwirklichen.

24 Bei der Erörterung der Bedeutung von Rechten innerhalb der Familie orientiere ich mich an: Jeremy Waldron, »When Justice Replaces Affection: The Need for Rights«, in: ders., *Liberal Rights. Collected Papers 1981-1991*, Cambridge 1993, S. 370-391.

Mit diesen Überlegungen wird zunächst ein wenig klarer, was es heißen soll, sich innerhalb der Familie wechselseitig als Rechtsperson anzuerkennen: damit ist die moralische Pflicht gemeint, nicht aus den Augen zu verlieren, daß der einzelne auch als Familienmitglied noch Träger von universellen Rechten bleibt. Die Pflicht, alle menschlichen Subjekte in ihrer moralischen Autonomie und dementsprechend als Zwecke-in-sich-selbst zu achten, erlischt nicht vor den Toren der Familiengemeinschaft; vielmehr muß diese Form der Anerkennung eine moralische Instanz bleiben, an die die Familienmitglieder wechselseitig appellieren können müssen, wenn sie sich noch nicht einmal mehr als Rechtspersonen respektiert sehen. Aber erst für den Fall, daß solche Appelle versagen, steht den Subjekten als ein letztes Schutzmittel der Rückgriff auf staatlich sanktionierte Rechte offen. Daß dem moralischen Anspruch auf rechtliche Anerkennung heute in wachsendem Maß legale Rechte entsprechen, gibt den Schutzbedarf zu erkennen, den die Rechtsgemeinschaft inzwischen von sich aus im Inneren der Familie vermutet; denn mit der Umwandlung von moralischen Ansprüchen in staatlich sanktionierte Rechte schiebt sich der Bereich des Öffentlichen deswegen in die private Sphäre der Familie vor, weil gesellschaftlich die moralische Sensibilität dafür gewachsen ist, in welchem Maße die Familienmitglieder heute in ihrer Würde als Rechtspersonen bedroht sind. Die Grenze zwischen staatlichen Eingriffsmöglichkeiten und privater Verfügung markiert daher, wo die Öffentlichkeit jene Bereiche innerhalb der Familie erblickt, in denen moralische Appelle der Betroffenen versagen.[25]

Nun ist die Grenzlinie, die in diesem Sinn zwischen dem privaten und öffentlichen Bereich der Familie gezogen wird, nicht mit derjenigen identisch, die zwischen den beiden moralischen Orientierungen verläuft. Denn der Umfang der familialen Sphäre, in die staatlich sanktionierte Rechte hineinreichen, ist noch immer sehr viel schmaler als die Zone, innerhalb derer die Familienmitglieder an allgemeine Prinzipien der Gerechtigkeit appellieren können; eine solche Möglichkeit der Berufung darauf, daß auch familiale

25 Bei dieser Unterscheidung von »privat« und »öffentlich« orientierte ich mich vage an dem begrifflichen Vorschlag, den John Dewey gemacht hat: John Dewey, *The Public and its Problems*, Athens 1952, bes. Kap. I; einen interessanten Versuch, das Verhältnis von »privat« und »öffentlich« in Hinblick auf aktuelle Probleme der Familie zu klären, unternimmt Jean Cohen: dies., »Redescribing Privacy: Identity, Difference and the Abortion Controversy«, in: *Columbia Journal of Gender and Law*, Vol. III, 1/1992, S. 43-117.

Bindungen nicht von der moralischen Pflicht zur Gleichbehandlung befreien, besteht nämlich überall dort, wo Liebe und Fürsorge als Kommunikationsmittel versagen. Die Familienmitglieder können sich in ihrer Würde als Rechtsperson nicht nur verletzt sehen, wenn ihre legalen Rechte mißachtet werden, sondern immer schon dann, wenn ihre moralischen Vorstellungen von Gleichbehandlung systematisch ignoriert werden; in derartigen Fällen steht ihnen die Möglichkeit offen, die affektive Ebene der familialen Interaktion zu verlassen, um an rational einsehbare Verpflichtungen zu erinnern. An den Veränderungen im moralischen Vokabular, die sich in solchen Augenblicken des Ebenenwechsels vollziehen, läßt sich in einem weiteren Schritt nun beobachten, worin die Eigenart einer wechselseitigen Anerkennung durch Liebe besteht.

Sobald ein Familienmitglied an allgemeine Prinzipien der Gerechtigkeit appelliert, weil es sich in bestimmten Interessen dauerhaft mißachtet sieht, bezieht es sich damit auf Verpflichtungen, die einen reziproken Charakter besitzen; was eingeklagt wird, sind moralische Rücksichtsmaßnahmen, zu denen alle anderen Subjekte in vergleichbaren Situationen in genau demselbem Maße verpflichtet sind. Die Gründe, mit denen derartige Verpflichtungen eingefordert werden, sollen mithin die Eigenschaft besitzen, von jedem anderen Individuum nachvollzogen werden zu können; nicht nur die anderen Mitglieder der Familie, sondern im Prinzip alle vernünftigen Wesen sollen einsehen können, daß in diesem Fall bestimmte Forderungen der Gerechtigkeit verletzt werden. Mit einem solchen universalistischen Appell wird aber eine Form der moralischen Interaktion verlassen, die innerhalb von Familien typisch ist, solange das emotionale Band noch nicht zerrissen scheint; normalerweise werden hier nämlich eigene Bedürfnisse oder Interessen dadurch ins Spiel gebracht, daß auf Verpflichtungen verwiesen wird, die sich nicht aus allgemeinen Prinzipien, sondern aus den gemeinsam geteilten Gefühlen ergeben.[26] Im Unterschied zu allge-

26 Im folgenden orientierte ich mich an Studien vor allem von feministischen Autorinnen, die den Versuch unternommen haben, die moralischen Eigenschaften von affektiven Beziehungen aufzuklären: vgl. u. a. Claudia Card, »Gratitude and Obligation«, in: *American Philosophical Quarterly*, Vol. 25/1988, S. 114-127; Claudia Card, »Gender and Moral Luck«, in: Owen Flanegan/Amélie Oksenberg Rorty (Hg.), *Identity, Character and Morality, Essays in Moral Psychology*, Cambridge, Mass. 1990, S. 199-218; Jane English, »What Do Grown Children owe their Parents«, in: Onora O'Neill/William Ruddick (Hg.), *Having Child-*

meinen Verpflichtungen haben solche Verpflichtungen den Charakter, daß sie eine wechselseitige Bevorzugung verlangen, die den individuellen Bedürfnissen und Fähigkeiten zu entsprechen hat: jede Person soll das geben, wozu sie in der Lage ist, und das empfangen können, was ihren ja besonderen Bedürfnissen zugute kommt. Daher sind auch die Gründe, mit denen an derartige Verpflichtungen appelliert werden kann, von anderer Art als diejenigen, die im Fall der Berufung auf allgemeine Prinzipien der Gerechtigkeit herangezogen werden: statt Argumente, die alle anderen Subjekte rational nachvollziehen können sollen, werden möglichst personennahe Überlegungen vorgetragen, die dem Gegenüber nur aufgrund seiner Zuneigungen einsichtig sein sollen. Die Nachvollziehbarkeit der moralischen Erwägungen soll sich im zweiten Fall dem affektiven Vorschuß verdanken, der den Äußerungen der eigenen Person entgegengebracht wird, weil sie vom anderen geliebt wird; woran mithin appelliert wird, um hier die entsprechende Rücksichtnahme zu motivieren, ist nicht die rationale Einsicht, sondern die Existenz gemeinsam geteilter Zuneigungen.

In welchem Maße diese Form einer wechselseitigen Anerkennung die eigentliche Substanz des Familienlebens ausmacht, läßt sich leicht an den negativen Konsequenzen ermessen, die ihr vollständiger Wegfall nach sich ziehen müßte: wenn die Familienmitglieder untereinander Rücksicht und Anteilnahme nur aus Einsicht in allgemeine Pflichten leisten würden, so bliebe von ihren Gemeinsamkeiten nur jenes schmale Band aus moralischem Respekt bestehen, das im Prinzip alle Subjekte miteinander verbinden sollte; es wäre, mit anderen Worten, gar nicht mehr recht zu verstehen, worin die besondere Einheit der Familie bestehen sollte, durch die sie zu mehr als einer bloßen Agentur für die Sozialisation des Nachwuchses wird. Mit Freundschaften teilen Familienbeziehungen daher die Eigenschaft, daß sie nur so lange ihrem eigentlichen Sinn nach bestehen, wie die beteiligten Subjekte sich untereinander aus Zuneigung moralische Rücksicht und Fürsorge entgegenbringen; ja, solche fürsorgenden Handlungen verlieren in diesen Beziehungen sogar ihren moralischen Wert, sobald sie nicht mehr aus dem Gefühl der Liebe, sondern aus rationaler Einsicht in eine Pflicht vollzogen werden.

ren, a. a. O., S. 351-S. 357; eine bedeutsame Studie zur Moral persönlicher Beziehungen stellt die Arbeit von Lawrence A. Blum dar: ders., *Moral Perception and Particularity*, Cambridge 1994.

Diese Schlußfolgerung scheint so stark mit dem Hegelschen Modell übereinzustimmen, daß sie leicht vergessen läßt, was zuvor gesagt worden war; daß es nämlich für die Familienmitglieder stets wieder gute Gründe geben kann, den moralischen Horizont der affektiven Bindung zu verlassen, weil sie sich in ihren Interessen oder Wünschen nicht wirklich gleichbehandelt sehen. Hegel hat in seinem Modell von dieser internen Spannung abstrahieren können, weil er ein vollkommen statisches, ja idealisiertes Bild von Fürsorge und Liebe vorausgesetzt hat; nie sind ihm Zweifel gekommen, ob die wechselseitigen Akte der Fürsorge in der Familie wirklich die Interessen aller Beteiligten befriedigen, wenngleich schon damals vereinzelt Frauen gegen die herrschenden Rollenzumutungen aufbegehrt haben. Gerade fürsorgende Handlungen können leicht zu einer Verletzung individueller Interessen führen, weil sie häufig auf einer falschen Deutung der Bedürfnisse der anderen Person beruhen, obwohl sie doch in der besten Absicht von Zuneigung und Wohlwollen durchgeführt werden; in solchen Fällen sind die Bedürfnisinterpretationen in so hohem Maße von bloßen Klischees und Typisierungen durchsetzt, daß sie es gar nicht mehr erlauben, die Artikulation von neuen Wünschen oder Interessen angemessen zur Kenntnis zu nehmen. Diese Tendenz der wechselseitigen Fürsorge und Liebe, bloß das an den Bedürfnissen des jeweils anderen zu befriedigen, was in die konventionellen Wahrnehmungsschemata paßt, hat Hegel in sein Bild der Familie nicht aufgenommen; daher auch hat er die Spannung nicht sehen können, die innerhalb der modernen Familie zwischen den beiden moralischen Orientierungen bestehen muß. Denn der Konventionalismus der Fürsorge läßt sich von den Betroffenen in Situationen, in denen weitere Appelle an Empathie und Zuneigung aussichtslos erscheinen, nur durch die Berufung auf allgemeine Prinzipien der Gleichbehandlung aufbrechen; diese eröffnen gewissermaßen die Chance, eine rationale Einsicht in die Tatsache zu motivieren, daß bestimmte Interessen der eigenen Person in der Zuneigung des Partners unberücksichtigt bleiben.[27]

Mit diesen Überlegungen sind wir immerhin an einen Punkt gelangt, an dem sich etwas klarere Aussagen über das Verhältnis machen lassen, in dem die beiden Anerkennungsformen innerhalb von Familien zueinander stehen: zwar muß entgegen der Hegel-

27 Vgl. zu diesem Problem: Marilyn Friedman, *What Are Friends For*? Ithaca, N.Y. 1993, bes. Kap. 2 (»The Practise of Partiality«).

schen Idee daran festgehalten werden, daß sich notwendige Schritte zur inneren Reform des Familienlebens nur dann vollziehen, wenn einzelne ihrer Mitglieder den affektiven Rahmen der Interaktion verlassen, um ihre Interessen im Verweis auf allgemeine Gerechtigkeitsprinzipien einzuklagen; solange die damit motivierten Einstellungsänderungen aber nicht in die Zuneigungen und Gefühle aller Beteiligten zurückwandern, ist das Familienleben von der Gefahr bedroht, seine emotionale Substanz zu verlieren und zu einer bloßen Kooperationsbeziehung zu werden. In Anwendung auf die Probleme, mit denen heute Familien zu kämpfen haben, führt diese These zu Konsequenzen in zwei Richtungen: obwohl einerseits eine zentrale Herausforderung gegenwärtig in der extremen Ungleichverteilung der Hausarbeit liegt, sollten deswegen Familien noch nicht einfach als Institutionen begriffen werden, die nach Maßgabe von allgemeinen Prinzipien der Gerechtigkeit umgestaltet werden; denn das würde jene besondere Moralität von affektiven Bindungen nur noch weiter schwächen, deren Auszehrung schon für die breite Tendenz zur emotionalen Verwahrlosung von Familien verantwortlich ist; hier muß vielmehr vor allem die demokratische Öffentlichkeit aktiv werden, indem sie arbeitspolitische Maßnahmen erzwingt, die die notwendigen Umverteilungen der Hausarbeit fördern und beschleunigen können. Andererseits darf das Anwachsen von emotionaler Verwahrlosung heute aber auch nicht dazu verleiten, in verzweifelter Nostalgie noch einmal eine Idee der Familie heraufzubeschwören, die sich auf die affektiven Bindungen von Fürsorge und Liebe beschränkt; denn schon der moralische Druck, die Hausarbeit gerechter zwischen den Partnern zu verteilen, macht ja unmißverständlich deutlich, daß die zentrale Herausforderung für Familien gegenwärtig darin besteht, die Fortschritte der sozialen Gleichstellung in den Horizont der affektiven Bindungen zurückzuübersetzen. Damit sind wir freilich erneut mit der bislang unbeantworteten Frage konfrontiert, wo heute innerhalb von Familien die Grenzlinie zwischen den beiden moralischen Orientierungen verlaufen soll.

IV

Es hat sich gezeigt, daß die moralische Identität moderner Familien von Formen der wechselseitigen Fürsorge und Liebe abhängig ist, die ihrerseits keine statische Größe darstellen: wenn die affektiven Bindungen einmal nicht mehr sensibel genug sind, um auch die Erfüllung von neuentstandenen Wünschen oder Interessen zu motivieren, so steht den Familienmitgliedern stets die Möglichkeit offen, unter Berufung auf allgemeine Prinzipien der Gerechtigkeit eine Revision der eingespielten Verpflichtungen zu initiieren. Dieser spannungsvolle Prozeß läßt nun die Frage entstehen, ob es innerhalb von Familien eine kritische Schwelle gibt, jenseits der die Verselbständigung von Fragen allgemeiner Gerechtigkeit zur Auflösung ihrer affektiven Bindungskräfte führt; muß es nicht, anders formuliert, eine Grenzlinie geben, die uns darüber informiert, bis zu welchem Punkt Familien auf der Basis rationaler Übereinkünfte fortexistieren können? Natürlich kann es auf eine derartige Frage keine substantielle, sondern nur eine prozeduralistische Antwort geben: jede Familie wird immer wieder selber den Versuch unternehmen müssen, sich in möglichst zwangloser Weise darüber zu verständigen, wo in ihrem besonderen Fall der Geltung von allgemeinen Prinzipien der Gerechtigkeit eine Grenze gezogen werden soll; denn nur im diskursiven Austausch können die Familienmitglieder untereinander erkunden, wie weit ihre individuellen Fähigkeiten reichen, rationale Einsichten möglichst noch einmal in affektive Einstellungen zurückwandern zu lassen. Insofern mag die Zukunft der Familie davon abhängen, ob ihr die Herausbildung einer diskursiven Reflexivität gelingt, mit der sie stets wieder neu die rechte Balance zwischen Gerechtigkeit und affektiver Bindung zu finden vermag.

Liebe und Moral
Zum moralischen Gehalt affektiver Bindungen

Obwohl unter den Einstellungen, die wir anderen Personen gegenüber einnehmen können, die Liebe wahrscheinlich diejenige ist, der von uns im Alltag die größte Aufmerksamkeit geschenkt wird, hat sie in der Philosophie der Nachkriegszeit nur eine geringe Rolle gespielt; zwar finden sich hier und da begriffsgeschichtliche Studien, die den Veränderungen des Wortes von der Antike bis in die Neuzeit nachgehen, zwar hätten Sartres irritierende Studien zum Thema in »Das Sein und das Nichts« der philosophischen Forschung ein fruchtbares Feld erschließen können, aber die praktische Philosophie zeigte sich diesseits und jenseits des Atlantiks an einer systematischen Untersuchung der »Liebe« nur wenig interessiert. Die Gründe, die zu dieser auffälligen Vernachlässigung geführt haben, sind vielfältig und variieren je nach philosophischer Kultur, aber im wesentlichen hängen sie mit der Orientierung an einem Moralbegriff zusammen, der so stark auf Prinzipien der Unparteilichkeit zugeschnitten war, daß persönliche Beziehungen des unterschiedlichsten Typs kaum der philosophischen Beschäftigung zu lohnen schienen. In der angelsächsischen Welt war es nach dem Krieg zunächst die in enger Auslegung von Wittgenstein entstandene Metaethik, deren Konzentration auf den logischen Status moralischer Aussagen es verhinderte, daß die Erfahrung der Liebe unter normativen Gesichtspunkten ernst genommen werden konnte; und auch, als deren Vorherrschaft gebrochen war, sorgten die nun wieder dominant werdenden Strömungen des Utilitarismus und des Kantianismus dafür, daß das Thema weiterhin nur am Rande der philosophischen Aufmerksamkeit lag. Im deutschsprachigen Raum sahen die Verhältnisse nach dem Krieg insofern anders aus, als hier zunächst das Frühwerk Heideggers und damit eine eher phänomenologisch ansetzende Existentialanalyse den Ton angab; zwar war in »Sein und Zeit« die Erfahrung der Liebe in keiner Weise als bestimmend für das menschliche Dasein angesehen worden, der dort entwickelte Ansatz hätte es jedoch erlaubt, wie nicht zuletzt die entsprechenden Studien von Ludwig Binswanger deutlich machen, zum Thema einen interessanten Zugang zu finden;[1] und wäre damals die phänomenologische Tradition hinter die Position Heideggers bis auf das Werk Max Schelers zurückverfolgt worden, so hätte sich sogar ein Stück philosophischer Literatur wieder erschließen können, das heute in der thematischen Beschäftigung mit der »Liebe« erneut allergrößte Aktualität besitzt.[2] Aber all diese Ansätze konnten in den ersten beiden Jahrzehnten nach dem Zusammenbruch des Nationalsozialismus gar nicht fruchtbar werden, weil die besten Köpfe der neuen Generation aus guten Gründen den Rückgriff auf eine Philosophie zu vermeiden hatten, die an der Herausbildung eines präfaschistischen Irrationalismus nicht ganz unbeteiligt war; vielmehr mußte es darum gehen, solche Traditionselemente wiederzubeleben, die als Grundlage für einen Rationalismus dienen konnten, der mit den analytischen Strömungen zumindest vereinbar war.

Zur ersten Infragestellung der Ausgrenzung des Themas kam es freilich schon im Laufe der siebziger Jahre, als in beiden philosophischen Kulturen sich die Stimmen derer mehrten, die in der Liebe ein vernachlässigtes Thema der Moralphilosophie sahen: Hierzulande trugen dazu Studien wie die von Andreas Wildt bei, die im Rückgriff auf den jungen Hegel nicht-rechtsförmige Typen der moralischen Orientierung aufzuzeigen versuchten, um sie der von Kant privilegierten Einstellung einer unparteilichen Gerechtigkeit entgegenzuhalten.[3] Im angelsächsischen Sprachraum ist der Moment der ersten Irritation sogar zeitlich genau zu datieren, weil es die Veröffentlichung eines berühmt gewordenen Aufsatzes von Michael Stocker war, mit dem geradezu eine ganze Bewegung der Hinwendung zu Themen wie »Liebe« und »Freundschaft« eingeleitet wurde.[4] Inzwischen ist die entsprechende Literatur so angewachsen, daß geradezu von einer Renaissance der Beschäftigung mit der Erfahrung von Liebe in der angelsächsischen Philosophie gesprochen werden kann; und längst werden dabei nicht mehr nur Fragestellungen der Moralphilosophie im engeren Sinn berührt, sondern es wird auch auf benachbarte Themenfelder wie den Per-

1 Ludwig Binswanger, *Grundformen und Erkenntnis menschlichen Daseins*, München/Basel 1962, v. a. erster Text, Kap. 1, A.

2 Max Scheler, *Der Formalismus in der Ethik und die materiale Wertethik*, Gesammelte Werke Bd. 2, Bern und München 1966, bes. zweiter Teil, Kap. IV.

3 Andreas Wildt, *Autonomie und Anerkennung. Hegels Moralitätskritik im Lichte seiner Fichte-Rezeption*, Stuttgart 1982.

4 Michael Stocker, »The Schizophrenia of Modern Ethical Theory«, in: *The Journal of Philosophy*, Nr. 13/1976, S. 453 ff.

sonenbegriff und die Freiheitslehre ausgegriffen. Allerdings lassen einige dieser neueren Veröffentlichungen schon auf den ersten Blick umgekehrt auch wieder deutlich werden, daß die ursprüngliche Zurückhaltung der Philosophie insofern nicht ganz unbegründet war, als gegenüber der Liebe nur schwer ein angemessener Weg der begrifflichen oder phänomenologischen Analyse zu finden ist; die Erfahrungen, die wir als Liebende machen, sind einerseits zu individuell, zu partikular, andererseits kulturell zu variabel, als daß es ein leichtes wäre, hier auf allgemeine, nicht-triviale Voraussetzungen zu stoßen, die überdies von philosophischem Interesse sein könnten. In einem ersten Schritt soll hier daher der Versuch unternommen werden, anhand einiger neuerer Veröffentlichungen zu klären, was sich heute sinnvollerweise unter einer Erfahrung der Liebe verstehen lassen kann (I); erst dann wird es in einem zweiten Schritt darum gehen, die Frage in Angriff zu nehmen, ob der Liebe ein moralischer Gehalt spezifischen Charakters zugeschrieben werden kann (II).

I

Was herauskommt, wenn eine begriffliche Vorklärung über die gegenwärtige Bedeutung von »Liebe« unterbleibt, zeigt sich heute an Veröffentlichungen, die entweder unbesonnen kulturspezifische Vorurteile übernehmen oder mit ans Absurde grenzenden Rationalitätsunterstellungen arbeiten. Für den ersten Fall solcher falsch ansetzenden Analysen mag eine Studie einstehen, deren englischer Titel »Love Between Equals« durchaus hohe Erwartungen weckt, wohingegen seine Übersetzung ins Deutsche »Ich liebe dich so wie du bist« ungewollt schon auch die bevorstehenden Enttäuschungen vorzubereiten scheint.[5] Der Autor, John Wilson, ist ein in Oxford großgewordener analytischer Philosoph, den es in das Feld der Erziehungswissenschaften verschlagen hat; aus dem Wunsch, die Methode der Begriffsanalyse für pädagogisch relevante, aktuelle Themen fruchtbar zu machen, ist dann wohl auch der Plan entstanden, der Struktur des Gefühls der Liebe philosophisch nachzugehen. Verspricht die Gliederung seines Buches noch eine

5 John Wilson, *Ich liebe dich so wie du bist. Eine philosophische Analyse eines Gefühls*, Stuttgart 1997.

Klärung all der Hinsichten, unter denen die Liebe für die philosophische Forschung überhaupt von Bedeutung sein kann, angefangen von den sie begleitenden moralischen Einstellungen bis hin zu ihrem Wert für ein gelingendes Leben im Ganzen, so fällt das Ergebnis der »begriffsanalytischen« Arbeit allerdings sehr enttäuschend aus: Auch wenn stets die richtigen Fragen gestellt werden, kommen die Antworten kaum darüber hinaus, unter Vorspiegelung kategorialer Klarheit bloß jene wechselseitigen Erwartungen zu umreißen, die heute in einem bestimmten Sozialmilieu mit der Empfindung von Liebe verknüpft werden. Die Studie legt nicht minimale Voraussetzungen dessen frei, was es für uns im allgemeinen heißen kann, von Einstellungen der Liebe zu sprechen, sondern bringt undurchschaut nur die einschlägigen Idealisierungen einer Subkultur unter vielen anderen zur Darstellung. So kann John Wilson in seiner Studie erst gar nicht jene brisanten Problemfelder betreten, die heute etwa dort von herausragender Bedeutung sind, wo nach dem Verhältnis der affektiv begründeten Bevorzugung einer geliebten Person zur moralischen Forderung nach Gleichbehandlung gefragt wird; vielmehr muß er sich über weite Strecken mit der Behandlung von Themen abmühen, die als solche überhaupt nur im Horizont eines kulturell eng begrenzten Liebesideals entstehen. Besonders kraß kommt diese Kulturgebundenheit der Argumentation in einem peinlich anmutenden Fragebogen zur Geltung, der der Untersuchung in einem Anhang beigefügt ist; hier soll die Leserin anhand ihrer Beantwortung einer Reihe von Fragen überprüfen können, ob es sich bei ihren Einstellungen einer anderen Person gegenüber tatsächlich um »echte« Gefühle der Liebe handelt. Nicht, daß es im Prinzip falsch wäre, sich um eine Liste von normativen Kriterien zu bemühen, die uns eine plausible Diskriminierung zwischen gelungenen und verfehlten Formen der Liebe erlauben würde; immerhin hat kein Geringerer als Thomas Nagel in seinem faszinierenden Aufsatz »Sexuelle Perversion« den Versuch unternommen, ohne jede moralische Bewertung, ja, am Ende sogar in gelassenster Liberalität einen normativen Begriff der sexuellen Interaktion zu entwickeln, der »humane« von »perversen« Erscheinungen der Sexualität unterscheidbar machen soll; und auch die Psychoanalyse hat sich ja, wie heute etwa die Studien von Otto Kernberg oder Jessica Benjamin zeigen, um die normative Rechtfertigung jener klinischen Intuitionen zu sorgen, mit denen der Analytiker an den Fallgeschichten seiner Patienten auf die ersten Symptome systematisch fehlschlagender Liebesbeziehungen reagiert.[6]

Aber alle diese Unternehmungen sind skrupulös darum bemüht, die Einführung derartiger Kriterien in einer Weise vorzunehmen, daß dabei unterschwellig gerade nicht soziale Konventionen den Bezugspunkt darstellen; wo aber, wie bei Wilson, eine positive Antwort auf die Frage, ob ein tatsächlicher Wunsch nach Geschlechtsverkehr mit einem anderen Partner besteht, bereits als Indikator für ein unechtes Gefühl der Liebe fungieren soll, liegt eine solche methodische Kontrolle offensichtlich gerade nicht vor. Beispiele solcher Art, die zeigen, wie stark Wilson von konventionellen Vorstellungen über Liebe Gebrauch macht, finden sich in seiner Studie zuhauf: Daß authentische Einstellungen der Liebe nur dort vorliegen, wo nach spätestens drei Tagen starke Sehnsuchtsgefühle entstehen, ist hier ebenso zu lesen wie daß dem Körper des anderen gegenüber keine Gefühle der Abneigung entstehen dürfen. So überschreitet ein Buch, in dem noch zu Beginn stolz auf die sprachanalytische Methode verwiesen wurde, unbesehen die Grenze zum trivialen Genre der Ratgeberliteratur, indem es naiv ein soziales Vorurteil an das andere reiht. Natürlich ist es aus den zuvor genannten Gründen bei Liebesbeziehungen besonders schwer, aus der Vielzahl allein heute koexistierender Ideale und Praktiken einige hinreichend allgemeine Strukturen herauszudestillieren, um einen Ansatz für die philosophische Analyse zu finden. Aber die Fehler, die John Wilson dabei unterlaufen sind, indem er die Liebe mit einem Zuviel an kulturspezifischer Substanz ausgestattet hat, kennzeichnen nur den einen Pol der möglichen Schwierigkeiten, in die ein solches Unternehmen geraten kann; den entgegengesetzten Pol markieren hingegen Ansätze, die der Gefahr einer unbemerkten Übernahme schicht- oder kulturspezifischer Typisierungen dadurch zu entgehen versuchen, daß sie sich nur auf ein Minimum an elementaren Rationalitätsunterstellungen beschränken.

Zu welchen absurden Konsequenzen dieses an sich interessante Vorgehen führen kann, bei dem die rationalen Gründe im Vordergrund stehen, mit denen wir im allgemeinen vor uns und anderen Gefühle der Liebe rechtfertigen, macht unfreiwillig der Aufsatz

6 Thomas Nagel, »Sexuelle Perversion«, in: ders., *Über das Leben, die Seele und den Tod*, Königstein 1984, S. 55 ff.; Otto F. Kernberg, *Love Relations. Normality and Pathology*, New Haven 1995; Jessica Benjamin, *Die Fesseln der Liebe. Psychoanalyse, Feminismus und das Problem der Macht*, Frankfurt/M. 1990.

»Love and Rationality« von Roger E. Lamb klar.[7] Seine Überlegungen gehen von der Prämisse aus, daß sich positive Einstellungen gegenüber anderen Personen der Überzeugung verdanken, daß ihnen wertzuschätzende Eigenschaften zukommen: So respektieren wir jemanden, weil wir entweder direkt die Erfahrung haben machen können oder zumindest die begründete Vermutung besitzen, daß er oder sie bestimmten Versuchungen mutig zu widerstehen vermag; oder die Lehrerin etwa schätzt ihre Schülerin, weil sie die Aufgaben zielstrebig und effektiv erfüllt hat, die an sie herangetragen worden waren. Aus dieser noch unauffälligen Tatsache leitet Lamb nun eine Art von Universalisierungszwang ab, der darin bestehen soll, jene positiven Einstellungen auch auf all die anderen Personen zu übertragen, denen exakt dieselben Eigenschaften wie der ursprünglich wertgeschätzten Person zukommen: Wenn ich X aufgrund bestimmter Tugenden Respekt entgegenbringe, so muß ich rationalerweise auch jeden anderen respektieren, der dieselben Tugenden besitzt. Ist ein solcher Universalisierungszwang tatsächlich als rationale Folgerung in unsere positiven Einstellungen eingebaut, so erhebt sich nun die Frage, die Lamb als ein Paradox einführt und zum Leitfaden seines Aufsatzes macht: Sind wir aus rationalen Gründen gezwungen, auch all diejenigen Personen zu lieben, denen nach unserer begründeten Vermutung dieselben Eigenschaften wie der Person zukommen, die wir im Augenblick wahrhaftig lieben? Es kostet Lamb mehr als zwanzig Seiten an aufwendiger Argumentation, um bis zu dem Punkt vorzustoßen, an dem ihm an den theoretischen Voraussetzungen dieser Frage selber die ersten Zweifel kommen. Denn das ganze Unterfangen, auch die Liebe auf eine rationale Nötigung zur Universalisierung hin zu befragen, basiert ja auf der stillschweigenden Prämisse, daß sie wie alle anderen positiven Einstellungen gegenüber anderen Personen hinreichend in wertzuschätzenden Eigenschaften begründet ist: Jemanden zu lieben würde bedeuten, die eigenen Gefühle vollständig durch eine Angabe der Eigenschaften rechtfertigen zu können, die die betreffende Person liebenswert machen. Verhielte es sich so, dann ergäbe sich für einen liebenden Menschen tatsächlich eine rationale Nötigung der Art, wie sie Lamb in seinem Universalisierungsgrundsatz vor Augen hat: Wir wären aus Gründen des kognitiven Gehalts unserer Gefühle ge-

7 Roger E. Lamb, »Love and Rationality«, in: ders. (Hg.), *Love Analyzed*, Oxford 1997, S. 23 ff.

zwungen, auch all die anderen Menschen zu lieben, denen genau die Eigenschaften der von uns geliebten Person zukommen. Daß aber die genannte Prämisse selber bezweifelbar ist, ja, daß sie absurde Züge trägt, macht sich Lamb nach vielen überflüssigen Zwischenschritten schließlich an der einfachen Überlegung klar, daß in Einstellungen der Liebe im Unterschied etwa zu denen des Respekts stets zusätzlich die Überzeugung der Unvertretbarkeit der wertgeschätzten Person eingeht: Zwar kann ich als liebender Mensch auf eine Reihe von Eigenschaften verweisen, die die entsprechende Person liebenswert machen, aber was aus meiner Sicht das Gefühl der Liebe überhaupt erst rechtfertigt, ist die einzigartige Weise, in der jene Eigenschaften in ihr zusammentreffen. Insofern läßt sich gegen die ursprüngliche Vermutung von Lamb geradezu sagen, daß die Liebe eine Einstellung repräsentiert, die schon den Gedanken einer möglichen Universalisierung in gewisser Weise verbietet; denn ich werde meine Gefühle nur dann mit so starken Begriffen wie »Liebe« beschreiben können, wenn ich die gemeinte Person zugleich in dem Sinn als unvertretbar wahrnehme, daß in ihr verschiedene Eigenschaften in schwer beschreibbarer, eben einzigartiger Gestalt zusammenspielen.

Freilich wäre Lamb der mühsame Weg zu diesem noch nicht sonderlich überraschenden Ergebnis erspart geblieben, hätte er nur einen sorgfältigeren Blick in die Literatur geworfen, die sich in den letzten Jahren ernsthaft um eine Bestimmung des Gefühls der Liebe bemüht hat; zwischen den beiden entgegengesetzten Polen, die entweder durch einen zu reichen oder einen zu dünnen Begriff der Liebe gekennzeichnet sind, tut sich nämlich ein weites Feld an philosophischen Erkenntnissen auf, die ihre Rolle für unser Selbstverständnis betreffen. Am Anfang jeder gewissenhaften Beschäftigung mit dem Thema steht heute die Einsicht, daß wir in der entsprechenden Einstellung die geliebte Person stets als jemanden wahrnehmen, dessen Existenz für uns von einzigartigem, unvertretbarem Wert ist; was das wiederum im einzelnen bedeuten kann, wird in Studien zu klären versucht, die entweder die Struktur der involvierten Gefühle oder die besondere Art der rechtfertigenden Gründe einer eingehenden Analyse unterziehen, bevor dann auf der Basis solcher Ergebnisse überhaupt erst jene Fragen in Angriff genommen werden können, die mit dem moralischen Stellenwert der Liebe zusammenhängen; und erst, nachdem solche Probleme in Grundzügen geklärt sind, läßt sich schließlich jenes unübersichtliche Themenfeld in Augenschein nehmen, in dem die Bedeutung der Liebe für unser Personsein im ganzen verhandelt wird. Unter den Fragen, die zum ersten Themenbereich gehören, steht an vorderster Stelle diejenige nach dem besonderen Charakter der Gefühle, in denen die Einzigartigkeit einer geliebten Person zum Ausdruck kommt. Wesentliches hat hierzu in den letzten Jahren Martha Nussbaum beigetragen, indem sie anhand von beeindrukkend luziden Literaturinterpretationen hat zeigen wollen, daß sich Einstellungen der Liebe und der poetische Stil bestimmter Meisterwerke des psychologischen Romans insofern ähneln, als sie beide stets in Form von Stimmungen und Gefühlen ein subtiles Wissen um die einzigartige Lebenssituation einer besonderen Person repräsentieren; was Nussbaum an solchen ethisch gehaltvollen Emotionen freilich vor allem interessiert, ist die Art des Verhältnisses, das sie zu den universalistischen Prinzipien der herkömmlichen Moraltheorien unterhalten.[8]

Ein Aufsatz hingegen, »The Historicity of Psychological Attitudes«, der sich vollständig auf die Analyse von Gefühlen der Liebe beschränkt und dabei in bezug auf deren »Partikularität« zu äußerst wertvollen Ergebnissen gelangt, stammt von der amerikanischen Philosophin Amelie O. Rorty, der wir bereits eine ganze Reihe von bedeutsamen Studien zur Struktur menschlicher Emotionen verdanken.[9] Im Unterschied zu Wilson baut Rorty der Gefahr einer unkontrollierten Übernahme sozialer Konventionen von Anfang an dadurch vor, daß sie einerseits nach möglichst abstrakten Bestimmungen Ausschau hält, andererseits ihren Gegenstandsbereich deutlich mit einem historischen Index versieht: Es soll sich um eine möglichst formale Analyse derjenigen Gefühle und Einstellungen handeln, die in das Interaktionsverhältnis der Liebe in dem geschichtlichen Augenblick eingewandert sind, als sich nach der Romantik und nach der industriellen Revolution mit dem Individualisierungsgrad auch die Verletzbarkeit des Individuums wandelte, insofern es nun bei drohender Vereinzelung stärker von der dauerhaften Zuwendung einer anderen Person abhängig wurde. Amelie Rorty streift die historischen Aussichten, die sie mit einer solchen Rückbindung der Selbsterfahrung des Subjekts an sich sozial wandelnde Verletzbarkeiten eröffnet, nur am Rande;

8 Martha Nussbaum, *Love's Knowledge*, New York 1990.

9 Amelie O. Rorty, »The Historicity of Psychological Attitudes«, in: *Midwest Studies in Philosophy*, 1986, S. 399ff.

aber ganz ohne Frage steckt darin eine großartige Anregung, die es möglich machen müßte, die Geschichte des menschlichen Selbstverhältnisses vor dem Hintergrund epochenspezifischer Identitätsbedrohungen ganz neu aufzurollen. Der Leitfaden, an dem sich Amelie Rorty bei ihrer Analyse orientiert, ergibt sich aus der These, daß wir die beste Einsicht in die Gefühle der Liebe gewinnen, wenn wir nach den wechselseitigen Erwartungen der Partner fragen. Bei einer solchen Perspektive zeigt sich schnell, daß es drei kompliziert miteinander verwobene Einstellungen sind, die zwei sich Liebende reziprok voneinander erwarten. Zum ersten macht Rorty anhand fiktiv konstruierter Geschichten klar, daß wir von unseren Partnern oder Freunden gar nicht um bestimmter Eigenschaften willen geliebt werden wollen, sondern um unserer selbst willen, wobei dieses Selbst eben der von allen Eigenschaften abstrahierbare Kern unserer Persönlichkeit sein soll; denn es gehört gerade zum Erwartungshorizont einer solchen Beziehung, auch dann noch vom anderen geliebt zu werden, wenn aus kontingenten Umständen bestimmte, vielleicht auch besonders geschätzte Eigenschaften der eigenen Person verlorengehen. Mit der zweiten Erwartung, die Rorty freilegt, gelangt sie bereits zum affektiven Zentrum dessen, was sie als moderne Erfahrung der Liebe beschreibt: Die emotionale Zuneigung, die wir uns voneinander wünschen, soll in dem Sinn einen »historischen« oder dynamischen Charakter haben, als sie unseren eigenen Veränderungen gewissermaßen nachwachsen soll; wir wollen nicht bloß als die ursprünglich einmal angetroffene Person geliebt werden, sondern erwarten darüber hinaus, daß jene Liebe den Persönlichkeitswandlungen folgt, die wir aufgrund der neuen Erfahrungen in unbestimmter Richtung durchmachen. Insofern muten wir uns in der Liebe gegenseitig zu, daß unsere positiven Einstellungen dynamisch offen genug bleiben, um sich auch auf zu Beginn noch nicht antizipierbare Entwicklungen der eigenen Person zu beziehen. Schließlich erwarten wir, wie daran schon deutlich wird, von solchen dynamischen, wandlungsbereiten Gefühlen auch noch, daß sie von einer gewissen Dauer sind; auch wenn sich der zeitliche Erwartungshorizont der Liebe heute verkürzt haben mag, so bleibt bei Verwendung der entsprechenden Selbstbeschreibungen doch die Unterstellung einer Kontinuität der Gefühle über die Zeit hinaus bestehen.

Wenn wir uns dieses Zusammenspiel unterschiedlicher Erwartungen vor Augen führen, von dem Amelie Rorty mit Recht behauptet, daß es die beiden Partner wechselseitig vor die geradezu paradoxe Aufgabe von zugleich dynamischen und dauerhaften Gefühlen füreinander stellt, so tritt auch der extrem partikulare Charakter einer jeden Form der Liebe hervor: In ihr beziehen wir uns nicht nur in dem aktuellen Sinn auf die Einzigartigkeit einer anderen Person, daß wir ihr jenseits konkreter Eigenschaften als unvertretbar einzelner Zuneigung entgegenbringen, sondern auch in dem prospektiven Sinn, daß wir von heute aus derselben Person selbst noch in ihrer zukünftigen Identität Zuneigung entgegenbringen wollen. Nicht alles an Ergebnissen, was Amelie Rorty über die wechselseitigen Erwartungen zwischen Liebenden zutage fördert und damit zur Analyse des Gefühls der Liebe beiträgt, läßt sich umstandslos in die Begrifflichkeit eines rationalitätstheoretischen Ansatzes übersetzen; aber immerhin gibt es heute eine Reihe von interessanten Versuchen, im Hinblick auf die Handlungsgründe deutlich zu machen, was es heißt, von einer radikalen Partikularität der Liebe zu sprechen: So hat in dem von Lamb herausgegebenen Sammelband Philip Pettit in seinem kurzen Aufsatz »Love and its Place in Moral Discourse«,[10] der sich im wesentlichen mit der Rolle der Liebe für unseren Begriff der Moral beschäftigt, klargemacht, von welcher Art die rationalen Gründe sein müssen, die eine Person zur Liebe motivieren können. Zwar mag die Überlegung, die eine solche Person über ihre Motive anstellt, eine aktorneutrale (»der geliebte X«) oder -relative (»mein Geliebter«) Form besitzen, aber in jedem Fall muß der Handlungsgrund, den diese Person sich zurechtlegt, in dem Sinn radikal individualisiert sein, daß darin der einzelne, unvertretbare Geliebte die wesentliche Komponente bildet. Daher auch haftet, wie Pettit weiter schließt, der rechtfertigenden Rede in Zusammenhängen der Liebe stets etwas Schiefes, Verzerrendes an: Weil Begründungen nämlich zur Abstraktion von Partikularitäten nötigen, kann darin die einzigartige Identität der geliebten Person keine rechtfertigende Rolle übernehmen, sondern nur die wiederholende Behauptung, daß es sich eben um einen Akt der Liebe handelt – aber aus einer derartigen Erwägung heraus zu lieben, also aus einer Art von Bindung an die Liebe als solche, bedeutet für Pettit eben, gar nicht zu lieben, weil der Handlungsgrund nicht radikal auf den konkreten

10 Philip Pettit, »Love and ist Place in Moral Discourse«, in: Robert E. Lamb (Hg.), *Love Analyzed*, a. a. O.

Anderen hin individualisiert ist. Viele der rationalitätstheoretischen Überlegungen, die Pettit in diesem Sinn anstellt, mögen wie folgenlose Spielereien mit minimalen Unterschieden in den Begründungsformen von Liebe klingen; welche radikalen Konsequenzen aber damit verbunden sein können, zeigt sich vollständig erst, wenn das Feld der Moraltheorie betreten wird; denn hier muß sich zeigen, so hat Paul Ricœur es in einem berühmt gewordenen Vortrag formuliert, wie sich Liebe und Gerechtigkeit zueinander verhalten, wie also der radikale Partikularismus der Liebe mit den Unparteilichkeitsgeboten vereinbar ist, die am Anfang jeder aufgeklärten Moraltheorie stehen.[11]

II

Im Zentrum der weitverzweigten Debatten, die seit einigen Jahren vor allem in der angelsächsischen Philosophie über die »Liebe« geführt werden, steht ohne Zweifel ihr Verhältnis zur Moral; ja, wahrscheinlich ist noch nicht einmal die weitergehende Behauptung falsch, daß sich auf dem Gebiet der Moralphilosophie im Augenblick ganz wesentliche, schulbildende Differenzen exakt an dem Punkt auftun, an dem es um die Frage nach dem moralischen Gehalt der Liebe geht. Im Ausgang von den Resultaten, die die erste Durchsicht durch die neuere Literatur zum Thema zutage gefördert hatte, kann diese Sonderstellung nicht eigentlich überraschen: In der Liebe wird heute in weitgehender Übereinstimmung eine Form der intersubjektiven Beziehung gesehen, die aufgrund der wechselseitigen Orientierung beider Partner am individuellen Wohlergehen des jeweils anderen einen so eindeutigen Fall von Partikularismus darstellt, daß darauf die herkömmlichen Kategorien der Moralphilosophie kaum Anwendung finden können. Am augenfälligsten scheinen solche Grenzen dem Kantianismus gezogen, der noch immer den philosophischen Begriff der Moral in wesentlichen Zügen bestimmt; schon von Schiller gegen Kant vorgebracht, lautet hier der zentrale Einwand bis heute, daß bei einer Reduzierung aller Moral auf das universale Prinzip der Achtung, welches Ausdruck der unparteilichen Prozedur des kategorischen Imperativs sein soll, alle Formen eines Wohlwollens aus

11 Paul Ricœur, *Liebe und Gerechtigkeit*, Tübingen 1996.

Zuneigung ausgespart bleiben müssen. Nicht weniger markant scheinen aber auch die Barrieren zu sein, die der anderen großen Strömung der Moralphilosophie, dem Utilitarismus, im Wege stehen, sobald es an die Behandlung der Liebe geht: Wie dort der Universalisierungsgrundsatz der praktischen Vernunft, so verbietet hier offenbar das Prinzip der Maximierung des durchschnittlichen Glücks aller jeden Versuch, in der liebevollen Besorgung um eine einzige Person eine moralisch gehaltvolle Handlung zu sehen.

Angesichts dieser beträchtlichen Schwierigkeiten mag es zunächst überraschen, daß die herrschende Moralphilosophie aus ihrer Not nicht kurzerhand eine Tugend macht, indem sie die Liebe definitorisch aus dem Kernbereich der Moral verbannt; nichts schiene auf den ersten Blick einfacher, als den Umfang des Moralischen vorweg begrifflich auf genau die Handlungen einzuschränken, die das Ergebnis einer unparteilichen Abwägung sind, so daß alle wohlwollenden Akte aus Liebe oder Zuneigung ausgeschlossen bleiben. Was einem solchen Gewaltstreich aber im Wege steht und selbst hartgesottene Kantianer bis heute immer wieder daran hindert, die Liebe als solche aus dem moralischen Phänomenbereich auszuklammern, ist ein Umstand, der zumal den Romanlesern unter uns aus endlosen Stunden der Lektüre vertraut sein muß: Unsere Vorstellung dessen, was einen moralisch guten Menschen ausmacht, ja, was Moralität überhaupt bedeuten mag, ist doch nicht zuletzt an jenen zahllosen, facettenreichen Beispielen einer selbstlosen Hingabe, Aufopferung und Fürsorge gewonnen, deren Quelle die entschiedene Zuneigung zu einem anderen Menschen ist.

Daher hätte es etwas Widersinniges, im wahrsten Sinne Kontraintuitives, genau die Klasse von Handlungen aus dem Bereich der Moral auszuschließen, die uns von früh an als ihr sinnfälligstes Anschauungsmaterial dient; wir lernen eben und vergessen nicht mehr, was es heißt, sich um das Wohl eines anderen Menschen zu kümmern, an Akten der Parteilichkeit. Wird dieser Umstand in Rechnung gestellt, so ist auch die starke Beachtung nicht mehr weiter überraschend, die heute die Liebe in fast allen Strömungen der Moralphilosophie findet; an der Frage, welcher Platz ihr eingeräumt wird, scheint sich mittlerweile bemessen zu sollen, von welcher Art und wie leistungsfähig der jeweils verwendete Moralbegriff ist. Eine erste Wegmarkierung bei dem Versuch, sich in dem unwegsamen Terrain zurechtzufinden, mag der Hinweis auf zwei entgegengesetzte Pole liefern, an denen aus unterschiedlichen Gründen der Liebe nur eine indirekte Funktion für die Moral zugebilligt wird: Auf der einen Seite nämlich, die heute vornehmlich der Kantianismus besetzt hält, wird die Liebe als eine Quelle der Moral aufgefaßt, während sie auf der anderen Seite als deren konstitutive Grenze begriffen wird; und erst, nachdem diese beiden Positionen kurz umrissen sein werden, kann der Blick dann auf jene in der Mitte angesiedelten Ansätze fallen, in denen die Liebe selber als eine Gestalt des Moralischen erscheint.

Für eine universalistische Achtungsmoral in der Nachfolge Kants bietet sich eine naheliegende Lösung an, um der Liebe einerseits eine gewisse Zentralstellung einzuräumen, ohne dadurch andererseits den architektonischen Primat der Verpflichtung zur Unparteilichkeit zu gefährden: Durch die Unterscheidung von Genesis und Geltung läßt sich die Erfahrung liebevoller Zuwendung als eine empirische Bedingung jener Einstellung deuten, die in Form der Respektierung der Autonomie aller Menschen dann erst eigentlich den deontologischen Kern der Moral ausmacht. Eine solche genetische Wendung, durch die die Liebe zur sozialisatorischen Quelle der Moral wird, findet sich bereits bei John Rawls, der von ihr an entscheidender Stelle seiner Theorie der Gerechtigkeit Gebrauch macht: Im Maße der Erfahrung elterlichen Wohlwollens und freundschaftlicher Bindungen, so heißt es dort im Kapitel über den »Gerechtigkeitssinn«, wandert in das Bedürfnissystem des Kindes das Ziel ein, Gutes mit Gutem zu vergelten und also allmählich den moralischen Standpunkt einzunehmen.[12] Unzählig sind heute die Beispiele von Abhandlungen und Studien, in denen diese These auf moralpsychologisch soliderer Basis wiederholt wird, um eine Art von genetischer Abfolge von Liebe und Moral zu beweisen; dabei ist die leitende Vorstellung stets die, daß die Bindung an uns liebende Personen jene Schuldgefühle entstehen läßt, die innerpsychisch die Voraussetzung bilden, um später allen Menschen in der Perspektive des moralischen Respekts entgegentreten zu können. Wie hier genetisch die Brücke zwischen affektiver Bindung und universalistischer Achtungsmoral geschlagen wird, machen in eindrucksvoller Weise etwa die Überlegungen

12 John Rawls, *Eine Theorie der Gerechtigkeit*, Frankfurt/M. 1979, Kap. 8, Absatz 75.

deutlich, die Ernst Tugendhat dem Thema gewidmet hat.[13] Er hebt auf die moralischen Bedingungen ab, denen Intimbeziehungen ihrerseits bereits unterliegen müssen, wenn sie tatsächlich gelingen können sollen: Schon das Kind macht, sobald es der Phase passiver Geborgenheit entwachsen ist, die prägende Erfahrung, daß ohne moralische Achtung der Autonomie seiner Bezugspersonen eine verläßliche Bindung aus Liebe nicht aufzubauen ist; wächst nun mit der Reifung der ausdrückliche Wunsch, nicht allein sein zu wollen und also befriedigende Liebesbeziehungen anzustreben, so verschafft uns das aufgrund der erfahrenen Verschränkung von Liebe und Achtung einen Grund, »uns als Mitglieder einer moralischen Gemeinschaft zu verstehen«. Zwar fehlt hier, anders als in älteren Versuchen Tugendhats, eine universalistische Achtungsmoral motivational zu begründen, jeder Verweis auf die Rolle des Schuldgefühls, ansonsten aber stimmt seine genetische Herleitung mit derjenigen von Rawls und seinen Nachfolgern in groben Zügen überein: Aus der Liebe, mit der das Kind in den frühen Lebensjahren auf die stabile Zuwendung seiner Bezugspersonen reagiert, ist am Ende unter dem sozialen Druck der Verallgemeinerung die Bereitschaft geworden, alle anderen Personen in einer Weise zu respektieren, die den Erfordernissen des kategorischen Imperativs entspricht. Daß ein solches Erklärungsschema aber als höchst unplausibel gelten muß, weil es elementaren Einsichten in die frühkindliche Sozialisation widerspricht, ist eine These, die heute mit beeindruckendem Scharfsinn der amerikanische Moralphilosoph John Deigh vertritt; in einer Reihe von Aufsätzen, die das Ziel einer Verknüpfung von Moralpsychologie und Psychoanalyse verfolgen, hat er in den vergangenen Jahren zu zeigen versucht, daß die affektive Bindung an die frühkindlichen Bezugspersonen zu einer ganz anderen moralischen Haltung führt, als sie in einer Achtungsmoral kantischen Typs gefordert wird.[14] Im Zusammenhang der libidinös gespeisten Identifikation mit den Eltern, so legt Deigh im Anschluß an Freud dar, bilden Kinder in Reaktion auf ihre aggressiven Wunschphantasien die Fähigkeit zur Trauer und Besorgnis aus; dem liegt eine Art von Reuegefühl

13 Ernst Tugendhat, *Vorlesungen über Ethik*, Frankfurt/M. 1993, S. 280. In eine ähnliche Richtung weist m.E. auch Hugh Lafollette im letzten Kapitel seines einflußreichen Buches *Personal Relationships. Love, Identity and Morality*, Oxford 1996.

14 John Deigh, *The Sources of Moral Agency*, Cambridge 1996.

zugrunde, das noch nicht im Bewußtsein der Übertretung von moralischen Regeln, sondern der Verletzung eines verinnerlichten Liebesobjekts fundiert ist. Jenes Schuldgefühl hingegen, in dem später die Prinzipien einer Achtungsmoral verankert sein mögen, entwickelt sich erst in dem ganz anderen Zusammenhang der Erfahrung einer elterlichen Autorität, die Statthalter der gesellschaftlichen Moralansprüche ist; nicht im gleichsam endogenen Prozeß der triebdynamischen Reaktion auf erfahrene Zuwendung und Liebe, sondern von außen und mit angstbesetztem Zwang treten die moralischen Regeln an das Kind heran. Daher verdankt sich die verallgemeinerte Moral der Achtung, die Rawls nicht weniger als Tugendhat im Blick hat, einer allmählichen Transformation von Angst in Respekt, während aus der frühkindlichen Erfahrung von stabiler Zuwendung eine Einstellung der Fürsorge für den konkreten Anderen erwächst. Wer diese Ausführungen liest, die sich aufs genaueste in dem Aufsatz »Love, Guilt and the Sense of Justice« entfaltet finden, wird leicht den Eindruck gewinnen können, als wolle John Deigh vor allem Carol Gilligans These von den zwei Moralen psychoanalytisch rehabilitieren; indes sind ihm derartige Schlußfolgerungen, zumal Spekulationen über geschlechtsspezifische Zuordnungen, schon deswegen vollkommen fremd, weil er allein das negative Ziel verfolgt, allzu optimistische Annahmen über einen genetischen Zusammenhang von Liebe und Achtungsmoral zu destruieren. Wenn aus seinen Überlegungen überhaupt eine Art von positiver Lehre zu ziehen ist, so läuft sie auf die These hinaus, daß zwischen der generalisierten Haltung des Respekts und der normativen Einstellung der Liebe in jeder einzelnen Person eine permanente Spannung besteht: Während jene unter Bedingungen einer geglückten Sozialisation aus dem Schuldgefühl erwächst, das von uns die Einhaltung extern auferlegter Regeln verlangt, stammt diese aus dem frühkindlichen Gefühl der Reue, mit dem wir ohne Dazwischentreten einer äußerlichen Instanz auf die zunächst bloß imaginierte Verletzung eines Liebesobjekts reagieren. Es ist der damit umrissene Punkt, an dem sich die Argumentation von John Deigh aus der Ferne mit jener Position berührt, die sich am anderen Ende des Spektrums der gegenwärtigen Diskussion befindet; hier wird die Liebe nicht, wie bei den um entwicklungspsychologische Stützung bemühten Kantianern, als ontogenetische Quelle der Achtungsmoral begriffen, sondern als deren konstitutive Grenze.

An diesem entgegengesetzten Pol spielen freilich Überlegungen zur frühkindlichen Moralentwicklung, wie sie Ernst Tugendhat mit Hilfe von Erich Fromm anstellt, John Deigh unter Rückgriff auf Freud mobilisiert, in keiner Weise eine nennenswerte Rolle; worum es hier einzig und allein geht, ist der geradezu moralskeptische Nachweis, daß an den praktischen Forderungen der Liebe die Prinzipien der Achtungsmoral eine Grenze finden, die insofern einen konstitutiven Charakter besitzt, als sie etwas Wesentliches über deren nur beschränkten Geltungsrahmen besagt. Zu den Autoren und Autorinnen, die heute eine derartige Position vertreten, gehören an vorderster Stelle Bernard Williams und Susan Wolf, bis zu einem gewissen Grade aber auch der große, monologische Harry Frankfurt, dessen Schriften im deutschsprachigen Raum nur zögerlich zur Kenntnis genommen werden. Auf den berühmten Aufsatz »Personen, Charakter und Moralität« von Bernard Williams geht das ebenso schlagende wie simple Beispiel zurück, das seither immer wieder wörtlich wiederholt wird, wenn es nachzuweisen gilt, daß der moralische Standpunkt kantischer Prägung an der Liebe eine notwendige Einschränkung erfährt: Im Falle einer extremen Notlage würde derjenige Ehemann, der in Orientierung am kategorischen Imperativ moralisch abwägt, ob er seine Ehefrau oder eine ihm fremde Person retten soll, einen ans Absurde grenzenden Gedankenschritt zuviel vollziehen; denn die dabei erwogene Alternative der Opferung seiner Ehefrau hätte zur Folge, daß er sich unter Voraussetzung wirklicher Liebe genau einer der wesentlichen »Vorhaben« berauben würde, die ihn überhaupt erst zu der Person machen, die er gegenwärtig ist.[15] Mit einer moralskeptischen Pointe stattet Williams sein Beispiel freilich erst durch die zusätzliche Annahme aus, daß solche existentiellen Bindungen an andere Personen oder Aufgaben, wie sie zusammengenommen einen individuellen »Charakter« ausmachen, ihrerseits zugleich eine notwendige Bedingung des moralischen Handelns selber bilden; denn nur diejenige Person, die sich hinreichend an ihr eigenes Leben gebunden weiß, weil sie als wesentlich empfundene Aufgaben zu erfüllen hat, vermag sich auch als Adressat moralischer Verpflichtungen zu verstehen. Insofern würde die Einnahme des moralischen Standpunktes in dem besagten Fall bedeuten, gedanklich mit der Option einer Preisgabe der existentiell

15 Bernard Williams, »Personen, Charakter und Moralität«, in: ders., *Moralischer Zufall. Philosophische Aufsätze 1973-1980*, Königstein 1984, S. 11 ff.

tragenden Bindungen zu spielen, die einer Person ihrerseits erst die Kraft zur Ausübung der Rolle eines moralischen Aktors verleiht.

Nur unmaßgeblich unterscheidet sich von dieser Argumentation der Gedankengang, den Susan Wolf in ihrem schnell bekannt gewordenen Aufsatz »Moral Saints« entwickelt hat.[16] Auch ihr geht es in erster Linie darum, die absurden Konsequenzen offenzulegen, in die angesichts der wünschenswerten Komplexität menschlicher Zielsetzungen die Forderung führen muß, sich bei moralischen Konfliktlagen stets an den kantischen Gesichtspunkt der unparteilichen Berücksichtigung aller betroffenen Personen zu halten; würde nämlich ein solches »moralisches Gesetz«, so lautet ihre Überlegung bei knappster Zusammenfassung, zu einem Ideal der individuellen Lebensführung erhoben, das uns in allen existentiellen Entscheidungssituationen orientieren können soll, so käme das einer Unterdrückung gerade derjenigen Talente und Eigenarten gleich, die uns einen Menschen überhaupt erst liebenswert oder bewunderungswürdig erscheinen lassen. Allerdings tritt an den Ausführungen von Susan Wolf ein gedanklicher Zug noch deutlicher in Erscheinung, der schon bei der Schlußfolgerung von Bernard Williams ersten Anlaß zu Zweifeln hätte geben können: Der Begriff des »Moralischen« wird in so strikter, geradezu orthodoxer Anlehnung an die Pflichtethik Kants verwendet, daß zwangsläufig alle jene intersubjektiven Erwägungen den Status des Vor- oder Außermoralischen erhalten müssen, bei denen individuelle Neigungen oder Gefühle im Spiele sind. Es macht die Eigentümlichkeit der von Williams und Wolf vertretenen Position aus, die ihr natürlich überhaupt erst die Lage am anderen Ende des hier behandelten Spektrums verschafft, daß die Liebe zwar als eine existentiell tiefgreifende Beziehung zwischen Personen vorgestellt wird, der andererseits aber jede eigenständige Komponente moralischer Verpflichtung fehlen soll; so entsteht der Eindruck, daß angesichts von persönlichen, affektiven Bindungen zwischen Eltern und Kindern, Beziehungspartnern und Freunden nur Fragen des Typs eine Rolle spielen, der heute »ethisch« genannt wird, weil dabei das gute Leben des einzelnen im Zentrum stehen soll. Dieser Einwand läßt sich gegenüber Bernard Williams noch zusätzlich auf den Punkt zuspitzen, daß er intersubjektive Bindungen zwischen Menschen nur deswegen als eine Grenze des Moralischen betrach-

16 Susan Wolf, »Moral Saints«, in: *The Journal of Philosophy*, Nr. 8/1982, S. 419ff.

ten kann, weil er ihnen zuvor alle moralischen Besonderheiten genommen hat; ganz aus dem Blick gerät dabei die Möglichkeit, daß auch die Liebe vom einzelnen verlangen kann, seine spontanen Gefühle und Zuneigungen derart in stabile Einstellungen einer partikularen Fürsorge und Verständnisbereitschaft zu transformieren, daß getrost von einer eigensinnigen Sphäre des Moralischen gesprochen werden kann. Einen Schritt in diese Richtung immer noch von dem Pol aus, an dem die Liebe in einen Gegensatz zu aller Moral gebracht werden soll, unternimmt heute unter freilich ganz anderen Prämissen Harry Frankfurt; ihn interessiert an der Liebe der Umstand, daß hier die selbstlose Sorge um einen anderen Menschen aus einer individuellen Quelle entspringt, die nicht in der Verfügung des einzelnen steht und gleichwohl als Erfahrung höchster Freiheit beschrieben werden muß.[17]

Am leichtesten erschließt sich diese kühne Idee von einer Bemerkung her, die an einer eher unscheinbaren Stelle des wegweisenden Aufsatzes »Selbstbewußtsein« von Dieter Henrich zu finden ist; dort heißt es unter Verweis auf Hegel und Fichte, daß es neben der von Kant in den Blick gerückten Pflichtethik eine zweite Form des »sittlichen Verhaltens« gibt, in der die eigene »selbstlose Opferbereitschaft« vom einzelnen als Ausdruck eines Bewußtseins verstanden werden muß, »das nicht sein Eigentum ist und das den Grund der Möglichkeit all seiner Aktivitäten und Leistungen ausmacht«.[18] Auch wenn Henrich im weiteren dieses »ichlose Bewußtsein« stärker in Richtung des anonymen Gewahrwerdens einer übersubjektiven, sittlichen Ordnung auszulegen versucht, als es Harry Frankfurt lieb sein kann, so steht doch außer Frage, daß zwischen beiden Vorstellungsmodellen die engste Verwandtschaft besteht: Nicht anders als in jener Tradition, die hier durch die Namen Hegel und Fichte gekennzeichnet ist, versteht Frankfurt unter der Liebe die einzigartige Form einer Erfahrung, in der wir uns gegenüber einer anderen Person zu einer ständigen Fürsorge und Wohltätigkeit genötigt sehen, ohne daß dabei die intentionale Orientierung an rational begriffenen Pflichten irgendeine Rolle spielen würde; vielmehr ist die wohlwollende Einstellung in einem

17 Vgl. etwa Harry G. Frankfurt, »Autonomy, Necessity and Love«, in: Hans Friedrich Fulda/Rolf-Peter Horstman (Hg.), *Vernunftbegriffe in der Moderne*, Stuttgart 1994, S. 433ff.

18 Dieter Henrich, »Selbstbewußtsein«, in: Rüdiger Bubner u. a. (Hg.), *Hermeneutik und Dialektik*, Band I, Tübingen 1970, S. 257ff., hier: S. 283.

solchen Fall der geradezu natürliche Ausdruck eines Wollens, das seinerseits nicht auf einen letzten Entschluß unsererseits zurückzuführen ist, sondern sich dem anonymen Grund unserer jeweiligen Existenz verdankt. Es ist dieser scheinbar paradoxe Zusammenhang von ichlosem Anstoß und freiwilliger Hingabebereitschaft, der Harry Frankfurt veranlaßt, mit Bezug auf die Liebe von einem besonderen Typ der »praktischen Notwendigkeit« zu sprechen: Wir erfahren uns in der Zuneigung zu einem anderen Menschen zu einer Wohltätigkeit veranlaßt, die wir als höchsten Ausdruck von individueller Freiheit verstehen müssen, obwohl sie uns intentional doch nicht zur Verfügung steht.

Nun räumt auch Frankfurt an einigen Stellen ein, daß wir dieser als selbstverständlich erlebten Pflicht gegenüber uns nach Graden besser oder schlechter verhalten können, so daß Spielraum für moralische Verantwortung im engeren Sinn zu bestehen scheint; schon die Tatsache, daß nicht jede liebevolle Zuwendung den Eigenarten des Kindes wirklich gerecht wird, nicht jede Art des Wohlwollens dem Gegenüber hinreichend Autonomie läßt, macht unmißverständlich deutlich, wie reich an Möglichkeiten moralischer Fehltritte und Verletzungen die Erfahrung der Liebe als solche ist. Gleichwohl scheint Frankfurt, anders als etwa Hegel, der hier keine Schwierigkeiten prinzipieller Art erblickte, vor der Idee einer eigenständigen Moralität der Liebe stets wieder zurückzuschrecken; wie im Falle Bernard Williams' ist es die einseitige Fixierung auf das Modellvorbild der Achtungsmoral Kants, die ihn beharrlich daran hindert, in den affektiven Beziehungen zwischen Menschen eine gesonderte Form der Moral am Werk zu sehen. Je stärker wir uns nun von diesem Pol der Auseinandersetzung ausgehend dem mittleren Feld des Spektrums nähern, desto schwächer werden diese Vorbehalte, desto schwächer also die orthodoxe Orientierung an Kant; nur noch eine geringe Rolle spielen hier Einwände der Art, daß die Liebe schon deswegen nicht einen Anwendungsfall der Moral darstellen kann, weil in ihr doch die emotionale Bevorzugung eines anderen Menschen dem Gebot der Unparteilichkeit widerspricht. Andererseits lassen sich auch in dem damit abgesteckten Bereich wiederum eine Vielfalt von Positionen ausmachen, deren Unterschiede sich erneut daran bemessen, ob sie eher von der Kantischen Moralvorstellung her argumentieren oder dem entgegengesetzten Pol entstammen.

Auf jener Seite dieses Mittelfeldes, die einer universalistischen

Achtungsmoral zuneigt, finden sich vor allem Ansätze, die das moralische Gebot der Unparteilichkeit gewissermaßen auf eine höhere Stufe zu rücken versuchen, um Kollisionen mit selbstverständlichen Praktiken der Parteilichkeit zu vermeiden; demgemäß wären alle solche Formen einer affektiv genährten Bevorzugung einer anderen Person moralisch gerechtfertigt, von denen sich unter Anwendung des kategorischen Imperativs auf einer zweiten Ebene zeigen läßt, daß sie die Bedingungen der Respektierung der Autonomie aller anderen Menschen nicht verletzen. Nicht weit von einer derartigen Vorstellung ist etwa die Argumentation entfernt, mit der Brian Barry im zweiten Band seiner Studie über soziale Gerechtigkeit die Herausforderung zu bewältigen versucht, die in den Tendenzen einer feministischen Fürsorgeethik angelegt ist.[19] Und in eine ähnliche Richtung weisen auch die fulminanten Kant-Interpretationen, in denen Barbara Herman in den letzten Jahren auf moralpsychologischem Wege hat zeigen wollen, daß das kategorische Pflichtgebot angemessen nur als »einschränkende Bedingung« zu verstehen ist, die bei Handlungen aus Zuneigung oder Liebe die stete Einhaltung der Achtung aller Betroffenen garantieren soll.[20] Aber wie wir solche Argumente auch drehen und wenden, mehr als eine Art von moralischer Erlaubnisregel für affektive Beziehungen vermögen sie nicht herzugeben; wie im Prinzip schon bei Ernst Tugendhat, wird die Liebe als ein vormoralisches Phänomen begriffen, zu der erst der Respekt vor der Autonomie des Partners hinzutreten muß, um sie zu einem moralisch gerechtfertigten Vorhaben zu machen. Was sich uns aber doch als Intuition aufdrängt, wenn wir über intersubjektive Beziehungen der Liebe nachdenken, ist ein ganz anderer Sachverhalt: Daß hier Handlungen um des Wohlergehens einer anderen Person willen vollzogen werden, die wir angesichts ihres Grades an Verständnisbereitschaft und Fürsorglichkeit als moralisch wertvoll betrachten müssen, obwohl ihnen als zusätzliche »Triebfeder« der Respekt für das moralische Gesetz fehlt. Für solche moralischen Leistungen aus Zuneigung ein gesondertes Gespür zu besitzen, ist nur jenen Ansätzen gegeben, die sich auf der anderen Seite unseres imaginierten Mittelfeldes befinden; nicht zufällig stehen hier Akte im Zentrum der Aufmerksamkeit, die wie die bedingungslose Für-

19 Brian Barry, *Justice as Impartiality*, Oxford 1995, bes. Kap. 10.
20 Barbara Herman, *The Practice of Moral Judgement*, Cambridge, Mass. 1993, bes. Kap. 1 und 2.

sorge oder das verständnisvolle Verzeihen zu erkennen geben, daß sie allein um des individuellen Wohlergehens eines konkreten Anderen willen geschehen.

Es ergibt sich aus der Anlage unseres Schemas, daß die an dieser Stelle versammelten Positionen die enge Bindung an das kantische Paradigma der Achtungsmoral aufgekündigt haben; den Ausgangspunkt bildet hier vielmehr die These, daß die Liebe eine Form der intersubjektiven Beziehung darstellt, die die beteiligten Personen zu mehr an wechselseitigem Wohlwollen berechtigt, als im Kantischen Respektgebot zum Ausdruck kommt. Daher ist die Konsequenz eines solchen Ansatzes auch nicht die Preisgabe der Idee der moralischen Pflicht, sondern im Gegenteil ihre Vervielfältigung; neben die moralische Achtung, die wir allen Menschen gleichermaßen zu zollen haben, treten jene besonderen Pflichten, die wir aus Gründen der Zuneigung denjenigen Personen schulden, mit denen wir durch Liebesbeziehungen verbunden sind.[21] Dabei macht die Rede von den »Gründen«, die aus der bloßen Tatsache der affektiven Zuneigung stammen sollen, nicht nur den ganzen Abstand zur Kantischen Moralvorstellung deutlich, sondern verweist auch auf die veränderte Art der moralischen Rechtfertigung, die hier im Spiel ist: Mit unserer Zuneigung ermutigen wir eine andere Person, sich uns in einer Weise emotional zu öffnen, die sie in einem solchen besonderen Maße versehrbar macht, daß sie statt bloß moralischen Respekt unser ganzes Wohlwollen verdient. Nicht zufällig erinnert dieser Gedanke am Ende an die gewagte, großartige Idee von Jonathan Lear, daß mit der Liebe ein Stück Natur in unsere Moralität eindringt, die uns dazu nötigt, dem Nächsten gegenüber eine besondere Fürsorge walten zu lassen.[22]

21 Vgl. stellvertretend für andere Beiträge: Michael Stocker, »Friendship and Duty: Some Difficult Relations«, in O. Flanagen/Amelie O. Rorty (Hg.), *Identity, Character and Morality. Essays in Moral Psychology*, Cambridge, Mass. 1999, S. 219ff.

22 Jonathan Lear, *Love and its Place in Nature. A Philosophical Interpretation of Freudian Psychoanalysis*, New Haven 1998.

Dezentrierte Autonomie

Moralphilosophische Konsequenzen aus der modernen Subjektkritik

Es sind zwei große Denkbewegungen gewesen, die in unserem Jahrhundert zu einer tiefgreifenden Krise des klassischen Begriffs des menschlichen Subjekts geführt haben; beide setzen zwar kritisch an der bewußtseinstheoretischen Vorstellung individueller Autonomie an, jedoch von sehr unterschiedlichen Seiten aus und mit divergierenden Zielsetzungen.[1] Die erste Denkbewegung, die vor allem mit den Entdeckungen Freuds verknüpft ist, Vorläufer aber schon in der deutschen Frühromantik und in Nietzsche hat, leistet eine psychologische Kritik des Subjekts: Mit dem Aufweis von bewußtseinsentzogenen, unbewußten Triebkräften und Motiven individuellen Handelns soll nachgewiesen werden, daß sich das menschliche Subjekt nicht in der Weise transparent sein kann, wie es in der klassischen Vorstellung von Autonomie behauptet wird. Diese Kritik bezweifelt mit empirischen Gründen die Möglichkeit vollständiger Durchsichtigkeit menschlicher Handlungsvollzüge und setzt insofern die Idee von Autonomie im Sinne der Kontrollierbarkeit des eigenen Tuns außer Kraft. Die zweite Denkbewegung, die mit den Untersuchungen des späten Wittgenstein auf der einen Seite, mit denen Saussures auf der anderen Seite verknüpft ist, leistet eine sprachphilosophische Kritik des Subjekts: mit dem Aufweis der Abhängigkeit der individuellen Rede von einem vorgängig gegebenen System sprachlicher Bedeutungen soll gezeigt werden, daß das menschliche Subjekt nicht in der Weise sinnkonstitutiv oder bedeutungsschöpfend sein kann, wie es vor allem in der Transzendentalphilosophie angenommen wurde. Hier wird also mit sprachphilosophischen Mitteln die Möglichkeit individueller Sinnkonstitution bezweifelt und damit die Idee von Autonomie im Sinne der Autorschaft des Subjekts außer Kraft gesetzt.

1 Im Eingangsteil der folgenden Überlegungen stütze ich mich auf eine Unterscheidung, die ich mit großem Gewinn von Albrecht Wellmer übernommen habe: Albrecht Wellmer, *Zur Dialektik von Moderne und Postmoderne: Vernunftkritik nach Adorno*, Frankfurt am Main 1985, S. 48ff.; eine ähnliche Unterscheidung zwischen zwei Richtungen der modernen Subjektkritik findet sich auch bei Paul Ricœur, »Die Frage nach dem Subjekt angesichts der Herausforderung der Semiologie«, in: ders., *Hermeneutik und Strukturalismus*, München 1973, S. 137ff.

Mit diesen beiden Denkbewegungen wird daher die klassische Vorstellung von Subjektivität, die normativ an die Idee der individuellen Selbstbestimmung gebunden war, von zwei Seiten aus destruiert: Während die psychologische Kritik libidinöse Kräfte im Innern des Subjekts als ein ihm notwendig Fremdes entdeckt, handelt es sich bei der sprachphilosophischen Dekonstruktion von Subjektivität um die Entdeckung des aller Intentionalität vorausliegenden Faktums sprachlicher Bedeutungssysteme; beide Dimensionen, das Unbewußte wie die Sprache, bezeichnen Mächte oder Kräfte, die in jedem Vollzug individuellen Handelns wirksam sind, ohne daß das Subjekt sie je vollständig kontrollieren oder auch nur durchschauen könnte. Diese Schlußfolgerung, so sehr sie auch den Narzißmus des Menschen kränken mag, ist heute auch in der Philosophie weitgehend akzeptiert; ja, sie ist in den letzten Jahrzehnten sogar noch um einiges bereichert und vertieft worden, da sich die Forschungsarbeiten etwa von Lévi-Strauss oder von Foucault nicht anders denn als weitere Schritte in der Entdeckung subjektfremder oder -übergreifender Mächte begreifen lassen können. Wenn das alles inzwischen aber unumstritten ist, wenn das Ergebnis jener nun ein Jahrhundert währenden Kritik der klassischen Autonomievorstellung uns allen längst selbstverständlich geworden ist, dann kann mit der Frage nach der Krise des Subjekts heute nicht mehr die nach dem Wert oder Unwert solcher Dezentrierungen selber gemeint sein; das philosophisch entscheidende Problem ist vielmehr, welche weiteren Schlüsse aus der Tatsache gezogen werden müssen, daß das menschliche Subjekt eben nicht mehr als ein sich vollkommen transparentes noch als seiner selbst mächtiges Wesen zu begreifen ist. Ich will drei mögliche und heute auch tatsächlich vertretene Antworthaltungen skizzieren, um das theoretische Terrain abzustecken, auf dem sich meine Überlegungen im folgenden bewegen werden:

a) die erste Antwort besteht in einer Radikalisierung der dezentrierenden Tendenzen, die in den beiden umrissenen Denkbewegungen der Idee nach angelegt sind: Jene subjektfremden Mächte, auf die die Psychoanalyse und die Sprachphilosophie gestoßen sind, werden so weit zu anonymen Kräften objektiviert, daß sie am Ende als das prinzipiell Andere des Subjekts erscheinen müssen.[2] Diese heute vom Poststrukturalismus eingenommene Position

2 Zur Kritik an dieser Reaktionshaltung vgl. den bereits zitierten Aufsatz von Albrecht Wellmer, *Zur Dialektik von Moderne und Postmoderne*, a. a. O.

zwingt zur Preisgabe jeder Idee individueller Autonomie, weil einfach nicht mehr anzugeben ist, in welcher Weise das Subjekt zu einem höheren Grad von Selbstbestimmung oder Transparenz gelangen soll;

b) die zweite Antwort besteht in der entschlossenen Beibehaltung des klassischen Autonomieideals, bei gleichzeitiger, also paradoxer Anerkennung der Ergebnisse jener Dezentrierungen: Wie in der Zweiweltenlehre Kants werden die subjektübergreifenden Mächte des Unbewußten oder der Sprache zwar als Bestandteile der empirischen Welt von Subjekten hingenommen, die Vorstellung von individueller Autonomie aber davon unbeeinträchtigt als eine transzendentale Idee des Menschen beibehalten; diese heute in Form einer Gegenbewegung zum Poststrukturalisimus auftauchende Position führt zu einer Spaltung von Idee und Wirklichkeit des menschlichen Subjekts, die den Begriff der individuellen Autonomie zunehmend illusionär werden läßt;[3]

c) die dritte Antwort schließlich besteht in einer Rekonstruktion, von Subjektivität, die so angelegt ist, daß darin jene subjektübergreifenden Mächte von vornherein als Konstitutionsbedingungen der Individualisierung von Subjekten eingehen. Die persönliche Freiheit oder Selbstbestimmung von Individuen wird hier in der Weise verstanden, daß sie nicht als Gegensatz zu, sondern als bestimmte Organisationsform der kontingenten, jeder individuellen Kontrolle entzogenen Kräfte erscheint. Für den aussichtsreichsten Weg einer solchen Position, die die Idee der individuellen Autonomie an die einschränkenden Bedingungen des Unbewußten und der Sprache anzupassen versucht, halte ich heute die Ausarbeitung eines intersubjektivitätstheoretischen Begriffs des Subjekts.

Im folgenden will ich in groben Zügen umreißen, wie ein Begriff der individuellen Autonomie beschaffen zu sein hat, der den Einsichten der modernen Subjektkritik gerecht zu werden vermag, indem die menschliche Person intersubjektivitätstheoretisch begriffen wird; auf dem damit beschrittenen Weg soll dann klarwerden, daß der Dezentrierung des Subjekts nicht die Preisgabe jeder Idee von Autonomie zu folgen hat, sondern diese Idee selber dezentriert werden muß. Ich werde so vorgehen, daß ich zunächst an dem Kantischen Begriff von Autonomie drei Bedeutungsgehalte unterscheide, um diejenige Dimension herauszuarbeiten, die in un-

3 Als ein Beispiel dieser Antworthaltung kann m. E. gelten Luc Ferry/Alain Renaut, *68-86: Itinéraire de l'individu*, Paris 1987.

serer Fragestellung allein von Relevanz ist. In einem zweiten Schritt werde ich kurz erläutern, wie ein intersubjektivitätstheoretisches Modell des menschlichen Subjekts auszusehen hat, das die dezentrierenden Kräfte des Unbewußten und der Sprache nicht als Hindernisse, sondern als Konstitutionsbedingungen der Individuierung des Menschen begreift. Schließlich möchte ich in einem dritten Schritt andeuten, welche Folgerungen sich aus dieser intersubjektivitätstheoretischen Dezentrierung des Subjekts für unsere Vorstellung von individueller Autonomie ergeben; dabei wird es darum gehen, auf drei sukzessiv anspruchsvolleren Ebenen die Idee der Selbstbestimmung jeweils so abzuschwächen und umzuformulieren, daß sie als normative Leitvorstellung erhalten bleiben kann, ohne in die Gefahr der Idealisierung abzugleiten.

I

In der normativen Idee der individuellen Autonomie, wie sie sich mit der praktischen Philosophie Kants in der europäischen Geistesgeschichte herausgebildet hat, sind von Anfang an eine Vielzahl von Bedeutungsschichten enthalten gewesen; je nachdem, ob es sich um rechtstheoretische, moralphilosophische oder sozial-psychologische Kontexte handelte, war etwas anderes mit der normativen Vorstellung gemeint, daß die Chancen des autonomen Handelns von Subjekten ausgeweitet oder erhöht werden müssen. Wenn heute unter theoretisch erschwerten Bedingungen an diese Idee noch einmal angeknüpft werden soll, dann ist daher vorweg zu klären, in welcher Hinsicht von der individuellen Autonomie des Menschen die Rede sein soll. Mit Thomas E. Hill möchte ich drei Bedeutungsschichten des Begriffs unterscheiden, die zwar alle bei Kant eine Wurzel haben, jedoch in vollkommen verschiedene Richtungen verweisen[4]; ihrer Reihenfolge nach haben sich die drei Bedeutungen im Verwendungskontext der Moralphilosophie, der Rechtstheorie und einer philosophischen Theorie der Person herausgebildet; und die letzte dieser Bedeutungen spielt für die Diskussion eine Rolle, die sich im Gefolge der modernen Subjektkritik auf die normative Idee der individuellen Autonomie bezieht.

4 Thomas E. Hill, »The Importance of Autonomy«, in: ders., *Autonomy and Self-respect*, Cambridge 1991, S. 43 ff. (dt. in: Gertrud Nunner Winkler [Hg.], *Weibliche Moral*, Frankfurt/M. 1991, S. 271 ff.).

a) Im moralphilosophischen Kontext ist von der individuellen Autonomie vor allem in dem Sinn die Rede, den Kant ihr in seiner praktischen Philosophie beigelegt hat: »autonom« ist der menschliche Wille dann, wenn er zu einer moralischen Urteilsfindung in der Lage ist, die sich durch die Orientierung an vernünftigen Prinzipien und dementsprechend durch die Absetzung von persönlichen Neigungen auszeichnet. Wird diese Formulierung näher betrachtet, so zeigt sich schnell, daß mit »Autonomie« bei Kant zunächst nur die Eigenschaften von menschlichen Personen gemeint sind, insoweit sie sich in der Situation der Begründung moralischer Urteile befinden: nur dann nämlich muß das einzelne Subjekt von seinen persönlichen Neigungen und Präferenzen zu abstrahieren lernen, um zu einem Urteil gelangen zu können, das unparteiisch die Belange aller moralisch Betroffenen berücksichtigt. Daher läßt sich sagen, daß Kant mit dem Begriff der individuellen Autonomie nicht die idealen Eigenschaften von konkreten Personen, ja vielleicht nicht einmal bestimmte Eigenschaften von moralisch Urteilenden gemeint hat, sondern im Kern die Beschaffenheit von Urteilen hat beschreiben wollen, denen das Prädikat »moralisch« zukommen soll: solche Urteile zeichnen sich eben dadurch aus, daß sie in Autonomie gefällt werden, nämlich unparteiisch im Sinne der Loslösung von aller empirischen Kausalität durch Neigungen und allein in der Orientierung an vernünftigen Prinzipien. Ein Problem für die Debatte, die sich heute im Umfeld der modernen Subjektkritik vollzieht, wird diese erste Bedeutung von Autonomie erst in dem Augenblick, in dem sie als normatives Ideal auf das Leben menschlicher Personen im ganzen projiziert wird; dann entsteht nämlich, wie nicht selten auch bei Kant, die irreleitende und schiefe Vorstellung, als sei dasjenige Subjekt in einem besonderen Maße autonom, das sich »rational« über all seine konkreten Neigungen und Bedürfnisse zu erheben weiß.

b) In unserer Alltagssprache zeigt sich eine zweite Bedeutung des Begriffs überall dort, wo wir davon sprechen, daß die individuelle Autonomie einer Person durch eine bestimmte Handlungsweise verletzt worden ist; hier werden mit dem Ausdruck nicht die idealen Eigenschaften eines moralischen Aktors oder eines moralischen Urteils beschrieben, sondern die moralischen oder juristischen Rechte festgehalten, die allen zurechnungsfähigen Personen zustehen sollten. Autonomie in diesem Sinn meint einen Anspruch auf Selbstbestimmung, der menschlichen Subjekten in dem Maße gewährt wird, in dem sie in ihrer individuellen Entscheidungsfindung weder durch physische noch durch psychische Beeinflussungen behindert werden. Wie komplex auch die Probleme sein mögen, die mit der Realisierung eines solchen Rechts auf individuelle Autonomie verknüpft sind, so berühren sie an keiner Stelle die Fragen, die sich im Gefolge der modernen Subjektkritik ergeben; wie die Verfügungsgewalt von Subjekten über sich selber im einzelnen eingeschätzt wird, hat nämlich keinen Einfluß auf die seit Kant selbstverständlich gewordene Vorstellung, daß ihnen allen das gleiche Recht auf individuelle Selbstbestimmung moralisch zusteht.

c) Erst mit der dritten Verwendungsweise des Begriffs der individuellen Autonomie berühren wir diejenige seiner Bedeutungsschichten, für die die moderne Subjektkritik tatsächlich eine kritische Herausforderung darstellt: denn mit »Autonomie« können wir schließlich auch in einem normativen Sinn die empirische Fähigkeit von konkreten Subjekten bezeichnen, ihr Leben im ganzen frei und ungezwungen zu bestimmen. Diese Art von individueller Autonomie ist nicht etwas, auf das menschliche Wesen in irgendeiner Weise einen Anspruch haben könnten; vielmehr handelt es sich um einen Grad der psychischen Reife, der es Subjekten erlaubt, ihr Leben unter Berücksichtigung ihrer individuellen Neigungen und Bedürfnisse in einer unverwechselbaren Biographie zu organisieren. Schon eine solche Formulierung macht deutlich, daß hier mit der Vorstellung individueller Autonomie zwei Fähigkeiten oder Eigenschaften ausgezeichnet werden, deren Möglichkeit die moderne Subjektkritik in gewisser Weise gerade in Zweifel zu ziehen versucht: Um sein eigenes Leben frei und ungezwungen organisieren zu können, muß das individuelle Subjekt nämlich gemäß klassischen Vorstellungen sowohl über eine bestimmte Kenntnis seiner persönlichen Bedürfnisse verfügen als auch ein spezifisches Wissen um die Bedeutung besitzen, die seinen Handlungsvollzügen zukommt; vorausgesetzt werden also zwei Qualitäten menschlichen Handelns, Bedürfnistransparenz und Bedeutungsintentionalität, deren Möglichkeit oder Erreichbarkeit die moderne Subjektkritik gerade mit Recht in Frage gestellt hat. Daher ist es heute diese dritte Bedeutung von individueller Autonomie, die einer theoretischen Korrektur oder Revision bedarf, wenn sie weiterhin als ein normatives Ideal betrachtet werden soll; die persönlichen Fähigkeiten, die mit der Idee der persönlichen Autonomie im Sinne der ungezwungenen Selbstbestimmung notwendigerweise ausgezeichnet werden, müssen theoretisch so gefaßt werden, daß sie angesichts der modernen Dezentrierung des Subjekts nicht als eine Überforderung menschlicher Wesen erscheinen. Zu einer solchen Dezentrierung des Autonomiegedankens will ich einen Weg bahnen, indem ich zunächst ein intersubjektivitätstheoretisches Modell der Person vorstelle; in dessen Rahmen lassen sich dann die psychischen Voraussetzungen der persönlichen Autonomie schrittweise so umformulieren, daß sie nicht dem Idealismusvorwurf der Psychoanalyse oder der modernen Sprachtheorie verfallen.

II

Die Konzeption des menschlichen Subjekts, von der ich glaube, daß sie heute die Formulierung eines sinnvollen Begriffs der persönlichen Autonomie erlaubt, ist in einer bestimmten Tradition des Intersubjektivismus angelegt; darin wird die Einsicht in die intersubjektive Konstitution der Ich-Identität mit der Erkenntnis zusammengebracht, daß dem bewußten Erleben des Menschen stets ein Teil derjenigen Kräfte und Motive entzogen bleibt, die sein psychisches Antriebspotential ausmachen. Den Ansatzpunkt für eine solche Konzeption, in der das menschliche Subjekt als das Produkt von Prozessen der sozialen Interaktion gedacht ist, ohne daß die Existenz einer unbewußten Spontaneität geleugnet wird, sehe ich in so unterschiedlichen Theorien wie etwa der Sozialpsychologie G.H. Meads oder der psychoanalytischen Lehre Donald W. Winnicotts angelegt; bei beiden findet sich in ersten Umrissen eine Position vorgezeichnet, die es erlaubt, die unkontrollierbaren Mächte der Sprache und des Unbewußten nicht als Begrenzung, sondern als Ermöglichungsbedingung des Erwerbs persönlicher Autonomie zu begreifen.[5] Freilich verlangt eine solche Perspektive die Umstellung aller Begriffe der klassischen Bewußtseinstheorie des Subjekts auf die Basis einer psychoanalytisch erweiterten Inter-

5 Von psychoanalytischer Seite aus trägt heute Cornelius Castoriadis zu einer solchen Theorie der Person bei: ders., *Gesellschaft als imaginäre Institution*, Frankfurt/M. 1984, bes. S. 172ff.; vgl. dazu: Joel Whitebook, »Intersubjectivity and the Monadic Core of the Psyche: The Unconscious in Habermas and Castoriadis«, in: *Praxis International*, Bd. 9, 4/1990, S. 347ff.; für eine am Pragmatismus Meads und Deweys angelehnte Fassung eines solchen Personenbegriffs vgl. jetzt: Hans Joas, *Kreativität des menschlichen Handelns*, Frankfurt/M. 1992.

subjektivitätstheorie; das kann ich hier nur mit wenigen Stichworten leisten, die hoffentlich hinreichen werden, um den bestimmenden Grundgedanken hervortreten zu lassen.[6]

Für Mead steht es außer Frage, daß das einzelne Subjekt zu einer bewußten Identität nur gelangen kann, indem es sich in die exzentrische Perspektive eines symbolisch repräsentierten Anderen versetzt, von der aus es auf sich und sein Handeln als Interaktionsteilnehmer zu blicken lernt: Der Begriff des »Mich«, der für das Bild steht, das ich von mir aus der Sicht meiner Kommunikationspartner habe, soll terminologisch deutlich machen, daß der einzelne sich selber überhaupt nur in der Objektstellung zu Bewußtsein zu bringen vermag. Die konkreten Anderen der frühkindlichen Interaktion verflüchtigen sich im Prozeß des Heranwachsens zum intersubjektiv geteilten Sprachsystem, in dem die dialogischen Perspektiven die objektive Form von stets offenen, sprachlich repräsentierten Bedeutungen angenommen haben, über die ich mich und meine Umwelt bewußt zu erfahren lerne: Das, was mir an Bewußtsein von Wirklichkeit gegeben ist, verdankt sich daher nicht der individuellen Sinnkonstitution, sondern der aktiven Partizipation an einem übergreifenden, von keinem Punkt aus intentional zu kontrollierenden Sprachgeschehen. Von diesem bewußten Teil meines Lebensvollzuges muß jedoch, wie Mead es sieht, jener Teil aller Subjektivität prinzipiell ausgeschlossen bleiben, den er überraschenderweise als »Ich« bezeichnet; damit ist, kaum anders als in der Psychoanalyse mit dem »Unbewußten«, die Instanz in der menschlichen Persönlichkeit gemeint, die für alle impulsiven und kreativen Handlungsreaktionen verantwortlich ist, ohne als solche je in den Horizont des Bewußtseins geraten zu können. Mead läßt, wie auch Winnicott, den Umfang und den Inhalt dieses unbewußten Reservoirs an Handlungsimpulsen bewußt offen: Der Begriff des »Ich« bezeichnet, beinahe im Sinn der Frühromantik, nur die plötzliche Erfahrung eines Andrangs innerer Regungen, von denen unklar bleiben muß, ob sie aus der vorsozialen Triebnatur, der schöpferischen Phantasie oder der moralischen Sensibilität des eigenen Selbst entspringen. Nicht anders als bei Winnicott aber ist es dieses Unbewußte, aus dem ununterbrochen die psychischen Energien fließen, die jedes Subjekt mit einer Vielzahl von unausgeschöpften Identitätsmöglichkeiten ausstatten.

6 Vgl. zum folgenden auch: Axel Honneth, *Kampf um Anerkennung. Zur moralischen Grammatik sozialer Konflikte*, Frankfurt/M. 1992, u. a. Kap. 4 u. 5.

In seiner spontanen Tätigkeit geht dieses »Ich« oder dieses Unterbewußte also nicht nur dem Bewußtsein voraus, das das Subjekt von seinen sprachlich repräsentierten Interaktionspartnern besitzt, sondern bezieht sich auch stets von neuem quasi-kommentierend auf die im »Mich« bewußt gehaltenen Handlungsäußerungen zurück. Zwischen »Ich« und »Mich« oder dem Bewußtsein und dem Unbewußtsein besteht in der einzelnen Persönlichkeit eine spannungsreiche Beziehung, die dem Verhältnis zwischen ungleichen Dialogpartnern gleicht: Die unbewußten Handlungsimpulse begleiten alle unsere bewußten Lebensvollzüge unartikuliert mit, indem sie in Form von Mißfallenserlebnissen oder Zustimmungsgefühlen die aktuellen Verhaltensweisen gewissermaßen affektiv kommentieren. Aus diesem Wechselspiel von unbewußtem Andrang und bewußtem, sprachlich vermitteltem Erlebnisvollzug erwächst nun in jedem Subjekt die Spannung, die es in einen Prozeß der Individuierung treibt; um nämlich den affektiv repräsentierten Forderungen seines Unbewußten gerecht zu werden, muß es mit den Kräften des Bewußtseins seinen sozialen Handlungsspielraum so zu erweitern versuchen, daß es sich als einzigartige Persönlichkeit intersubjektiv zur Darstellung bringen kann. Ich will hier die theoretischen Konsequenzen nicht weiter betrachten, die sich aus diesem intersubjektivitätstheoretischen Konzept für die Genese der moralischen Person ergeben; für Mead spielt dabei eine große Rolle, daß sich das Selbst nur dann gemäß seiner inneren Handlungsimpulse zu individuieren vermag, wenn es sich auf dem Weg der Idealisierung stets der Anerkennung einer erweiterten Kommunikationsgemeinschaft sicher bleiben kann. Statt dessen werde ich im abschließenden Schritt versuchen, die theoretischen Folgerungen zu skizzieren, die sich aus dem psychoanalytisch erweiterten Intersubjektivismus für das normative Ideal der persönlichen Autonomie ziehen lassen.

III

In dem Persönlichkeitsmodell, das ich kurz umrissen habe, werden die unkontrollierbaren Kräfte des Unbewußten und des sprachlichen Bedeutungsgeschehens als die beiden Pole im Subjekt begriffen, aus deren spannungsgeladener Entgegensetzung sich überhaupt erst der Zwang zur menschlichen Individuierung ergibt;

daher stellen jene beiden der bewußten Kontrolle entzogenen Mächte nicht, wie es die moderne Subjektkritik häufig sieht, die tiefsitzenden Barrieren, sondern umgekehrt die Konstitutionsbedingungen der Entwicklungen von Ich-Identität dar. Allerdings läßt sich diese These nur dann wirklich plausibel machen, wenn nun in theoretischer Verlängerung des skizzierten Modells ein Begriff der persönlichen Autonomie skizziert werden kann, der als normativer Zielpunkt eines solchen Prozesses der Individuierung zu dienen hat. Das will ich im folgenden versuchen, indem ich in sequentieller Abfolge die Fähigkeiten und Eigenschaften einführe, die wir zusammendenken müssen, um zu der bereits entwickelten Idee von persönlicher Autonomie zu gelangen; dabei wird sich zeigen, daß der psychoanalytisch erweiterte Intersubjektivismus dazu zwingt, die klassischen Beschreibungen solcher Eigenschaften durch schwächere, gleichsam dezentrierte Vorstellungen zu ersetzen. Die entsprechenden Eigenschaften lassen sich sinnvoll in einer Reihenfolge behandeln, die nacheinander die Dimensionen des individuellen Verhältnisses zur inneren Natur, zum eigenen Leben im ganzen und schließlich zur sozialen Welt umfaßt; eine zwanglose und freie Selbstbestimmung, wie wir sie im Begriff der persönlichen Autonomie denken, verlangt dann also besondere Fähigkeiten im Hinblick auf den Umgang mit der Triebnatur, mit der Organisation des eigenen Lebens und den moralischen Ansprüchen der Umwelt. Wenn wir das skizzierte Persönlichkeitsmodell zugrunde legen, so müssen sich mithin gegenüber dem klassischen Autonomieideal auf allen drei Ebenen systematische Abschwächungen ergeben: Das klassische Ziel der Bedürfnistransparenz muß, so möchte ich behaupten, durch die Vorstellung der sprachlichen Artikulationsfähigkeit ersetzt werden, an die Stelle der Idee der biographischen Konsistenz sollte die Vorstellung einer narrativen Kohärenz des Lebens treten und die Idee der Prinziporientierung schließlich durch das Kriterium der moralischen Kontextsensibilität ergänzt werden. Ich will stichwortartig erläutern, was ich jeweils unter diesen Ersetzungen und Ergänzungen verstehe; dabei wird sich als eine weitere Konsequenz aus dem entwickelten Ansatz zeigen, daß diese drei Fähigkeiten nur auf dem Weg der Erfahrung von Anerkennung gewonnen werden können:

a) Zur klassischen Vorstellung von persönlicher Autonomie gehört als elementarer Bestandteil die Idee einer vollständigen Transparenz unserer Bedürfnis- und Antriebsnatur: als Voraussetzung einer autonomen Bestimmung des eigenen Lebens galt nämlich die Kenntnis all der Handlungsmotive, die uns bei wichtigen Entscheidungen beeinflussen könnten. Wo unter dem Einfluß der Psychoanalyse das Ideal einer permanenten Transparenz bereits als Illusion gelten mußte, trat an dessen Stelle die Vorstellung einer prozessualen Versprachlichung des Unbewußten; als autonom konnte dann im strikten Sinn nur die Person gelten, der es gelungen war, die bisher unbewußten Anteile ihrer Bedürfnisnatur restlos zu versprachlichen. Mit der Annahme eines Reservoirs an kreativen Impulsen, die strukturell außerhalb der Kontrolle des Bewußtseins verbleiben, ist solchen Autonomieidealen der theoretische Boden entzogen; an ihre Stelle muß die Vorstellung einer Fähigkeit der angstfreien Artikulation von Handlungsimpulsen treten, die sich beharrlich und lautlos im alltäglichen Lebensvollzug Ausdruck verschaffen. Die kreative, aber stets unvollendbare Erschließung des Unbewußten entlang sprachlicher Bahnen, die unsere affektiven Reaktionen weisen, ist das Ziel, welches das Ideal einer dezentrierten Autonomie mit Blick auf das Verhältnis zur inneren Natur festhält: eine in diesem Sinn autonome Person ist nicht nur frei von psychischen Motiven, die sie unbewußt auf starre, zwanghafte Verhaltensreaktionen festlegen, sondern auch dazu in der Lage, stets neue, noch unerschlossene Handlungsimpulse in sich zu entdecken und zum Material reflektierter Entscheidungen zu machen.[7] In zwei Richtungen ist ein solches Vermögen der zwanglosen Bedürfnisartikulation auf die Unterstützung durch die intersubjektive Umwelt angewiesen: zum einen vermag sich ein Subjekt nur dann, wie Winnicott gezeigt hat, kreativ auf den Andrang seiner inneren Impulse zu konzentrieren, wenn es sich der Dauerhaftigkeit der Zuwendung durch konkrete Andere so sicher ist, daß es angstfrei mit sich alleine sein kann;[8] und zum anderen ist die individuelle Bedürfnisartikulation auf den Horizont einer intersubjektiven Sprache angewiesen, die durch den Anstoß poetischer Neuerungen so differenziert und erfahrungsoffen geworden ist und gehalten wird, daß in ihr bislang unartiku-

7 Zu einem solchen revidierten Autonomieideal im Hinblick auf das individuelle Verhältnis zur inneren Natur vgl. Cornelius Castoriadis, *Gesellschaft als imaginäre Institution*, a.a.O., bes. S. 172ff.; ders., »The State of the Subject Today«, in: *Thesis Eleven*, 24/1989, S. 5ff.; Joel Whitebook, *The Autonomous Individual and the Decentered Self*, Ms. 1990.

8 Vgl. Donald W. Winnicott, »Die Fähigkeit zum Alleinsein«, in: ders., *Reifungsprozesse und schöpferische Umwelt*, Frankfurt/M. 1984, S. 36ff.

lierte Handlungsimpulse möglichst genau zum Ausdruck gelangen können.[9]

b) Im Hinblick auf die zweite Ebene unserer Unterscheidung steht zur Diskussion, wie die verschiedenen Handlungsimpulse so durch ein Subjekt in den Handlungsvollzug seines Lebens integriert werden können, daß dieses als ganzes das Prädikat »autonom« verdient. Zur klassischen Idee der autonomen Lebensführung gehört als zentraler Bestandteil die Vorstellung, die divergierenden Bedürfnisansprüche über die Dauer einer Biographie hinweg in ein vernünftiges Schema der Über- und Unterordnung bringen zu können: Als Voraussetzung von persönlicher Autonomie galt nämlich die Fähigkeit, die von innen andrängenden Impulse und Motive so unter einem einzigen Wert- oder Sinnbezug zu organisieren, daß sie zu Elementen eines linear geplanten Lebensentwurfs werden können. Mit der Vorstellung einer Vielzahl von unausgeschöpften Identitätsmöglichkeiten, die jedes Subjekt bei angstfreiem Selbstbezug in sich zu gewärtigen hat, ist einem solchen Autonomieideal ebenfalls der theoretische Boden entzogen; wenn für menschliche Subjekte nicht auszuschließen ist, daß sie jederzeit in sich auf neue, abweichende Handlungsimpulse stoßen können, ist die Vorstellung einer reflektierten Unterordnung des eigenen Lebens unter einen einzigen Sinnbezug hinfällig; an ihre Stelle hat die Idee zu treten, sein Leben so als einen kohärenten Zusammenhang darstellen zu können, daß dessen disparate Teile als Ausdruck der reflektierten Stellungnahme ein und derselben Person erscheinen. Eine solche Reflektiertheit ist an die Fähigkeit gebunden, die eigenen Lebensentscheidungen aus der Metaperspektive der Bewertung von Wünschen und Handlungsimpulsen begründen zu können: nur dann, wenn ich dazu in der Lage bin, meine primären Bedürfnisse noch einmal im Lichte von ethischen Werten zu betrachten und zu organisieren, kann davon die Rede sein, daß ich zu einer autonomen, nämlich reflektierten Stellungnahme meinem Leben gegenüber fähig bin. Die Fähigkeit zur autonomen Lebensführung gelangt dann in dem Vermögen zur Erscheinung, sein Leben als einen narrativen Zusammenhang darstellen zu können, der sich aus solchen »Metawünschen« oder ethischen Bewertungen ergibt; damit ist freilich nicht im Sinne MacIntyres gemeint, daß alle biographischen Stadien im Rückblick

9 Vgl. Albrecht Wellmer, *Zur Dialektik von Moderne und Postmoderne.* a. a. O.

als Stufen der Realisierung eines einzigen Lebenszieles erzählbar werden;[10] zu verstehen ist dieser normative Maßstab nur im Sinne der Fähigkeit, die verschiedenen Lebensabschnitte als die Glieder einer Kette von starken Wertungen (Taylor) darstellen zu können.[11] In einem solchen abgeschwächten Sinn bilden freilich nicht nur der überzeugte Hedonist, sondern auch der reflektierte Verbrecher die Beispiele für autonome Persönlichkeiten, denn es ist mit dem Kriterium nichts über den Inhalt der starken Wertungen ausgesagt, die jeweils die unterschiedlichen Lebensabschnitte prägen. Das macht deutlich, daß hier von persönlicher Autonomie ohne jeden Bezug auf die moralischen Ansprüche der Umwelt die Rede ist. Erst auf der dritten Ebene kommt ins Spiel, was wir mit persönlicher Autonomie unter moralischen Gesichtspunkten meinen, wenn wir nicht die Eigenschaften einer bloß urteilenden, sondern einer Person in der Gesamtheit ihrer Lebensvollzüge vor Augen haben.

c) Es gehört zur geistigen Erbschaft des romantischen Individualismus, daß eine Person auch dann als »autonom« gelten kann, wenn sie ihr Leben reflektiert in den Dienst der radikalen Erfüllung des eigenen Trieblebens zu stellen vermag, ohne dabei irgendeine Art von moralischer Rücksicht auf ihre Interaktionspartner zu nehmen. Allerdings erhebt sich angesichts solcher Modelle der autonomen Lebensführung, wie sie etwa durch den bewußten Hedonisten repräsentiert werden, sofort die naheliegende Frage, ob das Maß der moralischen Isolation nicht auch negative Spuren im individuellen Selbstverhältnis hinterläßt; zu vermuten ist, daß jedes Mitglied unserer Gesellschaften mit einem rudimentären, wie auch immer verinnerlichten Über-Ich ausgestattet ist, dessen dauerhafte Verletzung zu moralischen Schuldgefühlen und damit zu sekundären Zwangsmechanismen führen muß.[12] Daher scheint es plausibel, zu den Eigenschaften einer autonomen Person auf einer dritten Ebene auch die Fähigkeit zu rechnen, sich in reflektierter Weise auf die moralischen Ansprüche der eigenen Umwelt zu beziehen. Zum klassischen Autonomieideal gehört auf dieser Stufe seit Kant die Vorstellung der Orientierung an moralischen Prinzi-

10 Zu dieser, wie ich denke, zu konventionellen Auffassung vgl. Alasdair MacIntyre, *Der Verlust der Tugend*, Frankfurt/M. 1987, Kap. 15.

11 Vgl. Charles Taylor, »The Person«, in: Michael Carrutters, Steven Colkris, Steven Lukes (Hg.), *The Category of the Person*, Cambridge 1985.

12 Donald W. Winnicott, »Psychoanalyse und Schuldgefühl«, in: ders., *Reifungsprozesse und fordernde Umwelt*, a.a.O., S. 17ff.

pien: diejenige Person galt als moralisch autonom, die ihr Handeln so von vernünftigen, nämlich universalisierungsfähigen Prinzipien der Moral leiten läßt, daß sie weder von persönlichen Neigungen noch durch konkrete Bindungen zu ungerechten oder parteiischen Entscheidungen hingerissen wird. Je stärker die Subjekte aber lernen, mit einer Vielzahl von unausgeschöpften Identitätsmöglichkeiten in sich selber vertraut zu werden, desto aufmerksamer werden sie sich den konkreten Notlagen und Bedürftigkeiten zuwenden, mit denen andere Subjekte in ihrem Leben zu kämpfen haben. Daher erzwingt die normative Idee der kreativen Bedürfnisartikulation auch eine Erweiterung des Ideals der moralischen Autonomie um eine Dimension der praktisch folgenreichen Kontextsensibilität: Als moralisch autonom kann nicht mehr einfach gelten, wer sich in seinem kommunikativen Handeln strikt an universalistischen Prinzipien orientiert, sondern erst derjenige, der diese Prinzipien mit affektiver Anteilnahme und Sensibilität für die konkreten Umstände des Einzelfalls verantwortungsvoll anzuwenden weiß. So wie die Einsicht in die prinzipielle Unkontrollierbarkeit des Unbewußten eine Umformulierung der normativen Idee der autonomen Lebensführung notwendig macht, so verlangt sie auch eine Neubestimmung der moralischen Autonomie von Personen: Erst das affektive Verständnis dafür, daß andere Subjekte ihrerseits mit ungeahnten Möglichkeiten ihres Selbst konfrontiert sein können und deshalb schwierige Entscheidungsprobleme zu bewältigen haben, gibt der Prinzipienorientierung das Maß an Kontextsensibilität, das heute eine autonome Person in moralischer Hinsicht auszeichnet.

Es sind die drei damit umschriebenen Fähigkeiten, die zusammengenommen theoretisch festlegen, wie eine normative Idee der individuellen Autonomie auch nach den ernüchternden Einwänden der modernen Subjektkritik noch aufrechtzuerhalten ist: Nur wer zugleich zur kreativen Bedürfniserschließung, zur ethisch reflektierten Darstellung seines Lebensganzen und zur kontextsensiblen Anwendung universalistischer Normen in der Lage ist, kann als eine autonome Person unter Bedingungen prinzipieller Unverfügbarkeit gelten. Das soll nun aber nicht heißen, daß zwischen diesen drei Achsen individueller Autonomie ein Verhältnis der sequentiellen Harmonie oder gar Bereicherung besteht: die verschiedenen Fähigkeiten bauen nicht notwendig aufeinander auf, sondern können miteinander geradezu in Spannung oder Konflikt geraten – für unsere Epoche mag sogar typisch sein, daß es im individuellen Interesse an persönlicher Autonomie zu Steigerungen von nur einer dieser Fähigkeiten auf Kosten der beiden anderen kommt, so daß von einer vereinseitigten Autonomie gesprochen werden kann. Schon das legt den theoretischen Schluß nahe, daß in einem vollständigen Sinn von der individuellen Autonomie einer Person wohl nur gesprochen werden kann, wenn bei ihr die drei genannten Fähigkeiten anzutreffen sind.[13]

13 In diese Richtung zielen: Diana Meyers, »The Socialized Individual and the Individual Autonomy«, in: Eva Kittay/Diana Meyers (Hg.), *Women and Moral Theory*, Totowa, N.J. 1987, S. 139ff.; Kenneth Baynes, *The Normative Grounds of Social Critiscism*, Albany, N.Y., 1992, Kap. 4, S. 123ff.

III. Probleme der politischen Philosophie

Universalismus als moralische Falle?

Bedingungen und Grenzen einer Politik der Menschenrechte

Vor sechs Jahren, als in einer Welle von friedlichen Umstürzen der sowjetische Machtblock wie ein Kartenhaus in sich zusammenstürzte, war die internationale Welt dem kantischen Projekt eines ewigen Friedens offenbar ein erhebliches Stück nähergerückt; mit dem Ende des Ost-West-Konflikts schien der Augenblick erreicht, an dem die Staaten gemeinsam den Naturzustand verlassen und in den gesellschaftlichen Zustand einer moralisch geregelten Kooperation eintreten konnten. Unter den Bedingungen der militärischen Konfrontation zwischen den beiden Supermächten hatte als das adäquate Paradigma der internationalen Beziehungen beinahe wie selbstverständlich die hobbessche Lehre des Naturzustands gegolten: so wie darin die Individuen, so sollten sich auch die Staaten in einem Verhältnis des potentiellen Krieges aller gegen alle gegenüberstehen, weil sie in Unkenntnis der Absichten des jeweils anderen ihre Selbsterhaltung nur sichern können, wenn sie durch präventive Machtsteigerung ihre Überlegenheit im Ernstfall zu garantieren wissen.[1] Mit dem Ende des Ost-West-Konflikts aber war scheinbar die Bedingung entfallen, die Hobbes hatte voraussetzen müssen, um die permanente Konfliktbereitschaft aller einzelnen überhaupt erklären zu können: die Unmöglichkeit der elementaren Vertrauensbildung zwischen den Individuen oder eben den Einzelstaaten. Einer Anwendung des kantischen Paradigmas der internationalen Beziehungen auf die weltpolitische Situation schien daher kein Hindernis mehr im Wege zu stehen: die Staaten sollten dazu in der Lage sein, »aus dem gesetzlosen Zustand, der lauter Krieg enthält, herauszukommen«, indem sie, »ebenso wie einzelne Menschen, ihre wilde (gesetzlose) Freiheit aufgeben, sich zu öffentlichen Zwangsgesetzen bequemen, und so einen (freilich

1 Die erste Anregung, die Kantische Friedensschrift dem eigenen Modell internationaler Beziehungen entgegenzusetzen, das sich aus einer Verallgemeinerung von Hobbes ergibt, habe ich durch einen Aufsatz von Hans Joas erhalten: ders., »Der Traum von einer gewaltfreien Moderne«, in: *Sinn und Form*, 2/1994, S. 309 ff. – Zur Entgegensetzung beider Modelle vgl. vor allem Janna Thompson, *Justice and World Order. A Philosophical Inquiry*, London/New York 1992, Kapitel 1 und 2.

immer wachsenden) Völkerstaat ... bilden«.[2] Kant, der aus politisch-praktischen Gründen der Natur gerne die Absicht einer moralischen Besserung des Menschen unterstellen wollte, hätte in den dramatischen Vorgängen der späten achtziger Jahre unschwer ihr pädagogisches Meisterstück erblicken können: der langwierige, oft gefährliche Ost-West-Konflikt wäre von ihr gleichsam nur inszeniert worden, um an dessen abruptem Ende alle beteiligten Regierungen definitiv wissen zu lassen, daß allein die moralisch geregelte Kooperation internationale Sicherheit und gesellschaftlichen Wohlstand schaffen kann.

Den weitgesetzten Hoffnungen, die sich mit der Erinnerung an die Kantische Friedensschrift verknüpften, folgten schnell auch die ersten Schritte praktischer Taten: nach 45 Jahren der internen Stagnation und Blockierung übernahm der Sicherheitsrat der Vereinten Nationen zum ersten Mal aktiv die Rolle, die ihm ursprünglich zugedacht worden war, als er im Jahre 1945 als ein internationales Organ der Sicherung des Friedens und des Schutzes der Menschenrechte eingerichtet wurde. Die Genehmigung des Gewalteinsatzes gegen den Irak bildete den Auftakt zu einer Phase, in der die UNO mit stets überwältigender Mehrheit eine Vielzahl von humanitären oder friedenssichernden Maßnahmen beschloß; deren Summe übersteigt mittlerweile bereits diejenige all der Eingriffe, die in den vorangegangenen Jahrzehnten vereinbart worden waren. Je größer freilich die Menge internationaler Schutzmaßnahmen wurde, desto massiver schien sich die weltpolitische Situation gerade in die entgegengesetzte Richtung zu verwandeln; jeder Eingriff an einem Konfliktherd löste offenbar wie in einer Kettenreaktion eine Reihe neuer Bürgerkriege und Gewaltausbrüche aus, jede humanitäre Hilfsaktion wurde begleitet von schockierenden Informationen über Hungerkatastrophen und Gemetzel an anderen Orten der Welt. Statt friedlicher Kooperation im Geiste eines wiederbelebten Völkerrechts breiteten sich schnell Krieg und Schrecken zwischen den Völkern aus. Inzwischen bestimmen die Bilder von bewaffneten Banden, von ethnischen Säuberungen und fundamentalistischen Terroraktionen, von Flüchtlingsströmen und Hungerleidenden so sehr den Blick auf die internationale Situation, daß die bloße Erinnerung an das kantische Projekt für viele wie bloßer Zynismus klingen muß; sechs Jahre nachdem sich den Staaten die Chance

2 Immanuel Kant, *Zum ewigen Frieden*, in: *Werke*, hg. von Wilhelm Weischedel, Bd. XI, Frankfurt/M. 1964, S. 191 ff., hier: S. 212.

eines Eintritts in den Gesellschaftszustand eröffnete, scheinen sie nur um so tiefer und aussichtsloser in den Naturzustand verstrickt.

Nicht wenige sehen in dieser neuen Lage der Weltpolitik genügend Gründe angelegt, um für die Rückkehr zu einer modifizierten Form der Realpolitik zu plädieren; diesmal soll die Orientierung am hobbesschen Paradigma nicht die militärische Aufrüstung, sondern die Abkehr vom Universalismus der Menschenrechte legitimieren. Sicherheitspolitik nach innen, moralische Abschottung nach außen, so läßt sich in einer Formel die Schlußfolgerung derer zusammenfassen, die angesichts der Vervielfältigung und Brutalisierung sozialer Konflikte jeden Rückgriff auf das kantische Modell für puren Idealismus halten. Demgegenüber verweisen diejenigen, die auch weiterhin entschieden am Projekt einer Moralisierung der Weltpolitik festhalten wollen, auf die gewachsenen Einflußchancen eines »demokratischen Internationalismus«:[3] weil durch das Ende des Ost-West-Konflikts die Möglichkeiten einer internationalen Konsensbildung stark zugenommen haben, weil sich weltweit neue, demokratische Bewegungen herausgebildet haben und somit eine Vielzahl ziviler Akteure das weltpolitische Geschehen mitbestimmen, bieten sich erst heute einer Politik der Menschenrechte die lange vermißten Handlungsspielräume an; Außenpolitik als aktive Friedenssicherung durch internationale Durchsetzung von Menschenrechten, so lassen sich in einer Formel die Vorstellungen derer zusammenfassen, die auch angesichts der jüngsten Entwicklungen für das kantische Modell der internationalen Beziehungen plädieren. Zwischen den beiden Lagern ist somit vor allem umstritten, in welchem Umfang gegenwärtig die Menschenrechte zu einem operativen Bezugspunkt der Außenpolitiken werden sollen; eine Entscheidung zugunsten einer der streitenden Parteien fällt aber schon deswegen nicht leicht, weil bereits Uneinigkeit darüber herrscht, wie die weltpolitische Situation unserer Tage angemessen bestimmt werden soll. In einem ersten Schritt möchte ich daher zwei entgegengesetzte Deutungen der weltpolitischen Lage gegenüberstellen, um zu zeigen, daß beide in spezifischer Weise mit politisch-philosophischen Paradigmen verschmolzen sind; es kann, so lautet die These, keine bloß empiri-

3 Vgl. dazu Alan Gilbert, »Must Global Politics Constrain Democracy? Realism, Regimes, and Democratic Internationalism«, in: *Political Theory* 20, 1/1992, 1, S. 8ff.

sche, gewissermaßen »reine« Darstellung unserer Situation geben, weil es stets schon vorgreifende Interpretationen über ihren praktisch-politischen Stellenwert gibt, die unsere Wahrnehmungen leiten (I). In einem zweiten Schritt will ich dann vorführen, welche Konsequenzen sich für die Frage der Menschenrechte aus den beiden Deutungen ergeben, die ich hier als das hobbessche und das kantische Paradigma gegenüberstelle (II). In einem letzten, nur kurzen Schritt möchte ich schließlich erläutern, inwiefern dem Kantischen Paradigma heute auch bestimmte realpolitische Zwänge entsprechen; möglicherweise haben wir unter den gegenwärtigen Bedingungen gar keine andere Chance, als der kantischen Idee einer Verrechtlichung der internationalen Beziehungen zu folgen (III).

I

In seinen »Reflexionen zur Klassentheorie«, die in den Jahren der Arbeit an der *Dialektik der Aufklärung* entstanden, stellt Adorno Vermutungen über die Zukunft des sozialen Konflikts im hochentwickelten Kapitalismus an; seine Überlegungen münden in der These, daß es unter dem Druck der ökonomischen Barbarisierung am Ende nicht mehr soziale Klassen sein werden, die sich im Kampf gegenüberstehen, sondern »Gangs und Rackets«. Die Geschichte der Klassenkämpfe wird in Zukunft zu dem, so Adornos wie immer dialektische Schlußfolgerung, was sie von Anfang an war, nämlich eine »Geschichte von Bandenkämpfen«.[4] Als habe er sich von dieser spekulativen Prognose inspirieren lassen, eröffnet Hans Magnus Enzenberger seine Streitschrift gegen den Universalismus der Menschenrechte mit dem Schreckensbild »marodierender Banden«: Überall auf der Welt, so lautet die Quintessenz seiner Interpretation der aktuellen Lage, befinden sich heute Banditengruppen und Verbrechercliquen in einem Krieg, dessen alleiniges Mittel die rohe Gewalt und dessen einziges Ziel »Raub, Mord und Plünderung« sind.[5] Zur Entgrenzung einer solchen neuen Form des Bürgerkrieges ist es gekommen, weil der Zerfall der bipolaren

4 Theodor W. Adorno, »Reflexionen zur Klassentheorie«, in: *Gesammelte Schriften*, Bd. 8, Frankfurt/M. 1972, S. 373 ff.

5 Hans Magnus Enzensberger, *Aussichten auf den Bürgerkrieg*, Frankfurt/M. 1993.

Weltordnung zwangsläufig zu einer Entmoralisierung der sozialen Beziehungen hat führen müssen: Solange nämlich die Ost-West-Konfrontation noch dafür Sorge trug, daß lokale Konflikte stets in ein ideologisches Deutungsschema übertragbar blieben und dadurch schnell auf einer internationalen Ebene politisch bearbeitbar wurden, konnte ein bestimmtes Maß an menschlicher Aggression dauerhaft unter staatlicher Kontrolle gehalten werden; mit dem Zusammenbruch der Sowjetunion aber ist diese ideologische Einhegung des Bürgerkrieges gleichsam über Nacht verlorengegangen, so daß sich die lange unterdrückten Motive des Hasses und der Wut explosionsartig Ausdruck verschaffen konnten. Die neuen Formen enthemmter Brutalität sind für Enzensberger so wenig an bestimmte Konfliktanlässe gebunden, daß er keine Mühe hat, auch in der Zunahme von direkter Gewalt in den westlichen Metropolen noch ihre Spuren wiederzuentdecken: ob Drogengangs oder Neonazis, ob Hooligans oder Amokläufer, stets handelt es sich für ihn um die Äußerung einer Aggression, die mangels ideologischer Bindung gleichsam zweckfrei und ziellos geworden ist. So entsteht zunächst einmal ein weltpolitisches Horrorszenarium, dessen Suggestionskraft sich einer Darstellung verdankt, in der die Fernsehbilder aus Somalia oder Bosnien-Herzegowina mit grellen Fetzen aus amerikanischen Science-fiction-Filmen unmerklich zu verschwimmen beginnen: durch die Trümmerlandschaften amerikanischer Großstädte oder über die Hügelketten der afrikanischen Wüste ziehen versprengte Gruppen von schwerbewaffneten Rambos, die nur nach der nächsten Möglichkeit suchen, um den ehemaligen Nachbarn oder die vormaligen Stammesgenossen auszurauben und zu ermorden.

Eine große Nähe zu solchen Bildern weisen auch die Eindrücke auf, die Michael Ignatieff auf seinen Reisen an die Fronten der internationalen Konfliktzonen gesammelt hat.[6] Mit Enzensberger teilt er die Überzeugung, daß durch den Zerfall der Sowjetunion eine neue Epoche von Bürgerkriegen eingeleitet worden ist, deren zentrale Eigenschaft ein bisher unbekanntes Maß an moralisch ungebremster Aggression ausmacht; und beide sind sich darüber hinaus in der Beobachtung einig, daß in den kriegführenden Banden und Cliquen ein Typ des jugendlichen Gewalttäters die Führungsrolle innehat, der in der Geschichte des modernen Europa

6 Michael Ignatieff, *Reisen in den neuen Nationalismus*, Frankfurt/M. 1994.

ohne jedes Vorbild ist. Enzensberger stützt sich auf die Totalitarismusanalyse von Hannah Arendt, um die Eigenschaften zu umreißen, durch die die neuen Kriegsherren charakterisiert sein sollen: Ohne jeden Halt in einer politisch-moralischen Überzeugung, sind sie in ihren haßerfüllten Aktionen so weit autistisch, daß sie zwischen Zerstörung und Selbstzerstörung nicht zu unterscheiden vermögen. Bei Ignatieff ist es hingegen der mittelalterliche »warlord«, der als historisches Muster für den Persönlichkeitstyp herhalten muß, den er in den Bandenchefs und Kriegsherren unserer Tage anzutreffen glaubt: »Sie erscheinen überall dort, wo Nationalstaaten zerfallen: im Libanon, in Somalia, im Norden Indiens, in Armenien, Georgien, Ossetien, Kambodscha, im ehemaligen Jugoslawien. Mit ihren Autotelefonen, Faxgeräten und exquisiten Waffen scheinen sie der Postmoderne anzugehören, in Wirklichkeit aber leben sie im frühen Mittelalter.«[7]

Aus Beobachtungen solcher Art ziehen die Autoren nun theoretische Schlüsse, die den Strukturwandel der Weltpolitik im ganzen betreffen; dabei scheuen beide nicht, Enzensberger noch weniger als Ignatieff, vor anthropologischen Spekulationen zurück, die durch ihre deskriptiv gehaltenen Analysen in nichts gedeckt sein können. In den Bürgerkriegen der jüngsten Zeit, so wird suggeriert, tritt etwas von der rohen Natur des Menschen in Erscheinung, die Hobbes geahnt haben mag, als er sich an die hypothetische Konstruktion des Naturzustandes machte; darin kommt nämlich zum Ausdruck, daß die sozialen Beziehungen in dem Augenblick die Form einer aggressiven Feindschaft zwischen benachbarten Gruppen annehmen müssen, in dem sie nicht länger in ein übergreifendes Ordnungssystem eingebunden sind, das ihnen Halt und klare Orientierungen verleiht. Hier soll dahingestellt bleiben, ob diese Interpretation des Naturzustandes tatsächlich mit den Absichten von Hobbes in Übereinstimmung gebracht werden kann; von Bedeutung ist allein, daß weder Enzensberger noch Ignatieff zögern, in den ethnischen Konflikten und Stammeskriegen unserer Tage einen weltpolitischen Zustand zu erblicken, in dem sich die aggressive Natur des Menschen auf unkontrollierbare, ja archaische Weise ihr Recht verschafft. Eine solche Form des geradezu mythologisch gewendeten Hobbesianismus muß natürlich dazu verleiten, an den lokalen Kämpfen und Kriegen nicht

7 Ebd., S. 52.

mehr die Vorgeschichte sozialer Spannungen wahrzunehmen, sondern nur noch den Atavismus einer Wiederkehr vorgeschichtlicher Gewalten; als habe es keine weit zurückreichende Vergangenheit von religiösen und ethnischen Konflikten gegeben, die durch die ideologische Ordnungsfunktion der beiden Supermächte zwar unter Kontrolle gehalten, aber nicht aufgelöst werden konnten, wird die Nachkriegsgeschichte auf ein einziges Ereignis zusammengedrängt: mit dem Untergang des Sowjetimperiums bricht in Gestalt der hochgerüsteten Kriegsherren und Bandenchefs in die zivile Ordnung der Welt wieder der heillose Zustand eines Krieges aller gegen alle ein. An den Bürgerkriegen, die seither weltweit herrschen, sollen wir lernen, was wir längst hätten wissen müssen: daß der Mensch seiner ganzen Anlage nach auf eine zerstörerische Aggression angelegt ist, die nur dann unschädlich gemacht werden kann, wenn sie ideologisch auf Bilder räumlich weit entfernter Feinde fixiert wird.[8]

In einem gänzlich anderen Licht erscheinen die weltpolitischen Umbrüche der letzten Jahre hingegen, wenn sie nicht im anthropologischen Sinn eines kruden Hobbesianismus als Folgen einer späten Wiederkehr des Naturzustands, sondern im hypothetischen Sinn der Kantischen Geschichtsphilosophie als Schritte im mühsamen Prozeß der Etablierung menschlicher Freiheit gedeutet werden. Für Kant hatte sich bekanntlich die Notwendigkeit, der empirischen Geschichte des Menschen den Sinn einer moralischen Besserung zu unterstellen, aus internen Schwierigkeiten seiner Konzeption der Moral ergeben. Wenn zwischen der moralischen Pflicht und der äußeren Wirklichkeit eine so starke Kluft existiert, wie es die »Kritik der praktischen Vernunft« zunächst umrissen hat, dann müssen überhaupt die empirischen Zwecke aus dem Blick geraten, die dem Pflichtbewußtsein den Stoff zur innerweltlichen Umsetzung geben können. Aus dieser Mißlichkeit sucht Kant den Ausweg mit jener hypothetischen Konstruktion von natürlichen Zwecken, die er in der »Kritik der Urteilskraft« zu entwickeln versucht: danach dürfen wir aus einem Interesse der Vernunft an sich selber der Natur nicht nur bestimmte Gesetze

8 Zum weiteren Kontext dieser Verlagerung bei Enzensberger vgl. Andreas Kuhlmann, »Saddam Hussein ist überall. Die neuen Szenarien der Gewalt und die Etablierung einer schwarzen Anthropologie«, in: Hans-Martin Lohmann (Hg.), *Extremismus der Mitte. Vom rechten Verständnis deutscher Nation*, Frankfurt/M. 1994, S. 219ff.

und organische Funktionsabläufe unterstellen, sondern können ihr auch noch die Absicht einer moralischen Besserung des Menschengeschlechts zumuten. Eine solche moralische Teleologie, so ist Kants Überzeugung, gibt vom empirischen Verlauf des Geschichtsprozesses eine Darstellung, die es den leibhaftigen Subjekten erlaubt, für ihre aus Pflicht motivierten Handlungen in der konkreten Welt angemessene Zwecke zu finden: die begründete Aussicht, bei aller Schlechtigkeit in der Welt gleichwohl zur Realisierung des moralisch Guten beizutragen, motiviert zwar nicht den Handelnden, aber verleiht seinen moralischen Motiven doch den notwendigen Gehalt in der empirischen Welt. Nun ist diese Konstruktion aber deswegen noch recht brüchig, weil sie für die hypothetische Behauptung eines zivilisatorischen Fortschritts nicht mehr zu bieten hat als die These, daß die Vernunft aus praktischen Gründen eines gewissen Rückhalts in der geschichtlichen Welt bedarf; ob es sich dabei um eine bloße Projektion oder um eine wie auch immer schwach begründete Theorie handelt, ist noch vollkommen unausgemacht.

Es ist Aufgabe von Kants geschichtstheoretischen Abhandlungen, diese Erklärungslücke zwischen der moralischen Teleologie und der empirischen Wirklichkeit ein Stück weit zu schließen; der Weg, auf dem sie das leisten sollen, besteht in der Erprobung von verschiedenen Ansätzen, die schwache Beweise für einen faktischen Fortschritt in der menschlichen Geschichte liefern können. Außer Frage steht heute wohl, daß Kant bei seinen Versuchen immer dort gescheitert ist, wo er der Idee der Naturabsicht einen empirischen Sinn zu geben versucht: so etwa die Lehre vom Krieg als einem natürlichen Mechanismus der moralischen Besserung, die er in seiner »Idee zu einer allgemeinen Geschichte in weltbürgerlicher Absicht« entwickelt, so nicht minder die ebenfalls dort vorgestellte These, daß alle menschlichen Naturanlagen im Laufe der Geschichte in der Gattung insgesamt zur Entfaltung kommen müßten. Derartige Vorschläge Kants sind schon deswegen ausgesprochen problematisch, weil sie den Zielsetzungen eigentümlich zuwiderlaufen, die er mit dem hypothetischen Entwurf eines zivilisatorischen Fortschritts verknüpft hatte: statt moralisches Handeln durch den Aufweis von Erfolgsaussichten an politische Zwecke zu binden, so hat Larry Krasnoff jetzt gezeigt,[9] machen

9 Vgl. Larry Krasnoff, »The Fact of Politics: History and Teleology in Kant«, in: *European Journal of Philosophy* 2, 1/1994, S. 22 ff.

seine Spekulationen über natürliche Mechanismen und empirische Zwänge jede Moralität im Grunde genommen überflüssig. Wenn diese Beweisstücke der Kantischen Geschichtsphilosophie also zum Scheitern verurteilt sind, so bleibt am Ende nur die Überlegung, die er in der zweiten Abhandlung zum »Streit der Fakultäten« entwickelt hat: dort interpretiert Kant die enthusiastische Reaktion des zuschauenden Publikums angesichts der Französischen Revolution als eine »Teilnehmung dem Wunder nach«, die empirisch verrät, daß eine »moralische Anlage im Menschengeschlecht« vorhanden ist.[10] Auch ein solcher Vorschlag ist natürlich nicht frei von Schwierigkeiten, weil er einen großen Interpretationsspielraum darüber beläßt, ab wann eine affektive Zustimmung zu welchen Vorgängen als Zeichen eines Fortschritts in moralischen Orientierungen zu werten ist; für Kant steht im Zentrum seiner Deutung wohl die Uneigennützigkeit und der Mut, den derartige Reaktionsmuster dadurch offenbaren, daß sie ohne Chancen eigener Verbesserungen oder Gewinne in Konfrontation mit der politischen Obrigkeit öffentlich geäußert werden. Wenn wir diese untergründigen Überlegungen zusammenfassen, so könnten wir wiederum mit Larry Krasnoff schließen,[11] daß Kant in der enthusiastischen Reaktion in derselben Weise ein »Faktum der Politik« angelegt sieht, in der er im Rahmen seiner »Kritik der praktischen Vernunft« von einem »Faktum der Vernunft« gesprochen hat: die zustimmende Reaktion des unbeteiligten Publikums auf die Revolutionsvorgänge in Frankreich soll belegen, daß in der empirischen Wirklichkeit jene Ziele einer republikanischen Erneuerung des Staatswesens tatsächlich anzutreffen sind, von der die moralische Teleologie nur behauptet hat, daß wir sie hypothetisch dem Gang der Geschichte unterstellen sollen.

Nur in einem solchen abgeschwächten Sinn läßt sich die Kantische Geschichtsphilosophie heute als eine Art von theoretischer Folie benutzen, um von den gegenwärtigen Umbrüchen in der Weltpolitik hypothetisch eine andere Deutung zu geben, als sie im neuen Hobbesianismus angelegt ist. Als Versuch der empirischen Rechtfertigung einer solchen Perspektive lassen sich die Untersuchungen begreifen, die Ernst-Otto Czempiel in jüngster Zeit un-

10 Immanuel Kant, »Der Streit der Fakultäten«, in: *Werke* XI, a. a. O., S. 261 ff., hier: S. 358.

11 Vgl. Krasnoff, »The Fact of Politics: History and Teleology in Kant«, a. a. O., S. 32 f.

ternommen hat; bei ihm übernehmen die Aktivitäten, mit denen zivile Organisationen in Reaktion auf 1989 die weltpolitische Bühne betreten haben, gleichsam dieselbe Funktion eines geschichtlichen Zeichens, das Kant in der enthusiastischen Reaktion des unbeteiligten Publikums auf 1789 erblickt hatte.[12] Selbstverständlich will auch Czempiel nicht leugnen, daß wir es heute in einigen Regionen der Welt mit einer erschreckenden Zunahme an ethnisch oder religiös bedingten Konflikten zu tun haben, die in einem ursächlichen Zusammenhang mit dem Wegfall der Ordnungsfunktion der Sowjetunion zu stehen scheinen; aber er kann diesem Zerfallsprozeß doch einen ganz anderen Stellenwert beimessen, weil er den Blick auf eine Reihe von historisch-politischen Vorgängen lenkt, die weder Enzensberger noch Ignatieff überhaupt zur Kenntnis nehmen. Schon die Herauskehrung allein der destabilisierenden Folgen, die mit dem Ende des Ost-West-Konflikts einhergegangen sind, enthält ja eine Einseitigkeit, die angesichts der historischen Ereignisse in keiner Weise gerechtfertigt ist: zum Untergang der Sowjetunion ist es gekommen, wie Czempiel noch einmal deutlich macht, weil in den meisten Ländern Osteuropas der demokratische Widerstand gegen die Unterdrückung und Fremdherrschaft so stark wurde, daß sich kaum eines der kommunistischen Regime am Ende noch halten konnte. Was in der von Hobbes inspirierten Deutung bloß als Zerfall eines politisch ideologischen Ordnungsrahmens in Erscheinung tritt, bildet für Czempiel daher zunächst den historischen Auftakt für einen welthistorisch beinahe einzigartigen Demokratisierungsprozeß. In kürzester Zeit hat sich im Herrschaftsbereich der ehemaligen Sowjetunion ein dramatischer Strukturwandel vollzogen, der der Bevölkerung im ganzen zu einem enormen Zugewinn an liberalen Freiheiten und politischen Rechten verhalf: allein

»in der ersten Hälfte des Jahres 1990 fanden in der Sowjetunion in dreizehn der insgesamt fünfzehn Republiken Wahlen statt ... In Ungarn, der Tschechoslowakei und Polen – etwas weniger stark ausgeprägt in Bulgarien und Rumänien – wurden ebenfalls im ersten Halbjahr 1990 Wahlen abgehalten, die zumindest in der Tschechoslowakei und in Ungarn, aber auch in Polen, frei gewählte Regierungen an die Macht brachten. Der Bund der Kommunisten Jugoslawiens gab im Januar 1990 seine Führungsrolle auf; der sich

12 Ernst-Otto Czempiel, *Weltpolitik im Umbruch. Das internationale System nach dem Ende des Ost-West-Konflikts*, München 1993.

anschließende Zerfallsprozeß muß – der Wirren und Opfer ungeachtet – als elementarer Ausfluß von Selbstbestimmungs- und Mitbestimmungsprozessen gedeutet werden. Selbst Albaniens KP erlaubte im Dezember 1990 die Zulassung unabhängiger Parteien.«[13]

Mit diesen innerhalb von nur einem Jahr vollzogenen Transformationsprozessen haben sich die Länder eines politischen Kontinents, in dem bislang weder Rechtsstaatlichkeit noch Partizipationschancen vorhanden waren, auf den schwierigen Weg der Etablierung liberaler Demokratien gemacht; sie sind dabei, dem Kreis derjenigen politischen Gemeinwesen beizutreten, die John Rawls als »well-ordered liberal democracies« bezeichnet hat.[14] Daß ein solcher von innen heraus vollzogener Prozeß, gerade weil er die zivilen Kräfte eines Landes freisetzt und damit allen Interessen und Meinungen politische Artikulationsmöglichkeiten verschafft, zu sozialen Spannungen, ja Bürgerkriegen führen kann, ist aus der Geschichte der Herausbildung der westlichen Demokratien bekannt; insofern mag die Brutalisierung sozialer Beziehungen im osteuropäischen Bereich, so mitleidslos das auch klingen muß, der Preis nicht für den Zerfall der Ordnungsmacht, sondern für den Aufbau von demokratischen Institutionen sein.

Derselbe Zusammenhang zwischen einer Freisetzung der zivilen Öffentlichkeit und der Zunahme von gesellschaftlichen Konflikten läßt sich auch für jene Regionen der Dritten Welt beobachten, auf die die Demokratisierung Osteuropas eine Art von Signalwirkung ausgeübt hat. Vor allem in den Entwicklungsländern Afrikas gingen von dem Umsturz der Sowjetunion insofern befreiende Effekte aus, als für die herrschenden Cliquen nunmehr die Chance entfiel, zu Legitimationszwecken auf den diktatorischen Charakter jener Macht zu verweisen, die die Existenz eines antikapitalistischen Lagers zu garantieren schien; kaum war dieser Weg der ideologischen Rechtfertigung versperrt, setzte auch hier eine Welle der Ausweitung politischer Mitbestimmungsmöglichkeiten ein, die bis heute nicht zum Stillstand gekommen ist. Allein innerhalb des Jahres 1990 stieg, wie Czempiel überzeugend belegt, »die Zahl der Staaten Schwarzafrikas, die sich auf die Demokratie zubewegten oder Tendenzen dahin deutlich erkennen lassen, von vier auf

13 Ebd., S. 108.

14 John Rawls, »The Law of Peoples«, in: Stephen Shute und Susan Hurley (Hg.), *On Human Rights. The Oxford Amnesty Lectures 1993*, New York 1993, S. 41 ff.

über zwanzig«.[15] Nicht anders als in einigen Regionen Osteuropas ging auch in einer Reihe von Ländern des afrikanischen Kontinents mit der Demokratisierung schnell der Ausbruch von brutalen Bürgerkriegen einher; die Öffnung der politischen Institutionen für die Partizipation der Bevölkerung setzte Stammesfehden oder religiöse Konflikte frei, die häufig deswegen in kürzester Zeit eskalierten, weil sie über Jahrzehnte hinweg von den autokratischen Machthabern unterdrückt worden waren. Aber wie im Herrschaftsbereich der ehemaligen Sowjetunion ist auch hier der kausale Zusammenhang ein anderer, als das Bild vom Rückfall in den Naturzustand suggeriert: nicht der plötzliche Verfall vormals stabiler Ordnungsmächte war es, der zum Ausbruch sozialer Kämpfe führte, sondern die Einbeziehung der zivilen Öffentlichkeit in den Prozeß der politischen Willensbildung.

Wenn sich auch nicht in allen Regionen der Welt in diesem Zeitraum ein vergleichbarer Strukturwandel vollzogen hat, so machen vermehrte Demonstrationen und Proteste zugunsten der Demokratie und Menschenrechte doch kenntlich, daß auch dort die Signale von Osteuropa nicht unerhört geblieben sind; in Südkorea oder Taiwan etwa gehören derartige Kundgebungen inzwischen zur Tagesordnung, in der Volksrepublik China oder jüngst in Kuba werden sie mit Mitteln der Gewalt nur mühsam unterdrückt. Aus alldem zieht Czempiel nun den Schluß, daß das Jahr 1989 einen weltpolitischen Umbruch markiert, der zunächst und vor allem in einem globalen Machtzuwachs der zivilen Gesellschaft gegenüber der staatlichen Herrschaftsgewalt besteht: infolge der demokratischen Revolutionen in Osteuropa haben sich international gesellschaftliche Kräfte, ob es nun Bürgerbewegungen, religiöse Gruppierungen, Umweltschutzorganisationen oder Kirchenverbände sind, so weit von den Zwängen staatlicher Ordnung befreit, daß sie zunehmend als eigenständige Akteure auf der weltpolitischen Bühne aufzutreten vermögen und hier ihre Interessen zur Geltung bringen können. Als Ursachen für diesen Prozeß einer Demokratisierung der Weltpolitik sieht Czempiel zwei kulturelle Entwicklungen an, die epochalen Charakter besitzen: mit der Internationalisierung der gesellschaftlichen Kommunikation durch die Massenmedien, vor allem dem Radio, hat sich einerseits die Chance drastisch erhöht, daß die im Westen vorherrschenden

15 Vgl. Ernst-Otto Czempiel, *Weltpolitik im Umbruch. Das internationale System nach dem Ende des Ost-West-Konflikts*, a. a. O., S. 110.

Praktiken der demokratischen Willensbildung selbst an den entferntesten Orten der Welt zur Kenntnis gelangen können; durch den internationalen Anstieg des Bildungsniveaus andererseits erwirbt eine stetig wachsende Zahl von Individuen die Möglichkeit, die entsprechenden Informationen zu verarbeiten und auf die politische Situation des eigenen Landes anzuwenden; einen weiteren Beitrag mag auch, so läßt sich hinzufügen, der Massentourismus erfüllen, durch den weltumspannend auf unauffällige Weise eine wechselseitige Aufklärung über Regierungsformen und Herrschaftspraktiken geleistet wird.

Wird eine solche Interpretationsperspektive gewählt, in der ein historisch beispielloser Demokratisierungsschub im Vordergrund steht, so erhalten die weltpolitischen Ereignisse der letzten fünf Jahre eine vollkommen andere Bedeutung, als in dem von Enzensberger und Ignatieff vertretenen Deutungsansatz vorausgesetzt: der massive Anstieg von Bürgerkriegen und gewaltsamen Spannungen in vielen Regionen der Welt ist dann nicht das historische Zeichen eines Rückfalls in den menschlichen Naturzustand, sondern die soziale Folge der Wertkonflikte und Interessengegensätze, die heute mit dem rapiden Machtzuwachs der zivilen Gesellschaft zum erstenmal überhaupt in Erscheinung treten können. Gegenüber dem Versuch, die neuen Formen der Gewalt auf die brutale Natur des Menschen zurückzuführen, ist diese zweite Interpretationsperspektive wesentlich sparsamer, ja geradezu bescheiden im Erklärungsziel; denn zwischen dem Anwachsen von physischer Gewalt in den westlichen Metropolen und den entsetzlichen Massakern in Bosnien-Herzegowina kann sie keine plausible Verbindung herstellen, weil ihr der vermittelnde Glaube an anthropologische Konstanten fehlt. Aber sie hat nicht nur eine Reihe von empirischen Indikatoren auf ihrer Seite, die deutlich einen weltweiten Prozeß der Demokratisierung belegen, der in das eindimensionale Bild einer plötzlichen Barbarisierung der Weltpolitik gar nicht paßt. Was vor allem für sie spricht, ist der Vorteil einer politischen Orientierung, den sie mit dem kantischen Projekt einer Geschichtsphilosophie in praktischer Absicht teilt: wird nämlich die weltpolitische Entwicklung in all ihrer Ambivalenz an dem hypothetischen Leitfaden rekonstruiert, den die Idee eines Fortschritts in der Autonomie des Menschen bereitstellt, so eröffnen sich dadurch politisch eine Reihe von freiheitserweiternden Handlungsmöglichkeiten, die anderenfalls unentdeckt oder verschlossen bleiben müßten – kurz, es handele sich dabei nicht um einen rein empirisch, sondern um einen normativ, praktisch-politisch begründeten Optimismus. Was sich daraus für die gegenwärtige Lage ergibt, läßt sich an den unterschiedlichen Konsequenzen überprüfen, die mit den beiden konkurrierenden Deutungsansätzen in Hinblick auf die Frage der Menschenrechte verknüpft sind.

II

Mit einer hobbesianischen Auffassung der internationalen Beziehungen war intern stets die Vorstellung verbunden, daß die Politik eines Staates vernünftigerweise auf die präventive Sicherung seiner militärisch-strategischen Überlegenheit gerichtet sein muß; über viele Jahre hinweg hat diese Doktrin daher auch den beiden Supermächten der USA und der Sowjetunion als Legitimationsgrundlage gedient, um die Durchführung militärischer Interventionen zu rechtfertigen, mit denen die Loyalität geopolitisch wichtiger Staaten entweder vorbeugend garantiert oder nachträglich wiederhergestellt werden sollte. Von einem solchen Konzept der aggressiven Sicherheitspolitik ist Enzensberger, obwohl er ja eine Art von weltpolitischem Hobbesianismus vertritt, denkbar weit entfernt; sein Plädoyer gilt vielmehr einer Form der Außenpolitik, die auf die Beeinflussung anderer Staaten nicht nur zugunsten der eigenen Interessenlagen, sondern auch zugunsten einer Durchsetzung von Menschenrechten gänzlich Verzicht leisten soll. Der Unterschied zum klassischen Hobbesianismus, der den ersten Teil dieser Empfehlung erklärt, ergibt sich schon aus dem andersartigen Bild, das Enzensberger vom weltpolitischen Naturzustand offeriert hatte: weil sich nach dem Ende des Ost-West-Konfliktes der weltumspannende Krieg aller gegen alle weitgehend zwischen kollektiven Akteuren vollzieht, die sich wie die mafiosen Banden oder die fundamentalistischen Bewegungen bereits jeder staatlichen Kontrolle entzogen haben, muß auch die Außenpolitik der Regierungen nicht mehr vordringlich am Ziel der militärischen Überlegenheit gegenüber anderen Staaten orientiert sein; was die entwickelten Länder des Westens hingegen benötigen, sind sicherheitspolitische Maßnahmen, die die nationalen Grenzen gegenüber dem internationalen Banditentum auf effektive Weise abzuriegeln vermögen.

Im Gegensatz zu dieser Schlußfolgerung ergibt sich der zweite Teil der Empfehlung von Enzensberger, also der Vorschlag eines Verzichts auf jede Form von Menschenrechtspolitik, nicht mehr ohne weiteres aus dem neuartigen Bild des weltpolitischen Naturzustandes; denn warum sollte es nicht etwa sinnvoll sein, die elementaren Rechte von Minderheiten in einem bestimmten Land durch diplomatischen und ökonomischen Druck zu stärken, um der Ausweitung des internationalen Terrorismus gezielt vorzubeugen? Um zu begründen, daß eine solche Form des »sanften« Interventionalismus unter gegenwärtigen Bedingungen falsch ist, muß Enzensberger daher Argumente mobilisieren, die allein durch seine empirische Ausgangshypothese gar nicht hinreichend gedeckt sind; er stützt sich zu diesem Zweck auf eine Kritik am menschenrechtlichen Universalismus, die zwar zum antiquierten Erbe der Gegenaufklärung gehört, heute aber wieder in wachsendem Maße Parteigänger findet. Ihr zentrales Argument besteht in der suggestiven Behauptung, daß die moralischen Verpflichtungen des Universalismus sowohl die Einzelsubjekte als auch die Staaten maßlos überfordern.

Die Idee, daß allen Menschen eine Reihe von »unveräußerlichen« oder elementaren Rechten zukommt, die unabhängig von der positiven Rechtsordnung eines Gemeinwesens universale Gültigkeit besitzen soll, geht auf die Tradition des christlichen Humanismus zurück; darin wurde auf der Basis der Überzeugung, daß jedes menschliche Wesen Gott ebenbildlich sei, dem einzelnen eine spezifische Würde verliehen, die ihn mit einem vorstaatlichen Anspruch auf Respektierung seiner Person versah.[16] Schon an dieser frühen Stelle, an der es um die religiösen Wurzeln des Universalismus der Menschenrechte geht, setzt ein erster Vorbehalt von Enzensberger ein, der freilich nur als grobes Mißverständnis gedeutet werden kann. Der begründende Rückgriff auf die Gottebenbildlichkeit, so merkt Enzensberger an, enthalte bereits indirekt einen Hinweis darauf, welche Überforderung für das einzelne Individuum mit der Idee der Menschenrechte verknüpft sei; denn von jedem zu verlangen, »für alle verantwortlich« zu sein, kann nur unter der maßlosen Aufforderung als sinnvoll erscheinen, »Gott

16 Zu dieser Tradition vgl. vor allem Wolfgang Huber, »Menschenrechte/Menschenwürde«, in: *Theologische Realenzyklopädie*, Band XXII, Berlin/New York 1992, S. 577 ff.

ähnlich« werden zu sollen.[17] Im christlichen Humanismus aber verläuft die Begründung des moralischen Universalismus natürlich in genau die entgegengesetzte Richtung, als von Enzensberger unterstellt: Weil alle Menschen unabhängig von besonderen Merkmalen Gott ebenbildlich sein sollen, kommen jedem von ihnen unveräußerliche Rechte zu, denen individuelle Pflichten nur so weit korrespondieren, wie sie in die zumutbaren Möglichkeiten des einzelnen fallen. Aus der religiösen Voraussetzung einer Ähnlichkeit mit Gott wurden also, vermittelt durch den Gedanken einer allgemeinen Menschenwürde, zunächst rechtliche Befugnisse oder Ansprüche jedes einzelnen Individuums abgeleitet, während die Frage nach dem primären Subjekt der Verantwortung noch weitgehend im unklaren gelassen wurde.

Das änderte sich erst, als mit der Idee des Naturrechts eine neue, nachreligiöse Form der Begründung von Menschenrechten entstand, die den Inhalt der universellen Rechtsansprüche im Sinne des aufkommenden Liberalismus präzisierte, auch wenn sie ihrerseits nun weitere Unklarheiten aufwarf. An die Stelle des begründenden Konzepts einer Gottebenbildlichkeit trat jetzt die Vorstellung, daß jeder Mensch von Natur aus mit bestimmten Rechten ausgestattet sei, die ihn vor staatlichen Eingriffen in seinen individuellen Freiheitsspielraum zu schützen hatten; diesen individuellen Abwehrrechten korrespondierte mithin klarerweise eine Pflicht des Staates, dafür Sorge zu tragen, daß der einzelne in seiner Handlungsautonomie ungestört bleiben konnte. Abgesehen von der Frage, ob den subjektiven Grundrechten nicht auch entsprechende Pflichten der Individuen entsprechen sollten, ließ die neue Konzeption vor allem unbeantwortet, wie die Quelle der rechtlichen Ausstattung des Menschen zu denken sei; denn es ergab doch offenbar nur wenig Sinn, die Natur selbst als eine Größe vorzustellen, die nicht anders als zuvor die Person Gottes allen Individuen eine Reihe von unveräußerlichen Rechten verliehen haben sollte.

Es war der Druck dieser ungeklärten Probleme, der auch nach dem Abebben des Naturrechtsgedankens die Versuche einer Begründung der Menschenrechte nicht mehr abbrechen ließ. Vom Vernunftrecht der Aufklärung über die Wiederkehr theologischer Ansätze bis hin zum moralischen Universalismus unserer Tage ver-

17 Hans Magnus Enzensberger, *Aussichten auf den Bürgerkrieg*, a. a. O., S. 74.

lief der Prozeß, in dem der Sinn der Behauptung weiter aufgehellt werden sollte, daß dem Menschen unabhängig von jeder institutionalisierten Rechtsordnung eine bestimmte Menge von elementaren Rechten zukommen muß; zugleich mit dem Einblick in den Umfang, den solche universellen Rechtsansprüche des Menschen besitzen sollen, wuchs im Zuge dieser Denkgeschichte auch das Bewußtsein darum, welche Rolle sie im Gesamt der moralischen Praxis zu übernehmen haben.[18] Heute werden unter Menschenrechten im allgemeinen diejenigen Ansprüche verstanden, die die menschlichen Subjekte sich wechselseitig einräumen, um einander ein Leben zu garantieren, das notwendigen Bedingungen der »Würde« oder der Achtung entspricht; der leitende Gesichtspunkt dabei ist, daß es zu den minimalen Anforderungen an eine Moral des gesellschaftlichen Zusammenlebens gehört, jeden anderen gleichermaßen in die Lage zu versetzen, eine menschliche Existenz zu führen. Wie immer auch die weitere Begründung im einzelnen beschaffen ist, ob auf die Notwendigkeit der Selbstachtung, die Struktur der wechselseitigen Anerkennung oder das Resultat eines fiktiven Vertrages verwiesen wird, fast immer steht mittlerweile außer Frage, daß es nicht mehr des Bezuges auf die legitimierende Instanz eines Gottes, der Natur oder der Vernunft bedarf; vielmehr wird den Menschen selbst die Fähigkeit unterstellt, sich wechselseitig jene universellen Rechte zu verleihen, die ihnen den Vollzug eines menschenwürdigen Lebens garantieren sollen. Welche Rechte es nun sind, die diese moralische Schutz- oder Garantiefunktion übernehmen können sollen, hängt natürlich auch von der Beschaffenheit der jeweiligen Begründung ab; unstrittig zwischen den verschiedenen Ansätzen aber ist inzwischen wohl, daß zumindest die liberalen Freiheitsrechte, darüber hinaus gewisse Rechte auf politische Partizipation und schließlich die sogenannten Sozialrechte dazugehören müssen. Je nachdem, welcher Typ von Menschenrechten nun gemeint ist, verändert sich auch der primäre Träger der komplementären Verpflichtung; zwar sind alle diese Rechte so zu verstehen, daß sie aufgrund ihres intersubjektiven Charakters gegenüber allen anderen Menschen bestehen und also dementsprechend individuelle Pflichten nach sich ziehen; aber de-

18 Ich stütze mich im folgenden vor allem auf Hugo A. Bedau, »International Human Rights«, in: T. Regan und D. van de Veer (Hg.), *And Justice for All*, Totowa 1982, S. 207ff.; Ernst Tugendhat, *Vorlesungen über Ethik*, Frankfurt/M. 1993, 17. Vorlesung.

ren Erfüllung ist in den meisten Fällen nur zu leisten, wenn sie auf das gemeinsam konstituierte Organ des Staates übertragen werden. Mithin müssen als die primären Adressaten, an die die Ansprüche ergehen, die aus den Menschenrechten erwachsen, wohl vor allem die einzelstaatlichen Regierungen angesehen werden.

Schon dieser knappe Überblick gibt zu erkennen, daß Enzensberger sich durch seine polemische Deutung der Idee der Gottebenbildlichkeit auf die falsche Fährte bringen läßt; denn in Verlängerung der Einwände, die er bereits gegen den christlichen Humanismus vorgebracht hatte, lautet sein erstes Argument gegen den moralischen Universalismus der Menschenrechte nun, daß durch ihn das einzelne Subjekt in seinen Handlungsmöglichkeiten restlos überfordert werde. Nicht originell oder gar neu ist der Vorwurf, denn er findet sich in ähnlicher Form schon bei Arnold Gehlen; in seinem Buch *Moral und Hypermoral* hatte dieser in einem Ton, der in vielem Enzensbergers Kritik vorwegnimmt, von der anthropologischen Überforderung des Menschen durch die »Tyrannei der Moralhypertrophie«[19] gesprochen. Wie in bloßer Aktualisierung solcher Polemik spricht auch Enzensberger davon, daß der Glaube an den universalistischen Gehalt der Menschenrechte diejenigen überlastet, die die täglich ausgestrahlten Fernsehbilder von Massakern oder Hungerkatastrophen über sich ergehen lassen müssen: »Wen der Terror der Bilder nicht zum Terroristen macht, den macht er zum Voyeur. Jeder von uns sieht sich auf diese Weise einer permanenten Erpressung ausgesetzt. Denn nur wer zum Augenzeugen gemacht wird, taugt als Adressat der vorwurfsvollen Frage, was er denn gegen das, was ihm gezeigt wird, unternehme. So erhebt sich das korrupteste aller Medien, das Fernsehen, zur moralischen Instanz.«[20] Nun ist es zwar richtig, daß die ununterbrochene Wahrnehmung der medial übermittelten Kriegsszenarien beim normal sensiblen Zuschauer nicht etwa zur Abstumpfung führt, sondern stets wieder aufs neue ein schwer erträgliches Gefühl des Mitleids oder der Empörung auslöst, das nach direktem, persönlichem Einsatz verlangt; solche spontanen Gefühlsreaktionen, wie sie in unverstellter Weise vor allem bei Kindern auftreten, die von Menschenrechten ja noch gar keine Kenntnis besitzen können, mögen sogar ein Indikator dafür sein, daß unsere

19 Arnold Gehleln, *Moral und Hypermoral. Eine pluralistische Ethik*, Frankfurt/M. 1969, vor allem Kapitel 10 und 11.

20 Hans Magnus Enzensberger, *Aussichten auf den Bürgerkrieg*, a.a.O., S. 76.

Empfindungsnatur den Forderungen des moralischen Universalismus ihrerseits entgegenkommt. Wer sich aber auch nach Überdenken seiner ersten Reaktionen weiterhin als den Adressaten der stummen Aufforderungen begreift, die von den Gesichtern der Kriegsopfer, Hungerleidenden oder Entrechteten ausgehen, versteht schlicht den Sinn der Institution der Menschenrechte falsch; denn diese verpflichten keinesfalls das einzelne Individuum zum moralischen Engagement vor Ort, sondern fordern es als Bürger oder Bürgerin eines Staatswesens auf, bei der eigenen Regierung gemäß individueller Möglichkeiten für praktische Abhilfe einzutreten. Freilich setzt eine solche Form der »normativen Arbeitsteilung«[21], wie sie angesichts des eingeschränkten Könnens der Individuen gefordert ist, die Orientierung an einer der weiteren Prämissen voraus, die Enzensberger in seiner Kritik gerade anzuzweifeln versucht: daß nämlich wenn nicht primär die einzelnen Subjekte, so doch die Staaten gemeinsam die Verpflichtung tragen, die Menschenrechte weltweit zu schützen und gegebenenfalls auch durchzusetzen. Gegen diese moralische Prämisse mobilisiert Enzensberger nun die zweite Überforderungsthese, die zum antiquierten Erbe der Gegenaufklärung gehört.

Bis zu dem historischen Augenblick, an dem in Verarbeitung der Erfahrung vor allem mit dem deutschen Faschismus die Vereinten Nationen gegründet wurden, lag es allein in den moralischen Möglichkeiten der Einzelstaaten, sich außenpolitisch für die Erhaltung der Menschenrechte einzusetzen. Zwar hatten die liberalen Demokratien des Westens die Substanz der Menschenrechte schon weitgehend im Grundrechtskatalog ihrer Verfassungen aufgenommen, so daß sie nach innen zu ihrer Erhaltung verpflichtet waren; aber jenseits der nationalstaatlichen Grenzen gab es schon wegen des völkerrechtlichen Verbots, in die Souveränitätssphäre anderer Staaten einzugreifen, keine rechtlichen Mittel und Wege, gegen offensichtliche Verletzungen der Menschenrechte vorzugehen. Mit der gemeinsamen Erklärung der Menschenrechte durch die Generalversammlung der Vereinten Nationen im Jahre 1948 änderte sich diese Situation insofern erheblich, als den einzelstaatlich kodifizierten Grundrechten eine Ebene der völkerrechtlich kodifizierten Verbote und Gebote übergeordnet wurde; der Prozeß, der damit in Gang gekommen war, besteht in dem bis heute nicht abgerissenen

21 Vgl. zu diesem Begriff und seinen moralphilosophischen Voraussetzungen: Thomas Nagel, *Der Blick von nirgendwo*, Frankfurt/M. 1992, Kapitel X.

Versuch, den universellen Rechten des Menschen dadurch den Status legaler Rechte zu verleihen, daß international anerkannte Instrumentarien der Beschwerde, Kontrolle und Sanktion geschaffen werden.[22] Daß dieses schwierige Unternehmen einer schrittweisen Legalisierung der Menschenrechte als Umsetzung der weitgesetzten Erwartung zu verstehen ist, die von Anfang an mit ihnen verbunden waren, läßt sich schon an der bahnbrechenden Entscheidung erkennen, die menschliche Einzelperson als Subjekt des Völkerrechts anzuerkennen: der rechtlich garantierte Weg der Beschwerde oder Klage soll der Idee nach allen Individuen offenstehen, weil sie als Träger entsprechender Rechte gelten, während als Adressaten der komplementären Verpflichtungen weiterhin die Einzelstaaten angesehen werden. Heute stehen natürlich jene Probleme, die mit dem Universalitätsanspruch der völkerrechtlich fixierten Menschenrechte zusammenhängen, im Zentrum der internationalen Aufmerksamkeit; nicht nur von seiten der Entwicklungsländer oder anderer, nicht-westlicher Rechtstraditionen, sondern in jüngster Zeit auch von seiten der Frauenbewegung werden mit guten Gründen Einwände vorgebracht, die darauf hinweisen sollen, daß nicht alle Interessenlagen in gleicher Weise Berücksichtigung gefunden haben.[23] Aber es sind nicht interne Probleme dieser Art, die Enzensberger im zweiten Schritt seiner Kritik an den Menschenrechten vor Augen hat; er scheint überhaupt zu bezweifeln, daß eine internationale Verantwortung für Rechtsverletzungen an verschiedenen Orten der Welt gegenwärtig sinnvoll ist.

Wieder vermischen sich in dieser Kritik, nicht anders als schon bei Gehlen, wilde Polemik und sachhaltige Einwände bis zur Unkenntlichkeit. Der »ethische Universalismus«, womit hier die Idee der universellen Menschenrechte gemeint ist, wird für die heillose Überlastung verantwortlich gemacht, der sich die internationale Staatengemeinschaft heute angesichts immer neuer Interventionsforderungen gegenübersieht; jeder Einsatz an einem Ort der extre-

22 Vgl. die entsprechenden Artikel in: Rüdiger Wolfrum (Hg.), *Handbuch Vereinte Nationen*, München 1991; sympathisch ist der persönlich gehaltene Bericht von Karl Josef Partsch, *Hoffen auf Menschenrechte. Rückbesinnung auf eine internationale Entwicklung*, Zürich 1994.

23 Zur Diskussion vgl. Wolfgang Schmale (Hg.), *Human Rights and Cultural Diversity*, Eddbach 1993; Karen Engle, »International Human Rights and Feminism: When Discourses Meet«, in: *Michigan Journal of International Law* 13 (1992) 3, S. 517ff.

men Notlage zieht wie in einer Spirale den nächsten nach sich, weil alle betroffenen Gruppen im Glauben an die ihnen oktroyierte Doktrin der Gleichbehandlung ebenfalls einen Anspruch auf Hilfeleistung geltend machen. Schon dieser erste Gedanke verrät freilich, daß Enzensberger in seiner Argumentation nur den einen Typ des internationalen Eingriffs vor Augen hat, der dem Schutz und der Rettung von durch Tod oder Leid bedrohten Bevölkerungsgruppen dient; solche humanitären Interventionen, deren grenzüberschreitender Charakter völkerrechtlich bislang umstritten war, heute aber durch eine extensive Auslegung des Kapitel VII der UN-Charta weitgehend gerechtfertigt wird,[24] haben inzwischen tatsächlich ein Ausmaß angenommen, das Fragen der legitimen Verteilung oder Abstufung aufwirft.

Die Ursachen für den rapide gewachsenen Interventionsbedarf sind aber nicht allein in den sich ausweitenden Bürgerkriegen noch etwa im ideologischen Einfluß des Universalismus zu suchen, sondern in der veränderten Form der moralischen Beziehung zwischen Staaten und zivilen Akteuren: Die Welt ist durch die dichter gewordenen Kommunikationsbeziehungen nun so sehr zu einer moralischen Gemeinschaft zusammengewachsen, daß es nach dem Ende des Ost-West-Konflikts für die Regierenden der reichen Länder keinen legitimen Grund mehr gibt, dem Hilferuf einer bedrohten Bevölkerungsgruppe an irgendeinem Ort der Welt nicht durch gemeinsame Anstrengungen nachzukommen. Nicht immer ist in einem solchen Fall die militärische Intervention oder die Entsendung von Friedenstruppen, wie es im Irak, in Liberia und in Somalia geschah, das angemessene Mittel des humanitären Beistandes, weil die notwendigen Kenntnisse der internen Lage ebenso fehlen wie der Kontakt mit der Zivilbevölkerung; in Zukunft wären die Vereinten Nationen daher wohl häufig besser damit beraten, von ihrer Seite aus die Kooperation mit zivilen Kräften und nicht-staatlichen Hilfsorganisationen zu suchen, um auf dem indirekten Weg der finanziellen und logistischen Unterstützung Hilfeleistung zu gewähren. Aber alle diese verschiedenen Maßnahmen setzen bereits die Anerkennung einer internationalen Verantwortung voraus, die angesichts der rapiden Verkürzung der zwischenstaatlichen Kommunikationswege nicht mehr sinnvoll nach dem Schema von räumlicher Nähe und Ferne aufzuteilen ist; wenn

24 Dazu: Christopher Greenwood, »Gibt es ein Recht auf humanitäre Intervention?«, in: *Europa-Archiv*, Folge 4/1993, S. 93 ff.

heute eine Bevölkerungsgruppe an einem entfernten Ort der Welt in die Situation der Bedrohung von Leib und Leben gerät, so erreicht ihr Hilfsbegehren mit derselben Dringlichkeit in kürzester Zeit die Weltöffentlichkeit, wie noch vor wenigen Jahrzehnten allein die Beistandsforderung von gefährdeten Gruppen in den hochzivilisierten Ländern.

Schon Kant hat diese Globalisierung der moralischen Verantwortung weitsichtig vorausgesehen, als er aus der Tatsache des Zusammenwachsens der »Völker der Erde« zu einer Gemeinschaft geschlossen hat, »daß die Rechtsverletzung an einem Platz der Erde an allen gefühlt wird«.[25] Auch die Idee, nach Graden der Sympathie mit den Betroffenen die humanitäre Hilfe zu verteilen, führt hier nicht weiter; denn wer soll unter der Voraussetzung, daß nur international der angemessene Beistand zu erbringen ist, im Namen aller anderen Staaten die Entscheidung darüber fällen, welches Maß der affektiven Nähe zu bestimmten Bevölkerungskreisen gerade einmal vorliegen soll. So setzen im Grunde genommen selbst die Vorschläge, die Enzensberger am Ende präsentiert, um das von ihm aufgerollte Dilemma zu lösen, immer schon die Geltung der moralischen Normen voraus, deren Geltung von ihm doch gerade bestritten wird: bei jeder Form einer geplanten Abstufung von humanitären Interventionen handelt es sich nämlich, wenn sie nicht in bloßer Willkür, sondern mit öffentlich einsehbaren Gründen erfolgen soll, um den schwierigen Versuch einer Anwendung der Menschenrechte, nicht aber um deren irgendwie geartete Aufhebung. Es ist der mit Gehlen geteilte Affekt gegen den moralischen Universalismus, der Enzensberger dazu bewegt, ein faktisches Problem der sich allmählich herausbildenden Weltgesellschaft als bloße Folge einer überspannten Orientierung an den Menschenrechten abzutun; für die Bewältigung der neuentstandenen Lage aber wird es keine Lösung geben, die nicht vorweg allen Bevölkerungsgruppen dieser Erde das elementare Recht zugesteht, im Fall der extremen Bedrohung von Leib und Leben den Beistand der internationalen Gemeinschaft zu verdienen.

Daß es sich bei diesem Umstand nicht um Allmachtsphantasien der westlichen Staaten, sondern um das Resultat eines historisch wohl unumkehrbaren Prozesses der Moralisierung der internationalen Beziehungen handelt, wäre Enzensberger wohl nicht so

25 Kant, *Zum ewigen Frieden*, a.a.O., S. 216.

leicht verborgen geblieben, hätte er seinen Blick auch auf andere Formen einer Politik der Menschenrechte gerichtet; aber der Affekt gegen den moralischen Universalismus wütet in ihm so stark, daß er sich ganz in der Absicht des Nachweises einer bedrohlichen Überforderung allein auf den Fall der humanitären Intervention beschränkt. Kein Wort findet sich in seinen Betrachtungen zu jenen internationalen Maßnahmen, die nicht die Rettung von bedrohten Gruppen, sondern die Verhinderung und Sanktion von rechtlichen Diskriminierungen bewirken sollen; keine Zeile ist bei ihm zu lesen, die sich mit den rechtlichen, diplomatischen und ökonomischen Druckmitteln beschäftigt, durch die die Anerkennung der Menschenrechte auf Wegen der Verwendung »sanfter Gewalt« erzwungen werden soll.[26] Erst die Berücksichtigung solcher Fälle hätte Enzensberger klarmachen können, daß eine Politik der Menschenrechte heute nicht nur im Sinne des moralischen Universalismus, sondern auch im Sinne einer Realpolitik wünschbar, ja mittlerweile zwingend ist.

III

Kant hat in seiner berühmten Schrift die Möglichkeit eines ewigen Friedens an die Voraussetzung der Existenz von rechtsstaatlich verfaßten Republiken geknüpft; die Tendenz der Staaten zur Anwendung militärischer Gewalt wird sich legen, so war sein zentrales Argument, sobald die Bürger an der politischen Willensbildung partizipieren können, weil sie in der Antizipation der möglichen Entbehrungen und Gefahren gegen jede Form des Krieges votieren werden. Die Erfahrung, daß die liberalen Demokratien des Westens nie gezögert haben, bei der Eroberung und Niederhaltung von Kolonien in brutaler Weise militärische Gewalt einzusetzen, hat dieser Erwartung Kants von Anfang an Hohn gesprochen; daher konnte seine Schrift stets mit großer Zustimmung als ein Produkt des weltpolitischen Idealismus bezeichnet werden. Nach dem Ende des kolonialistischen Zeitalters fällt eine Bilanz der Prognose Kants freilich um einiges günstiger aus: zwischen demokratisch verfaßten Staaten ist seit ihrem Bestehen keine irgendwie geartete Form des militärischen Krieges ausgebrochen;[27] darüber

26 Vgl. Joseph S. Nye, Jr., »Soft Power«, in: *Foreign Policy*, Nr. 80/1990, S. 153 ff.
27 Eindrucksvoll dazu: Michael W. Doyle, »Kant, Liberal Legacies, and Foreign

hinaus sind in dem politischen Gravitationszentrum der Welt inzwischen multilaterale Sicherheitsbündnisse entstanden, in denen die »Erwartungsverläßlichkeit« der rechtsstaatlichen Demokratien dafür Sorge trägt, daß die Androhung oder Anwendung von Gewalt undenkbar geworden ist.[28]

Freilich macht schon diese Formulierung deutlich, daß Kant sich in den Gründen der Friedensfähigkeit von Republiken stark getäuscht hat: es sind nicht, wie er unterstellt hat, die materiellen Interessen der Bevölkerung,[29] sondern der Reflexionsdruck und die Transparenz der Entscheidungsprozesse, die bei Verfahren demokratischer Willensbildung der Bereitschaft zum Kriegseintritt zuwiderlaufen. Für diejenigen Staaten, die der relativ zivilisierten Region der Weltpolitik angehören, stellt die seit fünf Jahren anhaltende Demokratisierungswelle eine gänzlich neue Herausforderung dar: nach dem Zusammenbruch der Sowjetunion sind eine Reihe von weiteren Staaten dem Kreis der liberalen Demokratien beigetreten und sind also Anwärter für eine Erweiterung der friedensstiftenden Bündniszusammenhänge geworden; mit der Ausweitung von Demokratisierungsprozessen auch in den peripheren Weltregionen sind zivile Kräfte freigesetzt worden, die von nun an auf der Bühne der internationalen Politik eine zunehmend eigenständige Rolle spielen werden; und mit der Entstaatlichung von bislang autoritär regierten Räumen werden nicht zuletzt neue Formen des Bürgerkriegs ins Leben gerufen, die die weltpolitische Situation auf Jahre hin mitprägen werden. In dieser komplizierten und vielschichtigen Lage stellt eine aktive Politik der Menschenrechte das einzige Mittel dar, mit dem die westlichen Demokratien in ihrem eigenen Interesse versuchen könnten, das von Kant anvisierte Projekt einer Zivilisierung der Weltpolitik fortzusetzen; denn ganz im Gegensatz zu dem, was Enzensberger im Geiste seines neuen Realismus behauptet, wird nur eine breit angelegte, aber gewaltfreie Intervention zugunsten der Durchsetzung von elementaren Rechten den geographischen Radius der politischen Zivilität so zu erweitern vermögen, daß die Entstehungsherde der

Affairs«, in: *Philosophy and Public Affairs* 12, 3/1983, S. 205 ff., und 4/1983, S. 323 ff.

28 Hierzu und zum folgenden: Dieter Senghaas, »Internationale Gerechtigkeit. Überlegungen im Lichte des zivilisatorischen Hexagons«, in: Karl Graf Ballestrem und Berhard Sutor (Hg.), *Probleme der Internationalen Gerechtigkeit*, München 1993, S. 48 ff.

29 Immanuel Kant, *Zum ewigen Frieden*, a. a. O., S. 205 f.

neuen Gewalt durch international vernetzte Aktivitäten eingedämmt und bekämpft werden können. Freilich wird eine solche ihrerseits »realistisch« orientierte Politik der Menschenrechte allein dann erfolgreich sein, wenn sie dem moralischen Strukturwandel gerecht wird, durch den gegenwärtig die Weltpolitik gekennzeichnet ist.

Schon immer hat eine wohlverstandene Politik der Menschenrechte nicht von außen auf die rechtlichen Verhältnisse in einem anderen Land einzuwirken versucht, sondern ist dem Ziel einer Kooperation mit internen Kräften der politischen und sozialen Reform gefolgt. Dem kam bereits seit Jahren der Umstand entgegen, daß die Ideen des moralischen Universalismus durch die Intensivierung des intellektuellen Austauschs auch auf fremde Kulturen auszustrahlen vermochten und hier im wachsenden Maße politische Fürsprecher gefunden haben; kaum eine Region ist heute auf der Welt noch zu finden, in der nicht organisierte Gruppen, kirchliche Verbände oder versprengte Intellektuelle politische Unterstützung von außen einfordern, um bei dem Kampf um Menschenrechte behilflich zu sein. Mit den weltpolitischen Umbrüchen seit 1989 hat sich diese Situation insofern aber noch zugespitzt, als der rapide Verfall staatlicher Machtzentren in vielen Regionen die zivilen Kräfte mit einem Legitimationspotential ausgestattet hat, das sie zu Verhandlungen auf internationaler Basis in die Lage versetzt; waren die Vorläufer einer solchen Entwicklung die Solidarność-Bewegung in Polen oder die Partei des ANC in Südafrika, so sind in den letzten fünf Jahren weltweit eine Reihe von weiteren Organisationen oder Bewegungen entstanden, die sich über nationalstaatliche Grenzen hinweg mit großem Rückhalt in der Zivilbevölkerung für eine Verwirklichung der Menschenrechte einsetzen. Dieser Emanzipation der zivilen Gesellschaft gegenüber dem internationalen Staatensystem, wie Czempiel es nennt, hat die Außenpolitik der westlichen Demokratien Rechnung zu tragen, indem sie ihr Interaktionsfeld und ihre Operationsbasis erheblich erweitert: nicht mehr nur durch diplomatische Einflußnahme oder ökonomischen Druck auf bestimmte Staaten, sondern in direkter Kooperation mit den international agierenden Zivilbewegungen läßt sich heute das Ziel verfolgen, einer weltweiten Anerkennung der Menschenrechte mit gewaltlosen Mitteln den Weg zu bereiten.

Der Einbeziehung von zivilen Kräften in das Aktionsfeld der

Außenpolitik muß umgekehrt natürlich der Vorsatz entsprechen, jenen hier beheimateten Organisationen ein größeres Gewicht beizumessen, die sich ohne staatliche Macht für eine Verwirklichung der Menschenrechte einsetzen. Wie die gesellschaftlichen Bewegungen in den peripheren Weltregionen, so besitzen auch diese nicht-staatlichen Organisationen des Westens häufig die besseren Kenntnisse über die interne Situation eines Landes, genießen ein weitaus größeres Vertrauen bei der Zivilbevölkerung und verfügen über flexiblere Strategien der politisch-diplomatischen Einflußnahme; daher gibt es heute keinen Grund mehr, sie nicht kooperativ in die Arbeit der Vereinten Nationen oder die Gestaltung der staatlichen Außenpolitik miteinzubeziehen. Die Aufgabe einer solchen Erweiterung der internationalen Kooperationsbeziehungen wäre es, schrittweise stabile Zonen der politischen Zivilisiertheit herauszubilden, die langfristig zu den Knotenpunkten eines weltumspannenden Netzes von multilateralen Sicherheitsbündnissen werden könnten; nur ein derartig dichtes, sowohl Staaten als auch gesellschaftliche Organisationen einschließendes System von Bündnissen wäre wohl dazu in der Lage, die ethnisch oder religiös motivierte Gewalt effektiv einzudämmen, die heute die Kehrseite der weltweiten Demokratisierungsprozesse darzustellen scheint. Der Zusammenhang, der zwischen diesen sicherheitspolitischen Erwägungen und einer aktiven Politik der Menschenrechte besteht, ergibt sich aus einer späten Rechtfertigung jener kantischen Prognose, die Dieter Senghaas in einem einzigen Satz aktualisiert hat: Nur solche politische Gemeinwesen, die sich als demokratische Rechtsstaaten verstehen, bieten gegenwärtig eine gewisse Gewähr dafür, daß Konflikte auf einem friedlichen Weg geregelt werden.

Von einer so umrissenen Form der Politik der Menschenrechte ist die Bundesrepublik, wie schon der Erfolg des Essays von Enzensberger zeigt, weiter entfernt als jedes andere Mitglied der westlichen Demokratien. Nie hat sich hier eine politische Kultur herausgebildet, deren moralische Sensibilität für das Schicksal anderer Völker oder Länder so stark gewesen wäre, daß die internationale Lage der Menschenrechte zum öffentlichen Thema hätte werden können; weder der Kampf gegen die Apartheid in Südafrika, der täglich ganze Seiten der Zeitungen in England füllte, noch der Kampf von Solidarność in Polen, der in Frankreich große Teile der Bevölkerung in Atem hielt, haben bei uns je stärkere Aufmerksamkeit erregt. Was heute überhaupt an öffentlichen Überlegungen auf die Verteidigung der Menschenrechte verwandt wird, bleibt auf die Frage der Legitimität von Bundeswehr-Einsätzen beschränkt; noch immer ist die politische Fantasie im normativen Horizont eines Hobbesianismus befangen, der durch einen unbefragten Vorrang des Militärischen gekennzeichnet ist.[30] Eine andere, bessere Form der Normalisierung der vereinigten Bundesrepublik wäre es daher, sie würde jene Lektion über die internationale Bedeutung der Menschenrechte nachzuholen versuchen, die in anderen Demokratien des Westens längst fruchtbare Wurzeln geschlagen hat.

30 Dazu Ulrich Albrecht, »Weltordnung und Vereinte Nationen«, in: *Prokla. Zeitschrift für kritische Sozialwissenschaft* 24, 2/1994, S. 242ff.

Demokratie als reflexive Kooperation

*John Dewey und die Demokratietheorie der Gegenwart.**

In den letzten Jahren haben sich weltweit, nicht zuletzt durch das zeitliche Zusammentreffen des Zerfalls des Sowjetimperiums mit der westlichen Debatte um den Kommunitarismus, die Bemühungen um eine Klärung der normativen Grundlagen der Demokratie verstärkt; dabei ist überall dort, wo in Abgrenzung zum liberalen Politikverständnis Anschluß an die radikaldemokratischen Traditionen gesucht wurde, die Diskussion schnell in das Fahrwasser einer Entgegensetzung von Republikanismus und Prozeduralismus geraten.[1] Mit diesen Stichworten werden heute im allgemeinen zwei normative Demokratiemodelle bezeichnet, deren gemeinsa-

* Für kritische Hinweise, weiterführende Ratschläge und hilfreiche Kommentare danke ich Peter Niesen und, wie immer, Hans Joas.

1 Bei dieser Charakterisierung der Lage knüpfe ich in gewisser Weise an die Habermassche Diagnose an, in der der Liberalismus und der Republikanismus als die zwei heute vorherrschenden Paradigmen einer Theorie des demokratischen Rechtsstaates vorgestellt werden (J. Habermas, *Faktizität und Geltung*, Frankfurt/M. 1992, Kap. VI, bes. S. 324ff.); wird zu diesen beiden Alternativen der von Habermas entwickelte Verfahrensbegriff der Demokratie hinzugefügt, so ergibt sich das von mir zugrundegelegte Bild von zwei radikaldemokratischen Ansätzen, die heute von entgegengesetzten Seiten aus versuchen, gegenüber dem liberalen Politikverständnis eine normativ gehaltvollere Idee der demokratischen Willensbildung zu verteidigen. Natürlich enthalten solche vereinheitlichenden Begriffsbildungen – Liberalismus, Republikanismus, Prozeduralismus – stets die Gefahr der Übervereinfachung: leicht geraten die Differenzierungen und Einschränkungen aus dem Blick, mit denen in den verschiedenen Positionen jeweils versucht wird, voreilige Stereotypisierungen zu entkräften. Wie schwierig es überdies ist, bestimmte Autoren oder Autorinnen den bewußt stilisierten Positionen zuzuordnen, macht gerade der eigenwillige Ansatz von Ingeborg Maus deutlich: hier wird im Ausgang von einem normativen Konzept subjektiver Rechte, die im liberalen Sinn als staatsabwehrend verstanden werden, eine Idee der basisdemokratischen Partizipation entwickelt, die mit dem Republikanismus zwar die emphatische Orientierung an direkter Beteiligung teilt, diese aber nicht mit ethischen Zumutungen an die individuelle Partizipationsbereitschaft verknüpfen möchte (Vgl. etwa Ingeborg Maus, »Naturrecht, Menschenrecht und politische Gerechtigkeit«, in: *Dialektik*, 1/1994, S. 9-18; dies., »Freiheitsrechte und Volkssouveränität«, in: *Rechtstheorie*, 26. Bd., 4/1995, S. 507-562). Das von mir mit Hilfe von Deweys reifer Konzeption entwickelte Demokratiemodell enthält natürlich indirekt auch eine Kritik an der von Ingeborg Maus vertretenen Positionen.

mes Ziel es ist, der demokratischen Willensbildung eine stärkere Rolle zu verleihen, als es gemeinhin im politischen Liberalismus geschieht: anstatt die partizipatorische Aktivität der Staatsbürger auf die Funktion zu beschränken, periodisch die staatliche Ausübung politischer Macht zu legitimieren, soll sie in Form der demokratischen Öffentlichkeit auf Dauer gestellt werden und sich als Quelle aller politischen Entscheidungsprozesse verstehen lassen.[2] Die Differenzen, die bei aller Gemeinsamkeit in der Kritik des Liberalismus gleichwohl zwischen den beiden Modellen bestehen, ergeben sich zunächst aus der unterschiedlichen Weise, in der das Prinzip der demokratischen Öffentlichkeit normativ jeweils gerechtfertigt wird: während der Republikanismus sich dabei am antiken Vorbild einer Bürgerschaft orientiert, deren Mitgliedern die intersubjektive Aushandlung gemeinsamer Angelegenheiten zu einem wesentlichen Ziel ihres Lebens geworden ist, besteht der Prozeduralismus darauf, daß es nicht der Tugenden der Bürger und Bürgerinnen, sondern nur moralisch gerechtfertigter Verfahren bedarf, um den Prozeß der demokratischen Willensbildung zu reaktivieren. Dort, im Republikanismus, gilt die demokratische Öffentlichkeit mithin als Medium einer sich selbst verwaltenden politischen Gemeinschaft, hier als das Verfahren, mit dessen Hilfe die Gesellschaft politische Probleme auf legitime Weise rational zu lösen versucht.[3]

Mit diesem zentralen Unterschied im Konzept der politischen Öffentlichkeit gehen, wie Jürgen Habermas deutlich gemacht hat,

2 Wenn ich im folgenden vom »prozeduralistischen« Demokratiemodell rede, meine ich natürlich vor allem das von Habermas entwickelte Konzept: Jürgen Habermas, *Faktizität und Geltung*, a.a.O.; vgl. aber auch in Fortsetzung: Seyla Benhabib, »Ein deliberatives Modell demokratischer Legitimität«, in: *Dtsch. Z. Philos.*, 1/1995, S. 3-29. Wenn ich im folgenden vom »republikanischen« Demokratiemodell rede, habe ich natürlich vor allem das von Hannah Arendt indirekt entwickelte Demokratiemodell vor Augen: Hannah Arendt, *Über die Revolution*, München 1973; in gewisser Fortsetzung auch: Michael Sandel, *Liberalismus oder Republikanismus*, Wien 1995. Daß ich hier die Theorie der »Zivilgesellschaft« nicht als eigenständigen Ansatz eines radikaldemokratischen Modells vorstelle, hängt damit zusammen, daß ihre Vertreter meiner Überzeugung nach notorisch zwischen Prozeduralismus und Republikanismus schwanken – vgl. dazu die Andeutungen in: Axel Honneth, »Fragen der Zivilgesellschaft«, in: ders., *Desintegration. Bruchstücke einer soziologischen Zeitdiagnose*, Frankfurt/M. 1994, S. 80-89.

3 Zu diesen Unterschieden vgl.: Seyla Benhabib, »Modelle des ›öffentlichen Raums‹. Hannah Arendt, die liberale Tradition und Jürgen Habermas«, in: dies., *Selbst im Kontext*, Frankfurt/M. 1995, S. 96-130.

weitere Differenzen einher, die das Verständnis des Staates und des Rechtes betreffen.[4] Weil in der Tradition des Republikanismus von einer solidarischen Bürgerschaft ausgegangen wird, die über Prozesse der kommunikativen Beratung und Verhandlung im Prinzip zur Selbstorganisation der Gesellschaft in der Lage ist, kann die staatliche Politik selber hier auch nur als Durchführung öffentlich ausgehandelter Programmatiken begriffen werden; die Regierung und das Parlament sind nicht länger eigenständige, spezifischen Richtlinien unterworfene Staatsorgane, sondern die institutionelle Spitze jenes sich nach oben verjüngenden Kommunikationsprozesses, der in der demokratischen Öffentlichkeit der Bürgerinnen und Bürger sein eigentliches Zentrum hat.[5] Demgegenüber müssen nach prozeduralistischer Auffassung die staatlichen Institutionen schon deswegen ein zwar rechtlich eingebundenes, aber unabhängiges Teilsystem bilden, weil die weitverzweigten Kommunikationsstrukturen der Öffentlichkeit gar nicht die Art von politischer Macht besitzen, durch die allgemein bindende Entscheidungen zustande kommen können; hier soll vielmehr im vorparlamentarischen Raum durch Austausch von Argumenten und Überzeugungen eine öffentliche Meinung gebildet werden, die die Entscheidungsbildung in jenen Organen der staatlichen Verwaltung programmiert, die ihrerseits kraft demokratischer Verfahren die sozialen Bestandsvoraussetzungen der demokratischen Öffentlichkeit zu garantieren haben.[6] Schon diese stichwortartigen Hinweise geben schließlich auch zu erkennen, worin der Unterschied in der Auffassung des Rechts zwischen den beiden Ansätzen bestehen muß. Während der politische Republikanismus von Haus aus eine gewisse Neigung besitzen muß, rechtliche Normen als das soziale Instrument zu begreifen, durch das die politische Gemeinschaft ihre eigene Identität zu bewahren versucht, stellen nach prozeduralistischer Überzeugung die Grundrechte eine Art von Bestandssicherung des Zusammenspiels von demokratischer Öffentlichkeit und politischer Verwaltung dar; dort ist das Recht der geronnene Ausdruck des jeweiligen Selbstverständnisses einer solidarischen Bürgerschaft, hier die staatlich sanktionierte, aber moralisch legitimierte Vorkehrung

4 Vgl. Jürgen Habermas, *Faktizität und Geltung*, a. a. O.

5 Vgl. dazu etwa Rainer Forst, *Kontexte der Gerechtigkeit*, Frankfurt/M. 1994, Kap. III, 2.

6 Jürgen Habermas, *Faktizität und Geltung*, a. a. O., S. 349 ff.

zum Schutz des demokratischen Verfahrens in seiner ganzen Komplexität.[7]

Nun hat eine solche plakative Entgegensetzung von zwei radikaldemokratischen Modellen, wie sie in den letzten Jahren die politisch-philosophische Diskussion beherrscht hat, bei aller Fruchtbarkeit auch einen negativen Effekt gehabt; denn inzwischen hat sich offenbar der Eindruck durchgesetzt, als sei mit diesen beiden Konzepten das Spektrum der Alternativen bereits erschöpft, die sich heute bei dem Versuch einer Erneuerung und Erweiterung demokratischer Prinzipien anbieten. Daß dem nicht so ist, daß sich also mehr als bloß zwei radikaldemokratische Alternativen zum politischen Liberalismus auffinden lassen, möchte ich im folgenden durch eine Rekonstruktion der Demokratietheorie von John Dewey aufzeigen.[8] Es muß dabei zunächst in gewisser Weise überraschen, daß es gerade dieser Autor sein soll, dessen politische Philosophie einen dritten Weg neben den beiden bislang umrissenen Positionen enthalten können soll; denn von beiden Seiten wird Dewey ja überraschenderweise heute gleichermaßen in Anspruch genommen, wenn es darum geht, theoretische Vorläufer der jeweils eigenen Konzeption zu benennen. Für den politischen Republikanismus ist es deswegen nicht schwer, sich auf Elemente der Demokratietheorie Deweys zu berufen, weil auch ihr die Idee einer Integration aller Staatsbürger in einer sich selbst organisierenden Gemeinschaft zugrunde liegt;[9] und andererseits hat die prozeduralistische Demokratietheorie keine Schwierigkeit, sich auf die Konzeption Deweys zu stützen, weil in ihr die Orientierung an rationalen Verfahren der Problembewältigung eine ungleich größere Rolle spielt als in anderen Modellen der politischen Öffentlichkeit.[10] Eine Voraussetzung meiner These, daß die Demokratietheorie Deweys eine dritte Alternative zum liberalen Politikverständnis enthält, muß demgemäß im Nachweis der Unan-

7 Zu diesen Unterschieden vgl. Rainer Forst, *Kontexte der Gerechtigkeit*, a.a.O., Kap. II, 3.

8 Zum biographischen, historischen und theoretischen Kontext vgl. die beiden neueren Standardwerke: Robert B. Westbrook, *John Dewey and American Democracy*, Ithaca/London 1991; Steven C. Rockefeller, *John Dewey, Religious Faith and Democratic Humanism*, New York 1991.

9 Vgl. etwa die Überlegungen bei Alan Ryan, *John Dewey and the High Tide of American Liberalism*, New York 1995, S. 358f.

10 Vgl. etwa die verschiedentlichen Berufungen auf Dewey in: Jürgen Habermas, *Faktizität und Geltung*, a.a.O., S. 211; S. 369.

gemessenheit dieser beiden Formen der Vereinnahmung bestehen: in ihnen kommt, so möchte ich indirekt zeigen, von der Theorie Deweys jeweils nur eine der zwei Seiten zur Sprache, deren Synthese in einer einzigen Konzeption die eigentliche Pointe seiner Position ausmacht. Um freilich verstehen zu können, wie Dewey in seiner Konzeption reflexive Verfahren und politische Gemeinschaft zusammendenkt, wie er die Idee einer demokratischen Deliberation mit der Vorstellung von gemeinschaftlichen Zielsetzungen zusammenbringt, bedarf es zunächst und vor allem der Klärung einer Prämisse, durch der er sich von den anderen Versionen einer Demokratietheorie aufs entschiedenste abhebt: im Unterschied zum Republikanismus und zum demokratischen Prozeduralismus orientiert sich Dewey bei seinem Unternehmen, Prinzipien einer erweiterten Demokratie zu begründen, nicht am Modell der kommunikativen Beratung, sondern am Modell der gesellschaftlichen Kooperation. Es ist diese Idee, die mir bei meinem Versuch einer Rekonstruktion als Leitfaden dienen wird: weil Dewey die Demokratie als eine reflexive Form der gemeinschaftlichen Kooperation verstehen will, so lautet in aller Kürze meine These, kann er in seiner Konzeption jene beiden Elemente der rationalen Deliberation und der demokratischen Gemeinschaft zusammenführen, die in der gegenwärtigen Lage der Demokratietheorie in zwei sich gegenüberstehende Positionen auseinandergetreten sind. Ich möchte so vorgehen, daß ich zunächst die Demokratietheorie des jungen Dewey vorstelle, in der sich die Idee eines Ausgangs von der Sphäre gesellschaftlicher Kooperation bereits abzuzeichnen beginnt; allerdings wird hier, noch in starker Abhängigkeit von Hegel und in überraschender Parallele zum frühen Marx, die Vorstellung der demokratischen Selbstverwaltung so unmittelbar aus der Prämisse einer kooperativen Arbeitsteilung abgeleitet, daß die zentrale Sphäre einer politischen Etablierung kommunikativer Freiheit eigentümlich ausgespart bleibt (I). Im zweiten Schritt möchte ich zeigen, wie Dewey im Gefolge seiner epistemologischen Arbeiten allmählich zu jener prozeduralistischen Konzeption der demokratischen Öffentlichkeit gelangt, die sich in seinem Buch über »The Public and its Problems« in reifer Gestalt findet; an diesem reifen Modell ist freilich heute vor allem von Interesse, so möchte ich darlegen, daß die Verfahren der demokratischen Willensbildung als die rationalen Mittel aufgefaßt werden, mit denen eine kooperativ integrierte Gesellschaft ihre eigenen Probleme zu lösen versucht (II). Mit der Herausarbeitung des internen Zusammenhangs von Kooperation und Demokratie bin ich an den Punkt gelangt, an dem ich im letzten Schritt die Konzeption Deweys in die gegenwärtige Debatte einbringen kann; schließen möchte ich daher mit dem Nachweis, daß das reife Demokratiemodell Deweys nicht nur eine beliebige, sondern eine überlegene Alternative zu den beiden heute vorherrschenden Ansätzen des Republikanismus und des Prozeduralismus darstellt (III).

I

Der Kern all der Einwände, die aus radikaldemokratischer Perspektive seit jeher gegen das Demokratieverständnis des Liberalismus vorgebracht worden sind, bezieht sich auf dessen bloß negatives, individualistisches Konzept persönlicher Freiheit.[11] Ob bei Marx und in der sozialistischen Tradition, ob bei den Erben Tocquevilles und den Anhängern des Republikanismus, stets lautet das zentrale Argument, daß die demokratische Willensbildung im liberalen Politikverständnis nur deswegen auf die Funktion einer periodischen Legitimierung staatlichen Handelns reduziert werden konnte, weil vorweg das einzelne Subjekt in Isolation von allen anderen mit einer bestimmten Portion individueller Freiheit ausgestattet worden war; wird nämlich die persönliche Autonomie des Individuums als unabhängig von Prozessen der sozialen Interaktion gedacht, so liegt nichts näher als die normative Schlußfolgerung, die politische Aktivität der Staatsbürger müsse primär in der regelmäßigen Kontrolle eines Staatsapparates liegen, dessen wesentliche Aufgabe seinerseits im Schutz ihrer individuellen Freiheiten zu bestehen hat. Gegenüber diesem reduzierten Verständnis demokratischer Partizipation setzen nun die verschiedenen Traditionen, die sich in den letzten zweihundert Jahren in Alternative zum Liberalismus herausgebildet haben, bei einem anderen, nämlich kommunikativen Begriff der menschlichen Freiheit an: hier wird aus dem Nachweis, daß die Freiheit des Individuums sich kommunikativen Beziehungen verdankt, insofern auf ein erweiter-

11 Zu dieser Gegenüberstellung von individualistischen und kommunikativen Modellen persönlicher Freiheit vgl.: Albrecht Wellmer, »Freiheitsmodelle in der modernen Welt«, in: ders., *Endspiele: Die unversöhnliche Moderne*, Frankfurt/M. 1993, S. 13-53.

tes Verständnis der demokratischen Willensbildung geschlossen, als jeder einzelne Staatsbürger nur in der Assoziation mit allen anderen zu persönlicher Autonomie zu gelangen vermag. Die Teilnahme aller Bürgerinnen und Bürger an der politischen Entscheidungsbildung soll also nicht das bloße Mittel sein, durch das jedes Individuum für sich alleine seine persönliche Freiheit sichern kann, sondern den Umstand zum Ausdruck bringen, daß nur im öffentlichen Medium einer herrschaftsfreien Interaktion jene individuelle Freiheit zu erlangen und zu schützen ist.

Allerdings hängt nun bei einem solchen Gegenentwurf die Beantwortung der weiteren Frage, wie denn der Mechanismus der demokratischen Willensbildung im einzelnen beschaffen sein soll, vollständig vom spezifischen Charakter des zugrundegelegten Begriffs der kommunikativen Freiheit ab; je nachdem, wie die vorgängige Tatsache eines Freiheitsgewinns durch gesellschaftliche Assoziierung gekennzeichnet wird, muß nämlich auch die Idee einer gemeinsamen Politikgestaltung anders ausfallen. In den beiden Demokratiemodellen, die wir bislang als Alternativen zum Liberalismus kennengelernt haben, wird die kommunikative Freiheit des Menschen gleichermaßen nach dem Muster der intersubjektiven Rede begriffen; sowohl bei Hannah Arendt als auch bei Jürgen Habermas, um nur die beiden wichtigsten Repräsentanten des politischen Republikanismus einerseits und des demokratischen Prozeduralismus andererseits zu nennen, entspringt die Idee einer demokratischen Willensbildung dem Gedanken, daß das einzelne Individuum nur in der öffentlichen Sphäre der sprachlichen Verständigung zur Freiheit gelangen kann.[12] Schon an dieser frühen Stelle, an der es zunächst ja nur um den zugrundegelegten Begriff der kommunikativen Freiheit geht, unterscheidet sich aber die Demokratietheorie Deweys von den beiden zuvor erörterten Ansätzen; für ihn, der mit Arendt und Habermas natürlich die Absicht einer Kritik des individualistischen Freiheitsverständnisses teilt, stellt den Inbegriff aller kommunikativen Freiheit nicht die intersubjektive Rede dar, sondern der gemeinschaftliche Einsatz individueller Kräfte bei der Bewältigung eines Problems. Im Ausgang

12 Vgl. Hannah Arendt, »What is Freedom?«, in: dies., *Between Past and Future*, Harmondsworth 1977, S. 173-196; dies., *Vita activa oder Vom Tätigen Leben*, Stuttgart 1960, bes. Kap. II u. Kap. V; Jürgen Habermas, »Volkssouveränität als Verfahren«, in: ders., *Faktizität und Geltung*, a. a. O., S. 600-631; ders., *Faktizität und Geltung*, a. a. O., Kap. III.

von einer solchen Idee der freiwilligen Kooperation versucht Dewey, hier zunächst eher der Marxschen Tradition als der von Tocqueville verpflichtet, eine Alternative zum liberalen Demokratieverständnis zu entwerfen.

Bereits in dem ersten Aufsatz, in dem sich Dewey überhaupt mit Fragen der Demokratietheorie beschäftigt hat, umreißt er in einer kurzen Skizze den internen Zusammenhang von Kooperation, Freiheit und Demokratie. Das Problem, von dem der »The Ethics of Democracy«[13] betitelte Beitrag seinen Ausgang nimmt, besteht in der Tendenz der zeitgenössischen Sozialphilosophie, in der Demokratie nur noch eine bloße Organisationsform der staatlichen Regierung zu sehen; als Kernstück bleibt hier nach Dewey von den demokratischen Idealen nur noch die Mehrheitsregel zurück, die als eine »numerische« Anweisung für das Verfahren verstanden wird, nach dem die Mitglieder der Repräsentationsorgane ausgewählt werden. Dewey räumt zunächst auf wenigen Seiten mit der Vorstellung auf, die diesem instrumentalistischen Konzept der Demokratie als zentrale Prämisse zugrunde liegt: die Idee der demokratischen Willensbildung auf das numerische Prinzip der Mehrheitsregel zu reduzieren bedeutet, so macht er klar, die Gesellschaft als eine unorganisierte Masse isolierter Individuen vorauszusetzen, deren Zielsetzungen so wenig aufeinander abgestimmt sind, daß es der rechnerischen Ermittlung einer mehrheitlich vertretenen Absicht oder Meinung bedarf.[14] Insofern geht dieses quantitative Modell der Demokratie mit einem Gesellschaftskonzept Hand in Hand, das mit den klassischen Vertragstheorien die Vorstellung teilt, vor aller Staatenbildung existierten die Individuen ohne jede kommunikative Beziehung in vollständiger Isolation; und nur, weil ein solcher Zustand der unorganisierten, zerklüfteten Sozialität als Ausgangspunkt genommen wird, kann sich dann jenes Demokratiekonzept in derselben Weise als Lösung des Problems der gesellschaftlichen Ordnung empfehlen, wie es Hobbes zuvor mit seiner Vertragskonstruktion getan hatte. Für Dewey ist mit der Darlegung einer derartigen Verwandtschaft im Grunde genommen

13 John Dewey, »The Ethics of Democracy«, in: ders., *The Early Works*, Bd. 1, Carbondale/Edwardsville 1969, S. 227-249. Deweys Werke werde ich im folgenden, wenn nicht anders angegeben, nach der Gesamtausgabe zitieren, die in Carbondale und Edwardsville erschienen ist; ich werde folgende Abkürzungen verwenden: EW: *The Early Works*, 1882-1898; MW: *The Middle Works*, 1899-1924; LW: *The Later Works*, 1925-1953.

14 Ebd., S. 229ff.

schon der Nachweis erbracht, daß die Demokratie nicht instrumentell als ein numerisches Prinzip der Bildung von staatlicher Ordnung verstanden werden darf; zu unrealistisch, zu sehr eine bloße Fiktion ist ihm die Vorstellung, daß sich das soziale Leben vor der politischen Einheitsbildung zunächst ohne jede Assoziation zwischen den Individuen vollziehen soll.[15] Daher kehrt Dewey im zweiten Teil seines Aufsatzes nun die Fragerichtung gewissermaßen um, indem er das Verständnis von Demokratie zu erkunden versucht, das sich unter der Voraussetzung einer vorgängigen Intersubjektivität des gesellschaftlichen Lebens ergeben muß.

Das Konzept von Gesellschaft, von dem sich Dewey bei diesem Entwurf einer alternativen Demokratietheorie leiten läßt, steht wie alle seine frühen Schriften noch stark unter dem Einfluß Hegels; mithin soll jene Intersubjektivität, in deren Rahmen sich das gesellschaftliche Leben stets schon vollzieht, nach dem Muster eines »sozialen Organismus« vorgestellt werden, in dem jedes Individuum durch die eigene Tätigkeit an der Reproduktion des Ganzen mitwirkt.[16] Das erste Faktum, durch das jede Art von Gesellschaftlichkeit gekennzeichnet ist, besteht in der Existenz von Kooperation; wie ungesteuert oder planlos auch immer, nehmen die Individuen hier doch aufeinander Bezug, indem sie arbeitsteilig Verrichtungen nachgehen, die zusammengenommen zum Erhalt der Gesellschaft beitragen. Wird das gesellschaftliche Zusammenleben nach einem solchen Muster vorgestellt, so ergeben sich daraus für Dewey bereits Konsequenzen sowohl im Hinblick auf den Begriff der persönlichen Autonomie als auch im Hinblick auf den der politischen Regierung; beide müssen nun nämlich als aufeinander bezogen gedacht werden, weil mit der Existenz gesellschaftlicher Kooperation eine Art von gemeinsam geteiltem Gutem existiert, als dessen entgegengesetzte Verkörperungen individuelle Freiheit und staatliche Politik gedacht werden müssen. Jedes Gesellschaftsmitglied stellt, weil es arbeitsteilig durch die eigene Tätigkeit am Erhalt der Gesellschaft mitwirkt, eine »vitale Verkörperung«, »a vital embodiment«,[17] der gesellschaftlichen Zielsetzungen dar;

15 Ebd., S. 231.

16 Zum theoretischen Kontext ausgezeichnet: Robert B. Westbrook, *John Dewey and the American Democracy*, a. a. O., Part One, Ch. 2 (S. 33-57); vgl. auch: Alan Ryan, *John Dewey and the High Tide of American Liberalism*, a. a. O., Chap. 3.

17 John Dewey, *The Ethics of Democracy*, a. a. O., 237.

daher gebührt ihm auch nicht nur ein Teil der sozial ermöglichten Freiheit, sondern stets verfügt er als einzelner bereits über die ganze Souveränität, durch die alle gemeinsam als Volk zum souveränen Träger der Macht werden. Nicht ohne Stolz verkündet Dewey, daß diese Vorstellung einer Verkörperung der Volkssouveränität in jedem einzelnen Staatsbürger den zentralen Beitrag darstellt, den die amerikanische Revolution zur politischen Ideengeschichte beigesteuert hat: »And this is the theory, often crudely expressed, but none the less true in substance, that every citizen is a sovereign, the American theory, a doctrine which in grandeur has but one equal in history, and that its fellow, namely, that every man is a priest of God.«[18]

Wird das christliche Erbe in dieser nahezu marxistischen Weise angeeignet, derzufolge jeder Staatsbürger deswegen als einzelner vollständig souverän ist, weil er arbeitsteilig dem gemeinschaftlichen Guten dient, so ist nun umgekehrt auch klar, warum Dewey den Staat als entgegengesetzten Pol des umrissenen Ausdrucksverhältnisses verstehen kann. Weil sich allein in der Tatsache gesellschaftlicher Kooperation stets schon mehr oder weniger bewußt ein »gemeinsamer Wille« artikuliert, muß der Staatsapparat als dessen politisch ausführendes Organ bestimmt werden;[19] die Regierung ist daher nicht als eine gesonderte Sphäre vorzustellen, in die unter Anwendung der Mehrheitsregel Volksvertreter delegiert werden, sondern wiederum nur als ein »lebendiger Ausdruck« der vereinten Bemühung zu begreifen, den kooperativ verfolgten Zielsetzungen besser, nämlich durch Konzentration der reflexiven Kräfte zur Durchsetzung zu verhelfen. Hier treibt Dewey die Organismenanalogie sogar noch ein Stück weiter, indem er den Regierungsapparat als das »Auge« der politischen Gemeinschaft bezeichnet: »The eye is the body organized for seeing, and just so government is the state organized for declaring and executing its judgments. Government is to the state what language is to thought; it not only communicates the purposes of the state, but in so doing gives them for the first time articulation and generality.«[20]

Nun ist sich Dewey darüber im klaren, daß er bis zu dieser Stelle seiner Argumentation nur ein politisches Ideal wiedergegeben hat, das sich in nur leicht abgewandelter Weise auch bei Platon oder

18 Ebd.
19 Ebd., S. 239.
20 Ebd., S. 238.

Aristoteles finden lassen könnte; denn bei den Klassikern der antiken Staatsphilosophie wird das Verhältnis von individueller Freiheit und politischer Gemeinschaft ebenfalls in dem Sinn als ein organisches Wechselverhältnis gedacht, als das einzelne Individuum durch die Entwicklung der entsprechenden Tugenden seine Freiheit in der Verwirklichung eines gemeinsamen Guten erfährt, welches wiederum nur Ausdruck der arbeitsteilig aufeinander abgestimmten Bestrebungen aller einzelnen ist. Insofern, so räumt Dewey ein, unterscheidet sich das antike Ideal der Aristokratie in der Substanz nicht wesentlich vom demokratischen Ideal; in beiden normativen Entwürfen sollen die Staatsbürger zur Freiheit gelangen, indem sie sich gemäß der ethischen Zielsetzungen verwirklichen, die zusammengenommen die Sittlichkeit des Gemeinwesens ausmachen.[21] Die Differenz, die zwischen beiden Idealen gleichwohl besteht, muß daher nach Dewey nicht im Zweck, sondern in den Mitteln der politischen Verfassung bestehen: während das aristokratische Ideal die Fähigkeit zur ethisch angemessenen Selbstverwirklichung nur einem kleinen Kreis besonders begabter Individuen zutraut, so daß die Mehrzahl der Bevölkerung paternalistisch von den Eliten zur tugendhaften Lebensweise angehalten werden muß, setzt das demokratische Ideal in jedes einzelne Gesellschaftsmitglied das Vertrauen, sich aus freien Stücken in die gewünschte Richtung des arbeitsteilig verfolgten Guten zu vervollkommnen; werden dort mithin die gemeinschaftlichen Tugenden durch Überredung oder Zwang dem ungebildeten Staatsbürger gleichsam von oben oktroyiert, so herrscht hier, in der Demokratie, wechselseitig die Zuversicht, daß bei einer ungezwungenen Persönlichkeitsentfaltung jedes Individuum die ihm angemessene Funktion in der gesellschaftlichen Kooperation finden wird. Dewey nennt dieses Vertrauen in die Gemeinschaftsfähigkeit aller Mitglieder einer Gesellschaft den »Individualismus« der Demokratie: »Democracy differs as to its means. This universal, this law, this unity of purpose, this fulfilling of function in devotion to the interests of the social organism, is not to be put into a man from without. It must begin in the man himself, however much the good and the wise of society contribute. Personal responsibility, individual initiation, these are the notes of democracy.... There is an individualism in democracy which there is not in aristo-

21 Ebd., S. 240f.

cracy; but it is an ethical, not a numerical individualism; it is an individualism of freedom, of responsibility, of initiative to and for the ethical ideal, not an individualism of lawlessness.«[22]

Dieser letzte Gedanke eines demokratischen Individualismus gibt bereits hinreichend klar zu erkennen, wie sich der junge John Dewey den internen Zusammenhang von Kooperation, Freiheit und Demokratie vorgestellt hat. Die Existenz gesellschaftlicher Arbeitsteilung begreift er als Hinweis auf die Tatsache, daß sich die persönliche Freiheit des Individuums nur der Kommunikation mit den anderen Mitgliedern einer Gesellschaft verdankt; denn Freiheit ist für ihn primär die positive Erfahrung einer ungezwungenen Selbstverwirklichung, die den einzelnen diejenigen Begabungen und Fähigkeiten in sich zu entdecken lehrt, durch die er am Ende zur arbeitsteiligen Erhaltung des gesellschaftlichen Ganzen beitragen kann.[23] Wird dieser naturwüchsige Vorgang eines gemeinschaftlichen Einsatzes individueller Kräfte von allen Gesellschaftsmitgliedern zu Bewußtsein gebracht und als kooperatives Projekt ins Auge gefaßt, so entsteht daraus das Ideal, das den Namen »Demokratie« trägt: es handelt sich um die freie Assoziation aller Staatsbürger zum Zwecke der arbeitsteiligen Verwirklichung der von ihnen geteilten Ziele; dabei muten sich die Gesellschaftsmitglieder wechselseitig zu, die eigenen Fähigkeiten genau in die Richtung zu perfektionieren, die dem gemeinsamen Guten dienlich ist. Es fällt Dewey am Ende seines Aufsatzes leicht, in der damit umrissenen Vorstellung der Demokratie als einem ethischen Ideal die drei Leitprinzipien der Freiheit, Gleichheit und Brüderlichkeit wiederzuentdecken, die zum normativen Inbegriff der Französischen Revolution geworden sind: eine demokratische Verfassung setzt individuelle Freiheit im Sinne einer ungezwungenen Persönlichkeitsentfaltung voraus, die unter Bedingungen institutionalisierter Chancengleichheit jedes Gesellschaftsmitglied genau die Fähigkeiten und Kräfte entwickeln läßt, die es ihm im

22 Ebd., S. 243 f.

23 Diesem Element der frühen Demokratietheorie entspricht der positive Freiheitsbegriff, den Dewey zeitgleich als ein Ideal der Selbstverwirklichung in seiner von T. H. Green beeinflußten Ethik zu entwickeln versucht hat: John Dewey, »Outline of a Critical Theory of Ethics« (1891), in: EW, Bd. 3, S. 239-388; vgl. dazu: Jennifer Welchman, *Dewey's Ethical Thought*, Ithaca/London 1995, bes. Ch. 1 u. 3; Axel Honneth, »Zwischen Prozeduralismus und Teleologie. Ein ungelöster Konflikt in der Moraltheorie von John Dewey«, in: Hans Joas (Hg.), *Philosophie der Demokratie. Beiträge zum Werk von John Dewey*, Frankfurt/M. 2000.

Verein mit allen anderen erlauben, brüderlich, oder sagen wir besser: solidarisch zur Verfolgung der gemeinsam geteilten Ziele beizutragen.[24] Allerdings ist an dieser gerafften Zusammenfassung nun auch schon leicht zu erkennen, worin die Schwächen der vom jungen Dewey entworfenen Demokratiekonzeption bestehen müssen.

II

Hätte Dewey sein Modell einer kooperativen Demokratie zeitlebens in dem theoretischen Zustand belassen, den es in dem bislang behandelten Aufsatz angenommen hat, so wäre wohl kaum einzusehen, warum sich seine Überlegungen als Alternative oder gar als Konkurrenz zu den heute aktuellen Demokratiekonzepten verstehen lassen sollten. Zwar lenkt Dewey mit seinem Ausgang von der sozialen Arbeitsteilung den Blick auf eine vorpolitische Dimension der gesellschaftlichen Kommunikation, die gegenwärtig weder im Republikanismus noch in der prozeduralistischen Demokratietheorie als solche hinreichend Berücksichtigung findet; aber die Weise, in der er im Sinne seiner Organismusanalogie aus der freiwilligen Kooperation direkt die demokratische Selbstverwaltung hervorgehen läßt, ähnelt so sehr dem Demokratieideal des jungen Marx, daß er unversehens auch all dessen Schwächen teilen muß. Schon Marx hat sich ja von der großartigen Einsicht, daß die kooperative Naturbearbeitung unter bestimmten, normativ gefaßten Bedingungen eine primäre Form der kommunikativen Freiheit darstellen kann, zu der Idee hinreißen lassen, unter einer wahrhaften Demokratie nichts anderes als die freie Assoziation der Produzenten zu verstehen; und auch bei ihm sollte eine solche vorpolitische Institution der direkten, kooperativen Selbstverwaltung ja nur möglich sein, weil die Selbstverwirklichung des Menschen gleichsam automatisch in eine Richtung drängt, die ihn zur Ausbildung sozial nützlicher Fähigkeiten motiviert.[25] Alle diese ehrwür-

24 John Dewey, *The Ethics of Democracy*, a.a.O. S. 244ff.

25 Zum Demokratieideal des jungen Marx vgl. kritisch: Ernst Michael Lange, »Verein freier Menschen, Demokratie, Kommunismus«, in: Emil Angehrn/Georg Lohmann (Hg.), *Ethik und Marx. Moralkritik und normative Grundlagen der Marxschen Theorie*, Königstein 1986, S. 102-124; eine sehr überzeugende Kritik des Marxschen Demokratiekonzepts im ganzen liefert: Rolf Zimmermann, *Utopie – Rationalität – Politik. Zu Kritik, Rekonstruktion und Systematik einer*

digen Illusionen, die sich im Grunde genommen einer Synthese aus Aristoteles und Rousseau verdanken, kehren in beinah unveränderter Gestalt beim jungen Dewey wieder; sie verleiten ihn dazu, von der Ebene der sozialen Kooperation auf so direkte Weise zur Sphäre der kollektiven Selbstverwaltung überzuwechseln, daß er das Problem einer politischen Institutionalisierung kommunikativer Freiheit vollkommen ausblenden muß. Gegenüber einem solchen Demokratiemodell aber, das weder elementare Formen der Gewaltenteilung noch intermediäre Assoziationen der politischen Öffentlichkeit kennt, befinden sich die beiden heute diskutierten Konzepte radikaler Demokratie unzweideutig im Vorteil; weil sie ihren Ausgang von einer Idee kommunikativer Freiheit nehmen, derzufolge individuelle Autonomie an die intersubjektive Verständigung im öffentlichen Raum gebunden ist, setzen sie gewissermaßen grundbegrifflich bereits an dem sozialen Mechanismus an, der der demokratischen Willensbildung als normatives Prinzip zugrunde liegt. So muß auch das, was zunächst als ein Vorteil der Demokratietheorie von Dewey erschienen war, daß nämlich ihr Ausgang von der sozialen Arbeitsteilung schon in den Prämissen wirtschaftsdemokratische Forderungen enthalten hatte, sich an dieser Stelle vorläufig als eine eklatante Schwäche seines ganzen Ansatzes erweisen.[26]

Nun hat John Dewey, der zeitlebens für neue Einsichten offen und stets lernbegierig war, auch seine Demokratietheorie nicht in jener embryonalen Gestalt belassen, die er ihr in seiner frühen, hegelianisierenden Phase gegeben hat; geblieben ist auch später von ihr zwar noch die Idee, daß sich die individuelle Freiheit primär der Selbstverwirklichung in einer als Kooperation begriffenen Arbeitsteilung verdankt, aber dieser Gedanke wird nun handlungstheoretisch bis an die Stelle weiterverfolgt, an der sich ein eigenständiger Begriff der Öffentlichkeit abzuzeichnen beginnt. Auf dem Weg, den Dewey in den beinah fünfzig Jahren vollzieht, die zwischen seiner frühen Demokratietheorie und der Veröffentlichung von »The Public and its Problems«[27] liegen, befinden sich

emanzipatorischen Gesellschaftstheorie bei Marx und Habermas, Freiburg 1985, Erster Teil.

26 Zu diesem Defizit der frühen Demokratietheorie Deweys vgl. etwa: Alan Ryan, *John Dewey and the High Tide of American Liberalism*, a. a. O., Ch. 3.

27 John Dewey, »The Public and Its Problems« (1927), in: LW, Bd. 2, S. 235-372; im folgenden werde ich allerdings nach der soeben erschienenen Übersetzung zitieren: ders., *Die Öffentlichkeit und ihre Probleme*, Bodenheim 1996.

freilich eine Reihe von Zwischenetappen, die allesamt für die weitere Klärung seines Problems nicht unwichtig sind.

So versucht Dewey in seinen psychologischen Studien, die einen großen Teil seiner intellektuellen Energie im ersten Viertel des neuen Jahrhunderts in Anspruch nehmen, eine These überhaupt erst als solche zu begründen, die seinem ursprünglichen Ideal der Demokratie als eine hegelianische Prämisse unbefragt zugrunde gelegen hatte. Dort war er ja ausgesprochen optimistisch davon ausgegangen, daß die menschliche Selbstverwirklichung ohne externen Zwang und Einflußnahme von sich aus in eine Richtung drängt, an deren Ende die freiwillige Übernahme sozialer Verpflichtungen steht; jedes Gesellschaftsmitglied, wenn es nur chancengleich das eigene Entwicklungspotential entäußern könnte, sollte nach Überzeugung Deweys aus freien Stücken ein guter Kooperationspartner in der sozialen Arbeitsteilung werden wollen. Sobald Dewey aber seinen anfänglichen Hegelianismus überwunden hatte, mußte er einsehen, daß diese These eine unhaltbare Teleologie der menschlichen Natur voraussetzte; daher bemüht er sich in seinen verschiedenen Studien zur Psychologie nun darum, den gesellschaftlichen Mechanismus herauszuarbeiten, der die Sozialverträglichkeit der menschlichen Selbstverwirklichung ohne metaphysische Anleihen erklärbar machen könnte.[28] Die Lösung, auf die Dewey dabei im Zuge seiner Untersuchungen stößt, läßt sich im Sinne einer intersubjektivistischen Theorie der menschlichen Sozialisation verstehen: aus seiner vollkommen offenen Triebnatur, die zunächst aus nichts anderem als einer Vielzahl ungerichteter und somit formbarer Impulse besteht, kann der Mensch jeweils nur solche Fähigkeiten und Bedürfnisse als stabile Handlungsgewohnheiten herausbilden, die auf die Zustimmung und Wertschätzung der jeweiligen Bezugsgruppe gestoßen sind; denn die Befriedigung, die ein Subjekt bei der Realisierung bestimmter Handlungsimpulse findet, steigt in dem Maße an, in dem es sich dabei der Anerkennung seiner Interaktionspartner gewiß sein kann; insofern nun jedes Gesellschaftsmitglied stets verschiedenen Bezugsgruppen angehört, sorgen die sich überlagern-

28 Hier denke ich vor allem an: John Dewey, »Human Nature and Conduct« (1922), in: ders., MW, Bd. 14, v. a. Part III u. IV (die dt. Übersetzung erschien unter dem irreführenden Titel: ders., *Psychologische Grundfragen der Erziehung*, München 1974); vgl. aber auch: ders., »Democracy and Education« (1916), in: ders., MW, Bd. 9.

den Erwartungshaltungen zusammengenommen dafür, daß im Laufe der Persönlichkeitsbildung nur sozial nützliche Handlungsgewohnheiten ausgebildet werden.[29] Von diesem Modell der menschlichen Selbstverwirklichung, das Dewey zeitlebens nicht mehr preisgeben wird, ist auch das Demokratieideal im Öffentlichkeitsbuch geprägt; dort übernimmt es die Funktion, den Zusammenhang zwischen der individuellen Persönlichkeitsentfaltung und einer demokratischen Gemeinschaft hervortreten zu lassen, die als ein Verhältnis des freien Austauschs zwischen kooperierenden Gruppen vorgestellt wird: »Das Mitglied einer Räuberbande kann seine Fähigkeiten auf eine mit der Zugehörigkeit zu dieser Gruppe vereinbarende Weise äußern und von den gemeinsamen Interessen ihrer Mitglieder geleitet sein. Aber das kann es allein um den Preis der Unterdrückung derjenigen seiner Potenzen, die nur durch die Zugehörigkeit zu anderen Gruppen verwirklicht werden können. Die Räuberbande kann nicht frei mit anderen Gruppen interagieren; sie kann nur handeln, indem sie sich selber isoliert. Sie muß die Verfolgung aller Interessen verhindern, außer denen, welche sie in ihrer Abgetrenntheit definieren. Ein guter Bürger dagegen erfährt sein Verhalten als Mitglied einer politischen Gruppe durch seine Teilnahme am Familienleben, an der Wirtschaft, an wissenschaftlichen und künstlerischen Vereinigungen bereichernd und bereichert. Hier gibt es einen freien Austausch: die Fülle einer ganzheitlichen Persönlichkeit zu erreichen ist möglich, da die Abstoßungen und Anziehungen zwischen den verschiedenen Gruppen einander verstärken und ihre Werte harmonieren.«[30]

Lassen sich die Überlegungen, die Dewey hier über die wechselseitige Abhängigkeit von Selbstverwirklichung und demokratischer Lebensform anstellt, als Resultat seiner langjährigen Studien zur menschlichen Persönlichkeitsbildung begreifen, so war er in demselben Zeitraum auch noch auf einem zweiten Feld zu einer weiteren Klärung von Prämissen seiner Demokratietheorie gelangt. In Ergänzung seiner psychologischen Studien hatte sich Dewey nach Überwindung seiner hegelianischen Anfänge vor allem mit Fragen der Logik wissenschaftlicher Forschungen beschäftigt; dabei war er von der pragmatistischen These ausgegangen, daß

29 Vgl. John Dewey, *Human Nature and Conduct*, a. a. O., Part IV (Conclusion); vgl. auch J. E. Tiles, *Dewey*, London 1988, S. 210ff.

30 John Dewey, *Die Öffentlichkeit und die Probleme*, a. a. O., S. 128.

sich jede Art von wissenschaftlicher Praxis als methodisch organisierte Verlängerung jener intellektuellen Leistungen begreifen lassen muß, mit denen wir im alltäglichen Handeln im Fall einer Störung das verursachende Problem zu erkunden und zu lösen versuchen. Im Ausgang von dieser These konnte sich Dewey am Beispiel experimenteller Forschungen in den Naturwissenschaften nun schnell klarmachen, daß sich die Chance kluger Problemlösungen mit der Qualität der Kooperation der beteiligten Forscher erhöhte; je ungezwungener die partizipierenden Wissenschaftler eigene Hypothesen, Überzeugungen oder Intuitionen in den Untersuchungsprozeß einbringen konnten, desto ausgewogener, umfassender und somit intelligenter mußte die Hypothesenbildung sein, zu der sie am Ende jeweils gemeinsam gelangten.[31] Es ist diese Schlußfolgerung, die Dewey nun allmählich auf den sozialen Lebensprozeß im ganzen zu übertragen begann; in der gesellschaftlichen Kooperation, so konnte er dementsprechend bald behaupten, erhöht sich die Intelligenz der Lösung auftauchender Probleme in dem Maße, in dem alle Beteiligten ungezwungen und gleichberechtigt Informationen austauschen und Überlegungen vorbringen konnten. So ergab sich am Ende für Dewey aus seinen wissenschaftslogischen Untersuchungen ein epistemologisches Argument, das es nahelegte, die Demokratie als eine Voraussetzung für die Steigerung der Rationalität gesellschaftlicher Problemlösungen zu betrachten: ohne demokratische Verfahren, die so etwas wie eine herrschaftsfreie Kommunikation unter allen Gesellschaftsmitgliedern garantierten, sollten sich soziale Herausforderungen nicht auf intelligente Weise lösen lassen. In diesem Sinn konnte Dewey in »The Public and Its Problems« schließlich behaupten, daß die Demokratie die politische Organisationsform darstellt, in der die menschliche Intelligenz zu vollständiger Entfaltung gelangt; denn erst dort, wo Methoden des öffentlichen Debattierens individueller Überzeugungen institutionelle Gestalt angenommen haben, kann im sozialen Leben der kommunikative Charakter rationalen Problemlösens in derselben Weise entbunden werden, wie in den Naturwissenschaften bereits durch die experimentelle Forschung in den Laboratorien: »Erst die Erwiderung bringt den Kern der Sache zum Vorschein: den Unterschied, der

31 Vgl. etwa John Dewey, »How do we think« (1910), in: ders., MW, Bd. 6 (dt. Übersetzung: ders., *Wie wir denken*, Zürich 1951); ders., »Philosophy and Democracy«, in: ders., MW, Bd. 11, S. 41-53.

durch die unterschiedlichen Gegenstände des Denkens und die unterschiedlichen Bedeutungen, die in Umlauf sind, verursacht wird. Ein intelligenterer Stand der sozialen Angelegenheiten, einer der mehr durch Wissen geprägt, mehr von Intelligenz geleitet wäre, würde die ursprünglichen Anlagen nicht um einen Deut verbessern, aber er würde das Niveau erhöhen, auf dem die Intelligenz aller operierte.«[32]

Mit diesem Argument hatte sich Dewey einen Weg eröffnet, der ihm im Unterschied zu seiner ursprünglichen, organismustheoretischen Demokratievorstellung zum ersten Mal den rationalen Wert demokratischer Verfahren einzusehen erlaubte; somit war es ihm jetzt möglich, den Prozeduren einer ungezwungenen Meinungs- und Willensbildung eine wesentlich größere Rolle für eine wahrhafte Demokratie einzuräumen. Allerdings blieb damit noch vollkommen unbeantwortet, wie sich diese Einsicht in den prozeduralen Charakter der Demokratie mit der zuvor dargestellten Behauptung versöhnen lassen sollte, derzufolge individuelle Selbstverwirklichung nur in einer Kooperationsgemeinschaft möglich war; auf welche Weise sollte die epistemologische Orientierung am demokratischen Verfahren, so mußte für Dewey die Frage lauten, mit der Idee einer gemeinsam geteilten Idee des Guten, einer demokratischen Wertgemeinschaft, in Einklang gebracht werden können? Die Einführung des Öffentlichkeitsbegriffs, die Dewey in seinem Buch »The Public and Its Problems« vornimmt, stellt eine erste, tastende, aber bis heute ungemein herausfordernde Antwort auf dieses Problem dar; bevor ich zu der Frage zurückkehre, inwiefern Deweys Demokratietheorie eine überlegene Alternative zu den beiden gegenwärtig diskutierten Ansätzen einer radikalen Demokratie enthält, möchte ich die Argumente der Studie in wenigen Zügen skizzieren.

Als die größte Schwäche der Demokratietheorie, die sich im Frühwerk von Dewey angelegt findet, hatte sich das Fehlen einer politischen Dimension der kommunikativen Freiheit erwiesen; nicht anders als Marx war auch Dewey doch von der kooperativen Selbstverwirklichung so unmittelbar zur kollektiven Selbstver-

32 John Dewey, *Die Öffentlichkeit und ihre Probleme*, a. a. O., S. 175. Im Anschluß an diese Überlegungen Deweys hat Hilary Putnam dann auch eine »epistemological justification of democracy« entwickelt: ders., »A Reconsideration of Deweyan Democracy«, in: ders., *Renewing Philosophy*, Cambridge, Mass. 1992, S. 180-200.

waltung übergegangen, daß für jede diskursive, prozedurale Ausübung individueller Freiheit in gemeinsamer Willensbildung jeder Platz am Ende fehlte. Diesem Defizit hilft Dewey nun schon im ersten Schritt seiner Studie über die »Öffentlichkeit« ab, indem er hier im Ausgang von der sozialen Kooperation handlungstheoretisch den Staat als eine Sphäre der gemeinsamen Problemlösung zu rekonstruieren versucht; theoriegeschichtlich erfüllt das Argument die Funktion, metaphysische und teleologische Staatsvorstellungen abzuwehren, systematisch aber eröffnet es Dewey den Weg, die Öffentlichkeit als diskursives Medium einer kooperativen Problemlösung unter demokratischen Bedingungen einzuführen. Der Grundgedanke ist denkbar einfach, auch wenn die handlungstheoretische Durchführung heute überraschen mag: soziales Handeln vollzieht sich in Formen von Interaktionen, von deren Konsequenzen im einfachsten Fall überhaupt nur die unmittelbar Beteiligten betroffen sind; sobald aber von den Konsequenzen solcher Interaktionen sich auch Unbeteiligte in Mitleidenschaft gezogen sehen, entsteht aus deren Sicht der Bedarf an einer gemeinsamen Kontrolle der entsprechenden Handlungen entweder im Sinne ihrer Unterbindung oder ihrer Förderung; mit dieser Artikulation der Forderung nach einer gemeinsamen Problemlösung ist für Dewey bereits entstanden, was er von nun an »Öffentlichkeit« nennen wird: »öffentlich« ist jeweils jene Sphäre sozialen Handelns, von der eine Gruppe der Gesellschaft mit Erfolg nachweisen kann, daß sie aufgrund der Hervorbringung übergreifender Konsequenzen einer allgemeinen Regelung bedarf; und eine »Öffentlichkeit« besteht demnach aus dem Kreis derjenigen Bürgerinnen und Bürger, die aufgrund einer gemeinsam erlebten Betroffenheit die Überzeugung teilen, daß sie sich mit dem Ziel der administrativen Kontrolle der entsprechenden Interaktion an den Rest der Gesellschaft zu wenden haben.[33] Natürlich wirft dieser Begriffsvorschlag nun seinerseits eine Reihe von Problemen auf, die Dewey in seinem Text nicht immer zufriedenstellend lösen kann. So ergibt sich vor allem die Frage, was alles unter jenen »indirekten Transaktionsfolgen« verstanden werden soll, die über den Kreis der unmittelbar

33 Vgl. zur weiteren Erläuterung: Hans Joas, »Die politische Idee des amerikanischen Pragmatismus«, in: Iring Fetscher/Herfried Münkler (Hg), *Pipers Handbuch der Politischen Ideen*, Bd. 5, München/Zürich 1987, S. 611-620; Rainer Schmalz-Bruns, *Reflexive Demokratie. Die demokratische Transformation moderner Politik*, Baden-Baden 1995, S. 214ff.

Beteiligten hinaus »Betroffenheit« erzeugen können: ob darunter nämlich nur solche Konsequenzen zusammengefaßt werden, die gewissermaßen objektiven, interpretationsunabhängigen Charakter haben, oder auch all jene Konsequenzen, deren Wahrnehmung relativ zu bestimmten Deutungen oder moralischen Sensibilitäten ist. Aber ungeachtet dieser internen Probleme, die Dewey wohl zugunsten der zweiten Alternative hätte auflösen müssen, besteht der große Gewinn seines Ansatzes hier doch in dem Vorschlag, an die Stelle einer essentialistischen Unterscheidung von »privat« und »öffentlich« eine prozeduralistische Differenzierung zu setzen: »daß nämlich die Grenze zwischen Privatem und Öffentlichem auf der Grundlage der Reichweite und des Umfangs derjenigen Handlungsfolgen gezogen werden muß, die so wichtig sind, daß sie der Kontrolle bedürfen ...«[34] Es ist nun unschwer zu sehen, wie sich aus diesem handlungstheoretischen Begriff der »Öffentlichkeit« eine Vorstellung des Staates ergibt, die im Sinne experimenteller Problemlösungen auf den Steuerungsbedarf einer kooperierenden Gesellschaft zugeschnitten ist: aus der Sicht der interagierenden Gesellschaftsmitglieder erfüllen die verschiedenen staatlichen Organe die Aufgabe, für jene allgemeinen Regelungen von indirekten Handlungsfolgen Sorge zu tragen, die in den unterschiedlichen Öffentlichkeiten aufgrund indirekter Betroffenheit angemahnt werden; der Staat muß daher, wie Dewey sagt, als eine »sekundäre Assoziationsform« betrachtet werden, mit der die vernetzten Öffentlichkeiten übergreifende Probleme der Koordinierung sozialen Handelns rational zu lösen versuchen. Dieser so begriffene Staat hat nun aber umgekehrt gegenüber der kooperierenden Gesellschaft als Souverän auch die Funktion, soziale Bedingungen mit Hilfe rechtlicher Normen sicherzustellen, unter denen alle Bürgerinnen und Bürger ungezwungen und chancengleich ihre Interessen artikulieren können; die Staatsorgane, so sagt Dewey, deren Beamte »Amtsträger der Öffentlichkeit« sind, müssen alle Gesellschaftsmitglieder in den Stand versetzen, »sich mit vernünftiger Gewißheit auf das verlassen zu können, was andere tun ...«; sie schaffen »Achtung vor anderen und vor sich selbst«.[35]

Bis zu diesem Punkt hat Dewey vor allem dargelegt, welche Rolle er der Politik oder dem politischen Handeln in bezug auf die kooperierende Gesellschaft geben will. Die politische Sphäre ist

34 John Dewey, *Die Öffentlichkeit und ihre Probleme*, a.a.O., S. 29.
35 Ebd., S. 72.

nicht, wie bei Hannah Arendt oder in abgeschwächter Form bei Habermas, der Ort einer kommunikativen Ausübung von Freiheit, sondern das kognitive Medium, mit dessen Hilfe die Gesellschaft ihre eigenen Probleme bei der Koordinierung sozialen Handelns experimentell zu erkunden, zu bearbeiten und zu lösen versucht. Weil sich die Rationalität solcher Problemlösungen in dem Maße erhöht, in dem alle Betroffenen gleichberechtigt in den »Forschungsprozeß« einbezogen werden, steht es für Dewey außer Frage, daß die politische Selbststeuerung der Gesellschaft demokratisch organisiert sein muß; je aktiver, je sensitiver die miteinander vernetzten Öffentlichkeiten auf soziale Probleme reagieren, desto rationaler ist der experimentelle Prozeß, mit dem der Staat allgemein zustimmungsfähige Problemlösungen erarbeiten kann. Wie aber ergibt sich für Dewey von dieser epistemologischen Rechtfertigung demokratischer Verfahren aus der Übergang zur Notwendigkeit einer demokratischen Sittlichkeit, einer kooperierenden Gemeinschaft? Auch hier ist die Antwort Deweys wieder denkbar einfach, auch wenn die Lösung angesichts der gegenwärtigen Diskussion über Demokratie überraschen mag.

Den zeitdiagnostischen Ausgangspunkt der Studie von Dewey stellt bekanntlich ja die Beobachtung dar, daß sich die modernen Gesellschaften in Folge von Industrialisierung, Komplexitätszuwachs und Individualisierung in einem Zustand der Desintegration befinden, der Vorstellungen einer Partizipation aller Staatsbürger an demokratischen Öffentlichkeiten scheinbar illusionär sein läßt; daher nimmt er auch die Bedenken jener Politiktheoretiker seiner Zeit ernst, die die Idee einer demokratischen Selbstverwaltung angesichts der Ausdifferenzierung von Expertenwissen nur noch für eine bloße Fiktion halten können. Es steht für Dewey außer Frage, daß die Orientierung aller Staatsbürger an demokratischen Verfahren der politischen Problemlösung eine Form der vorpolitischen Assoziation voraussetzt, wie sie ursprünglich nur in den kleinen, überschaubaren Gemeinden der amerikanischen townships gegeben war: die Gesellschaftsmitglieder müssen vorweg wechselseitig eingesehen haben können, daß sie durch ihre kooperativen Leistungen ein gemeinsames Ziel verfolgen, um die Einrichtung von demokratischen Selbstverwaltungsorganen dann als Mittel einer *politischen* Lösung ihrer sozialen Koordinierungsprobleme nachvollziehen zu können. Insofern bedarf es, so räumt Dewey nüchtern ein, zunächst der Transformation der »großen

Gesellschaft« in eine »große Gemeinschaft«, bevor die demokratischen Verfahren wieder allgemein als Funktion der kooperativen Problemlösungen verstanden werden können; die Wiederbelebung von demokratischen Öffentlichkeiten setzt unter Bedingungen komplexer Industriegesellschaften mithin eine Reintegration der Gesellschaft voraus, die nur in der Entwicklung eines gemeinsamen Bewußtseins der *vorpolitischen Assoziation* aller Bürger bestehen kann.

Es ist nach all dem, was wir bislang über den politisch-philosophischen Denkweg Deweys in Erfahrung gebracht haben, nun nicht mehr schwer, den Mechanismus auszumachen, in dem er eine solche vorpolitische Sittlichkeit der demokratischen Gesellschaft zu verankern versucht: nicht anders als Durkheim in seinem Buch über die »soziale Arbeitsteilung«[36] geht auch Dewey davon aus, daß nur eine faire und gerechte Form der Arbeitsteilung jedem einzelnen Gesellschaftsmitglied ein Bewußtsein davon geben kann, kooperativ mit allen anderen zur Verwirklichung gemeinsamer Ziele beizutragen. Allein die Erfahrung, durch einen individuellen Beitrag an den besonderen Aufgaben einer Gruppe mitzuwirken, die wiederum arbeitsteilig mit all den anderen Gruppen eines Gemeinwesens kooperiert, kann das einzelne Individuum von der Notwendigkeit einer demokratischen Öffentlichkeit überzeugen: »Bei der Suche nach den Bedingungen, unter denen die heute noch unfertige Öffentlichkeit demokratisch funktionieren kann, können wir von einer Aussage über die Natur der demokratischen Idee in ihrem allgemeinen sozialen Sinn ausgehen. Vom Standpunkt des Individuums aus gesehen, besteht sie darin, nach Vermögen einen verantwortlichen Beitrag zur Bildung und Lenkung der Tätigkeiten derjenigen Gruppen zu leisten, denen man angehört, und nach Bedarf an den Werten teilzuhaben, welche die Gruppe tragen. Vom

36 Emile Durkheim, *Über soziale Arbeitsteilung*, Frankfurt/M. 1988 v.a. Drittes Buch (S. 421 ff.); die offensichtliche Nähe zwischen Dewey und Durkheim an diesem Punkt ist von der Sekundärliteratur nach meiner Kenntnis bislang kaum berücksichtigt worden. Bei Westbrook findet Durkheim überhaupt keine Erwähnung, bei Rockefeller nur mit seinem Religionsbuch; eine rühmliche Ausnahme bilden hier gelegentliche Verweise bei Alan Ryan, *John Dewey and the High Tide of American Liberalism*, a.a.O., etwa S. 112, S. 359. Zu den internen Schwierigkeiten des normativen Ansatzes Durkheims in seinem Arbeitsteilungs-Buch, die auch mit Blick auf Deweys Lösung von Interesse sind, vgl. C. Sirrianni, »Justice and the Division of Labour: A Reconsideration of Durkheim's Division of Labour in Society«, in: *Sociological Review*, 17/1984, S. 449-470.

Standpunkt der Gruppe erfordert sie die Befreiung der Potenzen der Gruppenmitglieder in Einklang mit ihren gemeinschaftlichen Interessen und Gütern.«[37] Die Orientierung am demokratischen Verfahren setzt eine Form der demokratischen Sittlichkeit voraus, die nicht in politischen Tugenden, sondern im Bewußtsein gesellschaftlicher Kooperation verankert ist. In diesem Sinn kann Dewey am Ende behaupten, daß die drei Leitformeln der Französischen Revolution normativ jene Ideale ausdrücken, die in einer vorpolitischen Assoziation durch demokratische und faire Formen der Arbeitsteilung angelegt sind: »In ihrer gerechtfertigten Verbindung mit der Gemeinschaftserfahrung ist Brüderlichkeit ein anderer Name für die bewußt geschätzten Güter, die aus einer Assoziation entstehen, an der alle teilhaben, und die dem Verhalten eines jeden eine Richtung geben. Freiheit ist die gesicherte Entbindung und Erfüllung persönlicher Potenzen, welche sich nur in einer reichen und mannigfaltigen Assoziation mit anderen ereignen: das Vermögen, ein individualisiertes Selbst zu sein, das einen spezifischen Beitrag leistet und sich auf seine Weise an den Früchten der Assoziation erfreut. Gleichheit bezeichnet den ungeschmälerten Anteil, den jeder einzelne Angehörige der Gemeinschaft an den Folgen des assoziierten Handelns hat. Dieser ist gerecht, weil er nur am Bedürfnis und an der Fähigkeit, nützlich zu sein, gemessen wird, nicht an äußeren Faktoren, die den einen berauben, damit ein anderer nehmen und haben kann.«[38]

III

Unter den Demokratietheorien, die heute das liberale Politikverständnis im Sinne einer weiteren Demokratisierung zu überwinden versuchen, vertritt die reife Konzeption von Dewey das Marxsche Erbe, ohne dessen Fehler zu übernehmen. Dewey sieht die Voraussetzung einer Revitalisierung von demokratischen Öffentlichkeiten in einem vorpolitischen Bereich der gesellschaft-

37 John Dewey, *Die Öffentlichkeit und ihre Probleme*, a. a. O., S. 128. Diese Stelle macht noch einmal die Nähe zu Durkheims Konzept der Berufsgruppen als intermediären Assoziationen besonders deutlich; zu Durkheims Konzept vgl. ders., *Über soziale Arbeitsteilung*, a. a. O., Vorwort zur zweiten Auflage, S. 41 ff.

38 John Dewey, *Die Öffentlichkeit und ihre Probleme*, a. a. O., S. 130.

lichen Arbeitsteilung angelegt, der so fair und gerecht geregelt sein muß, daß jedes Gesellschaftsmitglied sich überhaupt als aktiver Teilnehmer eines kooperativen Unternehmens verstehen kann; denn ohne ein solches Bewußtsein geteilter Verantwortung und Kooperation, so setzt Dewey mit Recht voraus, wird der Einzelne gar nicht dazu gelangen, in den demokratischen Verfahren der Willensbildung das Mittel einer gemeinsamen Problemlösung zu sehen. Insofern verweisen die demokratischen Prozeduren der Willensbildung und die gerechte Organisation der Arbeitsteilung wechselseitig aufeinander: erst eine Form der Arbeitsteilung, die jedem Gesellschaftsmitglied nach Maßgabe autonom entdeckter Begabungen und Talente eine faire Chance der Übernahme sozial wünschenswerter Tätigkeiten einräumt, läßt jenes individuelle Bewußtsein einer gemeinschaftlichen Kooperation entstehen, aus dessen Sicht die demokratischen Verfahren deswegen einen Wert besitzen müssen, weil sie das beste Instrument der rationalen Lösung gemeinsam geteilter Probleme darstellen. Um diese Einsicht der Demokratiekonzeption Deweys noch ein Stück genauer herauszuarbeiten, will ich am Ende vergleichend auf jene beiden normativen Modelle zurückkommen, die zu Beginn als zeitgenössische Alternativen zum politischen Liberalismus vorgestellt worden waren. Mit dem Republikanismus und dem Prozeduralismus teilt Dewey, wie wir gesehen haben, die Kritik am liberalen Demokratieverständnis; auch er geht dabei von einem Modell kommunikativer Freiheit aus, das es erlauben soll, einen stärkeren, anspruchsvolleren Begriff der demokratischen Willensbildung zu entwickeln. Aber Deweys Vorstellung davon, wie individuelle Freiheit aus Kommunikation hervorgeht, ist nicht an der intersubjektiven Rede, sondern an der gemeinschaftlichen Kooperation gewonnen. Dieser Unterschied führt in der Konsequenz zu einer sehr anderen Demokratietheorie, die gegenüber dem Republikanismus (a) und der prozeduralistischen Demokratietheorie (b) jeweils zwei Vorzüge besitzt:

(a) In der Tradition des Republikanismus hat seit jeher die Tendenz bestanden, den Bürgern die Ausbildung von politischen Tugenden zuzumuten, die für die Teilnahme an der intersubjektiven Praxis der Meinungs- und Willensbildung eine wesentliche Voraussetzung bilden sollen; denn nur in dem Maße, in dem für alle Gesellschaftsmitglieder die politische Partizipation selber zu einem zentralen Ziel ihres Lebens geworden ist, kann sich die demokratische Öffentlichkeit als Zweck ihrer selbst erhalten. Eine solche starke Ethisierung der Politik, die mit dem faktischen Wertepluralismus moderner Gesellschaften kaum vereinbar ist, liegt dem reifen John Dewey vollkommen fern; an einer Stelle seines Öffentlichkeitsbuches heißt es in polemischer Absicht, wie um einer Kulturkritik des Konsumismus im Sinne Hannah Arendts vorzubeugen: »Der Mensch ist ebensogut ein konsumierendes und sportives Wesen wie er ein politisches ist.«[39] Dewey kann diese Feststellung so unbekümmert treffen, weil sich nach seiner Auffassung die für eine vitale Demokratie notwendige Vergemeinschaftung nicht innerhalb der politischen Sphäre vollziehen muß, sondern vorpolitisch innerhalb der Strukturen einer als Kooperation erfahrbaren Arbeitsteilung; und hier, in den Netzwerken der arbeitsteilig aufeinander bezogenen Gruppen und Assoziationen, ist natürlich der faktische Pluralismus von Wertorientierungen funktional nur von Vorteil, weil er für die Ausbildung einer Vielzahl von Interessen und Begabungen sorgt. Allerdings muß auch Dewey auf einer zweiten, höherstufigen Ebene für seine Idee der Kooperationsgemeinschaft eine individuelle Orientierung an einem gemeinsam geteilten Guten voraussetzen können; aber dieses läßt sich als dasjenige Ziel verstehen, auf das jeder einzelne sich im Sinne eines höherstufigen Wertes beziehen können muß, solange er nur seine Tätigkeit als Beitrag in einem Kooperationsprozeß zu begreifen vermag.[40]

Über die engen Grenzen, die dem Republikanismus gezogen sind, geht Dewey aber auch dadurch hinaus, daß er zu einem Verfahrensmodell der demokratischen Öffentlichkeit gelangt. Während bei Hannah Arendt beispielsweise nie ganz klar ist, woran sich die institutionelle Form der intersubjektiven Meinungsbildung im einzelnen bemessen soll, da sie doch nicht Mittel oder Instrument, sondern nur Selbstzweck darstellen soll, liegt bei Dewey die Antwort auf der Hand: weil die demokratische Öffentlichkeit das Medium bildet, durch das die Gesellschaft ihre Probleme zu bearbeiten und zu lösen versucht, hängt deren Einrichtung und Gestaltung vollständig von Kriterien der rationalen Problemlösung ab; ja, Dewey geht sogar so weit, den öffentlichen

39 Ebd., S. 121.

40 Eine hilfreiche Analyse der normativen Präsuppositionen kooperativer Tätigkeiten liefert: Michael E. Bratman, »Shared Cooperative Activity«, in: *The Philosophical Review*, Vol. 101, 2/1992, S. 327-341.

Willensbildungsprozeß als einen experimentellen Vorgang im großen zu begreifen, in dem nach Maßgabe von Kriterien der Rationalität getroffener Entscheidungen stets neu darüber entschieden wird, wie die staatlichen Organe im einzelnen organisatorisch verfaßt und untereinander in ihren Kompetenzen vernetzt sein sollen.[41] Mit einer solchen rationalitätstheoretischen Bestimmung demokratischer Verfahren nähert sich Dewey zweifellos dem Demokratiemodell an, das Habermas in den letzten Jahren in Form einer Diskurstheorie entwickelt hat; aber auch von diesem Modell unterscheidet sich dasjenige von Dewey in zwei Hinsichten, die ich beide nur als Vorzüge seines Ansatzes deuten kann.

(b) Auch Habermas läßt ja die Demokratie erst dort beginnen, wo Hannah Arendt ihren legitimen Ort ausmacht: nämlich an jener Schwelle, an der sich jenseits der Sphäre gesellschaftlicher Arbeit der Bereich einer intersubjektiven Praxis auftut, in der die Staatsbürger und Staatsbürgerinnen ihre gemeinsamen Angelegenheiten öffentlich diskutieren und regeln müssen. Innerhalb dieser politisch konstituierten Sphäre der Öffentlichkeit sollen demokratische Verfahren nun dafür Sorge tragen, daß jede einzelne von ihrer rechtlich gewährten Autonomie Gebrauch machen kann, indem sie gleichberechtigt mit allen anderen an der gemeinsamen Willensbildung partizipiert; insofern geraten hier im Unterschied zum Ansatz Hannah Arendts die vorpolitischen Verhältnisse sozioökonomischer Ungleichheit durchaus systematisch in den Blick, weil in den liberaldemokratischen Verfassungen mit dem Gleichheitsgrundsatz ja ein normatives Prinzip angelegt sein soll, das den marginalisierten oder unterdrückten Gruppen die Chance eines rechtlich legitimierten Kampfes gegen alle Formen sozialer Benachteiligung eröffnet.[42] Aber gleichwohl ist die Perspektive, unter der in der Habermasschen Demokratietheorie die »soziale Frage« normativ zum Bezugsproblem wird, von ganz anderer Art als diejenige der Konzeption Deweys: während dieser die Einrichtung von gerechten, kooperationsgemäßen Formen der Arbeitsteilung für ein normatives Erfordernis halten muß, das aufgrund der Funktionsbedingungen demokratischer Öffentlichkeiten ganz unabhängig vom Stand der Anerkennungskämpfe prinzipielle

41 John Dewey, *Die Öffentlichkeit und ihre Probleme*, a. a. O., S. 73.

42 Vgl. Jürgen Habermas, *Faktizität und Geltung*, a. a. O., u. a. Kap. III, IV, IX; ders., »Kampf um Anerkennung im demokratischen Rechtsstaat«, in: ders., *Die Einbeziehung des Anderen*, Frankfurt/M. 1996, S. 237-276.

Gültigkeit besitzt und daher interner Bestandteil jeder wahrhaften Idee von Demokratie ist, kann jener die Forderung nach sozialer Gleichheit konzeptuell gewissermaßen gar nicht vor das Prinzip der demokratischen Willensbildung bringen, sondern muß sie abhängig machen vom kontingenten Stand politisch artikulierter Ziele. Durch diese Vereinseitigung der Demokratie auf die politische Sphäre gerät aber aus dem Blick, daß eine demokratische Öffentlichkeit nur unter der stillschweigenden Prämisse einer Einbeziehung aller Gesellschaftsmitglieder in den gesellschaftlichen Reproduktionsprozeß funktionieren kann. Die Idee der demokratischen Öffentlichkeit zehrt von sozialen Voraussetzungen, die nur außerhalb ihrer selbst sichergestellt werden können; sie muß nämlich jedem Bürger so viel an Gemeinsamkeiten mit allen anderen zumuten, daß immerhin ein Interesse entstehen kann, sich aktiv für die politischen Angelegenheiten einzusetzen. Eine solche Form der Gemeinsamkeit kann aber nur entstehen, wo vorpolitisch bereits eine Erfahrung der kommunikativen Verwiesenheit hat gemacht werden können; und diese Leerstelle einer politisch vereinseitigten Demokratietheorie füllt nach meiner Auffassung Deweys Idee der gesellschaftlichen Kooperation, also einer Arbeitsteilung unter Bedingungen von Gerechtigkeit.

Damit ist freilich auch schon die mögliche Antwort auf ein weiteres Problem angedeutet, das sich in der Habermasschen Diskurstheorie der Demokratie auftut. Wie in den letzten Jahren häufig bemerkt worden ist, muß auch Habermas für das Gelingen einer demokratischen Willensbildung mehr als nur die Einrichtung demokratischer Verfahren unterstellen können; denn damit die Staatsbürger überhaupt Motive und Interessen aufbringen, sich an der öffentlichen Meinungs- und Willensbildung zu beteiligen, müssen sie die demokratischen Prozeduren als solche zu einem normativen Element ihrer alltäglichen Gewohnheiten gemacht haben.[43] Weil Habermas nun aber fürchtet, daß eine solche Idee der demokratischen Sittlichkeit ihn in das Fahrwasser eines ethischen Politikverständnisses geraten lassen könnte, verschiebt er die sich hier abzeichnenden Probleme in den Bereich des soziologischen Funktionalismus: anstatt nämlich jene habitualisierten Einstellun-

43 Vgl. etwa: Albrecht Wellmer, »Bedingungen einer demokratischen Kultur«, in: ders., *Endspiele: Die unversöhnliche Moderne*, a.a.O., S. 54-80; Richard Bernstein, »The Retrieval of the Democratic Ethos«, in: *Cardozo Law Review*, Vol. 17, 4-5/1996, S. 1127-1146.

gen des demokratischen Staatsbürgers in dem Sinne als politische Tugenden zu begreifen, daß sie den normativen Inbegriff einer wünschenswerten Kultur der Demokratie ausmachen, versucht er sie als Merkmale einer politischen Kultur aufzufassen, mit deren »Entgegenkommen« wir aufgrund funktionaler Erfordernisse soziologisch rechnen müssen.[44] Auch mit Blick auf dieses Problem scheint mir die Demokratietheorie von Dewey eine Antwort zu enthalten, die zwischen den falschen Alternativen eines überethisierten Republikanismus und eines leeren Prozeduralismus einen dritten Weg eröffnet: die demokratische Sittlichkeit nämlich als Resultat derjenigen Erfahrung zu begreifen, die alle Gesellschaftsmitglieder miteinander machen könnten, wenn sie nur durch eine gerechte Einrichtung der Arbeitsteilung kooperativ aufeinander bezogen wären.

Natürlich kann eine solche Idee in der gegenwärtigen Situation, in der wir in den hochentwickelten Ländern das allmähliche Ende der Erwerbsarbeitsgesellschaft absehen können, nicht mehr einfach die Form einer normativ inspirierten Restrukturierung des kapitalistischen Arbeitsmarktes annehmen; vielmehr ist eher an das Projekt einer weitreichenden, radikalen Neudefinition dessen zu denken, was in Zukunft in dem Sinn als kooperativer Beitrag zur gesellschaftlichen Reproduktion zu gelten hat, daß jedes erwachsene Gesellschaftsmitglied erneut die Chance zur Mitwirkung an der arbeitsteiligen Kooperation erhält. Von diesem Ergebnis aus betrachtet ist am Ende unschwer zu sehen, warum das Demokratiemodell des reifen Dewey als eine ernstzunehmende Alternative in der gegenwärtigen Debatte gelten kann: weil darin, auf einen einzigen Nenner gebracht, die normative Idee der Demokratie nicht nur als ein politisches, sondern zunächst und vor allem als ein soziales Ideal betrachtet wird.[45]

44 Jürgen Habermas, *Faktizität und Geltung*, a. a. O., v. a. Kap. VII; vgl. auch: ders., »Replik auf Beiträge zu einem Symposium der Cardozo Law School«, in: ders., *Die Einbeziehung des Anderen*, a. a. O., S. 309-398, bes. S. 310ff.

45 Tendenzen der Wiederbelebung einer solchen »sozialen« Idee radikaler Demokratie sehe ich heute etwa bei: Joshua Cohen/Joel Rogers, »Secondary Associations and Democratic Governance«, in: *Politics & Society*, Vol. 20, 4/1992, S. 393-472.

Zwischen negativer Freiheit und kultureller Zugehörigkeit

Eine ungelöste Spannung in der politischen Philosophie Isaiah Berlins

Wie groß der Abstand ist, den die deutsche Intelligenz noch immer zur Idee einer europäischen Kultur wahrt, läßt sich exakt am Grad der Distanz bemessen, mit der sie bislang auch dem Werk des großen Isaiah Berlin gegenübersteht. Kaum ein zweiter Gelehrter wird in der Gegenwart zu finden sein, der so viel zur Erkundung der verschiedenen Traditionsströme beigetragen hat, die zusammengenommen heute das geistige Klima Europas ausmachen, kein anderer Autor aber auch mit seinem Namen, ja seinem Ruhm, der im deutschsprachigen Raum so wenig bekannt, so ohne jede Wirkung geblieben ist.

Im Jahre 1909 in Riga geboren und ein Jahrzehnt später mit den Eltern nach England emigriert, ist Berlin geistig im Entstehungsmilieu der sprachanalytischen Philosophie von Oxford großgeworden; hier wird er Mitglied eines Kreises von jungen, engagierten Intellektuellen, dem mit John L. Austin und A. G. Ayer auch zentrale Wegbereiter der neuen Denkströmung angehörten.[1] Verdanken sich dieser frühen Phase zwar auch schon bedeutende Aufsätze, die Wesentliches zu methodischen Problemen der politischen Philosophie beitragen, so haben dann doch seine hermeneutischen Begabungen Berlin schnell in das Feld der politischen Ideengeschichte verschlagen; mit einem Porträt des Intellektuellen Karl Marx, das bereits 1939 die ganze Könnerschaft des reifen Autors verrät, war die lange Reihe seiner geisteswissenschaftlichen Studien eröffnet.[2] Der Weg, den Berlin von nun an mit seinen Forschungen beschreitet, ist durch das Interesse an einer geistigen Tradition vorgezeichnet, die zum rationalistischen Hauptstrom der europäischen Aufklärung den Gegenpol einer romantischen Unterströmung bildet: es sind Denker wie Machiavelli und Vico, wie Hamann und Herder, wie Alexander Herzen und Georges Sorel, denen Berlin umfangreiche Analysen widmet, um die individu-

1 Zur intellektuellen Biographie Isaiah Berlins vgl. jetzt die vorzügliche Studie von Michael Ignatieff: *Isaiah Berlin. Ein Leben*, München 1999.

2 Isaiah Berlin, *Karl Marx: His Life and Environment*, New York 1996.

elle Weltsicht und Motivlage verstehen zu lernen, die jene Denker jeweils in Konflikt mit dem Rationalismus ihrer Zeit bringen mußte.[3] Freilich ist es mehr als bloße Begeisterung für den Einzelfall, was Berlin zu einer immer umfassenderen Erkundung dieser antirationalistischen Denkströmung treibt; mit jedem weiteren Forschungsschritt gewinnt für ihn vielmehr die systematische These an Gewicht, daß der Bildungsprozeß des politischen Liberalismus nur dann zu rekonstruieren ist, wenn er aus der unlösbaren Spannung von universalistischen Vernunftkonzepten und romantischen Gegenbewegungen heraus begriffen wird.

So zeichnen sich im Werk Isaiah Berlins allmählich die Umrisse einer Denkgeschichte der europäischen Neuzeit ab, die sich von vergleichbaren Entwürfen in einer zentralen Hinsicht unterscheiden: die vernunftkritischen Lehren der romantischen Tradition werden nicht, wie vor allem bei Lukács, in gewisser Weise aber auch bei Habermas, als geistige Hindernisse in der Entfaltung der Aufklärungstradition verstanden, sondern umgekehrt gerade als ihr notwendiger, belebender Gegenpol, ohne den weder der politische Liberalismus noch der moderne Individualismus hätten hervorgebracht werden können. Berlin ist von der fruchtbaren Wirkung der romantischen Denkbewegung eines kulturellen Pluralismus sogar soweit überzeugt, daß er in ihren Ansätzen einer Kritik des »rationalistischen Monismus« auch stets die Wurzeln des liberalen Begriffs der »negativen Freiheit« gesehen hat; und darüber hinaus hat er dieselbe Theorietradition ebenfalls als intellektuelle Heimstätte jener anderen von ihm hochgehaltenen Schlüsselidee verstanden, derzufolge nämlich jedes Individuum ein Recht auf die Zugehörigkeit zur eigenen Kultur besitzt. Die romantische Gegenaufklärung war Berlin zufolge verantwortlich sowohl für die Hervorbringung der normativen Idee der negativen Freiheit wie auch für die Herausarbeitung des ethischen Werts der kulturellen Zugehörigkeit. Was mich nun im folgenden interessiert, ist die Frage, ob nicht zwischen diesen beiden Ideen eine eher riskante, höchst problematische Spannung bestehen muß, die Berlin nur deswegen hat unterschätzen können, weil er sie stets auf ein und denselben Ursprungsort in der romantischen Gegenaufklärung zurückgeführt hat; dabei spielen für mich die Probleme der ideengeschichtlichen Zuordnung nur am Rande eine Rolle, während die systematische

3 Vgl. u. a. die Aufsatzsammlung: Isaiah Berlin, *Wider das Geläufige*, Frankfurt/M. 1981.

Frage nach der Vereinbarkeit von zwei für Berlin konstitutiven Bezugsideen im Vordergrund stehen soll.

Natürlich muß für denjenigen, der mit dem Werk Isaiah Berlins auch nur ein wenig vertraut ist, von Anfang an klar sein, daß für ihn eine spannungsreiche Beziehung zwischen unterschiedlichen Werten etwas prinzipiell Unvermeidbares darstellen muß; es ist ja im Gegenteil so, daß Berlin in der Erfahrung einer Pluralität von Werten als eines Feldes möglicher Spannungen, als eine Herausforderung für Entscheidungen im Bewußtsein möglicher tragischer Verluste einen wesentlichen Zug der menschlichen Existenzweise gesehen hat. Unzählig sind daher die Stellen in seinen Schriften, in denen Berlin als die charakteristische Eigenart eines jeden individuellen Lebensvollzugs die Notwendigkeit einer Wahl zwischen an sich unvereinbaren Werten hervorgehoben hat, unzählig daher auch die Beispiele, die er in seinem Werk für solche Situationen einer tragischen Wahl anzuführen gewußt hat.[4] Aber die Spannung, die ich zwischen den beiden von Berlin gleichermaßen verteidigten Werten der negativen Freiheit und der kulturellen Zugehörigkeit angelegt sehe, scheint von einer grundsätzlich anderen Art zu sein; denn hierbei handelt es sich um einen Konflikt zwischen zwei ethischen Zielen, die Berlin zusammengenommen als konstitutiv für eine Form der politischen Ordnung ansieht, die er abwechselnd mit Titeln wie »liberaler Pluralismus« oder »politischer Liberalismus« versieht. Es ist sein eigenes Konzept einer solchen politischen Ordnung, das die Unterstellung enthält, daß jene beiden Werte sich wechselseitig unterstützen, ja gewissermaßen eine harmonische Einheit in einem einzigen Ordnungsgefüge bilden können. Daher würde der Nachweis einer möglichen Spannung zwischen den beiden Prinzipien oder aber von deren Unvereinbarkeit zu einer Schwächung der Idee des »politischen Liberalismus« führen, wie sie als normatives Leitmotiv das Schaffen von Berlin zeit seines Lebens bestimmt hat.

Was ich auf den folgenden Seiten demonstrieren möchte, läßt sich daher mit anderen Worten auch so formulieren, daß Berlin ein beherzter Kommunitarist und ein überzeugter Liberaler gleichzeitig sein wollte, ohne sich der dadurch entstehenden Spannung wirklich bewußt zu sein. Ich will so vorgehen, daß ich in einem

4 Vgl. etwa Isaiah Berlin, *Das krumme Holz der Humanität*, Frankfurt/M. 1992; ders., »John Stuart Mill und die Ziele des Lebens«, in: ders. *Freiheit. Vier Versuche*, Frankfurt/M. 1995, S. 257-294.

ersten Schritt zunächst die ideengeschichtlichen Überlegungen umreiße, mit denen Berlin zu seiner zentralen These einer Geburt des kulturellen Pluralismus aus dem Geist der gegenaufklärerischen Kritik am neuzeitlichen Rationalismus gelangt ist; in diesem Zusammenhang wird auch deutlich werden, welche geistigen Ressourcen er als konstitutiv für das normative Gefüge des politischen Liberalismus angesehen hat (I). Im zweiten Schritt soll dann genauer gezeigt werden, inwiefern Berlins Idee der »negativen Freiheit« in seinen spezifischen Bestimmungen des »kulturellen Pluralismus« verankert ist; dabei ist die leitende Idee, daß es der Versuch einer Vermeidung aller kulturellen Wertprämissen ist, der Berlin zu einem extrem dünnen, eben negativen Begriff der Freiheit zwingt (II). Zu einem internen Problem wird diese begriffliche Tendenz aber erst, wie im dritten Schritt klar werden soll, weil sie einer normativen Konsequenz zuwiderläuft, zu der sich Berlin ebenfalls durch die Idee eines »kulturellen Pluralismus« gezwungen sieht; wenn deren Implikationen nämlich ernst genommen werden, verlangt sie nach einem positiven Begriff der individuellen Freiheit, der das normative Recht eines jeden Menschen auf kulturelle Zugehörigkeit festhält. So entsteht im Werke Berlins die normative Idee eines »politischen Liberalismus« aus der Synthese von zwei Konzepten der Freiheit, die nach seiner eigenen Überzeugung eigentlich unvereinbar sein müßten; daher drängt sich am Ende geradezu die Frage auf, welche Motive es gewesen sein mögen, die dem großen Ideenhistoriker die Einsicht in die äußerst problematische Ambiguität seines leitenden Konzepts versperrt haben (III).

I

Isaiah Berlin sieht bis in die Spätphase der französischen Aufklärung hinein ein erkenntnistheoretisches Überzeugungssystem in Kraft, das seit der Antike von drei zentralen Annahmen gespeist worden war: daß es erstens in Hinblick auf alle sinnvollen Fragen eine – und nur eine – richtige Antwort geben muß; daß diese Antworten zweitens im Prinzip einer wie auch immer bestimmten Erkenntnis zugänglich zu sein haben; und daß drittens schließlich die verschiedenen Antworten untereinander nicht in Widerspruch geraten können, weil ein wahrer Satz mit jedem anderen wahren Satz vereinbar sein muß. Den ontologischen Unterbau eines solchen Erkenntnismonismus bildet die theoretische Voraussetzung einer einheitlichen Menschennatur, mit der zugleich die Möglichkeit einer universalisierbaren Idee der menschlichen Höherentwicklung gegeben war; in ihrem Schatten konnten dann auch jene utopischen Gesamtentwürfe wachsen und gedeihen, die seit der Antike und nur vom Mittelalter unterbrochen in Europa so vielzählig aus dem Boden schossen.[5]

Das damit umrissene Denksystem, das Berlin zufolge noch für zwei so skeptische Naturen wie Diderot und Hume den selbstverständlichen Ausgangspunkt dargestellt haben soll, mußte nun in dem Augenblick erschüttern werden, in dem eine seiner Prämissen begründeten Zweifeln unterworfen wurde; der theoretische Prozeß, durch den das geschah, nimmt für Berlin bereits mit dem Werk des neapolitanischen Philosophen Vico seinen Lauf, setzt sich im Schaffen Johann Gottfried Herders fort und erreicht mit dem Idealismus Fichtes seinen Höhepunkt, um von dort aus schließlich in den breiten Strom der deutschen und englischen Romantik einzumünden.[6] Die Überlegungen, mit denen im Zuge dieser Entwicklung mit wachsender Radikalität gegen den Rationalismus der Aufklärung angegangen wurde, hatten Berlin zufolge ein einfaches Argument zur Voraussetzung: insofern sich historisch zeigen läßt, daß die Antworten des Menschen auf bohrende Fragen nicht nur das Ergebnis eines wie auch immer gearteten Erkenntnisprozesses sind, sondern stets Ausdruck eine partikularen, kulturell bestimmten Weltsicht, wird die Annahme eines invarianten Systems miteinander vereinbarer Wahrheiten hinfällig; wenn sich nämlich das, was als wahr, richtig oder schön gilt, immer nur am jeweiligen Selbstverständnis einer einzigartigen Kultur bemißt, dann kann die Möglichkeit von einander widerstreitenden Prinzipien gar nicht ausgeschlossen werden.

Mit diesem Argument hatte die romantische Bewegung einen Sprengsatz in das Innerste der europäischen Aufklärungsprozesse versenkt, dessen Folgewirkungen für Berlin gar nicht hoch genug einzuschätzen sind. Nicht nur war dem rationalistischen Universalismus, sobald der Einwand einmal bei Herder und seinen Nachfolgern an Substanz gewonnen hatte, für die Zukunft jede theoretische Grundlage entzogen worden. Der Nachweis einer

5 Vgl. zusammenfassend: Isaiah Berlin, *Das krumme Holz der Humanität*, a. a. O.
6 Vgl. Isaiah Berlin, *Vico and Herder. Two Studies in the History of Ideas*, London 1976.

Kulturabhängigkeit der Wahrheit hat darüber hinaus auch den Boden für zwei entgegengesetzte Theorieströmungen bereitet, die von nun an die intellektuelle Kultur Europas nachhaltig mitbestimmen sollten: sowohl ein aggressiver Partikularismus, wie er in der Katastrophe des Nationalsozialismus zum Ausdruck kam, als auch ein kultureller Pluralismus, dessen politische Gestaltungsform der Liberalismus bildet, als Erbe der einen Bewegung des romantischen Expressivismus anzusehen.

Es sind diese beiden Denktraditionen, denen Berlin die besten Teile seiner ideengeschichtlichen Untersuchungen gewidmet hat; in ihnen zeigt sich in beeindruckender Weise, mit welchem Scharfsinn er unübersichtliche und weitmaschige Zusammenhänge der Geistesgeschichte zu durchdringen vermochte. Zu einem aggressiven Partikularismus entwickeln sich die antirationalistischen Impulse der Romantik nur dann fort, wenn von der Idee des Ausdruckscharakters aller Werte und Überzeugungen die Schlußfolgerung abgekoppelt wird, daß jede Kultur damit zugleich auch den selben Anspruch auf die Geltung ihrer grundlegenden Orientierung erheben darf; weil keine übergreifenden Geltungskriterien mehr zur Verfügung stehen, kann nämlich sonst aus der ursprünglichen Einsicht schnell der Glaube an die Überlegenheit der jeweils eigenen Lebensform hervorgehen; aber auch ein solcher Ethnozentrismus wird zum Keim eines modernen Faschismus erst in dem Augenblick, wie Berlin brillant am Beispiel des Werkes von Joseph de Maistre zeigt, in dem er durch die vitalistische Lehre von der Lebensunfähigkeit bestimmter Kulturen oder Gruppen ergänzt wird.[7]

Wie sich der vernunftkritische Impuls der romantischen Tradition in die entgegengesetzte Richtung eines kulturellen Pluralismus fortzusetzen vermag, hat Berlin vor allem am Werk von Johann Gottfried Herder verdeutlicht; ihm hatte er schon früher eine umfangreiche Abhandlung gewidmet, ihm galt auch später immer wieder seine ganze Fürsprache und Aufmerksamkeit.[8] Herder stellt für Berlin den Typus eines romantischen Denkers dar, der die mißliche Konsequenz eines bloßen Relativismus zu vermeiden weiß, zu der die Ausdruckslehre in ihrer Geschichte immer wie-

7 Isaiah Berlin, »Joseph de Maistre und die Ursprünge des Faschismus«, in: ders., *Das krumme Holz der Humanität*, a. a. O.

8 Isaiah Berlin, »Herder and the Enlightenment«, in: ders. *Vico and Herder*, a. a. O., S. 143-216.

der gezwungen war; das gelingt ihm durch den Vorschlag, die verschiedenen Kulturen als ebenso viele Formen des menschlichen Selbstausdrucks zu begreifen, denen jeweils ethische Werte mit universaler Gültigkeit entsprechen. Auf diesem Weg entsteht ein transzendentes Reich von objektiven Werten, die untereinander so wenig vereinbar sind, daß von ihnen stets nur ein kleiner Ausschnitt in einer einzigen Lebensform kulturell Gestalt annehmen kann. Werden die Kulturen mit Herder auf eine solche Weise verstanden, dann läßt sich auch ihr Verhältnis untereinander nicht nach dem Muster beschreiben, das im moralischen Relativismus zur Anwendung gelangt; weil sie nämlich jeweils nur die besondere Verkörperung von universell gültigen Werten darstellen, führen ihre Beziehungen nicht zu einer wechselseitigen Relativierung, sondern zu einer objektiven Bereicherung.

Dementsprechend muß der kulturelle Pluralismus laut Berlin dadurch vom ethischen Relativismus unterschieden werden, daß den verschiedenen Lebensformen in dem Maße die universale Geltung eines objektiven Wertes zukommt, in dem sie als sinnvolle Weisen der menschlichen Selbstverwirklichung verstanden werden können.[9] Aber auch an dieser entscheidenden Stelle bleibt in der ideengeschichtlichen Argumentation offen, nach welchen Kriterien sich entscheiden lassen können soll, ab wann eine bestimmte Kultur eine »bedeutungsvolle« Form des menschlichen Daseins repräsentiert; hier ließen sich zwar eine Reihe von Alternativen einer solchen Einkreisung denken, die von der Idee der zeitlichen Erstreckung bis zum Aspekt der Befriedigung von Grundbedürfnissen reichen könnten, aber keine von ihnen wird von Berlin auch nur erwähnt. Allerdings wird die damit zusammenhängende Frage zu einem ernsthaften Problem überhaupt erst in dem Augenblick, in dem Berlin aus seiner Archäologie des europäischen Geistes die Konsequenzen für eine politische Ethik der Gegenwart zu ziehen versucht. Auch hier wird der Weg wieder durch ein Argument bereitet, das insofern geistesgeschichtlicher Herkunft ist, als es von den Folgewirkungen der romantischen Attacke gegen den rationalistischen Monismus seinen Ausgang nimmt. Für Berlin stehen sich im intellektuellen Klima der Gegenwart nicht nur die beiden aus der Romantik geborenen Denkbewegungen gegenüber; vom

9 Bernard Williams, »Introduction«, in: Isaiah Berlin, *Concepts and Categories, Philosophical Essays*, Oxford 1978, S. XI-XVIII; John Gray, *Berlin*, London 1995, Kap. 2.

Vernunftuniversalismus der Aufklärung ist vielmehr nach der romantischen Wende als eine dritte Traditionsquelle immerhin das Unternehmen übriggeblieben, die politische Ordnung rationalen Kriterien zu unterwerfen. Aus der Synthese, die dieses rationalistische Erbe mit dem kulturellen Pluralismus in der Idee des Liberalismus eingegangen ist, versucht Berlin letztendlich eine Minimalmoral zu entwickeln, die eine Art von normativer Theorie des politischen Liberalismus enthalten soll: Sobald die moralische Erbschaft des Universalismus intellektuell mit dem kulturellen Pluralismus verschmolzen wird, entsteht die Vorstellung einer normativen Ordnung, die durch liberale Freiheitsrechte und eine Koexistenz verschiedener Kulturen gekennzeichnet ist. Wenn wir die verstreuten Bemerkungen zusammenfassen, in denen Berlin seine Idee des politischen Liberalismus skizziert hat, so ist es wahrscheinlich am sinnvollsten, sie sich als eine Synthese aus zwei Freiheitskonzepten vorzustellen. Daß hier freilich mehr stehen müßte als ein Programm des pluralen Nebeneinanders verschiedener Kulturen, macht schon ein Blick auf die politischen Konflikte sichtbar, von denen Europa an seinen Rändern gegenwärtig erneut heimgesucht wird. Die geistesgeschichtlichen Studien Berlins stellen auch in dem Sinn eine Archäologie des europäischen Geistes dar, daß sie an den theoretischen Frontverlauf der Gegenwart nur gerade heranreichen.

II

Wenn ich Berlins ideengeschichtliche Ausführungen richtig verstehe, so müßte als ihr Ergebnis wohl die Behauptung gelten, daß zwei unterschiedliche Konzepte von Freiheit zusammengenommen die normative Ordnung des politischen Liberalismus konstituieren: auf der einen Seite die negative Freiheit, die jedem Staatsbürger in modernen Rechtsverhältnissen zusteht, auf der anderen Seite jene Art von Freiheit, die derjenige genießt, der sich in seiner eigenen Kultur zu Hause weiß. Beide Freiheitskonzepte sollen gleichermaßen zum intellektuellen Erbe der pluralistischen Attacke auf den rationalistischen Monismus gehören: während die Idee der negativen Freiheit die epistemologische Konsequenz dieser fundamentalen Kritik repräsentiert, soll die Idee der Freiheit als kultureller Zugehörigkeit eine Art von normativer Voraussetzung des kulturellen Pluralismus als gerechtfertigter Lebensform darstellen. Bevor ich mich einer Betrachtung dieses Begriffs der positiven Freiheit zuwende, möchte ich zunächst erläutern, inwiefern Berlin seinen extrem schmalen Begriff der negativen Freiheit als eine Konsequenz der epistemologischen Kritik des rationalistischen Monismus eingeführt hat.[10] Dabei möchte ich von einer Textpassage ausgehen, in der Berlin mit großer Klarheit dargestellt hat, was er unter »negativer Freiheit« zu verstehen versucht; nicht in dem zentralen Aufsatz über die zwei Freiheitsbegriffe selber, sondern in der umfangreichen »Einleitung« des Aufsatzbandes »Freiheit« ist zu lesen:

»Freiheit in dem Sinne, in dem ich diesen Begriff verwende, verweist nicht nur auf die Abwesenheit von Enttäuschung (die auch durch Abtötung der Wünsche erzielt werden könnte), sondern auf die Abwesenheit von Hindernissen für mögliche Wahlentscheidungen und Betätigungen – auf das Fehlen von Hindernissen auf den Wegen, die jemand einzuschlagen beschließen kann. Diese Freiheit beruht letztlich nicht darauf, ob ich diesen Weg wirklich gehen will und wie weit, sondern darauf, wie viele Türen mir offenstehen und wie weit sie geöffnet sind; sie beruht auf der relativen Wichtigkeit dieser Möglichkeiten in meinem Leben, auch wenn sich diese vielleicht nicht quantitativ bestimmen läßt. Das Ausmaß meiner gesellschaftlichen oder politischen Freiheit ergibt sich aus dem Fehlen von Hindernissen, die nicht nur meinen aktuellen, sondern auch meinen potentiellen Wahlentscheidungen im Wege wären, die mich daran hindern würden, so oder anders zu handeln, wenn ich mich dazu entschlösse. Diese Freiheit fehlt, wo absichtlich oder unabsichtlich durch veränderbares menschliches Handeln oder durch menschliche Institutionen solche Türen geschlossen oder nicht geöffnet werden; von Unterdrückung sprechen wir allerdings nur, wenn solches Handeln mit Absicht (oder in dem Bewußtsein, daß es Wege versperren kann) erfolgt.«[11]

An dieser definitionsähnlichen Bestimmung sind drei Komponenten für unsere Zwecke von besonderer Bedeutung. Zunächst ist unschwer zu sehen, daß das, was hier vor externen (oder internen) Eingriffen geschützt werden muß, nicht wie in der empiristischen Tradition entweder die individuelle Bewegungsfreiheit oder die Verfolgung der eigenen aktuellen (oder potentiellen) Wünsche ist; vielmehr ist es Berlin zufolge die individuelle Wahl zwischen alternativen Optionen, die des Schutzes vor irgendwelchen Eingriffen bedarf. Berlin hält eine solche Art von Wahl für das hervorste-

10 Eine vorzügliche Rekonstruktion liefert: John Gray, *Berlin*, a. a. O., Kap. 1.
11 Isaiah Berlin, *Freiheit. Vier Versuche*, Frankfurt/M. 1995, S. 41 f.

chendste Merkmal menschlicher Wesen, die deswegen, weil sie stets zwischen einer Vielzahl irreduzibel verschiedener Lebensformen und damit häufig unvereinbarer Werte zu wählen haben, mit der Erfahrung tragischer Verluste notwendigerweise konfrontiert sind. Im Zusammenhang mit diesem menschlichen Wesenszug muß die negative Freiheit konsequenterweise als ein normatives Mittel zur Gewährleistung einer unbehinderten, freien Ausübung solcher Wahlakte verstanden werden: nur dann, wenn uns weder äußere noch innere Hindernissen im Wege stehen, können wir wirklich dasjenige tun, wozu wir als menschliche Wesen genötigt sind, nämlich Wahlen zu treffen zwischen gleichermaßen wertvollen Zielen. Am Ende müßte das Resultat der universalen Sicherung einer derartigen Freiheit, so scheint Berlin zu denken, die Etablierung einer pluralistischen Welt von konkurrierenden und häufig unvereinbaren Werten sein.

Die beiden anderen Komponenten, die an der zitierten Stelle von Bedeutung sind, ergeben sich nicht aus tatsächlich erwähnten Sachverhalten, sondern eher indirekt daraus, daß Berlin naheliegende Bestimmungen gezielt wegläßt. Die erste überraschende Auslassung ist die einer irgendwie gearteten Diskussion von normativen Einschränkungen dessen, was als eine Option in solchen Wahlsituationen gelten kann: es muß sich weder um objektiv wertvolle noch um bedeutungsvolle Möglichkeiten handeln, sie müssen vielmehr nur von »relativer Wichtigkeit ... in meinem Leben« sein. Dieses extrem minimalistische Kriterium dafür, was als mögliche Option in einer ungehinderten Wahlsituation gilt, halte ich für einen ersten Hinweis darauf, daß Berlin seine Konzeption negativer Freiheit in Übereinstimmung mit den epistemologischen Voraussetzungen des kulturellen Pluralismus zu formulieren versucht. Wenn alles, was als wahr, schön oder richtig angesehen wird, nur relativ zu dem partikularen Selbstverständnis einer bestimmten Kultur von Geltung sein kann, dann kann es keine gerechtfertigte Möglichkeit geben, normativ mehr über solche möglichen Optionen zu sagen als genau das, was Berlin in seinem Gedankengang äußert; daß sie also von Wichtigkeit sein müssen für eine Person in ihrem Lebensvollzug.

Dieselbe Art von Zusammenhang scheint auch für die zweite Auslassung zu gelten, die an der zitierten Stelle auffällig ist, auch wenn sie nicht einen dort thematisierten Sachverhalt selber betrifft. Weder hier noch an anderen Orten sagt Berlin irgend etwas Substantielles zu den Bedingungen, unter denen Menschen überhaupt dazu in der Lage sein können, von der ungehinderten Wahlmöglichkeit auch Gebrauch zu machen, die ihnen im Namen der negativen Freiheit garantiert wird. Statt dessen heißt es an anderer Stelle sogar ausdrücklich, daß es notwendig ist, »zwischen der Freiheit und den Bedingungen ihrer Ausübung zu unterscheiden«.[12] Die Bestimmung solcher notwendigen oder ermöglichenden Bedingungen gehört nach Auffassung Berlins nicht zu seinem Konzept negativer Freiheit, ja, sie wird geradezu in einen Gegensatz dazu gebracht. Eine derartige Ausklammerung ist nicht nur überraschend, sondern wirkt in gewisser Weise sogar selbstwidersprüchlich: die Gewährleistung einer ungestörten Wahl zwischen subjektiv bedeutsamen Zielen scheint nämlich ohne die komplementäre Sicherung von Mitteln zu ihrer Ausübung keinen Sinn zu haben.

Der Grund, warum Berlin in dieser Hinsicht so unbeirrbar scheint, ist nach meiner Überzeugung derselbe, der es ihm verbietet, normativ etwas Substantielleres über den Gehalt der in einer Wahlsituation sich auftuenden Optionen zu sagen: Jede Festlegung einer notwendigen Bedingung für die Ausübung negativer Freiheit würde die normativen Prämissen des kulturellen Pluralismus verletzen, weil sich die entsprechenden Hindernisse nur in Abhängigkeit von bestimmten Werten erschließen lassen. Derartige Bedingungen sind, kurz gesagt, insofern wertrelativ, als sie sich allein im Licht anderer Werte zeigen als desjenigen der negativen Freiheit. Unter Voraussetzung dieses Arguments wird immerhin verständlich, warum Berlin seinen Begriff der negativen Freiheit auf einen so minimalen Bedeutungskern reduzieren muß; denn allein eine Form der individuellen Freiheit, die als Abwesenheit von Behinderungen der freien Wahl aufgefaßt wird, kann ihrerseits als eine zentrale Bedingung des kulturellen Pluralismus verstanden werden. Alle anderen, reichhaltigeren Freiheitsbegriffe würden bereits die epistemischen Prämissen verletzen, die eine derartige Form des Pluralismus voraussetzt.

Wenn diese Überlegungen den Kern von Berlins so entschiedener Hervorhebung der negativen Freiheit ausmachen, dann wird daran in Umrissen umgekehrt auch klar, warum Berlin allen Begriffen der positiven Freiheit eine so große Skepsis entgegenbrin-

12 Ebd., S. 55.

gen muß. So wie er es sieht, enthält ein solches positives Konzept stets eine Antwort auf die Frage, von wem eine Person legitimerweise beherrscht oder bestimmt werden soll. Die Argumentationslinie, entlang der diese Frage in der Regel beantwortet wird, führt im allgemeinen in die Richtung einer Idee der Selbstbestimmung oder individuellen Autonomie, womit die rationale Verwirklichung des eigenen Willens gemeint ist.[13] Den fundamentalsten Grund, den Berlin an dieser Stelle heranzuziehen vermag, um die Idee der positiven Freiheit zurückzuweisen, besteht wohl in der Überzeugung, daß sie stets eine Spielart des rationalen Monismus voraussetzen muß: Um erklären zu können, was es heißt, seinen Willen rational zu verwirklichen, bedarf es einer Skizzierung der Richtung, die das eigene Leben unter rationaler Kontrolle nehmen soll; und das wiederum verlangt eine monistische Antwort auf die Frage, worin das Ziel des menschlichen Lebens bestehen soll. Während ein Konzept der Freiheit als ungehinderter Wahl einen Konflikt zwischen konkurrierenden Gütern voraussetzt, privilegiert ein Konzept der Freiheit als rationaler Selbstverwirklichung aus der Sicht Berlins immer nur eine Form der Handlung, eine einzige Lebensform. Daher verletzt ein solches positives Konzept zwangsläufig die normativen Voraussetzungen, unter denen ein Pluralismus an Werten würde gedeihen können; ja, aus der Sicht Berlins ließe sich wahrscheinlich sogar noch weiter gehen und behaupten, daß jedes Freiheitskonzept dieser Art strukturell für politischen Mißbrauch offen ist, weil das monistische Bild der Selbstverwirklichung all die Formen von Heteronomie erlaubt, wie sie etwa im Despotismus oder im Totalitarismus gegeben sind. Ich werde die weitergehende Frage, ob eine derartige Kritik aller positiven Konzepte von Freiheit tatsächlich überzeugend ist, hier nicht weiterverfolgen; allerdings scheint mir vieles für jene Form der Kritik zu sprechen, die zu zeigen versucht, daß bereits eine Klärung der normativen Prämissen eines tragbaren Konzepts der negativen Freiheit Anleihen bei einem positiven Freiheitskonzept zu machen gezwungen ist.[14]

13 Isaiah Berlin, »Zwei Freiheitsbegriffe«, in: ders., *Freiheit. Vier Versuche*, a. a. O., S. 197-256, hier: S. 211 ff.

14 Vgl. etwa Charles Taylor, »Der Irrtum der negativen Freiheit«, in: ders., *Negative Freiheit*, Frankfurt/M. 1988, S. 118-144.

III

Bis an diese Stelle seiner Argumentation scheint sich aber zumindest kein internes Problem im Rahmen von Berlins Idee des politischen Liberalismus abzuzeichnen. Sicher, es drängen sich gewisse Zweifel in Hinblick auf seine Charakterisierung der Idee der positiven Freiheit auf, weil nicht wirklich klar ist, warum alle Vorstellungen von individueller Selbstverwirklichung oder Autonomie zwangsläufig starke Wertungen in dem Sinn voraussetzen sollten, daß andere Wertorientierungen damit ausgeschlossen sind; ebenso scheint es mir nicht wirklich überzeugend zu sein, unser modernes Rechtssystem primär nach dem Modell der negativen Freiheit zu verstehen, weil doch die ganze Idee der Verfügung über subjektive Rechte so eng mit der Vorstellung kollektiver Souveränität verknüpft ist, daß sie beinahe schon begrifflich ein gewisses Maß an positiver Freiheit einschließt.[15] Aber die zentrale Intuition, die Berlin mit der normativen Hervorhebung negativer Freiheit verbindet, ist einigermaßen klar und intrinsisch auch überzeugend: nur die legale Institutionalisierung von negativen Freiheiten für alle Staatsbürger und -bürgerinnen gleichermaßen garantiert eine gedeihliche Entwicklung jener Form von kulturellem Pluralismus, die Herder einst vor Augen hatte, weil nur in dem Maße, wie jedes Subjekt ohne Behinderung zwischen einer Vielzahl von Optionen wählen kann, eine Pluralität von konfligierenden Werten zu sozialer Existenz gelangen kann. Insofern scheint die negative Freiheit, verstanden als ein individuelles Recht, eine Ermöglichungsbedingung des kulturellen Pluralismus zu sein.

Ein Problem tut sich innerhalb dieser Argumentation überhaupt erst auf, sobald Berlin im Kontext seiner Verteidigung des kulturellen Pluralismus gegen den rationalistischen Monismus damit beginnt, einen zweiten Begriff der Freiheit einzuführen, der gleichursprünglich mit demjenigen der negativen Freiheit sein soll. Ungefähr der folgende Gedankengang ist es, den Berlin hier zur Geltung bringt: um den kulturellen Pluralismus tatsächlich sozial zur Entfaltung und zur Blüte zu bringen, reicht es nicht aus, bloß negative Freiheiten auf dem Weg der Verrechtlichung zu institutionalisieren; vielmehr muß jede Person auch über das Recht verfügen, einer sozialen Kultur der eigenen Wahl anzugehören. Dieser

15 Vgl. etwa Jürgen Habermas, *Faktizität und Geltung, Beiträge zur Diskurstheorie des Rechts und des demokratischen Rechtsstaats*, Frankfurt/M. 1992.

Zusammenhang ergibt sich daraus, daß ohne die Garantie einer solchen positiven Freiheit der einzelne gar nicht dazu in der Lage wäre, seine selbstgewählten Güter oder Werte zu praktizieren und zu genießen, weil dies nur gemeinsam mit anderen in einer kollektiven Lebensform möglich ist; derselbe Gedankengang lautet von der entgegengesetzten Seite aus, daß jene Kulturen, die zusammengenommen eine gesellschaftliche Ordnung des kulturellen Pluralismus konstituieren, überhaupt nur existieren können, wenn jedem Gesellschaftsmitglied ein Recht zur kulturellen Teilhabe zukommt.

Wahrscheinlich stellt das persönliche Motiv, das Berlin zur Verteidigung eines solchen zweiten Typs von Freiheit bewogen hat, die Erfahrung des jüdischen Kindes in einer mehr oder weniger antisemitischen Umgebung dar; in einigen seiner autobiographischen Berichte hat der zu Ruhm gelangte Gelehrte von einem frühen Gefühl des Unbehagens erzählt, das aus dem informellen Ausschluß aus den kulturellen Alltagsroutinen in seiner russischen Heimat resultierte. Es ist daher nicht überraschend, daß Berlin in solchen Kontexten davon spricht, schon in seiner Kindheit ein Gespür für das legitime Bedürfnis der Juden nach einer eigenen Kultur gehabt zu haben: »There must be somewhere, I felt, where Jews were not forced to be self-consious – where they did not feel the need for total integration, for stressing their contribution to the native culture – where they simply could live normal, unobserved lives.«[16]

Wie dieser Satz indirekt zu erkennen gibt, lassen sich in Berlins Schriften mindestens zwei verschiedene Begründungen für die Idee finden, daß es eines individuellen Rechts auf kulturelle Zugehörigkeit bedarf. Die erste Rechtfertigung ist diejenige, die wir soeben ausdrücklich gehört haben: demnach begründet sich das Recht, einer Kultur der eigenen Wahl anzugehören, aus dem liberalen Prinzip, daß die Identität des individuellen Subjekts allein unter der Bedingung der Teilnahme an einer kulturellen Gruppe gedeihen kann, die die jeweils eigenen Werte oder Lebensformen repräsentiert. Dieses Argument läßt fraglos an Will Kymlickas Versuch denken, eine liberale Verteidigung des Multikulturalismus vorzulegen, die ihren Ausgang von den kulturellen Bedingungen

16 Isaiah Berlin und Ramin Jahanbegloo, *Recollections of a Historian of Ideas. Conversations with Isaiah Berlin*, New York 1991, S. 86; zu Hintergrund und Schlußfolgerung dieser Äußerung vgl. den Deutungsvorschlag von: Claude J. Galipeau, *Isaiah Berlin's Liberalism*, Oxford 1998, Kap. 7.

der individuellen Autonomie nimmt.[17] Die zweite Rechtfertigung findet sich nicht selber in dem zitierten Satz, bildet aber zweifellos einen wesentlichen Hintergrund, weil sie an prominenten Stellen im Werk Berlins, etwa den Studien zu Herder, anzutreffen ist; hier ist der Grundgedanke eher kommunitaristischer Natur, weil nicht die Autonomie des individuellen Subjekts, sondern der intrinsische Wert eines Pluralismus der Kulturen den Bezugspunkt darstellt. Dieses Argument läßt sicherlich stark an Charles Taylors Versuch denken, eine kommunitaristische Verteidigung des Multikulturalismus vorzulegen, die ihren Ausgang von Herders Idee nimmt, daß alle sich zeitlich lang genug erstreckenden Kulturen einen menschlichen Wert repräsentieren und daher eine Art von kollektivem Existenzrecht verdienen.[18]

Auch wenn Berlin vorauszusetzen scheint, daß beide Argumentationslinien gleichermaßen als intellektuelles Erbe des kulturellen Pluralismus betrachtet werden müssen, sind die Differenzen zwischen ihnen doch erheblich. Im ersten Fall wird, wie gesagt, die Idee einer positiven Freiheit der kulturellen Zugehörigkeit mit Blick auf die kulturellen Bedingungen der individuellen Autonomie gerechtfertigt; im Sinn der oben zitierten Äußerung wird damit behauptet, daß menschliche Wesen eine autonome Persönlichkeit nur entwickeln können, wenn ihnen das Hineinwachsen in einer kulturellen Umgebung ermöglicht wird, die ihre eigenen Wertüberzeugungen zum Ausdruck bringt und entsprechende Mittel der symbolischen Artikulation anbietet. Insofern muß jeder Person das Recht zukommen, einer Kultur der eigenen Wahl anzugehören, woraus wiederum eine gesetzliche Verpflichtung des Staates erwächst, für das Überleben und Gedeihen der entsprechenden Kulturen in seinen nationalen Grenzen Sorge zu tragen. Um den liberalen Charakter dieses Arguments hervorzuheben, ließe sich vielleicht auch sagen, daß die Freiheit der kulturellen Zugehörigkeit eine Bedingung der negativen Freiheit ist, die Berlin vor Augen hat, wenn er von der unbehinderten Wahl zwischen konfligierenden Optionen spricht: ich kann mein Recht auf negative Freiheit nur unter der sozialen Bedingung ausüben, daß ich einer kulturellen Gemeinschaft angehöre, die meine eigenen Wertüberzeugungen und Handlungspraktiken teilt, weil ich nur dort ein »normales,

17 Will Kymlicka, *Multicultural Citizenship*, Oxford 1995.

18 Charles Taylor, *Multikulturalismus und die Politik der Anerkennung*, Frankfurt/M. 1993, S. 13-78.

unbeobachtetes Leben«, ein Leben ohne kulturelle Erniedrigung führen kann. Aber eine solche Formulierung würde nur den offensichtlichen Widerspruch hervorheben, der zwischen diesem liberalen Argument für kulturelle Zugehörigkeit und Berlins eigenem, extrem schmalen Konzept der negativen Freiheit besteht; denn mit der Einführung von kulturellen Bedingungen der Ausübung negativer Freiheit ist verknüpft, was Berlin gerade vermeiden möchte, nämlich solche Bedingungen systematisch miteinzubeziehen, deren Wertgebundenheit zu einer Verletzung des Prinzips des kulturellen Pluralismus führen könnte.

Das zweite, eher kommunitaristische Argument für die Freiheit der kulturellen Zugehörigkeit unterscheidet sich von dem soeben vorgestellten Prinzip der liberalen Tradition in wesentlichen Hinsichten; hier ist der Bezugspunkt, wie gesagt, nicht die Autonomie der individuellen Persönlichkeit, sondern das Überleben einer sozialen Kultur als solcher. Es wird mit Herder unterstellt, daß jede Kultur oder kulturelle Gruppe einen oder mehrere der vielen konfligierenden Werte der menschlichen Gattung verkörpert; weil die Pluralität dieser Werte und Güter für uns als menschliche Wesen einen Wert an sich repräsentiert, sollten wir uns verpflichtet fühlen, uns um die Koexistenz von so vielen Kulturen wie möglich zu bemühen; das Überleben solcher Kulturen ist aber nur garantiert, wenn die Subjekte symbolische Rituale und Gewohnheiten frei und ungehindert in Gemeinschaft reproduzieren können. Insofern wird in dieser zweiten Art von Rechtfertigung die positive Freiheit der kulturellen Zugehörigkeit als normative Bedingung des Überlebens der Kulturen als solcher begriffen, während sie im ersten Argument als Bedingung des Gedeihens persönlicher Autonomie aufgefaßt wurde.

Offensichtlich lassen sich beide Argumentationsmuster in den Schriften Isaiah Berlins finden; und meine Vermutung ist, daß in seiner politischen Philosophie die zweite, stärker kommunitaristische Gedankenfigur im allgemeinen über die erste Form der Rechtfertigung triumphiert hat. Aber es ist nicht diese Ambivalenz selber, die das zentrale Problem in der politischen Philosophie Berlins darstellt, soweit sie der Präsentation einer Struktur des Liberalismus dient, die nun als rechtliche Synthese aus den beiden Freiheitsbegriffen verstanden werden muß. Natürlich führt der große Mangel an Klarheit darüber, wie die Freiheit der kulturellen Zugehörigkeit gerechtfertigt werden soll, zu erheblichen Beeinträchtigungen seiner Deutung des kulturellen Pluralismus; nicht minder problematisch ist sicherlich auch, daß selbst die Idee des politischen Liberalismus im Hinblick auf rechtliche oder normative Bestimmungen doch sehr unartikuliert bleibt. Aber das zentrale Problem des ganzen Ansatzes liegt unzweideutig darin, daß Berlin in seinen normativen Schlußfolgerungen aus dem kulturellen Pluralismus durchgängig zu unterstellen scheint, daß eine Synthese aus der negativen Freiheit als Chance zur ungehinderten Wahl auf der einen Seite und der positiven Freiheit als kultureller Zugehörigkeit auf der anderen Seite auf unkomplizierte Weise möglich sei: beide Typen von Freiheit sollen, so wird indirekt suggeriert, im Ordnungsgefüge einer liberalen Gesellschaft nebeneinander existieren können, ohne daß dabei Verluste oder Einschränkungen auf einer der beiden Seiten entstehen müssen. Faktisch scheint aber das Gegenteil der Fall zu sein: eine legale Institutionalisierung von negativer Freiheit in dem Sinn, der Berlin vor Augen steht, wird dem Bedürfnis nach kultureller Zugehörigkeit nicht ausreichend entgegenkommen können, so wie umgekehrt die Institutionalisierung kultureller Rechte (in individueller und kollektiver Form) zwangsläufig zu einer gewissen Einschränkung in der Zahl der Optionen führen wird, zwischen denen der einzelne wählen kann. Diese konstitutive Spannung läßt sich auch so formulieren, daß sich nicht auf der einen Seite ein radikales, weitreichendes Modell der negativen Freiheit verteidigen läßt, wenn auf der anderen Seite gleichzeitig das Recht der Individuen hervorgekehrt wird, in einer Kultur ihrer eigenen Wahl zu leben; denn eine Maßnahme des zweiten Typs wäre nur unter der Bedingung möglich, daß die negativen Freiheiten der Einzelsubjekte weit genug eingeschränkt würden, um eine ungehinderte Fortexistenz der kulturellen Gemeinschaften zu gewährleisten.[19]

Natürlich bleibt am Ende die Frage, wieso Berlin diese ungelöste Spannung in seiner politischen Philosophie so wenig selber hat durchschauen können, daß er einen engagierten Kommunitarismus mit einem altbackenen Liberalismus des vor-Rawlsschen Typs zur Synthese bringen wollte. Ich sehe zwei Gründe für die stupende Hartnäckigkeit, mit der der große Autor den Widerspruch in seinen eigenen Schriften zu ignorieren wußte: ein erstes, nicht unbedeutendes Motiv mag darin gelegen haben, daß für Berlin stets

19 Vgl. die entsprechenden Beispiele in Bernhard Peters, *Understanding Multiculturalism*, in: IIS-Arbeitspapier Nr. 14/1999, Universität Bremen.

die Lage der in alle Welt auseinandergetriebenen Juden den Paradefall eines gerechtfertigten Anspruchs auf kulturelle Zugehörigkeit dargestellt hat; hier konnte die Lösung nur in einer international vereinbarten Schaffung eines Nationalstaates nach Muster eines liberalen Zionismus liegen, während das vollkommen anders gelagerte Problem, wie das Überleben von minoritären Kulturen in einem hegemonialen Staat zu garantieren sei, nie wirklich Berlins Aufmerksamkeit gefunden hat. Der zweite Grund, den ich für Berlins frappante Blindheit gegenüber den Widersprüchen seiner politischen Philosophie sehe, besteht in der eigentümlichen Tatsache, daß er sich durch die suggestive Kraft seiner eigenen ideengeschichtlichen Untersuchungen selber hat verführen lassen: weil in seinen eigenen Augen jene beiden Freiheitskonzepte, die er kontinuierlich verteidigt hat, ihre intellektuellen Wurzeln in ein- und derselben philosophischen Tradition haben sollen, mag Isaiah Berlin zeitlebens der Illusion aufgesessen sein, daß sie sich auf leichte, konfliktfreie Weise miteinander zur Übereinstimmung bringen lassen.

Posttraditionale Gemeinschaften
Ein konzeptueller Vorschlag

Wer sich heute mit der Auseinandersetzung zwischen den Liberalen und den Kommunitaristen beschäftigt, wird schnell feststellen können, daß in einem wesentlichen Punkt die meisten Vertreter beider Seiten inzwischen übereinzustimmen scheinen: Ohne ein bestimmtes Maß der gemeinsamen Bindung an übergreifende Werte, also ohne das, was wir eine soziale Wertgemeinschaft oder, weniger belastet, eine kulturelle Lebensform nennen können, ist die Funktionsfähigkeit einer demokratischen Gesellschaft nicht gewährleistet. Aus dieser ersten Gemeinsamkeit ergibt sich schon, daß auch in einem zweiten Punkt die Absichten der beiden Lager mittlerweile weitgehend zusammenzulaufen scheinen: Weil es sich um die kulturellen Bestandsvoraussetzungen von demokratischen Gesellschaften handelt, um die es in der Debatte geht, darf das angezielte Konzept der Gemeinschaft nicht beliebiger Art sein, sondern muß einen normativen Charakter besitzen – nur solche Formen der sozialen Gemeinschaft können für ein bestimmtes Maß des intersubjektiven, solidarischen Zusammenhalts sorgen, die ihrerseits mit den normativen Gegebenheiten liberaldemokratischer Gesellschaften vereinbar sind, ja deren Prinzipien in sich selber kulturell oder ethisch verkörpern. So gesehen, sind es Konzepte der »liberalen«, der »pluralen« oder der »demokratischen« Gemeinschaft, in denen heute Kommunitaristen wie Walzer und Taylor sowie Liberale wie Dworkin und Rawls übereinzustimmen scheinen.[1] Freilich verbergen sich hinter diesem Kompromiß theoretische Differenzen, die erst ans Licht treten, wenn wir nach den Begründungen fragen, die beide Seiten für die Notwendigkeit oder Wünschbarkeit einer solchen Form von Gemeinschaft jeweils in Anschlag bringen; hier zeigt sich nämlich, daß die Idee einer posttraditionalen Vergemeinschaftung das eine Mal primär unter dem

1 Vgl. etwa: Michael Walzer, »Kommunitaristische Kritik am Liberalismus«, in: Axel Honneth (Hg.), *Kommunitarismus. Eine Debatte über die moralischen Grundlagen moderner Gesellschaften*, Frankfurt/M./New York 1992; Charles Taylor, »Aneinander vorbei: Die Debatte zwischen Liberalismus und Kommunitarismus«, ebd.; Ronald Dworkin, »Liberal Community«, in: *California Law Review*, Vol. 77, 1989, S. 478 ff.; John Rawls, *Eine Theorie der Gerechtigkeit*, Frankfurt/M. 1979, S. 565 ff.

Gesichtspunkt der Bestandsvoraussetzungen einer demokratischen Politik, das andere Mal hingegen vor allem unter dem Gesichtspunkt der Freiheitsbedingungen menschlicher Subjekte eingeführt wird. Was aus der Sicht der Liberalen für ein Konzept der »liberal community« spricht, sind nämlich die funktionalen Defizite, die sich ergeben, wenn die Prinzipien einer gerechten, demokratischen Gesellschaft sich nicht auch in Form von kulturellen Einstellungen in der Lebenspraxis einer Bevölkerung niedergeschlagen haben: Die Aufrechterhaltung eines Systems von freiheitsverbürgenden Rechten ist nur gewährleistet, wenn deren moralischer Gehalt zugleich auch den Kern einer ethischen Lebensform bildet, die die Mitglieder einer Gesellschaft gemeinsam praktizieren. Aus der Sicht der Kommunitaristen dagegen spricht für ein Konzept der »liberal community« zunächst und vor allem, daß den Subjekten eine Bedingung der Verwirklichung ihrer rechtlich garantierten Freiheiten fehlt, wenn sie nicht mit den anderen Mitgliedern ihrer Gesellschaft eine gemeinsame Lebensform teilen: Die Ausübung der liberalen Freiheitsrechte ist nur gewährleistet, wenn die Subjekte sich in einer Gemeinschaft eingebunden wissen können, zu deren konstitutiven Elementen auch die wechselseitige Unterstützung der Freiheit des anderen gehört. Auf eine Formel gebracht, ließe sich mithin sagen, daß es aus liberaler Sicht die kulturellen Bestandsvoraussetzungen demokratischer Gesellschaften, aus kommunitaristischer Sicht hingegen die kulturellen Bedingungen individueller Selbstverwirklichung sind, die eine Vergemeinschaftung von sozialen Lebenszusammenhängen notwendig machen. Nun ist auf der Seite der Kommunitaristen allerdings bislang im hohen Maße unklar, wie zu verstehen ist, daß die Ausübung individueller Freiheit an die intersubjektive Bedingung einer Gemeinschaft gebunden sein soll: Bei Michael Walzer scheint es einfach ein notwendiges Maß der emotionalen Bindung, bei Charles Taylor aber die Voraussetzung einer intersubjektiven Praxis der Beratung und Hilfe zu sein,[2] die es notwendig machen, daß die Subjekte auch in hochkomplexen Gesellschaften noch an einer gemeinsamen Wertordnung teilhaben. Im folgenden möchte ich mit drei Thesen zur Aufklärung dieser kommunitaristischen Prämisse beitragen, indem ich einen etwas anderen Ausgangspunkt wähle:

2 Zu Taylor vgl.: ders., »Der Irrtum der negativen Freiheit«, in: ders., *Negative Freiheit? Zur Kritik des neuzeitlichen Individualismus*, Frankfurt/M. 1988, S. 118 ff.

Zunächst möchte ich einen Minimalbegriff der »Gemeinschaft« vorschlagen, der bereits so gefaßt ist, daß er die Voraussetzung menschlicher Selbstverwirklichung enthält, die an die Existenz einer gemeinschaftlichen Lebenspraxis geknüpft ist (I): sodann möchte ich umreißen, daß ein so gefaßter Begriff der Gemeinschaft nicht nur extern normativen Bedingungen unterworfen ist, sondern auch intern bestimmten normativen Ansprüchen unterliegt (II): daraus ergibt sich am Ende ein Konzept der posttraditionalen Gemeinschaft, von dem sich hoffentlich zeigen wird, daß es der zwischen den Liberalen und den Kommunitaristen verhandelten Sache von Nutzen ist (III).

I

Überraschenderweise ist im Verlauf der uns hier interessierenden Debatte jener Begriff bislang noch sehr unklar geblieben, der doch eigentlich ihr kategoriales Zentrum ausmachen sollte: Was unter den Bedingungen moderner Gesellschaften unter »Gemeinschaft« verstanden werden kann, wird bei allem begrifflichen Klärungsbedarf zwischen den Fronten nicht eigentlich gesondert diskutiert. Zwar legt es die Entwicklung der Diskussion nahe, unter »Gemeinschaft« in erster Annäherung solche Formen der sozialen Beziehung zu verstehen, die durch die Orientierung an einem gemeinsam geteilten Gut gekennzeichnet sind, also durch den Bezug auf intersubjektiv als gültig angesehene Werte; aber ob mit dieser Art von gemeinsamer Wertorientierung bestimmte Interaktionsmuster verknüpft sind oder gar spezifische Gefühlsbedingungen einhergehen, ist kategorial in der Debatte noch weitgehend unbestimmt. Auch die Tradition der soziologischen Klassiker kann hier zur weiteren Klärung nicht viel beitragen, weil die vor hundert Jahren entwickelten Gemeinschaftsbegriffe nicht nur zu stark variieren, sondern auch jeweils zu sehr mit den besonderen Konzepten der verschiedenen Autoren verschmolzen sind, als daß sie heute bruchlos Anwendung finden könnten: Der späte Durkheim hat die Existenz von sozialen Gemeinschaften an die Voraussetzung periodisch wiederkehrender Zustände der kollektiven Verschmelzung geknüpft,[3] Tönnies hat darunter hingegen derartige Formen

3 Emile Durkheim, *Die elementaren Formen des religiösen Lebens*, Frankfurt/M. 1981, bes. S. 571 ff.

der sozialen Beziehung verstanden, in der die Subjekte sich vorgängig miteinander einig wissen können, weil sie alle das Ziel der jeweiligen Gemeinschaft als Ausdruck ihrer individuellen Neigungen und Bedürfnisse erfahren.[4] Unter Bedingungen solcher Begriffsvielfalt ist es sinnvoll, von einem Minimalbegriff der »Gemeinschaft« auszugehen, der den Kernbereich an theoretischen Bestimmungen enthält, in dem die verschiedenen Konzepte sich überschneiden. Mit der ersten dieser sich überlappenden Bestimmungen wird festgelegt, worin sich alle Formen der Gemeinschaft von jenem Muster der sozialen Beziehung abheben, das wir traditionalerweise »Gemeinschaft« nennen: Während sich hier die Subjekte aufeinander beziehen, indem sie wechselseitig den rechtlich festgelegten Freiheitsspielraum des jeweils anderen respektieren, schätzen sie dort, in der Gemeinschaft, den anderen jeweils aufgrund der Eigenschaften und Fähigkeiten, die ihm als Individuum zukommen. Es sind verschiedene Muster der wechselseitigen Anerkennung, anhand derer sich die Unterschiede zwischen den beiden Formen der Vergesellschaftung bestimmen lassen:[5] für die soziale Integration einer Gesellschaft ist von Belang, so läßt sich sagen, daß jene Eigenschaften wechselseitig Anerkennung finden, die alle ihre Mitglieder miteinander teilen; für die soziale Integration einer Gemeinschaft ist dagegen von Belang, daß sich die Mitglieder in Eigenschaften oder Fähigkeiten wechselseitig wertschätzen, die ihnen jeweils als bestimmte Subjekte oder Personengruppen zukommen. Sich wechselseitig wertzuschätzen aber heißt, untereinander Beziehungen der Solidarität zu unterhalten: jemandem Solidarität entgegenzubringen nämlich meint, ihn oder sie als eine Person zu betrachten, deren Eigenschaften von Wert für eine gemeinsame Lebenspraxis sind. Daher sind die sozialen Beziehungen, die wir vor Augen haben, wenn wir von »Gemeinschaften« sprechen, stets Verhältnisse von Solidarität: In ihnen bringe ich dem anderen mehr als Respekt oder Toleranz entgegen, ich weiß meine Lebensziele als etwas, das von seinen Fähigkeiten ermöglicht oder bereichert wird.

Wenn nun gefragt wird, was die intersubjektive Voraussetzung

4 Ferdinand Tönnies, *Gemeinschaft und Gesellschaft*, Darmstadt 1979, bes. S. 73ff.

5 Hierbei stütze ich mich auf meine Überlegungen in: Axel Honneth, *Kampf um Anerkennung. Zur moralischen Grammatik sozialer Konflikte*, Frankfurt/M. 1992, S. 148ff.

einer solchen Form der wechselseitigen Wertschätzung ist, so tritt eine zweite Kernbestimmung von »Gemeinschaft« zutage: Sie ist weitgehend mit der Minimalbedeutung identisch, die der Begriff heute bei den Kommunitaristen angenommen hat. Sich wechselseitig wertzuschätzen setzt voraus, daß bestimmte Werte miteinander geteilt werden, weil nur in deren Licht sich zeigen kann, warum die Fähigkeiten oder Eigenschaften des jeweils anderen für die gemeinsame Lebenspraxis von positiver Bedeutung sind; insofern ist jede Form von Solidarität, verstanden als wechselseitige Wertschätzung, an die Voraussetzung eines intersubjektiv geteilten Werthorizontes gebunden.

Wird die Kernbedeutung von »Gemeinschaft« auf diese beiden Elemente festgelegt, dann wird nun schnell deutlich, inwiefern damit bestimmte Voraussetzungen der individuellen Selbstverwirklichung berührt sind: ohne ein gewisses Maß an Sicherheit über den Wert der eigenen Fähigkeiten oder Eigenschaften ist ein Gelingen von individueller Freiheit nicht vorzustellen, wenn darunter ein Prozeß der ungezwungenen Realisierung von selbstgewählten Lebenszielen verstanden werden soll. »Ungezwungenheit« kann nämlich im Hinblick auf einen solchen Prozeß nicht einfach Abwesenheit von externem Zwang oder Einfluß meinen, sondern muß zugleich auch das Fehlen von inneren Blockierungen und Hemmungen bedeuten;[6] diese zweite Form der Freiheit aber ist nur als das durch die Wertschätzung anderer erworbene Vertrauen zu verstehen, das den eigenen Fähigkeiten und Eigenschaften entgegengebracht wird. Insofern hängt die Freiheit der Selbstverwirklichung von der Voraussetzung von Gemeinschaften ab, in denen die Subjekte sich im Lichte gemeinsam geteilter Ziele wechselseitig wertschätzen; freilich stellt sich nun direkt die Frage, wie solche Formen der sozialen Gemeinschaft unter den normativen Bedingungen der Moderne beschaffen sein müssen.

II

Wenn unter »Gemeinschaften« solche Muster der sozialen Integration verstanden werden, innerhalb derer sich die Subjekte wechselseitig in ihren Leistungen und Fähigkeiten anerkennen können,

6 Vgl. Charles Taylor, »Der Irrtum der negativen Freiheit«, a. a. O.

weil sie gemeinsame Wertüberzeugungen teilen, dann stehen zwei Möglichkeiten offen, diesen Begriff normativ zu fassen: Einerseits kann gefragt werden, ob die Beziehungsmuster innerhalb der Gemeinschaft mit den moralischen Normen übereinstimmen, die für die Gesellschaft im ganzen gelten; oder es kann gefragt werden, ob jene Beziehungsmuster den Anforderungen genügen, die sich aus der normativen Entwicklung des gemeinschaftsbildenden Mechanismus selber ergeben. Der erste Weg führt zu einer externen Fassung eines normativen Begriffs der Gemeinschaft, der zweite Weg hingegen zu einer internen Fassung eines solchen Begriffs; je nachdem, welcher Weg eingeschlagen wird, ändert sich natürlich auch unsere Vorstellung von dem, was eine posttraditionale, also eine moderne Gemeinschaft ausmacht. Vorherrschend und im übrigen auch weitgehend unproblematisch sind heute Versuche, einen normativen Begriff der Gemeinschaft in der ersten, externen Weise herauszuarbeiten: Als moralisch vertretbare Weisen der Gemeinschaftsbildung gelten dann diejenigen, die mit den Ansprüchen einer postkonventionellen Moral insofern übereinstimmen, als sie die individuelle Autonomie aller Einzelnen respektieren, also freien Zugang und Austritt gewähren, weder physischen Zwang anwenden noch Mittel psychischer Beeinflussung nutzen. Eine Steigerungsform dieses externen Modells stellt die heute etwa von Michael Walzer vertretene Vorstellung dar, derzufolge soziale Gemeinschaften dann einen posttraditionalen Charakter besitzen, wenn sie selber liberale Werte verkörpern, also durch die gemeinsame Orientierung am Gut der liberalen Freiheitsrechte gekennzeichnet sind.[7] Unproblematisch ist ein solches normatives Konzept der Gemeinschaft deswegen, weil die Normen einer heute weitgehend als gültig angesehenen Moral bloß auf das besondere Verhältnis der Gemeinschaft angewendet, nicht aber auf dieses Verhältnis hin sozusagen bereichsspezifisch umformuliert werden: Solche internen Kriterien für das, was eine posttraditionale Gemeinschaft ausmachen soll, ergeben sich erst, wenn der zweite Weg der normativen Eingrenzung eingeschlagen wird. Hier nämlich müssen die entsprechenden Normen als Anforderungen verstanden werden, denen der Mechanismus der Gemeinschaftsbildung selber zu unterliegen hat, also das Anerkennungsmuster der wechselseitigen Wertschätzung: Was das heißen soll, zeigt sich freilich

7 Michael Walzer, »Kommunitaristische Kritik am Liberalismus«, a. a. O.

erst, wenn wir uns vor Augen führen, welche normative Entwicklung das Anerkennungsmuster der sozialen Wertschätzung im Übergang zur Moderne genommen hat. Dazu bedarf es zuvor jedoch einer kurzen Erläuterung, worin eigentlich der entwicklungsfähige Kern dieser Form der sozialen Anerkennung bestehen kann.[8]

Unschwer ist zu sehen, daß es das kulturelle Selbstverständnis einer Gesellschaft ist, was jeweils die Kriterien vorgibt, an denen sich die soziale Wertschätzung von Personen orientiert; deren Fähigkeiten und Leistungen werden nämlich intersubjektiv danach beurteilt, in welchem Maße sie an der Umsetzung der kulturell definierten Werte mitwirken können; daher ist diese Form der wechselseitigen Anerkennung an die Voraussetzung eines sozialen Lebenszusammenhangs gebunden, dessen Mitglieder durch die Orientierung an gemeinsamen Zielvorstellungen eine Wertgemeinschaft bilden. Wenn aber die soziale Wertschätzung jeweils durch die ethischen Zielvorstellungen bestimmt ist, die in einer Gesellschaft vorherrschen, sind die Formen, die sie annehmen kann, eine geschichtlich variable Größe: Ihre gesellschaftliche Reichweite und das Maß ihrer Symmetrie hängen dann vom Grad der Pluralisierung des sozial definierten Werthorizonts ebenso ab wie vom Charakter der darin ausgezeichneten Persönlichkeitsideale. Je mehr die ethischen Zielvorstellungen für verschiedene Werte geöffnet sind und ihre hierarchische Anordnung einer horizontalen Konkurrenz gewichen ist, um so stärker wird die soziale Wertschätzung einen individualisierenden Zug annehmen und symmetrische Beziehungen schaffen können. Daher liegt es nahe, die normativen Eigenschaften einer posttraditionalen Gemeinschaft an dem historischen Strukturwandel abzulesen, den sie im Übergang von traditionalen zu modernen Gesellschaften erfahren hat. Damit komme ich zum dritten Schritt in meinen Überlegungen.

III

Solange die ethischen Zielvorstellungen der Gesellschaft noch substantiell gefaßt und ihre entsprechenden Wertvorstellungen hierarchisch gegliedert sind, so daß eine Rangskala von mehr oder

8 Im folgenden stütze ich mich auf: Axel Honneth, *Kampf um Anerkennung. Zur moralischen Grammatik sozialer Konflikte*, a.a.O., S. 196ff.

weniger wertvollen Verhaltensformen zustande kommen kann, wird das Maß des Ansehens einer Person in Begriffen der sozialen Ehre gemessen: Die konventionelle Sittlichkeit solcher Gemeinwesen erlaubt es, die gesellschaftlichen Aufgabenfelder gemäß ihrem vermuteten Beitrag zur Verwirklichung der zentralen Werte vertikal so zu schichten, daß ihnen spezifische Arten der Lebensführung zugeordnet werden können, deren Einhaltung den Einzelnen zu der ihm standesgemäßen »Ehre« gelangen läßt.[9] Insofern ist mit »Ehre« in ständisch gegliederten Gesellschaften das relative Maß an sozialem Ansehen bezeichnet, das eine Person zu erwerben vermag, wenn sie die kollektiven Verhaltenserwartungen habituell erfüllen kann, die »ethisch« mit ihrem sozialen Status verknüpft sind. Ist die soziale Wertschätzung nach diesem ständischen Muster organisiert, so nehmen die Anerkennungsformen, die mit ihr verknüpft sind, den Charakter von nach innen symmetrischen, nach außen aber asymmetrischen Beziehungen zwischen kulturell typisierten Standesmitgliedern an: Innerhalb der Statusgruppen können sich die Subjekte wechselseitig als Personen wertschätzen, die aufgrund der gemeinsamen Soziallage Eigenschaften und Fähigkeiten teilen, denen auf der gesellschaftlichen Wertskala ein bestimmtes Maß an sozialem Ansehen zukommt; zwischen den Statusgruppen bestehen Beziehungen hierarchisch gestaffelter Wertschätzung, die es den Gesellschaftmitgliedern untereinander erlauben, am jeweils standesfremden Subjekt Eigenschaften und Fähigkeiten zu schätzen, die in einem kulturell vorbestimmten Maß zur Verwirklichung gemeinsam geteilter Werte beitragen.

Ein Prozeß der Entwertung dieser traditionalen Ordnung der Wertschätzung setzt nun in dem Augenblick ein, in dem das postkonventionelle Gedankengut der Philosophie und der Staatstheorie so sehr an kulturellem Einfluß gewonnen hat, daß es auch den Status der sozialintegrativen Wertüberzeugungen nicht unangetastet lassen kann. Wenn die gesellschaftliche Wertordnung bislang als ein evaluatives Bezugssystem dienen konnte, anhand dessen sich die standesspezifischen Muster ehrenvollen Verhaltens gewissermaßen objektiv bestimmen ließen, so hing das vor allem mit der Art ihrer kognitiven Gegebenheit zusammen: Noch verdankte sie ihre soziale Geltung nämlich der ungebrochenen Überzeugungskraft religiöser oder metaphysischer Überlieferungen und war

9 Vgl. etwa Max Weber, *Wirtschaft und Gesellschaft: Grundriß der verstehenden Soziologie*, Tübingen 1976, S. 535.

daher als eine metasoziale Bezugsgröße im kulturellen Selbstverständnis verankert. Sobald diese Erkenntnisschwelle aber einmal mit philosophischer Hilfe breitenwirksam überschritten war, sobald also ethische Verpflichtungen als das Resultat innerweltlicher Entscheidungsvorgänge durchschaut waren, mußte sich auch das alltägliche Verständnis vom Charakter der gesellschaftlichen Wertordnung ändern: Ihrer transzendenten Evidenzbasis beraubt, läßt sie sich nicht länger als ein objektives Bezugssystem betrachten, in dem die schichtspezifischen Verhaltenszumutungen zugleich unzweideutig Auskunft über das jeweilige Maß der sozialen Ehre geben. Mit der metaphysischen Geltungsgrundlage verliert der gesellschaftliche Wertekosmos sowohl seinen Objektivitätscharakter als auch die Fähigkeit, eine Skala sozialen Prestiges ein für allemal verhaltensnormierend festzulegen. Daher ist der Kampf, den das Bürgertum an der Schwelle zur Moderne gegen die feudalen Ehrvorstellungen des Adels zu führen beginnt, nicht nur der kollektive Versuch einer Durchsetzung von neuen Wertprinzipien, sondern auch die Eröffnung einer Auseinandersetzung um den Status solcher Wertprinzipien überhaupt; zum erstenmal steht jetzt zur Disposition, ob sich das soziale Ansehen einer Person an dem vorweg bestimmten Wert von Eigenschaften bemessen soll, die ganzen Gruppen typisierend zugeschrieben werden. Nunmehr erst tritt das Subjekt als eine lebensgeschichtlich individuierte Größe in das umkämpfte Feld der sozialen Wertschätzung ein.[10]

Die soziale Wertschätzung nimmt mit diesem Prozeß der Individualisierung ein Muster an, das den mit ihr verknüpften Anerkennungsformen den Charakter von asymmetrischen Beziehungen zwischen lebensgeschichtlich individuierten Subjekten verleiht: Zwar sind die kulturellen Interpretationen, die die abstrakten Gesellschaftsziele innerhalb der Lebenswelt jeweils konkretisieren müssen, weiterhin von den Interessen bestimmt, die soziale Gruppen an der Aufwertung der von ihnen repräsentierten Fähigkeiten und Eigenschaften besitzen; aber innerhalb der auf konflikthaftem Wege zustande gekommenen Wertordnungen bemißt sich das soziale Ansehen der Subjekte doch an den individuellen Leistun-

10 Zum Prozeß der Individualisierung der sozialen Wertschätzung vgl. etwa Hans Speier, »Honor and Social Structure«, in: ders., *Social Order and the Risks of War*, New York 1952, S. 36ff. Berühmt ist natürlich die Diagnose Alexis de Tocquevilles in: ders., *Über die Demokratie in Amerika*, Zürich 1985, Zweiter Teil, III, 18. Kap.

gen, die sie im Rahmen ihrer besonderen Formen der Selbstverwirklichung gesellschaftlich erbringen. Auf ein derartiges Organisationsmuster der sozialen Wertschätzung sind nun bereits die Vorschläge normativ bezogen, die etwa Hegel mit seinem Konzept der »Sittlichkeit«, Mead mit seiner Idee einer demokratischen Arbeitsteilung unabhängig voneinander unterbreitet haben; denn beide visieren sie in ihren Lösungsmodellen eine soziale Wertordnung an, in der die gesellschaftlichen Zielsetzungen eine so komplexe und reiche Auslegung erfahren haben, daß im Grunde genommen jeder einzelne die Chance zur Erlangung sozialen Ansehens erhält. Damit ist die theoretische Schwelle erreicht, auf der sich ein internes Verständnis der normativen Strukturen einer posttraditionalen Gemeinschaft abzuzeichnen beginnt. Gemeint ist damit die Vorstellung, daß jedes Mitglied einer Gesellschaft durch eine radikale Öffnung des ethischen Werthorizonts in die Lage versetzt wird, so in seinen Leistungen und Fähigkeiten anerkannt zu werden, daß es sich selber wertzuschätzen lernt.

Solidarität ist unter diesen Bedingungen daher an die Voraussetzung von sozialen Verhältnissen der symmetrischen Wertschätzung zwischen individualisierten (und autonomen) Subjekten gebunden; sich in diesem Sinne symmetrisch wertzuschätzen heißt, sich reziprok im Lichte von Werten zu betrachten, die die Fähigkeiten und Eigenschaften des jeweils anderen als bedeutsam für die gemeinsame Praxis erscheinen lassen. Beziehungen solcher Art sind »solidarisch« zu nennen, weil sie nicht nur passive Toleranz gegenüber, sondern affektive Anteilnahme an dem individuellen Besonderen der anderen Person wecken: Denn nur in dem Maße, in dem ich aktiv dafür Sorge trage, daß sich ihre mir fremden Eigenschaften zu entfalten vermögen, sind die uns gemeinsamen Ziele zu verwirklichen. Daß »symmetrisch« hier nicht bedeuten kann, sich wechselseitig in gleichem Maße wertzuschätzen, geht schon aus der prinzipiellen Deutungsoffenheit aller gesellschaftlichen Werthorizonte hervor: Es ist schlechterdings keine kollektive Zielsetzung vorstellbar, die in sich quantitativ so zu fixieren wäre, daß sie einen exakten Vergleich zwischen dem Wert der einzelnen Beiträge gestatten würde; »symmetrisch« muß vielmehr heißen, daß jedes Subjekt ohne kollektive Abstufungen die Chance erhält, sich in seinen eigenen Leistungen und Fähigkeiten als wertvoll für die Gesellschaft zu erfahren. Daher auch können gesellschaftliche Verhältnisse, wie sie hier unter dem Begriff der posttraditionalen Gemeinschaft gefaßt werden, überhaupt erst den Horizont eröffnen, in dem die individuelle Konkurrenz um soziale Wertschätzung eine schmerzfreie, nämlich von Erfahrungen der Mißachtung ungetrübte Gestalt annimmt.

Nachweise

»Pathologien des Sozialen. Tradition und Aktualität der Sozialphilosophie«.
Zuerst erschienen in: Axel Honneth (Hg.), *Pathologien des Sozialen. Die Aufgabe der Sozialphilosophie*, Frankfurt/M. 1994, S. 9-69.

»Über die Möglichkeit einer erschließenden Kritik. Die »Dialektik der Aufklärung« im Horizont gegenwärtiger Debatten über Sozialkritik«.
Ursprünglich auf Englisch in: *Constellations*, Vol. 7, 1/2000, S. 116-127.

»Die soziale Dynamik von Mißachtung. Zur Ortsbestimmung einer kritischen Gesellschaftstheorie«.
Zuerst erschienen in: Christoph Görz (Hg.), *Gesellschaft im Übergang. Perspektiven kritischer Soziologie*, Darmstadt 1994, S. 44-62.

»Moralbewußtsein und soziale Klassenherrschaft. Einige Schwierigkeiten in der Analyse normativer Handlungspotentiale«.
Zuerst erschienen in: Axel Honneth, *Die zerrissene Welt des Sozialen. Sozialphilosophische Aufsätze*, Frankfurt/M. 1990, S. 182-201.

»Das Andere der Gerechtigkeit. Habermas und die Herausforderung der poststrukturalistischen Ethik«.
Zuerst erschienen in: *Deutsche Zeitschrift für Philosophie*, 42. Jg., 2/1994, S. 195-220.

»Zwischen Aristoteles und Kant. Skizze einer Moral der Anerkennung«.
Zuerst erschienen in: Wolfgang Edelstein, Gertrud Nunner-Winkler (Hg.), *Moral im sozialen Kontext*, Frankfurt/M. 2000.

»Zwischen Gerechtigkeit und affektiver Bindung. Die Familie im Brennpunkt moralischer Kontroversen«.
Zuerst erschienen in: *Deutsche Zeitschrift für Philosophie*, 43. Jg., 6/1995, S. 989-1004.

»Liebe und Moral. Zum moralischen Gehalt affektiver Bindungen«.
Leicht erweiterte Fassung der beiden Philosophie-Kolumnen aus: *Merkur* 591, 6/1998, S. 519-525 und *Merkur* 597, 12/1998, S. 519-525.

»Dezentrierte Autonomie. Moralphilosophische Konsequenzen aus der Subjektkritik«.
Zuerst erschienen in: Christoph Menke, Martin Seel (Hg.), *Zur Verteidi-*

gung der Vernunft gegen ihre Liebhaber und Verächter, Frankfurt/M. 1993, S. 149-164.

»Universalismus als moralische Falle? Bedingungen und Grenzen einer Politik der Menschenrechte«.
Zuerst erschienen in: *Merkur*, 9-10/1994, S. 867-883.

»Demokratie als reflexive Kooperation. John Dewey und die Demokratietheorie der Gegenwart«.
Zuerst erschienen in: Hauke Brunkhorst, Peter Niesen (Hg.), *Das Recht der Republik*, Frankfurt/M. 1993, S. 35-65.

»Zwischen negativer Freiheit und kultureller Zugehörigkeit. Eine ungelöste Spannung in der politischen Philosophie Isaiah Berlins«.
Ursprünglich auf Englisch in: *social research*, vol. 66, No. 4, winter 1999, S. 1063-1077.

»Posttraditionale Gemeinschaften. Ein konzeptueller Vorschlag«.
Zuerst erschienen in: Micha Brumlik, Hauke Brunkhorst (Hg.), *Gemeinschaft und Gerechtigkeit*, Frankfurt/M. 1993, S. 260-273.

Jürgen Habermas im Suhrkamp Verlag
Eine Auswahl

Die Einbeziehung des Anderen. Studien zur politischen Theorie. stw 1444. 404 Seiten

Erkenntnis und Interesse. Mit einem neuen Nachwort. stw 1. 420 Seiten

Faktizität und Geltung. Beiträge zur Diskurstheorie des Rechts und des demokratischen Rechtsstaates. stw 1361. 704 Seiten

Nachmetaphysisches Denken. Philosophische Aufsätze. stw 1004. 286 Seiten

Die Neue Unübersichtlichkeit. Kleine politische Schriften V. es 1321. 268 Seiten

Die Normalität einer Berliner Republik. Kleine politische Schriften VIII. es 1967. 188 Seiten

Der philosophische Diskurs der Moderne. Zwölf Vorlesungen. stw 749. 450 Seiten

Die postnationale Konstellation. es 2095. 256 Seiten

Strukturwandel der Öffentlichkeit. Untersuchungen zu einer Kategorie der bürgerlichen Gesellschaft. stw 891. 391 Seiten

NF 119/1/8.00

Theorie des kommunikativen Handelns. Zwei Bände. Band 1: Handlungsrationalität und gesellschaftliche Rationalisierung. Band 2: Zur Kritik der funktionalistischen Vernunft. stw 1175. 1174 Seiten

Vorstudien und Ergänzungen zur Theorie des kommunikativen Handelns. stw 1176. 606 Seiten

Wahrheit und Rechtfertigung. Philosophische Aufsätze. 300 Seiten. Leinen

Jürgen Habermas (Hg.). Stichworte zur geistigen Situation der Zeit. Zwei Bände. Band 1: Nation und Republik. Band 2: Politik und Kultur. es 1000. 860 Seiten

Zu Jürgen Habermas

Stefan Müller Doohm (Hg.). Das Interesse der Vernunft. Rückblicke auf das Werk von Jürgen Habermas seit ›Erkenntnis und Interesse‹. stw 1464. 608 Seiten

NF 119/2/8.00